Collection « Documents Lorrains »

LA TRAGÉDIE LORRAINE

Tome I

Sarreguemines
Saargemünd

1939-1945

DU MEME AUTEUR :

La Tragédie Lorraine - Tome II - Ecartelés aux 4 vents.

La Tragédie Lorraine - Tome III - Les oubliés de Lorraine.

La Résistance d'un village lorrain : Erching-Guiderkirsch 1946, 38 pages, épuisé

Rimling dans l'épreuve, 1947, 36 pages

Le bastion de Rimling durant la guerre et les combats de l'hiver 1944-45, 1978, 42 pages (tiré à part)

Peintre d'histoire et de batailles, Adolphe Yvon et les siens, 1974, 77 pages.

Emile Gentil - 1866-1914 - Notices biographiques - 1976, 111 pages.

Saint-François-Lacroix, essai d'histoire locale, 1976, 115 pages.

Jean-Baptiste Eblé, Général et Comte de l'Empire, 1974, 40 pages (épuisé).

Eugène Heiser

LA TRAGÉDIE LORRAINE

Tome I

Sarreguemines - Saargemünd

1939-1945

- Troisième édition -
revue et corrigée

EDITIONS Pierron

Tous droits de reproduction et d'adaptation
réservés pour tous pays
© Editions PIERRON - 1984

*A la mémoire de mon frère, Jean Heiser,
mort pour la France le 17 juin 1940**

* Sergent Jean Heiser de la Cie F.V. 3 du 51e R.M.I.C., tué par un éclat d'obus le 17 juin 1940, à 9 heures 30 du matin, alors qu'à la tête de son groupe il avait la mission de retarder l'avance de l'ennemi, «sans esprit de recul».

Il y a ceux dont on dit qu'ils font l'histoire.
Il y a ceux qui écrivent l'histoire.
Il y a ceux qui, plus simplement, ont vécu l'histoire...
Sans eux rien n'eut été possible.

NOTE DE L'ÉDITEUR

Il a fallu beaucoup de courage et de persévérance à M. Eugène Heiser pour s'attaquer à un tel ouvrage, trente-trois ans après les événements.

De septembre 1939 à avril 1945, près de sept années se sont écoulées entre l'évacuation et la libération de Sarreguemines.

Ce sont ces sept années que l'auteur, témoin de son temps, a condensées dans trente-cinq chapitres, développant davantage l'un parce que les documents concernant telles périodes étaient plus nombreux ; sacrifiant l'autre parce que les documents étaient plus rares, ou parce qu'il se réserve, dans un ouvrage futur, de les développer.

Car, nous sommes bien conscients, que chacun de ces chapitres pourrait encore être développé et faire l'objet à lui seul de tout un ouvrage.

Nous sommes persuadés qu'il se trouvera un jour, encore, un auteur témoin de ces longues années, qui saura retrouver et rapporter d'autres faits vécus, d'autres documents authentiques.

Il y aura aussi d'autres éditions de ce livre, il y aura d'autres livres sur ce sujet. Nous demandons à tous ceux qui auraient encore des documents à montrer ou des faits précis à citer, de nous les confier, nous sommes prêts à les publier.

Nous faisons appel à tous ceux qui ont fait notre histoire, à tous ceux qui en ont souffert, moralement et physiquement, et qui ont survécu.

C'est encore le moment de parler ou d'écrire, avant que d'autres, en la rapportant imparfaitement, déforment une histoire, notre histoire, qu'ils n'ont pas vécue.

L'Editeur

NOTE DE L'EDITEUR (4ème trimestre 79)

Des amis se sont émus en découvrant dans le titre du Tome I le nom de "Saargemünd". Ils vont le retrouver dans la 2ème édition puisque, ne leur en déplaise, ce livre est réédité 8 mois déjà après sa première sortie; n'est ce pas la meilleure preuve qu'il a plu au lecteur ! Le poète a dit qu' "une grande oeuvre est celle qui émeut"; merci, mes amis, de cette émotion qui consacre l'oeuvre de Eugène Heiser.

Et pourtant, ils savent bien, en bons amis, ils savent mieux que les autres, que le mot "Saargemünd" fut employé tout au long de notre petite histoire. Des quantités d'ecrits, et plus récemment des documents photographiques en portent la trace. Nous n'en sommes ni fiers, ni honteux, nous constatons, amèrement quelques fois.

Des milliers de Sarregueminois ont été "écartelés aux quatre vents" au nom de ce "Saargemünd". Ils ont souffert, ils se sont battus, des milliers sont morts, civils, déportés ou sous les bombes, soldats sous tous les uniformes.

Tous les Sarregueminois ont été déplacés, à pied, à cheval ou en wagons à bestiaux, avec 30 kilos de bagages (comme les déplacés de Pnom Penh !) puis renvoyés dans leur ville en ruines.

Sept années que cela a duré... sept années !

Et vous voulez qu'on oublie ! Ce serait faire injure à tous, morts ou vivants, que d'essayer d'oublier ces situations qui ont fait chaque fois de nous Lorrains, les premières victimes des hasardeux résultats des guerres européennes.

"Ecartelés aux quatre vents"... nous sommes les premiers à vouloir que cela ne se renouvelle plus, mais aussi les derniers à croire que la politique, préconisée, de l'autruche, nous soit salutaire !

Le livre de Eugène Heiser est un témoignage, un vrai. La masse des lecteurs, les vieux et beaucoup de jeunes l'ont bien compris, qui réclament le Tome II.

La Sacro-Sainte Histoire, si chère à nos "génies" de la politique du silence,, nous donnera raison; parce que notre histoire a mérité d'étudier la véritable "Histoire Nouvelle" qui s'est attachée au quotidien et à l'imaginaire sur une durée de 7 longues années de guerre.

Tout enfantement, même celui de l'Europe se forge dans la souffrance, et jamais dans le silence !

L'Editeur.

NOTE DE L'ÉDITEUR
3e trimestre 1984

Oui, c'est bien la 3ème édition de ce livre d'Eugène Heiser qui paraît en 1984.

La 1ère édition de ce tome I est parue en 1978.
La 2ème édition de ce tome I est parue en 1979

puis paraissaient

le tome II - Ecartelés aux 4 vents en 1979
le tome III - Les oubliés de Lorraine en 1983

qui suivent la même progression.

Le succès de ces livres est dû essentiellement aux soins mis par l'auteur dans sa recherche constante de la VÉRITÉ, en faisant parler, chaque fois que cela a été possible, les témoins oculaires de cette histoire, ceux qui ont fait cette histoire.

Des corrections ont été apportées, très peu nombreuses et deux chapitres y ont été ajoutés, ainsi que les listes des personnes et lieux cités dans les 3 tomes.

Nous disions dans la Note de l'Editeur de la 1ère édition :
«Il y aura aussi d'autres éditions de ce livre»,
nous en sommes à la 3ème édition.

Et aussi : «Il y aura d'autres livres sur ce thème...».

Il y a eu un tome II puis un tome III

et le sujet est inépuisable, tant il y a d'événements importants à rappeler.

Nous conseillons vivement aux lecteurs de ces ouvrages d'Eugène d'Heiser de consulter également d'autres livres parus sur le même sujet aux Editions Pierron et que nous rappelons en fin de cet ouvrage.

Nous renouvelons aussi notre demande à nos lecteurs, de nous écrire, pour nous dire quels seraient les sujets qu'ils aimeraient voir développer et de nous confier les documents écrits ou photographiques qu'ils peuvent encore trouver sur cette période.

A l'avance Merci

L'Editeur

PRÉFACE

Monsieur Eugène Heiser, directeur d'école retraité, auteur de plusieurs ouvrages d'histoire locale, a entrepris la redoutable tâche d'écrire et de publier l'un des chapitres les plus sombres et douloureux de l'histoire de notre ville : Sarreguemines, depuis l'évacuation de sa population le 1er septembre 1939 jusqu'à sa libération le 6 décembre 1944, y compris la période immédiate de l'après-guerre.

Je me suis fait un devoir d'accepter de préfacer son livre, mais ce n'est pas sans une certaine émotion que j'écris ces quelques lignes.

En effet, comme tous les Sarregueminois de ma génération, j'ai eu le triste privilège de vivre directement les faits si clairement et si objectivement relatés par M. Heiser.

Et ces pages d'histoire contemporaine de notre chère cité sont d'autant plus profondément gravées dans ma mémoire qu'elles recouvrent les « meilleures » années de ma jeunesse, un âge où l'on est particulièrement sensible et réceptif aux événements.

Que l'ouvrage de M. Heiser, lequel devait être écrit, reçoive par le public l'accueil qu'il mérite, mais que les historiens locaux des temps à venir n'aient plus jamais à traiter des périodes aussi bouleversantes, voici le vœu que j'ai à formuler pour l'avenir de notre ville, de sa région, de notre nation et de l'humanité tout entière.

Robert PAX
Maire de Sarreguemines

AVANT-PROPOS

En début du présent ouvrage, il nous a paru indispensable de relater, non seulement les conditions de l'évacuation de la population frontalière, marquée par l'inconfort des moyens de transport mis en œuvre, la précarité et l'impréparation des lieux d'accueil, mais de tracer, encore et surtout, le cadre de la vie de contrainte et de suspicion qui fut la nôtre durant l'annexion allemande de 1940 à 1944.

Dès l'armistice du 22 juin 1940, les Allemands établirent un cordon douanier et policier le long de l'ancienne frontière franco-allemande, isolant ainsi l'Alsace-Lorraine des autres provinces françaises. Au début de juillet, l'ancien maire de Sarreguemines, Nicolas Nicklaus, passant la frontière à Mars-la-Tour, fit cette amère constatation. Ce dispositif annonçait clairement la volonté du III⁰ Reich d'annexer purement et simplement l'ancien *Reichsland*, considéré comme terre allemande. Le 7 août 1940, Joseph Bürckel, premier *Gauleiter* de la Sarre, ex-Gauleiter d'Autriche, devenue la *Ostmark*, prit de nouveau en mains la destinée du *Gau Saar-Pfalz* (Sarre-Palatinat) et fut en même temps nommé chef de l'administration civile en Moselle. Le 20 septembre 1940, à Metz, Joseph Bürckel fut officiellement installé comme *Chef der Zivilverwaltung in Lothringen*, tout en prenant le titre de *Reichsstatthalter* (1), et dès le 30 octobre suivant, il proclamera « en bonne et due forme », à Sarrebruck, le rattachement de la Lorraine mosellane au *Reich* allemand. Dès lors, la Lorraine formait avec la Sarre et le Palatinat le *Gau Westmark* (la marche occidentale) avec la ville de Sarrebruck comme capitale. A partir du mois d'août, déjà, un des premiers soins de Bürckel avait été de nommer en Moselle des administrateurs civils. Les arrondissements tombèrent sous la coupe de *Kreisleiter*, chargés de l'asservissement politique des habitants, en y organisant le tout-puissant parti, de *Landräte*, auxquels incombait l'administration générale, alors que des *Stadtkommissare* furent nommés dans les grandes villes. Tous avaient pour mission de jeter rapidement les bases d'une germanisation totale. Le même processus se déroula en Alsace, où le Gauleiter

---

(1) « Tétrarque » du Reich allemand.

Robert Wagner avait pris des mesures identiques. La protestation solennelle du général Huntziger contre les violations du traité d'armistice, adressée le 3 septembre 1940 au général von Stülpnagel, président de la commission d'armistice, siégeant à Wiesbaden, n'eut aucun effet sur les nouveaux maîtres, qui ne répondirent même pas à cette intervention française.

Bientôt d'importantes formations de troupes occupèrent nos casernes et l'emprise de la *Schutzpolizei* (*Schupos*), du service de sécurité (S.D. = *Sicherheitsdienst*) et surtout de la sinistre *Gestapo* (*Geheime Staatspolizei*) fut totale. A peine les Allemands avaient-ils occupé le pays que des commissions d'expulsion des « indésirables » siégèrent dans tous les chefs-lieux d'arrondissement, dressant des listes noires. Un premier tri avait déjà été opéré à Saint-Dizier, à partir des 26 et 27 août 1940, lors du retour des trains de réfugiés. A Sarreguemines, une telle commission fonctionnait à la mairie sous la présidence du *Hauptsturmführer* S.S. Schnur. Les drapeaux français et tous les livres français furent publiquement brûlés, en autodafé, place Jeanne-d'Arc, le 12 septembre 1940, sous le mot d'ordre *« Hinaus mit dem welschen Plunder »* (dehors le bric-à-brac français) (2).

En un temps record, les rues de la ville furent débaptisées, expurgées de leurs noms français et gratifiées de dénominations allemandes. Les plaques portaient désormais les noms d'hommes du parti, sans oublier celui du *Führer* attribué à l'artère principale (rue du Maréchal-Foch). A ce propos, signalons une bien cocasse pointe d'humour des Sarregueminois : lorsqu'en 1941 Rudolph Hess avait accompli son singulier raid en Angleterre, la rue qui portait son nom (rue Saint-Nicolas) ne fut plus appelée que la « rue des Anglais ». Après la défection du second du Führer, elle avait pris le nom de *Strasse der S.A.*

Le ton était ainsi donné, et la propagande antifrançaise battait son plein, mais se heurtait à l'humour acide et aux sarcasmes des Sarregueminois. Tout semblait être consommé, au moins pour un temps. A partir d'août 1940, débutèrent les expulsions massives des habitants francophones de la Moselle, remplacés par des colons allemands, triés sur le volet au point de vue nazi... et à partir de novembre 1940 par les ressortissants de dix-huit communes des cantons de Volmunster et de Bitche. Cette vaste étendue, vidée de sa population, devait devenir un camp de manœuvres militaires. Toutes ces mesures arbitraires et outrancières semèrent le désarroi et une inquiétude croissante dans toute la population autochtone. Dès lors, à l'instar de nombreux prisonniers de guerre évadés, beaucoup de Lorrains tentèrent de regagner la France.

Dès le début de l'annexion, proliférèrent en Moselle les formations paramilitaires et politiques du parti national-socialiste. Le dessein évident fut d'embrigader toute la population dans de multiples organisations, afin de la rééduquer rapidement et de la mettre sous une surveillance étroite.

---

(2) Joseph Rohr, *La Lorraine Mosellane, 1918-1946*, 1973, p. 53.

Cela se traduisit, grâce à ces organisations, en une mise sous tutelle de toute la population. Une attention particulière se concentra sur la jeunesse mosellane, réunie dans la jeunesse hitlérienne (H.J. = *Hitlerjugend*), doublée d'un rassemblement de jeunes, à peine scolarisés, le *Jungvolk*. Son parallèle féminin était constitué par le B.D.M. = *Bund deutscher Mädel* (le cercle des jeunes filles allemandes). Les adultes, d'abord versés dans la communauté du peuple allemand (*deutsche Volksgemeinschaft* = D.V.G.), se virent offrir, en 1942, l'entrée dans le puissant parti (P.G. = *Parteigenossen*), omniprésent dans les villes et les campagnes. Ce parti national-socialiste ouvrier (N.S.D.A.P., *nationalsozialistische Arbeiterpartei*) avait étendu son réseau sur tout le territoire mosellan. Les fonctionnaires étaient particulièrement concernés, car sans une telle appartenance, il n'y avait pas de promotion possible. Bien peu de Lorrains y adhérèrent et franchirent ce pas hasardeux.

L'association des femmes allemandes (N.S.F. = *nationalsozialistische Frauenschaft*) tenta d'assumer le destin des femmes mosellanes. Dans nos campagnes, l'association des paysans allemands (N.S.B. = *nationalsozialistische Bauernschaft*) essaya de faire le bonheur de la paysannerie lorraine, en promettant de multiples avantages, tels que l'attribution en priorité de semences sélectionnées, de bétail et de machines agricoles. Le front du travail allemand (D.A.F. = *deutsche Arbeiterfront*) mit en avant la noblesse du travail manuel, au service de la communauté national-socialiste. D'autres organisations similaires furent les «*Organisationen* Speer et Todt», axées sur la construction de fortifications militaires (*Atlantikwall* = le mur de l'Atlantique).

Dès le retour d'évacuation — fin août et début septembre 1940 — les Allemands contraignirent les hommes de 18 à 35 ans à entrer dans le *Hilfsdienst*, une sorte de service d'ordre et d'entraide, qui dans leur esprit devait devenir une pépinière de recrutement pour les formations paramilitaires, telles que les escouades de protection (S.S. = *Schutzstaffeln*), de bien sinistre mémoire, les sections d'assaut (*Sturmabteilungen* = *S.A.*) en chemises brunes, les sections motorisées (N.S.K.K. =*nationalsozialistisches Kraftfahrerkorps*), la section d'aviation (N.S.F.K. = *nationalsozialistisches Fliegerkorps*), et la section de la marine (N.S.*Marinekorps*), qui surgirent dans toutes les localités d'une certaine importance. Mais la plupart des Lorrains surent se dégager à temps de ce singulier *Hilfsdienst*. Toutes ces formations visaient l'endoctrinement partisan, la «fanatisation» des esprits et des cœurs au service de «l'idéal» national-socialiste. Elles accusaient également une sérieuse préparation militaire, afin de doter l'armée de troupes d'élite. Malgré l'attribution d'uniformes noirs et canaris (3), chamarrés et rutilants, et les inévitables bottes allemandes, les adhésions de gens du pays furent clairsemées.

Les activités sociales présentaient une attirance spéciale, mais constituaient

---

(3) Ou *Goldfasanen* : faisans d'or.

un moyen de pression du parti omniprésent. En tête figurait l'entraide nazie (N.S.V. = *nationalsozialistische Volkswohlfahrt*), qui s'occupa activement des réfugiés, à peine rentrés de l'évacuation, en installant des soupes populaires dans tous les quartiers. Au début, on ne lésina pas sur les bons d'habillement et de chaussures, grâce aux stocks trouvés sur place. L'entraide d'hiver (W.H.W. = *Winterhilfswerk*) avait pour mission de protéger les plus démunis des rigueurs de l'hiver, alors que l'organisation des loisirs (K.d.F. = *Kraft durch Freude*) avait pour unique but d'apporter un atout de plus à l'effort de germanisation. La toile de fond de toutes ces activités «généreuses» resta l'endoctrinement partisan. Les nazis voulaient séduire pour mieux conquérir les masses. Patte de velours avant les griffes acérées !

Tous ceux qui avaient le souci de ne pas se compromettre avec l'occupant se réfugièrent soit dans la défense passive (*Luftschutz*), soit dans les équipes de premier secours en cas de sinistre (*Katastropheneinsatz*), deux formations au service de la communauté lorraine.

La multiplicité de ces formations de bienfaisance donna lieu à des quêtes sur la voie publique avec les inoubliables troncs de collecte (*Sammelbüchsen*), dont le produit était bientôt destiné à l'effort de guerre et servait à la fabrication d'armes et de munitions. Tout ce puzzle de sigles avait pour but de camoufler l'emprise du tout-puissant parti national-socialiste.

L'appareil du parti s'organisa rapidement dans les villes et les villages, jusque dans les moindres hameaux. Le *Kreisleiter* (4) veillait avec une foule de *Parteigenossen* (5) à l'exécution des directives données en vue de faire connaître l'idéologie nazie. A Sarreguemines ce fut la mission du Docteur Kern, qui, en 1941, se porta volontaire pour participer au combat du Führer.

La ville était partagée en *Ortsgruppen* (groupes locaux), dont chacun avait à sa tête un chef responsable, le *Ortsgruppenleiter*. Chaque *Ortsgruppe* ou groupe local était subdivisé en *Zellen*, cellules, dirigées par des *Zellenleiter*. A la base de l'organisation se trouvaient les *Blocke*, confiés à la vigilance d'un *Blockleiter*. Sarreguemines comprenait deux *Ortsgruppen* couvrant respectivement les deux rives de la Sarre. Dans les campagnes, plusieurs villages étaient réunis en un groupe local, l'*Ortsgruppe*, coïncidant avec les limites des mairies (*Bürgermeisterämter*) bien plus étendues qu'auparavant. Ainsi, l'ancienne administration communale a été complètement bouleversée. Plus tard, avec la constitution du *Gross-Saargemünd*, par le rattachement des localités de Neunkirch, Rémelfing et Welferding, la ville était partagée en cinq *Ortsgruppen*. Ce dispositif représentait un véritable carcan permettant une surveillance étroite et un évident moyen de pression. Tous les ressortissants étaient fichés et épiés. A part quelques rares collaborateurs notoires, les hommes issus de notre terroir, nantis de telles charges, avaient le seul souci de protéger leurs compatriotes. A la libération, on ne leur sut pas

---

(4) Chef ou directeur politique de l'arrondissement.
(5) Membres ou camarades du parti.

toujours gré de leur attitude. Il en allait tout autrement quand des *Reichsdeutsche* (des citoyens allemands) occupaient ces postes.

Le monde des enseignants connut l'union des enseignants allemands (N.S.L.B. = *nationalsozialistischer Lehrerbund*) qui leur fut imposée. Les récalcitrants étaient mis au pas par des déplacements d'office dans des localités de la Sarre, du Palatinat et du Land de Hesse. D'aucuns furent exilés dans la *Ostmark* (l'Autriche). Des stages de formation politique furent organisés à l'intention du personnel enseignant à la *Gauschule* d'Anweiler au Palatinat. Presque tous les postes de responsabilité étaient confiés à des *Parteigenossen*. Des *Schulräte* (6) allemands s'installèrent dans les circonscriptions, et à Metz sévissait un *Oberschulrat* (inspecteur d'académie). Les enseignants non rentrés furent remplacés par des maîtres et des maîtresses venus d'Allemagne. En un temps record, des manuels scolaires allemands, conformes à l'idéologie nazie, étaient mis à la disposition des maîtres. Dans les établissements secondaires, la direction revenait à des *Studiendirektoren* et des *Oberstudiendirektoren* (7) d'outre-Rhin, membres du parti. Nous reviendrons en détail sur cette épineuse question dans un chapitre spécial.

Le régime national-socialiste avait encore pris soin d'ouvrir à Sarreguemines une librairie bien fournie en « bréviaires » nazis, la *Grenzwacht-Buchhandlung*, (8) où le livre *Mein Kampf* d'Adolf Hitler occupait une place de choix. Par ailleurs, un journal, le *N.S.Z. - Westmark* (9), imprimé à Sarrebruck, présentant une rubrique sarregueminoise, diffusait quotidiennement, à côté des bulletins de victoire et des slogans du parti, des articles traitant de la doctrine du parti. Ainsi, l'intoxication intellectuelle était permanente.

En juin 1941, le clergé lorrain, jugé francophile, a été décimé par de nombreuses expulsions. A Sarreguemines, le chanoine Eugène Berthel, curé de la paroisse Saint-Nicolas, connut ce sort, après avoir déclaré sur le parvis de l'église du Sacré-Cœur que seul le Christ était notre Führer.

L'introduction du service du travail obligatoire (*Arbeitsdienst*), le 25 avril 1941, et l'enrôlement forcé dans la Wehrmacht, le 19 août 1942, parachevèrent la mainmise du parti sur la population. Les tenants du pouvoir étaient décidés à briser toutes les résistances. Dès lors, les jeunes se soustrairont nombreux à l'incorporation, en passant la frontière ou en gagnant des caches sûres, mais exposant du coup leur famille à de dures représailles. Maints villages du pays de Bitche et de la banlieue sarregueminoise connurent alors les descentes de police inopinées, à la recherche des déserteurs et des réfractaires de la Wehrmacht. Les perquisitions, les arrestations, les internements et les déportations se multiplièrent, créant une ambiance d'insécurité insoutenable.

Bientôt, les avis mortuaires de jeunes « Malgré-Nous », tombés sur le front russe, les exécutions sommaires de jeunes Lorrains pris à la frontière,

(6) Inspecteurs.
(7) Directeur des études = proviseur.
(8) Une librairie d'avant-garde à la frontière.
(9) N.S.Z. : *NationalSozialistische Zeitung-Westmark*.

accrurent encore la détresse de la population.

Ajoutez à toutes ces épreuves les nombreux bombardements aériens qui déferlèrent sur la ville de Sarreguemines, qui, de 1942 à 1944, subit plus de douze attaques dévastatrices! Les plus meurtrières furent celles du 4 octobre 1943 et du 1er mai 1944, qui multiplièrent les ruines et les deuils. Les alertes aériennes furent encore bien plus nombreuses et mirent les nerfs à rude épreuve. Le sinistre ululement des sirènes et les raids répétés créèrent de véritables situations de panique. Quasi quotidiennement les escadres de bombardiers américains et anglais survolèrent la ville vers des objectifs plus lointains en Allemagne, obligeant la population à se réfugier dans les abris et les caves. L'exode à bicyclette vers la proche campagne se répétait tous les jours. Nous étions, à chaque survol, sous la hantise d'une erreur de cible ou d'une attaque délibérée.

Ce furent plus de quatre années de dures épreuves et de tensions constantes, où le sentiment d'abandon alterna avec celui de l'espérance, enfin accru par la défaite des armées de Hitler à Stalingrad, en janvier 1943, et le débarquement des alliés, le 6 juin 1944. A la fuite éperdue des fonctionnaires allemands du 1er septembre et à leur retour, succéda le cauchemar des *Schanzarbeiten* (travaux de tranchées). La pendaison était promise aux récalcitrants par affiches collées sur tous les murs de la ville.

Ainsi la population de Sarreguemines et celle de tout son arrière-pays avaient connu, en cinq ans, l'évacuation dans les lointaines Charentes, où les conditions d'hébergement ne furent pas toujours idéales, après un accueil d'abord mitigé, ensuite plus chaleureux des autochtones, enfin les affres de l'annexion et de la guerre totale, sous toutes ses formes, avant de ressentir la joie de la libération, bientôt assombrie par une dure épuration.

Nous avons tenu à fournir toutes ces précisions pour montrer l'intensité de l'assujettissement des populations mosellanes, auquel celle de Sarreguemines fut particulièrement exposée, et à quel point les mailles du filet nazi s'étaient resserrées sur tous. Les Sarregueminois, comme tous les Lorrains, tentèrent d'échapper à l'emprise totalitaire en louvoyant et en temporisant, endurant souvent brimades et sévices, plutôt que de se soumettre. Les nombreuses victimes d'arrestations, d'internements et de déportations en témoignent avec éclat. Surtout, qu'on ne leur jette pas la pierre, car aucun autre département français n'a connu un tel asservissement et une telle oppression! Aucune région de France ne connut un tel abandon de la part du gouvernement de cette époque tragique. La devise des Mosellans était de « maintenir l'essentiel », c'est-à-dire leur dignité, leur sens de la liberté et l'espérance de la libération finale d'un joug, de plus en plus lourd et accablant au fil des années.

C'est dans ce contexte dramatique que se situent les faits relatés dans le présent ouvrage, qui est d'abord un témoignage, devant les générations présentes et futures, des souffrances de leurs pères, confrontés aussi bien au déchirement de l'abandon qu'aux horreurs de la guerre et à une implacable répression policière.

Dates mémorables de la guerre et de l'occupation
1939-1945

23 août 1939. — Pacte de non-agression germano-russe.
1er septembre 1939. — L'Allemagne déclenche la guerre en envahissant la Pologne.
    Evacuation de Sarreguemines et d'une large bande frontalière.
3 septembre 1939. — Déclarations de guerre britannique et française à l'Allemagne.
28 septembre 1939. — Traité germano-soviétique de partage de la Pologne.
10 mai 1940. — Offensive allemande sur le front occidental.
Mi-mai 1940. — Evacuation d'autres localités du pays de Bitche.
25 mai 1940. — Occupation de Sarreguemines par la Ire armée allemande.
10 juin 1940. — L'Italie déclare la guerre à la France et à la Grande-Bretagne.
18 juin 1940. — **Appel du général de Gaulle.**
22 juin 1940. — Signature de l'armistice à Rethondes.
7 août 1940. — Joseph Bürckel chef de l'administration civile en Moselle.
28-29 août 1940. — Les premiers trains de réfugiés regagnent Sarreguemines.
3 septembre 1940. — Protestation du général Charles Huntziger contre l'annexion de l'Alsace-Lorraine.
12 septembre 1940. — Une commission d'expulsion d'« indésirables » commence à siéger à la mairie de Sarreguemines.
20 septembre 1940. — Joseph Bürckel prend en mains l'administration civile en Moselle à Metz.
27 septembre 1940. — Pacte à trois : Allemagne, Italie, Japon.
30 octobre 1940. — Joseph Bürckel proclame officiellement à Sarrebruck l'annexion de la Lorraine mosellane, intégrée dans le Gau Westmark.
Octobre-novembre 1940. — Expulsions massives des francophones.
25 avril 1941. — Introduction du Service du Travail (*Reichsarbeitsdienst* = R.A.D.) pour tous les jeunes gens âgés de 18 ans, prélude à l'incorporation de force.
22 juin 1941. — Offensive allemande contre l'U.R.S.S.
7 décembre 1941. — Attaque japonaise contre Pearl Harbor. Entrée en guerre des Etats-Unis.

30 juillet 1942. — Premier bombardement aérien de Sarreguemines.
19 août 1942. — Introduction du service militaire allemand en Moselle.
23 août 1942. — La nationalité allemande est octroyée aux Alsaciens-Lorrains.
29 août 1942. — Joseph Bürckel confirme cet octroi.
26-27 janvier 1943. — Défaite allemande à Stalingrad.
25 juin 1943. — Manifestation publique de résistance dans les rues de Sarreguemines.
20 septembre 1943. — L'affaire Karl Borgmann éclate à Sarreguemines, entraînant de nombreuses déportations.
4 octobre 1943. — Bombardement meurtrier de Sarreguemines.
Mi-octobre 1943. — L'affaire de l'aviateur australien Russel Norton; de nombreux déportés.
1er mai 1944. — Nouveau bombardement massif de Sarreguemines.
6 juin 1944. — Débarquement des troupes alliées en Normandie.
28 juillet 1944. — Enlèvement des cloches dans les églises.
15 août 1944. — La Ire armée française débarque à Toulon.
1er septembre 1944. — Fuite éperdue de l'administration civile et des bonzes du parti; retour le 3 septembre 1944.
5 septembre 1944. — Mobilisation de la population civile pour des travaux de terrassement sur les lignes de défenses prévues.
28 septembre 1944. — Mort du Gauleiter Joseph Bürckel, qui se suicide sur ordre du Führer; Willy Stoehr le remplace.
8 novembre 1944. — L'offensive alliée reprend.
6-10 décembre 1944. — Libération de Sarreguemines par la 35e division U.S. de la IIIe armée (général Patton).
16 décembre 1944. — Offensive « von Rundstedt » dans les Ardennes.
18 décembre 1944. — La 35e division U.S. est relevée, remplacée par la 44e division U.S. de la VIIe armée (général Patch).
31 décembre/1er janvier 1945. — Offensive allemande « Nordwind » entre Gros-Réderching, Bitche et le nord de l'Alsace. Sarreguemines est de nouveau menacée.
15 mars 1945. — Reprise générale de l'offensive des Alliés. Dégagement définitif des abords de Sarreguemines.
12 avril 1945. — Mort de Roosevelt. Harry Truman, président des Etats-Unis.
30 avril 1945. — Mort d'Adolf Hitler.
7 mai 1945. — Capitulation de la Wehrmacht à Reims.
8 mai 1945. — Armistice. Le IIIe Reich de Hitler est vaincu.
9 mai 1945. — La capitulation allemande est signée à Berlin.

CHAPITRE I

L'évacuation - Généralités

Dès l'avènement de Hitler à la chancellerie du IIIe Reich en 1933 et la réoccupation de la Rhénanie en 1936, le doute et l'appréhension commencèrent à s'installer dans les esprits. L'éventualité d'une nouvelle guerre mondiale dut être prise en considération. Lorsque dans la seule année 1938, Hitler annexa coup sur coup l'Autriche et le pays des Sudètes en Bohême, avant de s'emparer en 1939 de la Bohême et de la Moravie, provoquant la disparition de la Tchécoslovaquie comme Etat, les dés étaient tombés. La rencontre de Munich, en 1938, entre Hitler, Mussolini, Chamberlain et Daladier, ne fut qu'un épisode, ayant permis au dictateur allemand de duper tout le monde.

L'invasion de la Pologne par les blindés allemands, le 1e septembre 1939, déclencha le processus de la guerre. De coup de force en coup de force, l'irréparable était arrivé. Le 3 septembre 1939, fidèles à leurs engagements, la Grande-Bretagne et la France se déclarèrent en état de guerre avec l'Allemagne. Des mesures de mobilisation s'étaient effectuées dans la dernière semaine d'août 1939 ; l'auteur de cet ouvrage avait été rappelé dès le 23 août.

Comme la ligne Maginot devait servir de rempart contre l'envahisseur, l'évacuation des populations d'une large bande frontière était prévue et, dans la matinée du 1er septembre 1939, l'ordre de repli immédiat parvint aux municipalités concernées. Quitter son foyer, abandonner son intérieur, n'emporter que le strict nécessaire et s'acheminer vers l'inconnu sont autant d'épreuves traumatisantes... et pourtant « sur environ 700 000 Mosellans, 302 700 ressortissants des arrondissements de Sarreguemines, Forbach, Boulay et Thionville, soit la population de 300 villages sur 765, durent délaisser maisons, terres, bétail et autres biens, n'emportant souvent que 30 kg de bagages. Ils furent dirigés par les départements de l'Aube et de la Haute-Marne vers les lointains départements d'accueil de la Vienne, de la Charente-Maritime, de la Haute-Vienne, de la Charente et de la Dordogne » (1).

Il semble bien qu'en dehors des ordres de départ et de la désignation des lieux d'accueil, quasiment rien n'avait été prévu pour assurer une évacuation

---

(1) Henri Hiegel, *La Moselle, terre française de l'Est*, p. 9.

en bon ordre, un transport convenable et un accueil rassurant. Les conditions hâtives et désordonnées du repli ne permirent guère une préservation des biens abandonnés sur place. Le cheptel récupéré par la troupe servit au moins dans une large partie à l'amélioration de son ordinaire.

Nous revoyons ces longs convois de voitures, attelées de bœufs et de chevaux, qui essayèrent de rallier des gares de l'arrière-pays où les fugitifs devaient s'embarquer pour « la terre promise ». En route, ils croisèrent les unités militaires, appelées à occuper les intervalles, les avancées des fortifications et la ligne Maginot elle-même. Dans l'ouest mosellan, les réfugiés durent gagner par leurs propres moyens les départements de l'Aube et de la Haute-Marne, où ils restèrent un long mois avant de pouvoir prendre la direction de la Vienne et de la Haute-Vienne. Les ressortissants de l'est de notre département trouvèrent refuge dans les Charentes.

Voici quelques témoignages qui donnent une idée de l'improvisation totale et du désordre indescriptible qui présidèrent à l'évacuation, tels que les relate Roger Bruge dans son ouvrage *Faites sauter la ligne Maginot* :

« L'évacuation fut une véritable débandade dans la plupart des communes, surtout sur la rive droite de la Moselle, face à l'Allemagne. On ne vit sur le terrain aucun sous-préfet ni des maires capables de commander. Le colonel Perrey, commandant les avancées, dut intervenir dans certains cas de carence caractérisée : il menaça de les faire fusiller et les remplaça par des gens moins affolés. Les troupes des avancées durent récupérer les troupeaux et assurer la traite des vaches. » (Bruge, p. 50).

Témoignage d'un chef-porion de Petite-Rosselle

« Sur le pas des portes des centaines de chiens et de chats attendaient leurs maîtres et l'heure de leur pâtée quotidienne. La rue de la gare était encombrée de remorques, de valises éventrées, de bicyclettes et de voitures d'enfants abandonnées. Sur les trottoirs, il y avait des vêtements, du linge de maison, des paquets, tout ce que les malheureux n'avaient pu emporter dans les trains. » (Bruge, p. 51).

La population de Gros-Réderching arriva le soir du 1er septembre à Lorentzen, celle d'Erching-Guiderkirch à Thal, près de Drulingen, un peu dans l'indifférence générale. Il fallait passer la nuit sur ou sous les voitures, alors qu'on aurait pu mettre des chambres à la disposition des personnes âgées et des enfants. Ce voyage inconfortable dura trois jours et trois nuits, sans la présence d'un service sanitaire quelconque. Toutes les localités évacuées connurent le même sort et le même abandon.

Nous relatons par ailleurs les conditions dans lesquelles se firent ensuite les transports par voie ferrée.

Dans les villes, les villages et les hameaux abandonnés, il y eut des scènes regrettables de pillage. Le préfet de la Moselle, M. Bonnat, en témoigne : « Des pillages ont eu lieu. Certaines unités ont pensé que, les villages libérés de leurs habitants, les biens mobiliers étaient leur propriété. Des officiers, hélas! ont donné un triste exemple, et j'ai dû, sous peine de publicité, interdire l'expédition de colis. » (Bruge, p. 57).

A Sarreguemines, un garde-frontalier surprit un jour un fantassin qui était en train de fracturer le tiroir-caisse de la boulangerie paternelle.

Nous-même, nous avons été témoin d'actes de pillage dans les demeures abandonnées. Il y eut également, dans les premiers jours de septembre, des expéditions de colis vers l'arrière. A cette époque, chez certains éléments, il n'y avait plus guère de notion de probité. Mais nous pensons sincèrement qu'une écrasante majorité des soldats de notre pays a respecté en toutes circonstances les biens d'autrui.

Il convient également de dire un mot du choix des départements d'accueil, qui n'a pas toujours été des plus heureux. En Charente, les communes sont formées de nombreux bourgs, hameaux, écarts et fermes, une situation qui provoqua une dispersion des réfugiés lorrains, plutôt habitués à vivre en communauté plus étroite et plus serrée. Les habitations mises à la disposition des nouveaux venus étaient le plus souvent inhabitées, inconfortables... et dépourvues d'installations d'hygiène. Dans maintes maisons charentaises on ignorait encore à l'époque les planchers, les sols des pièces étant carrelés ou simplement en terre battue. On y pendait encore la marmite à la crémaillère au-dessus d'un feu pétillant de cheminée.

Quand on connaît le confort dont jouissaient alors déjà les populations d'Alsace et de Lorraine, on ne pouvait être surpris de rencontrer auprès des réfugiés un certain sentiment de désarroi et de déception [2].

Il serait injuste de laisser croire qu'en Charente, comme dans les autres centres d'accueil, les réfugiés alsaciens et lorrains n'aient pas rencontré la chaleur humaine et la cordialité. Des liens d'amitié durables se sont créés dans l'adversité, de nombreux mariages eurent lieu et, après la guerre de nombreux jumelages de localités témoignent de la survivance de relations amicales.

Dès l'automne 1939, Camille Chautemps, vice-président du Conseil, chargé des affaires d'Alsace-Lorraine, dans une allocution radiodiffusée, promit aux réfugiés que l'armée veillerait sur leurs foyers et que tous les dommages causés, dûment constatés, seraient réparés.

La veille de Noël, le 24 décembre 1939, Edouard Daladier confirma solennellement cette promesse en ces termes :

« Alsaciens et Lorrains, vous qui m'écoutez, dans les vieilles demeures de nos départements de l'Ouest, sachez que notre armée a compris sa tâche et qu'elle remplit sa mission dans l'esprit le plus haut et le plus noble. Valeureuse et humaine, elle ne veut pas seulement être votre rempart contre l'ennemi, mais elle veut sauver la vie de vos provinces... J'ai vu moi-même, le long du Rhin, à quelques centaines de mètres de l'ennemi, des soldats labourer vos champs, la main sur la charrue et le fusil sur le dos. » (Bruge, p. 56).

---

[2] Voir Joseph Rohr, *La Lorraine mosellane*, p. 35.

L'évacuation de Sarreguemines

Après ces considérations générales, abordons à présent la relation du « repli » des Sarregueminois.

Le 25 mai 1939, le maire de Sarreguemines, M. Nicolas Nicklaus, fut avisé par M. le Préfet de la Moselle des mesures prises dès le temps de paix pour assurer non seulement le repliement des personnes civiles de la région fortifiée, mais également l'installation des réfugiés dans les départements désignés pour les accueillir. Le premier magistrat de la ville de Sarreguemines fut invité à participer aux travaux de la « Commission d'accueil et de secours aux réfugiés », appelée à fonctionner dans les départements de correspondance de la Charente. Toutes facilités seraient données au maire pour arriver en Charente avec les premiers réfugiés (3).

Ce document prouve que les autorités ne se faisaient plus d'illusions sur le déroulement des événements.

Par lettre du 7 juin 1939, le maire de Sarreguemines accepta cette mission et le préfet de la Moselle la confirma en rappelant ce qui suit : « Il va sans dire que dans l'éventualité d'un conflit nécessitant l'évacuation des populations frontalières, vous auriez tout d'abord à assurer le départ de vos administrés. Ce ne serait qu'après la remise en route de toute la population et le repliement des archives de votre commune que vous vous dirigeriez sur Angoulême. »

Voici à présent en quelques lignes le film du repliement.

Sept trains de voyageurs assurèrent l'évacuation de la population de la ville de Sarreguemines. Les cheminots opérèrent avec un dévouement total et acheminèrent les évacués vers les localités de Bourdonnay et de Vic-sur-Seille, d'où ils auraient dû être dirigés dans un premier temps vers le département de la Haute-Marne.

Finalement, l'administration abandonna l'idée de cette étape et les Sarregueminois furent acheminés vers la lointaine Charente. Voici la liste complète des communes d'accueil : Chasseneuil-sur-Bonnieure, Saint-Claud-sur-le-Son, Beaulieu-sur-Sonnette, Nieul, Suaux, La Rochefoucauld, Genouillac et Fontafie, Mazières, Jarnac, Darsac, Le Mesnieux, La Garde, Juillac, Loubert, Manot, La Péruse, Roumazières, Lussac, Saint-Laurent-de-Ceris, Saint-Mary, Artenac, Chantrezac, Le Basse, Puybernard.

La mairie de Sarreguemines, avec le maire M. Nicklaus, s'était installée à Chasseneuil-sur-Bonnieure (4).

De Confolens-Charente, M. le Maire Nicklaus rendit compte des opérations d'évacuation au préfet de la Moselle. Ce compte rendu, daté du 6-9-1939, est plein d'enseignements sur les conditions réelles de cette singulière « odyssée » ; en voici la teneur :

(3) Nicolas Nicklaus, annexe 2.
(4) Nicolas Nicklaus, *Sarreguemines dans la guerre 1939-1940*, p. 19.

« Comme suite à vos notes des 25 mai et 22 juin 1939, j'ai l'honneur de vous faire connaître que j'ai assuré, avant de quitter Sarreguemines, l'évacuation intégrale de la population sarregueminoise.

Répartie sur 14 secteurs, la population a été embarquée vendredi dernier (1er septembre) à partir de la réception de l'ordre d'évacuation à 16 heures 15 en gare de Sarreguemines. Sept trains furent demandés et mis à notre disposition, le premier quitta Sarreguemines vers 19 heures et le dernier vers minuit.

Personnellement, je tins à m'assurer de la complète réalisation de l'évacuation par un contrôle effectué dans chaque secteur. Ensuite, samedi matin vers 7 heures, je quittai Sarreguemines pour me rendre immédiatement à Bourdonnay, centre de recueil.

Malheureusement, le centre et les communes de recueil se trouvaient déjà débordés, dans l'impossibilité qu'ils étaient d'assurer l'hébergement et le ravitaillement des populations évacuées. J'avais pris la précaution de diriger sur Bourdonnay une charcuterie-cuisine ambulante, largement approvisionnée, et pourtant, elle ne put satisfaire pratiquement que les besoins de la partie de nos ressortissants évacués sur Bourdonnay même.

Ayant chargé à Sarreguemines une quinzaine de quintaux de viande de porc, je la fis aussitôt répartir dans les autres communes de recueil, afin d'y organiser un service de ravitaillement. Mais, à peine nos populations avaient-elles regagné leurs communes de recueil que déjà elles reçurent l'ordre de réembarquer, certaines même avant que leur ravitaillement ait pu être assuré. En outre, j'avais autorisé certains grossistes sarregueminois à transporter, de leur propre initiative, certains stocks de vivres et à les stocker à Bourdonnay, où je croyais pouvoir en disposer pour satisfaire les premiers besoins de la population sarregueminoise, mais je fus dans l'impossibilité d'en disposer, le centre d'accueil ayant été chargé d'assurer directement le ravitaillement des populations évacuées.

Aussitôt que les ordres de réembarquement de nos populations me furent communiqués, je pris soin de le surveiller, et, l'opération terminée, je quittai l'arrondissement de Château-Salins ; en accord avec MM. les Sous-Préfets de cette ville et de Sarreguemines, je laissai sur place les archives de la sous-préfecture et de M. le Receveur des Finances de Sarreguemines, celles du lycée, de l'école pratique et les archives municipales historiques, les registres d'état civil, dossiers militaires, dossiers d'étrangers, dossiers de l'évacuation, etc.

Ces opérations terminées, je rejoignis immédiatement la Charente, où à Angoulême, je pris contact dès hier après-midi, à la préfecture, avec M. le Sous-Préfet de Cognac en vue d'accomplir en Charente la mission que vous avez bien voulu me confier.

Bon nombre de nos évacués sont déjà arrivés durant la nuit et ce matin. Par ailleurs, je me suis rendu chez M. le Sous-Préfet de Confolens qui a bien voulu me donner toutes suggestions utiles, tant en vue de l'installation des services municipaux sarregueminois dans le centre des communes accueillantes qu'en vue de l'installation de notre caisse d'épargne. » (5)

La situation à Sarreguemines fin septembre et début octobre 1939

Ce rapport du maire de la ville, bien documenté et objectif, présente d'abord des considérations générales sur l'évacuation, avant de décrire la ville de Sarreguemines abandonnée.

« Avant de commencer cet exposé, je tiens à préciser de la manière la plus formelle qu'il n'est pas dans mes intentions de faire du sensationnel, mais de déposer dans le seul but d'apaiser la vague de mécontentement et de faire état des douloureuses surprises qui se sont produites ces derniers temps chez mes administrés.

1. Considérations générales sur l'évacuation

Lorsqu'à la date du 1er septembre, j'ai reçu l'ordre d'évacuer la ville de Sarreguemines, tout avait été préparé dans les moindres détails par la municipalité. La ville divisée en secteurs, chaque personne était en possession d'une carte d'identité. Les chefs de secteur, voire même les chefs de groupe et les agents de liaison, avaient reçu des consignes précises, et c'est grâce à ces mesures qu'il me fut possible d'évacuer en dix heures environ 13 000 personnes.

Mon organisation a fonctionné admirablement jusqu'au moment où nous sommes arrivés au premier centre d'accueil dans la région de Vic-sur-Seille.

A partir de ce moment, il ne m'était plus possible de prendre une initiative en quoi que ce soit et dès lors j'ai pu constater que plus rien n'était organisé. En effet, à peine la population était-elle hébergée provisoirement dans une dizaine de communes que je reçus l'ordre, le 3 septembre, de quitter la région pour une destination inconnue. Il m'avait été annoncé que le deuxième centre d'accueil serait le département de la Haute-Vienne. Cependant, contrairement à cette affirmation, nous avons fait un détour et notre population a été dirigée directement sur le département de la Charente. Qu'il me soit permis de taire les détails de ce voyage qui a duré deux à trois jours et parfois plus sans interruption. Ainsi on a transporté dans des fourgons (6) sans couvertures des pauvres enfants et de malheureux vieillards jusqu'en Charente. Parfois il ne fut même pas laissé aux évacués le temps de faire leurs besoins naturels, de sorte qu'il est inutile d'affirmer qu'il régnait dans les fourgons une situation indescriptible. Ce n'est que grâce à la constitution robuste de notre population lorraine qu'il n'y a pas eu plus de cas de décès, de fausses couches et d'accouchements précoces.

En ce qui concerne le service médical, je n'hésite pas à déclarer qu'il n'a fonctionné qu'en Moselle. Dès que nous avons quitté notre département, nous étions quinze jours sans médecin et sans sage-femme. Si je n'avais pas

---

(5) Nicolas Nicklaus, annexe 4.
(6) Sans doute des wagons de marchandises.

eu la bonne idée de prendre avec nous notre ambulance et quelques infirmiers-brancardiers et si nous n'avions point trouvé l'appui du Dr Niort de Chasseneuil et de quelques autres médecins régionaux dévoués, nous serions aujourd'hui encore, 22 octobre, sans service de santé, car le médecin qu'on nous avait envoyé dix jours après notre arrivée en Charente, nous a de nouveau quittés dans l'intervalle parce qu'il était lui-même chef d'une entreprise industrielle et n'avait pas exercé la médecine depuis vingt ans.

A présent nous nous trouvons depuis sept semaines en Charente et je suis à même d'affirmer en âme et conscience que dans les communes environnantes de Chasseneuil, où nous sommes hébergés, il existe encore 50 % d'évacués sarregueminois qui sont sans couvertures, sans vêtements chauds et sans chaussures.

A ce sujet, je remarquai que lorsqu'au commencement de l'année, on m'indiqua notre centre d'accueil, en cas d'un conflit armé, je me suis donné la peine, au mois de mai dernier, de faire un voyage en Charente, pour me rendre compte de visu de la situation générale dans ce département. J'ai pu établir alors qu'on n'avait pris aucune mesure préparatoire pour notre accueil éventuel, à l'exception d'une répartition sur les différentes communes alors envisagée par la préfecture. Le canton de Ruffec avec, éventuellement, les cantons de Saint-Amand-de-Boixe, Villebois-Lavalette et Villefagnan, étaient alors prévus comme lieux d'hébergement pour la ville de Sarreguemines. Lorsque je me suis présenté chez le maire de Ruffec, ancien député, et lorsque je lui fis part qu'en cas de guerre, je viendrais faire héberger notre ville de 16 000 habitants dans son canton, mon collègue de Ruffec m'a déclaré aussitôt que c'était matériellement impossible.

Je n'ai pas manqué à ce moment-là de signaler cet état de choses aux services compétents et je joins à la présente une copie du rapport d'ensemble que j'avais pris soin de retenir à l'époque.

2. Situation concernant la ville de Sarreguemines évacuée.

Depuis l'évacuation, je me suis rendu deux fois à Sarreguemines, à savoir, la première fois du 25 septembre au 30 septembre, et la deuxième fois du 4 au 11 octobre.

Lors de mon premier séjour dans notre ville, j'ai pu établir ce qui suit:

Dans beaucoup de quartiers, les soldats avaient pénétré dans les habitations et dans les magasins et y avaient enlevé tout ce qui leur avait paru utile. Je tiens à souligner qu'en fouillant les habitations on a défoncé les portes et on a flanqué tout pêle-mêle en salissant aussi les habitations.

Tous les gardes-frontières, qui étaient pour la plupart des Sarregueminois, ainsi que les cheminots qui ont pu pénétrer dans Sarreguemines et dans les villages, ont relaté ce qu'ils avaient pu constater. Il est évident que ces récits ont dû provoquer nécessairement un effet néfaste sur nos évacués, effet qu'aggrave le fait que les pauvres **gens sont hébergés** d'une façon tout à fait insuffisante et incommode. Jusqu'à présent j'ai toujours essayé de dépeindre la situation dans la zone évacuée comme moins triste qu'elle l'est en réalité. Cela m'a été possible en ce qui concerne mon premier séjour à Sarreguemines, alors que lors de mon deuxième séjour du 4 au 11 octobre, j'ai été obligé de faire des constatations que je ne puis décrire.

L'on sait que le commandement suprême avait décidé vers la fin de septembre de procéder à une évacuation systématique de la ville de Sarreguemines. J'avais alors proposé la formation d'une commission d'évacuation composée de militaires et de civils (industriels, commerçants, maire), etc. Cependant on n'a tenu aucun compte de ma proposition et l'on a procédé à l'évacuation des magasins et logements par la troupe.

Dans la suite, les garages et les magasins ont été saccagés systématiquement. L'outillage spécial, les petites machines et même des autos furent enlevés. A titre de renseignement, je me permets de citer que j'ai surpris, les 28 et 29 septembre, des pionniers qui ont vidé à Sarreguemines le garage Fath en quelques jours. Même une voiture Ford qui n'était pas encore tout à fait montée fut enlevée par eux. Comme j'étais seul, je ne pouvais pas le leur interdire. L'un d'eux me fit savoir qu'il était dépanneur. J'ai tout lieu de croire que ces individus étaient originaires des départements voisins (Meurthe-et-Moselle, Vosges, Haute-Marne, Meuse) et qu'ils ont transporté les marchandises enlevées dans lesdits départements.

De même que le garage Fath, d'autres garages et magasins de ce genre furent pillés de la même façon.

Lors de mon deuxième passage à Sarreguemines, j'ai pu établir également que des magasins et habitations ayant été intacts encore auparavant, avaient été saccagés et partiellement pillés dans l'intervalle.

Je crois devoir ajouter que les commandants de gendarmerie et de la place de Sarreguemines m'ont avoué qu'ils étaient impuissants et qu'ils regrettaient eux-mêmes vivement cet état de choses.

Aux fins de mieux documenter mon exposé, je me permets de joindre des copies de quelques lettres que j'ai reçues d'habitants de Sarreguemines confirmant l'état de choses signalé.

Pour terminer, je tiens à nouveau à signaler que le présent exposé n'est pas fait dans l'intention de rendre responsable qui que ce soit de la désastreuse et décourageante situation qui règne à Sarreguemines, mais j'estime qu'il est indispensable de faire procéder de toute urgence à une enquête minutieuse en vue d'identifier les auteurs des faits signalés et de faire donner, dès à présent, à notre bonne ville de Sarreguemines et sa malheureuse population évacuée, qui a toujours et en toutes circonstances fait preuve incontestable de ses sentiments nationaux, l'assurance et la garantie formelles d'une indemnisation équitable et procurer ainsi à nos populations déjà trop éprouvées, l'apaisement qui leur est indispensable. » (7)

Le maire : N. Nicklaus.

(7) Nicolas Nicklaus, *Sarreguemines dans la guerre 1939-40*, annexe 5.

Le séjour en Charente

Avec les premiers froids, l'inconfort de l'installation des réfugiés s'accentua de plus en plus, car ils ne disposaient pas encore de couvertures et de couvre-lits. Les plus démunis manquaient également d'habits, de linge de corps et de chaussures. La modicité de l'allocation journalière ne leur permettait pas de faire les acquisitions indispensables; elle suffisait tout juste aux exigences de l'alimentation. Pour pallier la précarité de cette situation, le maire de Sarreguemines fut autorisé à retourner à Sarreguemines afin d'y récupérer le nécessaire. Il se présenta d'abord à la préfecture, où on lui conseilla de s'adresser au quartier général de la IVe armée, installé à Vic-sur-Seille. Muni d'un laissez-passer et de moyens de transport, le maire put enfin se rendre dans sa ville.

En présence des commandants de la place, de la gendarmerie et d'un fonctionnaire de l'intendance, la récupération s'effectua dans quatre magasins de la ville et ne concerna que des vêtements, du linge et des couvertures. Le soir même, ces marchandises furent chargées sur des camions militaires et transportées à la gare de Château-Salins, d'où elles ont été acheminées vers la Charente.

A Chasseneuil, dans la halle du marché, les opérations de tri et d'inventaire se firent sous la direction d'un chef de dépôt responsable. Il convient de préciser qu'à l'occasion du voyage à Sarreguemines, il n'y eut aucun prélèvement dans un appartement privé.

Toutes les opérations de récupération postérieures se réalisèrent sous la responsabilité de la commission d'évacuation n° 10, siégeant à l'école des Eaux et Forêts, 2, rue Girardet à Nancy, dirigée par le chef de bataillon Lauret, officier récupérateur de la ville de Sarreguemines.

La literie récupérée ensuite dans les appartements a été emballée sur place et les colis furent munis des adresses des destinataires. Mais au lieu de les faire parvenir à Chasseneuil, les envois parvinrent au Centre Social Mosellan à Angoulême qui, dans un premier temps, sans se soucier des adresses, les distribua sans distinction à tous les réfugiés qui se présentèrent.

Plus tard, les derniers wagons arrivèrent à Chasseneuil, où la distribution aux propriétaires nommément désignés put enfin se faire dans de bonnes conditions [8]. L'auteur de cette étude eut la chance d'y prendre en charge quasiment toute sa literie.

L'existence quotidienne des réfugiés

Peu à peu, les «évacués», grâce à leur sens pratique, se créèrent un minimum de confort avec du mobilier, souvent bricolé de leurs mains. Ils étaient hébergés dans des villages surpeuplés par leur arrivée, dans des fermes abandonnées et dans des «résidences d'été» qui n'avaient aucun rapport avec

---

[8] Nicolas Nicklaus, *Sarreguemines dans la guerre 1939-40*, p. 5.

les résidences secondaires actuelles, loin de là. L'hébergement était des plus précaires, sans le moindre confort. Les minuscules poêles cylindriques de série, qui avaient été mis à leur disposition, exigeaient de la part des ménagères de véritables prouesses pour assurer la cuisson des aliments.

Très tôt, l'inaction et le désœuvrement commencèrent à peser à notre population laborieuse, habituée à des occupations régulières, et elle se mit à la recherche d'un travail. Les uns donnèrent un coup de main aux cultivateurs charentais, occupés à rentrer leurs récoltes de pommes de terre et de topinambours, les autres trouvèrent des emplois dans les rares usines de la région, chez dez artisans locaux et des entrepreneurs.

La scolarisation des enfants était assurée, grâce à la présence d'institutrices et de maîtres non mobilisés, qui purent garder à leurs classes une certaine autonomie. La dotation en livres et en matériel scolaire de première nécessité fut possible. L'enseignement se dispensa dans des conditions normales.

Durant l'évacuation, la question de la langue, surtout pour les plus âgés, posa des problèmes et fut l'occasion de maintes frictions et de remarques blessantes à l'adresse des *réfugiés*. Mais en général, l'entente a été bonne. En Charente, nous avons également rencontré des gens de cœur et hospitaliers.

Noël 1939 permit à la municipalité de Sarreguemines d'organiser des fêtes dans tous les gros centres avec le concours de quelques éléments de la musique municipale. Des friandises et des albums d'images purent être distribués aux enfants. Cette célébration d'une fête très populaire dans l'Est raviva encore la nostalgie de ceux qui avaient dû quitter leur terroir natal. A l'hôpital et à l'asile de vieillards de Cognac, des lainages et des friandises réjouirent ces pauvres exilés. Par une allocution en dialecte du pays, le maire de Sarreguemines, Nicolas Nicklaus, réconforta et toucha profondément son auditoire.

Au printemps de l'année 1940, la municipalité recommanda aux réfugiés l'aménagement de potagers, et les y incita par l'allocation d'une prime de 100 francs par are cultivé. Des semences furent également mises à la disposition des jardiniers.

La vie des réfugiés s'était normalisée et ils se résignèrent peu à peu à leur sort de «déracinés». Confiants dans l'armée française, la déroute de mai 1940 les tint en émoi. Avec stupeur, ils suivirent la débâcle qui s'approchait de jour en jour. Le flot des fuyards, qui déferla sur les routes du Sud-Ouest, leur donna une idée du désastre.

Dès le 24 juin, Chasseneuil fut occupée par une unité blindée allemande. En accord avec le maire charentais, le maire de Sarreguemines put éviter la mise à sac de la ville. Le lendemain, la ligne de démarcation était tracée, créant d'invraisemblables difficultés de circulation. Dans le désarroi général, de nombreuses voix s'élevèrent pour demander le rapatriement, le retour à Sarreguemines. Les réfugiés étaient dans une ignorance totale de ce qui les y attendait.

Le 7 juillet 1940, à Angoulême, le maire de Sarreguemines eut une entrevue avec M. Lalanne, représentant le préfet de la Charente, et quelques officiers d'administration allemands, afin d'organiser le retour des réfugiés. M. Nicklaus, qui s'était rendu à Sarreguemines avec une équipe de onze ouvriers du service technique de la ville, fut éconduit par les autorités allemandes et finalement refoulé comme indésirable. Revenu en Charente, il organisa le retour de ses administrés. Les premiers convois par voie ferrée quittèrent les lieux d'accueil à partir des 28 et 29 août 1940. Obligatoirement, les trains de réfugiés devaient passer par Saint-Dizier où les Allemands, bien informés, opérèrent un premier tri. De nombreux Sarregueminois ne purent rentrer dans leur ville et durent regagner les anciens lieux d'accueil (9).

Par ailleurs, de nombreux ressortissants de Sarreguemines et de la région, surtout des jeunes, s'engagèrent dans les forces françaises libres et contribuèrent à la libération de leur pays.

Avant de clore ce chapitre de l'évacuation, il convient de signaler que bon nombre de ressortissants de notre ville n'avaient pas rejoint le département de la Charente parce qu'ils avaient été accueillis et hébergés par des parents dans d'autres provinces françaises. De ce fait, ils n'eurent pas droit à l'indemnité journalière de réfugiés, d'un montant de 10 francs.

Enfin, l'épreuve de l'évacuation et du dépaysement était terminée pour une grande majorité de Sarregueminois...; le drame de l'annexion attendait les « revenants ».

---

(9) Nicolas Nicklaus, *Sarreguemines dans la guerre 1939-40*, pp. 7-8.

Arrondissement de Sarreguemines

Communes mosellanes évacuées	Siège de la mairie en Charente
Achen	Les Métairies - Poursac
Baerenthal	non évacuée
Bettviller-Guising-Hoelling	Chabrac - Brigueil
Bining-lès-Rohrbach	Exideuil
Bitche	Confolens
Bliesbruck	Chazelles
Blies-Ebersing	Verteuil - Clavette
Blies-Guersviller, Blies-Schweyen	Verteuil - St-Médard-d'Aunis
Bousseviller	Royan (Charente-Maritime)
Breidenbach-Olsberg	Barbezieux
Eguelshardt	Saint-Simon
Enchenberg	non évacuée
Epping-Urbach	Barret
Erching	Yvrac
Etting	Le Lindois
Folpersviller	Sainte-Soulle
Frauenberg	Saint-Christophe (Charente-Inférieure)
Gœtzenbruck	mai 1940 - Châtelaillon
Grosbliederstroff	Bouteville - Anzac - Blanzac
Gros-Réderching	Baignes Sainte-Radegonde
Guising, Grundviller	Saint-Gourson
Guébenhouse	Chassiecq
Hambach-Roth	Salles d'Angles
Hanviller-lès-Bitche	Bréville
Haspelschiedt	Lignière-Sonneville
Hottviller	Saint-Christophe - Lesterps
Hundling	Saint-Aulais
Ippling	Barbezieux - Saint-Hilaire
Kalhausen	Aisecq - Benest
Lambach	Chantillac
Lemberg	non évacuée
Lengelsheim	Saint-Sulpice-de-Cognac
Liederschiedt	Royan (Charente-Maritime)
Lixing-lès-Rouhling	Segonzac
Loupershouse-Ellviller	Challignac - Condéon
Loutzviller	Saint-Sévère
Meisenthal	non évacuée
Montbronn	non évacuée
Mouterhouse	non évacuée
Neufgrange	Saint-Amand-de-Bonnieure - Angeau

Neunkirch-lès-Sarreguemines	Les Adjots - Nanteuil
Nousseviller-lès-Bitche	Touzac
Obergailbach	Pleuville - Brie - La Rochefoucauld
Ormersviller	Brie-La-Rochefoucauld
Petit-Réderching	Lachaise
Philippsbourg	Saint-Simeux
Rahling	non évacuée
Rémelfing	Cellefrouin
Reyersviller	Ars
Rimling	Bassac
Rohrbach-lès-Bitche	Taponat
Rolbing	Saint-Thomas-de-Couau (Char.-Inf.)
Roppeviller	Lignières-Sonneville
Rouhling	Mérignac
Sarreguemines	Chasseneuil
Sarreinsming-Althorn	Guimps
Schmittviller	Pleuville
Schorbach	Gensac-la-Pallue
Schweyen	Semoussac (Charente-Inférieure)
Siersthal-Holbach	Vitrac
Soucht	non évacuée
Sturzelbronn	Royan
Saint-Louis-lès-Bitche	non évacuée
Volmunster - Weiskirch - Eschviller	Sigogne
Waldhouse	Saint-André - Cherves-de-Cognac
Walschbronn	Cherves-de-Cognac
Welferding	Champagne-Mouton - Raignac
Wiesviller	Saint-Bonnet
Wittring	Cherves-Chatelars - Montemboeuf
Woelfling-lès-Sarreguemines	Montchaude
Woustviller	Abzac
Zetting-Dieding	Croix-Chapeau (Charente-Maritime)

CHAPITRE II

Les gardes frontaliers

Les gardes-frontaliers, des mobilisables de la région, furent rappelés par ordres individuels dès le 23 août 1939 pour assurer une surveillance efficace de la frontière.

Septembre 1939

Après l'évacuation de la ville de Sarreguemines et après l'effervescence fébrile du départ de la population, le calme était revenu, un calme relatif et provisoire. Quelques civils attardés, mais pressés de s'en aller à leur tour, hantaient les rues de la ville. Seuls restaient les soldats en faction à différents points de la cité, notamment aux abords du pont de la Sarre, où des hommes du génie, chargés des destructions, s'affairaient.

Les compagnies de gardes-frontaliers, à l'exception de l'état-major, occupaient leurs positions en bordure immédiate de la frontière, où elles formaient, dans le cadre de leur mission, un mince rideau de garde, en attendant la mise en place d'unités combattantes. Pendant le jour, les Allemands s'agitèrent beaucoup, à un jet de pierre parfois de nos frontaliers. Peu à peu il fut possible de localiser leurs postes de garde et d'observation serrant la frontière de près. Le téléphone de campagne leur permettait de communiquer entre eux, alors que nous en étions dépourvus. Pour les gardes-frontaliers en postes isolés, les nuits étaient longues. Pratiquement sans la moindre visibilité les nuits sans lune et pour certains même sans audibilité, ainsi que ce fut le cas au poste de la Wackenmühle où le bruit de l'eau de la Blies sur la digue empêchait toute écoute, laissant les hommes à la merci d'une surprise périlleuse.

Régulièrement une patrouille de frontaliers longeait la frontière, ce qui provoqua aussitôt l'apparition d'une patrouille allemande identique. Il arriva alors que les deux colonnes, séparées seulement par le cours de la Blies, cheminaient de pair à la même cadence, pleines de méfiance et s'observant constamment à la dérobée. Situation délicate et tendue, où le moindre geste pouvait provoquer un échange de coups de feu.

Seuls de rares side-cars de liaison sillonnaient encore les rues d'une ville morte. Leurs conducteurs ne manquaient pas de faire état de l'impression déprimante ressentie en traversant ces rues et ces places sans vie. Par la suite, le rayon d'action de nos reconnaissances s'étendit en profondeur. L'un des participants raconte : « Aujourd'hui nous avons pris contact avec un groupe de gendarmes stationnés au milieu de la rue du Maréchal-Foch. En ville, des compagnies de réservistes des classes anciennes étaient occupées à la récupération des machines dans les entreprises et des archives dans les administrations. Rencontré le professeur Joseph Rath, du cours complémentaire de la ville, qui, avec d'autres militaires, était en train de récupérer les documents et archives de la sous-préfecture, qu'ils chargeaient ensuite sur une carriole. Il nous donna des nouvelles de l'arrière qui furent les bienvenues. Un autre groupe sillonna la ville à bord d'un camion à ridelles tout neuf. C'étaient quelques frontaliers volontaires chargés de capturer cochons, lapins et volailles qui erraient dans tous les quartiers où ils furent parfois les victimes des nombreux chiens errants. Ce fut un travail pénible et épuisant, mais efficace puisqu'il permettait d'améliorer l'ordinaire de la troupe. Au volant du camion, je reconnus Linus Lenhard, le maraîcher bien connu de la rue Joffre. Il était aux commandes de son propre camion. Il me fit part de sa crainte de ne pas disposer d'assez de temps pour venir à bout de cette besogne, d'autres tâches militaires l'appelant ailleurs. »

Effectivement les indices annonçant une opération d'envergure se multiplièrent. La majeure partie des gardes-frontaliers modifia ses positions pour en occuper d'autres dans des postes de combat retranchés et judicieusement répartis le long de la frontière. Les blockhaus aux ponts, points de passage en Allemagne, étaient pourvus d'équipages au grand complet. Partout des travaux d'amélioration des positions étaient en cours. Des unités sur pied de guerre vinrent discrètement s'installer dans des cantonnements proches, prêtes à lancer une attaque. Dans le nombre, il y avait des troupes du génie, des artilleurs, des chasseurs à pied ainsi que les 26e et 170e régiments d'infanterie, dont le premier allait subir le baptême du feu dans le secteur de la Blies.

Un gradé frontalier raconte : « Parmi mes attributions, il y avait celle d'assurer la liaison-ravitaillement des postes en bordure de la frontière sur près de cinq kilomètres. Je disposais d'une voiture de réquisition qui avait reçu une bonne dose de peinture de camouflage, vitres comprises. Mon passage régulier sur la route de la vallée de la Blies, longeant la frontière, était évidemment bien connu des Allemands. Ce véhicule insolite étant une apparition habituelle dans le décor automnal offert à leur vue, ils ne semblèrent pas y attacher une grande importance. Fait que j'allais bientôt pouvoir mettre à profit.

Je fus mis en contact avec un groupe d'officiers du 26e R.I. avec la mission des les guider au cours de la reconnaissance du terrain qu'ils envisageaient de faire. Cette entreprise exigeait une discrétion absolue. Mais la solution était vite trouvée. C'est ainsi qu'en plus du chargement habituel de mon véhicule, j'embarquais quelques officiers invisibles de l'extérieur, mais pouvant observer et étudier à loisir le terrain adverse au cours de la lente progression de la voiture. Cette manœuvre se répéta plusieurs fois. D'ailleurs l'un des officiers devait trouver la mort au cours de l'attaque du 9 septembre 1939. Son nom est aujourd'hui gravé sur le monument commémoratif du 26e R.I. près de la Wackenmühle.

Voici le texte de l'inscription :

        Aux premiers gars du 26e R.I.
        Fageot Pierre, sous-lieutenant
        Germon Roger
        Naese Ferdinand
        Robert Roger
    tombés le 9 septembre 1939
après la conquête d'« Hitlersdorf » (Sitterswald)

Toujours dans les mêmes conditions d'un secret absolu, un groupe de frontaliers fut chargé d'un étrange travail. Ils transportèrent nuitamment de grandes quantités de toiles-bâches récupérées à la Wackenmühle, où en temps ordinaire elles servaient à couvrir les masses préparées pour la fabrication des faïences, en haut de certaines rues, à des points stratégiques précis. Dès que la lumière du jour était tombée, un activité fébrile débuta. Sur plusieurs tracés, hors de vue des Allemands, des cheminements à travers jardins, cours et maisons furent créés. Les clôtures ouvertes, les obstacles déblayés, le sol dur fut ensuite tapissé des toiles de la Wackenmühle pour assourdir et étouffer le bruit des pas. Ce fut un bien dur labeur mais qui s'avéra payant, car il permit l'approche des troupes d'assaut jusqu'aux rives de la Blies, sans alerter prématurément les Allemands.

La nuit allait sur sa fin. Près du stade municipal et en d'autres endroits, des canots (sacs Haber) furent mis à l'eau. L'un d'eux tomba du haut de la berge et son plouf dans l'eau attira l'attention d'une sentinelle allemande qui s'avança. Une rafale la tua net. Au même instant, une déflagration infernale, suivie d'une pluie de pierres et d'un nuage noir et opaque, mit tout le secteur en éveil. Les Allemands venaient de faire sauter le pont de la Blies. Plusieurs jours plus tard, nous découvrîmes le cadavre de l'officier allemand dans les décombres de l'ouvrage. Dès lors, tout le front s'anima le long de la Blies. D'autres détonations, plus lointaines, suivirent. Le tir des mitrailleuses, les rafales des mitraillettes faisaient rage. Notre artillerie pilonnait les hauteurs de Sitterswald et de Bliesransbach. La guerre venait de commencer, les troupes françaises pénétrèrent en Allemagne et enlevèrent plusieurs villages allemands, proches de la frontière, dont Hanweiler-Rilchingen et Sitterswald, non sans subir les premières pertes.

Après cette nuit mémorable, quand le jour se leva sur Sarreguemines, les choses avaient bien changé et pris une autre tournure. Sur la ville se tenait, immobile, un épais nuage de poussière et de fumée, voilant les premières lueurs de l'aurore. Sur tout le contour de la frontière, le long de la Sarre et de la Blies, dans les rues y menant, où la veille encore dans un calme absolu rien ne bougeait, ou si peu, régnait à présent une intense activité militaire, bruyante à souhait. Sur la Blies, un peu en amont du pont détruit, les sapeurs du génie construisaient un pont de bateaux, et une véritable fourmilière d'hommes s'activait à établir, sur les deux berges, des accès carrossables. Heureusement les tirs de l'artillerie allemande n'étaient que sporadiques et peu intenses.

Dans le ciel, un premier avion français se dirigeait vers l'Allemagne. Aussitôt, un avion allemand croisa son vol et engagea le combat. Le pilote français, trop lent dans ses évolutions, accepta un combat inégal contre le chasseur allemand bien plus rapide. De part et d'autre, les armes de bord crachèrent leurs projectiles. Bientôt l'avion français, touché, se mit à tournoyer dans le ciel, puis un parachute dériva vers une ligne médiane entre Neunkirch et Bliesguersviller, toujours poursuivi par l'Allemand qui ne voulait pas lâcher sa proie. Le geste manquait de noblesse... Et aucun autre avion français à l'horizon !

Les travaux au pont de bateaux étaient loin d'être achevés que déjà il supportait un trafic intense dans les deux sens. Derrière le blockhaus du pont détruit de la Blies, les rangées de blessés et de morts s'allongeaient. Parmi eux de nombreux blessés allemands. Cet endroit était le point de ralliement des brancardiers, utilisant surtout des brancards sur deux roues. Ensuite, les ambulances prenaient la relève et assumaient le transfert vers les hôpitaux de campagne. Dans l'odeur de sang, de poudre et de sueur, le spectacle était bouleversant et faisait pressentir les horreurs de la guerre.

La mission d'origine des gardes-frontaliers s'était encore modifiée dès l'attaque des troupes françaises. Groupe par groupe, les compagnies suivirent les unités de choc en Allemagne avec la mission de nettoyer le terrain conquis, d'ailleurs truffé de mines. C'est ainsi que fut découvert et fait prisonnier un petit groupe de frontaliers allemands qui, n'ayant pu se replier à temps, s'était caché dans la maison Reichart, tout près du pont, à Hanweiler. Un peu partout dans les villages occupés, des mines avaient été posées avec une ruse diabolique. Comme toutes les mines ne furent pas découvertes à temps, il y eut des victimes. Aujourd'hui, on peut dire qu'il relevait du miracle que les gardes-frontaliers s'en fussent tirés à si bon compte. »

Juste avant cette opération de ratissage du terrain, se situe le fait suivant que nous a rapporté un gradé de la compagnie des frontaliers, engagés à Sarreguemines et au-delà de la frontière : « Revenant du P.C. de la compagnie, il rencontra un lieutenant avec dix de ses hommes entourant, baïonnette au canon, un groupe de 28 soldats frontaliers allemands prisonniers. L'officier fit part de son embarras à trouver son chemin et accepta volontiers que le gradé prît en charge les prisonniers. Cependant le frontalier était seul à remplir cette mission et le lieutenant semblait s'en inquiéter. Toutefois il se trouva que les Allemands étaient visiblement dans un grand état d'épuisement et nullement enclins à reprendre leur liberté par un coup de force. Le risque à prendre fut donc minime. Notre brave garde-frontalier ramena son groupe de captifs à travers les rues de la ville jusqu'à la villa Grafenstein, où se trouvait le poste de commandement du régiment. En cours de route, les prisonniers racontèrent qu'ils n'avaient plus eu de vivres depuis trois jours, ce qui expliquait leur état d'épuisement. La corvée de ravitaillement n'avait pu atteindre leur cache. L'entrée de cette étrange équipée dans la cour du P.C. régimentaire fit sensation. Du haut du perron, le colonel assista à la scène. Informé de la situation, il fit immédiatement distribuer à chaque prisonnier une demi-boule de pain et une tablette de chocolat. Assis en rond sur les marches de l'escalier, les Allemands se régalèrent.

A les regarder manger d'un si bon appétit, le gradé frontalier ne put s'empêcher de se poser un instant la question : et si les circonstances nous avaient mis à leur place, aurait-on agi de la même manière chevaleresque à notre égard ? »

Vers le 20 septembre, les compagnies de frontaliers furent repliées à Sarralbe. Le trajet se fit à pied et à bicyclette. C'est alors qu'ils apprirent dans quelles conditions d'inconfort leurs familles avaient été évacuées et également la précarité de l'hébergement dans les départements d'accueil. Leur moral en fut atteint. Pourtant, au début d'octobre, le commandement les ramena de nouveau à Saint-Nicolas-de-Port, où elles furent dissoutes, et les gradés et hommes dirigés vers d'autres unités (1).

---

(1) Alphonse Heintz, sous-officier frontalier.

CHAPITRE III

Liste des optants volontaires pour la France

Mars 1941

Le *Gauleiter* Joseph Bürckel avait alors offert aux Mosellans une dernière possibilité de retourner en France.

Optants de Sarreguemines

1. Adolphe Assmus.
2. Anne Assmus.
3. Berthe Assmus.
4. Emile Assmus.
5. Marie Assmus.
6. Joseph Barth, avec un enfant.
7. Pierre Barth, avec un enfant.
8. Emile Bauer.
9. Robert Bauer, avec son épouse et cinq enfants.
10. Lucie Behr, 84 ans, tante de Mme Victor Florsch.
11. Eugène Bécher, avec son épouse et trois enfants.
12. Sophie Beck, de Neunkirch.
13. Jean-Baptiste Blaiesse.
14. Paul Boulling, avec son épouse et deux enfants.
15. Victor Decker.
16. Clément Dumaye et son épouse (Neunkirch).
17. Jean Eyermann, avec son épouse et quatre enfants.
18. Sébastien Fischer.
19. Victor Florsch, avec son épouse et deux enfants.
20. Marc Fuhrmann.
21. Léon Gauer et son épouse (Neunkirch).
22. Pierre Hasenfratz, avec son épouse et deux enfants.
23. Paul Helmig.
24. Ernest Hubé.
25. René Hubé.

26. Denis Kempfer avec son épouse et cinq enfants.
27. Albert Kieffer et sa famille.
28. Christian Kley avec son épouse et cinq enfants.
29. Henry Kley.
30. Marguerite Kley.
31. Célestin Katzinger.
32. Joseph Kirsch.
33. Marie Kneib, née Weiskircher.
34. Jean Koch.
35. Jeanne Koehl.
36. Adolphe Lams.
37. Emile Larbalétrier.
38. Germaine Mathis.
39. Marie Mathis, née Schœb, et trois enfants.
40. Marie Nussbaum.
41. Sophie Porté, née Kœhl, avec deux enfants.
42. Victor Pinck.
43. Joseph Rath, avec son épouse et un enfant.
44. Joseph Richard, avec son épouse et un enfant.
45. Maurice Sausy.
46. Jean Schauber, avec son épouse et un enfant.
47. Jean-Nicoles Schneider, avec son épouse et trois enfants.
48. Michel Steiner.
49. Anne Stoebener, née Arbogast, et quatre enfants.
50. Henri Vigel, avec son épouse et deux enfants.
51. Charles Wurtz et son épouse.
52. Victor Zahm.

Sarreguemines, le 25 mars 1941.

Pour l'arrondissement de Sarreguemines, il y eut en tout 104 optants, ainsi qu'il ressort de la même liste, qui m'a été communiquée par M. Eugène Steinmetz. Tous ces optants n'eurent pas l'autorisation de partir, d'autres renoncèrent finalement au départ.

*

CHAPITRE IV

L'administration municipale de 1940 à 1944 [1]

Dès le mois de juillet 1940, les Allemands mettent en place leur propre administration (*Stadtverwaltung*) dans une ville encore vide de ses habitants. Le *Stadtkommissar* [2] Nelles, venu de Merzig en Sarre, supervise jusqu'au 1er septembre l'installation de cadres et employés allemands. A cette date, Otto Georg Angerer lui succède, paré du même titre, en usage dans tous les territoires occupés. Le 18 octobre 1941, un Lorrain, Eugène Foulé, est nommé dans les fonctions de *Stadtkommissar* de la ville de Sarreguemines. En 1942, par l'incorporation des Alsaciens et des Lorrains dans la Wehrmacht, le IIIe Reich signifie sa détermination d'annexion pure et simple. Comme l'Alsace, la Lorraine est alors déclarée officiellement terre allemande, et, le 25 février 1943, Eugène Foulé nommé *Bürgermeister*, comme dans toute autre ville allemande.

En septembre 1940, avec le retour des réfugiés de leurs lointains départements d'accueil la vie reprend à Sarreguemines et la municipalité doit faire face à de nombreux problèmes. Les employés municipaux [3] d'origine sarregueminoise et lorraine s'intègrent peu à peu dans le dispositif municipal allemand, dirigé par l'*Oberinspektor* Loesch. Tous les chefs de service sont des Allemands, à l'exception d'un seul, et les employés autochtones se trouvent déclassés à un échelon inférieur à celui occupé précédemment. Il y a plus de 50 % d'employés allemands dans tous les services. L'occupant maintient la même organisation et le même nombre de services, en y ajoutant toutefois celui des tickets d'alimentation et des bons d'habillement et de chaussures (*Lebensmittelkartenamt* et *Bezugsscheinamt*).

Quelle est dès lors la situation des employés lorrains durant ces quatre longues années ? Déclassés de leur grade, ils se voient astreints à suivre des cours de formation politique et de formation professionnelle, la première ayant évidemment priorité sur la seconde. Ces sessions sont programmées sur trois ans, la première année, les cours se font au château Utzschneider, les années suivantes,

---

[1] Informations recueillies auprès de M. Marcel Sand, secrétaire général honoraire de la mairie de Sarreguemines.
[2] Commissaire municipal.
[3] Plusieurs d'entre eux restèrent dans les lieux d'accueil.

les stagiaires doivent se déplacer à Sarrebruck. Comme de nombreuses défections se produisent, les fautifs sont menacés de licenciement... et de non maintien après la victoire.

Il existe également un *Stadtrat* (un conseil municipal), dont tous les conseillers, peut-être une douzaine, sont choisis parmi la population locale. Mais les *Stadträte* (4) n'ont aucun pouvoir de délibération, et encore moins de décision. Leur rôle consiste à prendre connaissance des décisions prises et à les signer. Leur signature est tout simplement précédée de la mention *Kenntnis genommen* (pris connaissance).

Les activités administratives et la gestion de la municipalité sont contrôlées par le *Landrat*, en fait « sous-préfet », alors qu'au *Kreisleiter* revient la mission de diffuser l'idéologie nazie et de diriger l'appareil du parti.

Les directives au personnel municipal incombent à la *Hauptverwaltung* (l'administration principale) formant l'état-major de la municipalité (le bureau du maire). A côté de ce service, en existe un autre, appelé *Zentralverwaltung*. C'est un organisme de coordination et de contrôle de toutes les activités des services municipaux. A chaque décision, dans chaque cas présentant une certaine importance, il faut en aviser la *Zentralverwaltung* et lui transmettre les doubles dûment paraphés.

D'une manière générale, la gestion municipale est conduite avec rigueur. L'entente entre les employés du pays et ceux venus du Reich, surtout de la Sarre et du Palatinat, reste correcte et courtoise, dans l'ensemble. Les cadres allemands sont de toute évidence des dignitaires du parti national-socialiste et exercent une pression certaine sur leurs subordonnés lorrains pour les inciter à entrer dans les formations du parti, dans les S.A. par exemple. Dès le départ, de nombreux employés sont enrôlés dans le fameux *Hilfsdienst* (5) d'où ils devront ensuite passer dans une formation paramilitaire. Les Sarregueminois font l'impossible pour échapper à cette emprise en se réfugiant dans le *Luftschutz* (défense passive) et la N.S.V. (6) (l'aide sociale), au service de tous. Du point de vue administratif, le personnel municipal lorrain fait tout son devoir, puisqu'il est au service de ses compatriotes. C'est avec un immense soulagement qu'il accueille la libération, et dès le 6 décembre 1944, les employés municipaux se mettent à la disposition de Mᵉ André Rausch, avocat du barreau de Sarreguemines, nommé président de l'administration municipale par les autorités américaines. Lui et son équipe restent en fonctions jusqu'aux élections d'octobre 1945, où Henri Ehrmann devient le premier magistrat de la ville.

*

(4) Conseillers municipaux.
(5) *Hilfsdienst* = service d'entraide.
(6) N.S.V. = *Nationalsozialistische Volkswohlfahrt*.

En 1948, la ville de Sarreguemines fut l'objet d'une citation à l'ordre de l'Armée :

« Ville réputée pour le patriotisme de ses habitants et pour son attachement à la Mère-Patrie.

Meurtrie par les bombardements et soumise à la haine implacable d'un ennemi féroce, qui n'hésita pas à déporter 283 habitants (dont 28 furent tués), Sarreguemines s'est acquise des droits à la reconnaissance du pays. »

Cette citation comporte l'attribution de la croix de guerre avec palme.

CHAPITRE V

L'enseignement primaire, secondaire et professionnel à Sarreguemines durant l'annexion de 1940 à 1944[1]

L'enseignement élémentaire

Dès le mois d'octobre 1940, les autorités allemandes se soucièrent de faire fonctionner toutes les écoles élémentaires. Le *Schulwesen* ou bien le *Volksschulwesen* représentait pour elles la base même de l'édifice national-socialiste.

Avec une surprenante célérité, des dispositions furent prises pour mettre en route tout l'enseignement élémentaire, en y apportant des modifications d'organisation et d'orientation. L'allemand devait désormais véhiculer la pensée des doctrinaires du parti, à l'exclusion impérative du français, banni de nos écoles. Des maîtres allemands prirent la place des maîtres lorrains, restés dans les départements d'accueil de réfugiés. A Sarreguemines, un *Schulrat* (inspecteur), Auguste Siebert, de Deux-Ponts, eut la responsabilité de cette organisation pédagogique. La circonscription s'étendait non seulement sur l'arrondissement de Sarreguemines actuel, mais comprenait également le canton de Sarralbe et une partie de celui de Forbach.

A la mi-octobre, la mise en place des maîtres, du matériel scolaire et surtout des manuels scolaires en langue allemande était terminée. Toutes les classes furent largement dotées de ces derniers outils de travail. Une telle rapidité d'exécution supposait une préparation minutieuse préalable. Pour pallier la défection de nombreux maîtres lorrains, on avait non seulement fait appel à des enseignants allemands éprouvés, mais également à des stagiaires, appelés *Schulhelfer* ou bien *Schulamtsanwärter* (candidats à un emploi d'enseignant). Ceux-ci assistaient chaque semaine à des leçons données par des maîtres expérimentés, désignés par le *Schulrat*. Une fois par mois, celui-ci rassemblait le corps enseignant en une séance de travail, au cours de laquelle les consignes politiques et laudatives du régime eurent la priorité sur les directives pédagogiques. A partir d'octobre 1940, de nombreux maîtres mosellans furent soumis à l'endoctrinement politique à la *Gauschule* d'Anweiler au Palatinat, où des cadres du IIIe Reich s'évertuèrent à les gagner à leur idéologie. L'impact de la

---

(1) Eugène Heiser, *L'enseignement primaire, secondaire et professionnel à Sarreguemines durant l'annexion de fait de 1940 à 1944*, tiré à part, 1976, 17 p.

formation donnée dans ces séminaires s'avéra bien inopérant sur les maîtres formés d'une toute autre manière dans les écoles normales françaises où on leur avait enseigné les idéaux de liberté, de fraternité et d'égalité, et évidemment aussi la valeur de la tolérance et le respect de la dignité de l'homme. Tous ces préceptes étaient cyniquement et systématiquement bafoués par les doctrinaires du parti national-socialiste.

Certes, les enseignants mosellans assurèrent leur service consciencieusement, puisque les enfants de leur terroir étaient concernés, tout en restant réticents face à la nouvelle orientation qu'on voulait donner aux activités scolaires. D'emblée, les classes furent interconfessionnelles (2).

La répartition des différentes écoles de la ville resta la même, seule l'école mixte protestante devint une école de filles, sous la houlette de M. Alfred Schoenlaub. Les sœurs enseignantes n'étant pas rentrées, l'école de filles de la Sarre était dirigée par M. Charles Bouton, MM. Nicolas Dahlem et Emile Schérer gardèrent leurs directions, l'un à l'école de la Sarre, l'autre à l'école de la Cité. Les écoles primaires prirent aussitôt les dénominations suivantes : *Saarschule-Knaben, Saarschule-Mädchen, Siedlungsschule-Knaben, Siedlungsschule-Mädchen* (pour les deux écoles de la Cité).

Organisation pédagogique

L'ancien cours complémentaire était transformé en *Hauptschule*. Les quatre années d'études devaient préparer les élèves à la *Mittlere Beamtenlaufbahn*, c'est-à-dire à la carrière de fonctionnaires subalternes. Le recrutement des élèves avait quelque peu changé, puisque le périmètre de la *Hauptschule* s'étendait désormais au-delà de la frontière. Des élèves de Hanweiler, Bad Rilchingen, Sitterswald, **Bliesransbach**, Bliesmengen-Bliesbolchen et Habkirchen y étaient admis. Cet établissement était mixte et interconfessionnel. Le directeur en était M. Ernest Abba, un Lorrain, « supervisé » par un Allemand du nom de Ehrenfried. D'autres maîtres allemands y enseignaient.

Une école de perfectionnement (Hilfsschule) fonctionnait dans les bâtiments de l'école protestante. D'abord dirigée par M. Théodore Hommes, elle fut soumise, après le déplacement de celui-ci à Neunkirchen en Sarre, à l'autorité d'un enseignant venu du Land de Hesse, Herr Hoffmann, secondé par Fräulein Wilhelm.

On remarquera que tous les directeurs d'écoles élémentaires étaient des Lorrains, soit maintenus dans leurs fonctions, soit nommés par les Allemands ; ce fut le cas de MM. Abba et Bouton. Dans un souci d'apaisement, le *Schulrat* Siebert avait pris ces dispositions en écartant les prétendants venus du Reich allemand. De ce fait, la mainmise sur les écoles élémentaires était moins pesante et coercitive. Nous lui sûmes gré de cette attitude.

Les écoles maternelles furent remplacées par des *Kindergärten* (jardins

---

(2) *Gemeinschaftsschulen*.

d'enfants).

Les heures d'enseignement hebdomadaires se répartissaient selon l'horaire suivant :

1. Schuljahr - première année de scolarité (notre C.P.), 18 heures.

2. und 3. Schuljahr - deuxième et troisième année de scolarité (CE1 et CE2), 22 heures.

4. Schuljahr - quatrième année de scolarité (CM1), 24 heures.

5. bis 8. Schuljahr - de la cinquième à la huitième année scolaire (CM2 et classes de fin d'études), les *Oberklassen* (classes supérieures), un horaire complet de 30 heures.

Ces horaires, appropriés à l'âge des élèves, avaient une heureuse influence sur l'enseignement dispensé.

Les écoles primaires comptaient ainsi un premier cycle, *die Grundschule* (cycle de base), de la première à la quatrième année scolaire, et un deuxième cycle, les *Oberklassen*, de la cinquième à la huitième année scolaire.

Les départs vers les lycées (*Oberschulen*) et la *Hauptschule* eurent lieu après la *Grundschule*, à l'âge de dix ans.

Les congés scolaires étaient fixés au mercredi et au samedi après-midi et consacrés aux activités sportives. Les écoles élémentaires de l'époque de l'annexion étaient dirigées par des maîtres chevronnés, sous le titre de *Direktor* ou tout simplement de *Rektor*. Les Allemands décernaient également les titres d'*Oberlehrer* et de *Hauptlehrer*, dont il n'y eut aucun titulaire à Sarreguemines.

Pour que le lecteur puisse se rendre compte dans quel esprit l'enseignement devait être dispensé, nous donnons ci-dessous la traduction d'un appel lancé dans la revue *Der Schulhelfer* n° 1 de mai 1941 (3).

« A tous les éducateurs et à toutes les éducatrices de Lorraine... Par la décision des armes durant l'été de l'an passé, la Lorraine est de nouveau rentrée dans le giron de la patrie allemande. Il vous incombe donc la noble mission de réintégrer la jeunesse lorraine dans l'esprit et l'âme de ses ancêtres, de l'enraciner de telle sorte dans la race allemande qu'aucun remous du destin ne puisse plus ébranler son comportement allemand. » C'était net et sans équivoque, mais on ne pouvait pas mieux faire comme viol des consciences et des âmes.

Pour atteindre ce but, on préconisait constamment les directives que voici :

— Inculquer la pensée et l'esprit allemands ;

— Façonner l'âme germanique (*deutsche Heldenseele*) ;

— Remplir cette mission historique avec enthousiasme ;

— L'éducation physique et sportive devait contribuer à donner une formation idéale de soldat politique, pour les garçons, et de femme allemande, pour les filles.

Dans le but, ainsi défini, l'année scolaire était jalonnée de célébrations

---

(3) Il y eut également une revue hebdomadaire, *Der Schulhelfer*, d'abord bilingue, puis uniquement rédigée en allemand.

nationalistes et patriotiques telles que:
- En octobre, le *Erntedankfest*, la fête des moissons;
- En novembre, le *Gedenktag* du Putsch de Munich de 1923;
- Le 30 novembre, le *Tag der nationalen Erhebung*, journée du renouveau national;
- En décembre, le *Horst-Wessel-Tag*, pour commémorer la mort d'un militant nazi, tombé dans les combats de rues du mouvement;
- *Das Fest der Wintersonnenwende*, la fête païenne du solstice d'hiver;
- En janvier, le *Heldengedenktag*, à la mémoire des héros du mouvement et des soldats tombés sur les champs de bataille;
- En mars, la journée de Potsdam;
- En avril, *Führers Geburtstag*, le 20 avril, l'anniversaire du Führer;
- Le 1er mai, *Tag der nationalen Arbeit*, la fête du travail;
- Le 26 mai, *Albert-Leo-Schlageter-Feier*, à la gloire d'un saboteur nazi, exécuté dans la Ruhr, lors de l'occupation française (1923);
- En juin, le *Muttertag*, la fête des mères allemandes;
- En juillet, la *Deutsche Sonnenwende*, le solstice d'été, commémoré à la manière germanique.

Voici donc tracé le canevas dans lequel devait s'insérer la formation germanique de nos enfants. Quelle était la réalité ? Les maîtres lorrains ignorèrent généralement ces célébrations ou bien, si la présence d'élèves d'origine allemande les y contraignait, leur enlevaient l'âme et le souffle patriotique. Ils pouvaient se permettre une telle attitude neutre sans risquer de sanctions graves, parce que jamais la solidarité, j'allais dire la complicité, entre maîtres et élèves ne fut aussi sûre et totale. Que de fois, en passant dans les rangs, nous vîmes nos élèves dessiner des drapeaux tricolores et quêter d'un regard confiant l'approbation du maître. C'est cette confiance touchante qui justifiait le retour des enseignants lorrains. Voici encore une anecdote significative: « Un 14 juillet, en entrant en classe, un maître lorrain découvrit, suspendues au plafond, quelques guirlandes agrémentées de drapeaux bleu, blanc, rouge ». Cette manifestation silencieuse de nos élèves était éloquente et témoignait aussi bien de la nature de leurs sentiments et de ceux de leurs parents, que de la confiance qu'ils manifestaient à leurs maîtres.

Que de fois, les chants patriotiques obligatoires furent remplacés par les vibrants couplets de l'admirable chant du terroir, composé jadis par l'enseignant-poète aveugle Théodore Lerond, un Lorrain de vieille souche.

> *Lothringen, mein Heimatland,*
> *Sei gegrüsst in hellen Weisen.*
> *Von der Saar- zum Moselstrand,*
> *Soll die Zunge dich nur preisen!* »

Ainsi, nous rendions dans la clarté un hommage exclusif à notre terroir de Lorraine, à ses vallées, à ses morts et à ses habitants, des rives de la Sarre à celles de la Moselle.

C'était dans un tel esprit frondeur que s'écoulèrent les longues années de l'annexion. Ceux qui ont vécu cette longue attente s'en souviennent fort bien. Pourtant, dès la rentrée 1941, trois des enseignants du primaire furent éloignés d'office de l'agglomération sarregueminoise, l'un à Dudenhofen, près de Spire (Speyer), l'autre à Homburg en Sarre, et le troisième à Landau au Palatinat. D'autres collègues connurent par la suite la même aventure.

En avril 1944, le *Schulrat* Siebert s'est fait rapatrier à Deux-Ponts. Ses yeux s'étaient sans doute dessillés et le trouble installé dans son esprit. Il fut remplacé par le *Schulungsleiter* (conseiller pédagogique) Ziegler, qui fraternisa avec ses collègues mosellans. Si Auguste Siebert avait manifesté des sentiments nationaux-socialistes, il n'en fut plus de même de la part de son successeur. Rendons pourtant justice à ce malheureux Siebert, qui fut, malgré ses convictions politiques, un chef humain et ne harcelait nullement le personnel dont il avait la charge. Mis à pied dans son pays natal, après la guerre, il regretta jusqu'à sa mort de s'être fourvoyé dans cette sombre aventure.

Le *Schulrat* allemand, absorbé par le travail administratif et ses multiples charges dans les formations du parti, n'eut guère le temps de faire des inspections. Rares sont les maîtres lorrains qu'il visita, d'ailleurs sans leur laisser le moindre rapport à recopier. Les observations furent verbales et les appréciations succinctes du genre : *« Sehr gut, gute, zufriedenstellende* et *ungenügende Leistungen »* (de très bonnes, de bonnes, de satisfaisantes ou d'insuffisantes prestations). De ce fait, nous disposions heureusement d'une très large autonomie, nous permettant de dispenser un enseignement neutre, d'où toute emphase patriotique était bannie.

L'enseignement secondaire

Pendant l'annexion de 1940 à 1944, le Lycée National prit, le 1er octobre 1940, le nom de *Staatliche Oberschule für Jungen* (école supérieure d'Etat de garçons). L'enseignement y fut dispensé en langue allemande dans l'ancien bâtiment de l'établissement. Les filles admises dans la *Staatliche Oberschule für Mädchen* ont été scolarisées à partir du 1er février 1941 dans les salles du bâtiment administratif et plus tard dans celles de l'ancienne école primaire supérieure de jeunes filles (rue de Nomeny, *Major Wohlfahrt-Strasse*, sous l'occupation, et actuellement rue du Lycée). La dénomination de *Gymnasium* était tombée en désuétude.

Staatliche Oberschule für Jungen

Celle-ci prit le nom de *Kurt-Reppich-Oberschule*, à partir du 4 novembre 1941, à la mémoire du S.A. *Scharführer*, né de parents allemands, en 1907, à Altkirch (Haut-Rhin) et abattu par des opposants au régime nazi le 4 novembre 1932 à Berlin-Schöneberg. L'intéressé avait entrepris ses études secondaires au *Gymnasium* de Sarreguemines durant la guerre de 1914-18.

Les études secondaires sous le régime nazi comprenaient huit années, de la première à la huitième classe, donc une année de plus que la scolarité française. Il convient de préciser qu'en Allemagne ces études débutent **après** quatre années de *Grundschule*, alors que chez nous l'admission dans le secondaire s'est toujours faite après cinq années de scolarité élémentaire; les études durent sept ans avant l'obtention du baccalauréat.

L'*Oberschule* démarra dès le 1er octobre 1940 sous la direction d'un professeur lorrain, qui avait déjà assuré l'intérim de la direction du lycée à Angoulême, en Charente, le proviseur A. Tongio ayant été mobilisé. A ce moment, garçons et filles se trouvaient encore réunis dans le même établissement.

Le 6 janvier 1941, le Dr (4) Mathias Scherer, *Oberstudiendirektor* à Homburg (Sarre) fut nommé à la direction de l'école. Le 10 février 1942, celui-ci fut muté à Metz, où il assura la direction du *Gymnasium*. Aussitôt, le Dr Erich Kuntze, né le 3 mars 1904 à Sarrebruck, prit sa succession. Jusqu'à cette date, il avait dirigé l'*Oberschule für Mädchen*. Remarquons que les *Oberschulen* de garçons et de filles étaient également fréquentées par des élèves en provenance de la proche Sarre, des communes limitrophes des vallées de la Blies et de la Sarre.

Les études secondaires se terminaient par l'obtention du diplôme de l'*Abitur* ou *Reifeprüfung* (certificat de maturité), qui permettait l'entrée en faculté et la poursuite d'études supérieures. Les premières épreuves de cet examen eurent lieu dès l'année 1941. A partir de cette année, les élèves appelés en cours de scolarité au « service du travail » ou à la *Wehrmacht* obtinrent le *Reifevermerk*, équivalent du diplôme normal (une simple mention de maturité, d'aptitude). Précisons encore que même à l'examen, il était largement tenu compte des notes obtenues en cours d'année scolaire.

En 1943, dès le 17 septembre, les septième et huitième classes terminales, à effectifs réduits, en raison des enrôlements de force dans l'armée et comme *Luftwaffenhelfer* (auxiliaires de D.C.A.) furent géminées avec les classes parallèles de l'*Oberschule für Mädchen*. A la suite de nouvelles inscriptions, la situation antérieure fut rétablie le 16 novembre 1943.

Après le bombardement aérien du 4 octobre 1943, qui avait provoqué la démolition d'une aile de l'école de la Sarre, les classes de cette école furent transférées dans les bâtiments de l'*Oberschule*.

L'enseignement secondaire devait être donné dans un esprit d'exaltation de la race et de la nation allemandes, des « vertus » de l'héroïsme et de la force brutale, décrétées viriles par le régime.

Mais l'efficacité d'un tel enseignement, visant un écrasement des libertés et de la dignité humaine, était quasiment nulle. Le corps professoral lorrain avait reçu une toute autre formation humaniste. La parole d'un élève lorrain, du nom de Koeppel : « La France reste toujours belle pour ceux qui croient en elle ! » — et ils étaient nombreux — avait trouvé un très large écho parmi les élèves. Elle illustra bien les pensées secrètes des élèves et des professeurs issus de notre terroir. Ceux-ci constituaient alors encore plus de la moitié du personnel enseignant, de nombreux professeurs allemands ayant été mobilisés entre-temps. Plusieurs enseignants mosellans avaient également connu l'éloignement d'office.

---

(4) Docteur = titre universitaire.

En septembre 1944, après l'avance foudroyante des troupes alliées, les cours se firent irrégulièrement et cessèrent complètement au début de novembre, où le *Studiendirektor* (proviseur) Erich Kuntze disparut définitivement, et avec lui tous les professeurs d'origine allemande. Les cours du lycée français reprirent, sous la direction provisoire de M. Marcel Cichocki, après la libération de Sarreguemines, au début de mars 1945.

Une page douloureuse de contraintes, de vexations et de défi à la liberté des individus était définitivement tournée.

Staatliche Oberschule für Mädchen

Cet établissement avait d'abord fonctionné sous la direction du Dr Kuntze. Le 2 mars 1942, celui-ci fut remplacé à la direction de l'établissement par la *Studienrätin* Ida Engelhardt, née le 18 juillet 1890 à Bamberg. Auparavant, elle avait exercé sa profession à Ludwigshafen. Elle prit le titre de *Leiterin der Oberschule für Mädchen* (directrice de l'école secondaire de filles).

Les cours se déroulèrent dans les locaux de l'ancienne école primaire supérieure de jeunes filles et de ceux d'une aile du lycée national, construite en 1933. Le bâtiment avait grandement souffert de l'occupation successive de troupes françaises et allemandes et une de ses ailes était encore occupée par le *Bezirkskommando* (bureau de recrutement). Dans le jardin, attenant au parc municipal, et pouvant servir de cour de récréation, se trouvaient encore des nids de mitrailleuses (*französische Maschinengewehrstellungen*). Il fallut donc procéder à une sérieuse remise en état, qui se fit progressivement. Les salles furent meublées de tables, de pupitres et de tableaux, tout le mobilier scolaire ayant été enlevé.

Dès le départ, une bibliothèque, destinée à l'usage des maîtres et des élèves, fut pourvue de plus de 700 volumes en langue allemande. La direction procéda aussi à l'acquisition de matériel de physique, de chimie et de collections biologiques. Les autorités de l'heure ne lésinaient pas sur les crédits à débloquer. Au mois de juin 1941, le Dr Kuntze, alors directeur de l'établissement, avait terminé cette mise en place.

Mais les nazis attachaient un bien plus grand prix à un enseignement conforme à la nouvelle idéologie, et appelaient une telle conception *Innerer Aufbau* (une renaissance intérieure). Pour eux, la formation éducative devait être inspirée par leurs conceptions politiques, toujours au centre de leurs entreprises. Ce leitmotiv traversait comme un fil conducteur toute la pédagogie nazie.

Dès le 30 janvier 1941, une réunion du corps professoral, formé encore uniquement de maîtres lorrains, eut pour consigne de définir l'esprit dans lequel tout enseignement devait être dispensé. D'après le directeur allemand, aucune équivoque ne serait dorénavant admise. Voici la teneur des directives données :
« *Der Deutschunterricht will Deutscherziehung durch Arbeit zur Leistung, phrasenlose Echtheit und Sauberkeit in aller schulischen Arbeit, Schaffung eines Vertrauensverhältnisses, entschlossene Planung des Unterrichts, vorausschauende unbedingte Konsequenz, das sind die selbstverständlichen Voraus-*

setzungen für schulische Arbeit. » L'étude de l'allemand devait aller de pair avec une éducation allemande (comprenez national-socialiste); les résultats seront le fruit d'un travail assidu sans vaine phraséologie; création d'un climat de confiance; prévoir avec détermination les programmes à réaliser pour assurer le renouveau scolaire. Si certains de ces principes pédagogiques paraissent logiques et valables, la toile de fond de l'esprit dans lequel les cours devaient être professés était entachée d'une volonté partisane. L'exclusive prononcée à l'encontre de l'enseignement du français était révélatrice des véritables intentions de l'occupant.

Au début de l'année 1941, l'*Oberschule für Mädchen* de Sarreguemines fut jumelée avec celle de Merzig. Le 1er février 1941, l'école comptait 100 élèves, réparties en huit classes. En cours d'année, ces chiffres passèrent à 264 élèves et dix classes.

Le 1er juillet 1941 eurent lieu les premières épreuves du baccalauréat (*Abitur*) sous la présidence de l'*Oberschulrat* Dr Christmann (inspecteur d'académie). Le 12 juillet, huit *Abiturientinnen* (bachelières) se virent remettre solennellement leurs diplômes, et l'année scolaire se termina le 16 juillet. A la rentrée scolaire de 1941-1942, 304 élèves occupèrent onze classes.

Bientôt d'anciens professeurs allemands, ayant exercé au *Gymnasium* de Sarreguemines avant 1918, rendirent visite aux deux *Oberschulen*. En 1942, ce fut le cas du *Geheimer Studienrat* Professor Doktor Heinrich Grossmann, qui avait été directeur du *Saargemünder Gymnasium* de 1914 à 1918. Il était âgé de 80 ans. Le 16 juin 1943, ce fut la visite du *Justizrat* (5) Derichsweiler, fils de l'ancien directeur Derichsweiler (1882 à 1885).

Les professeurs des *Oberschulen* portaient les titres suivants: *Studienrat* (professeur agrégé), *Studienassessor* (professeur certifié titulaire), *Studienreferendar* (professeur stagiaire). Chez les dames, on trouvait des *Studienrätinnen, Studienassessorinnen* et *Studienreferendarinnen*. Des dénominations bien pompeuses.

En 1942, 1943 et 1944, il y eut d'autres épreuves de l'*Abitur*. Les échecs étaient extrêmement rares. En 1943, le 14 juillet, jour de notre fête nationale, trente garçons furent reçus au baccalauréat (*Abitur*) et pourvus du *Abgangszeugnis mit Reifevermerk*. Le 6 juillet 1944, soixante candidats (probablement garçons et filles) obtinrent le diplôme de l'*Abitur*. Ce fut la dernière « cérémonie » de ce genre.

Au début de novembre 1944, la directrice de l'*Oberschule für Mädchen*, Ida Engelhardt, plia bagages sans esprit de retour et regagna l'Allemagne.

Dès le mois d'avril 1945, l'école primaire supérieure de jeunes filles reprit ses activités sous la direction de Mme Anfray. Aujourd'hui, garçons et filles fréquentent le lycée portant le nom de Jean de Pange, un Européen convaincu.

L'inexorable effondrement du IIIe Reich en cet automne de l'année 1944 avait mis fin à toutes les activités scolaires allemandes. L'enseignement du

---

(5) Conseiller à la cour.

français allait reprendre tous ses droits.

Le Pensionnat Sainte-Chrétienne

Cette école privée n'avait plus droit de cité durant l'annexion. D'ailleurs les sœurs enseignantes n'étaient pas rentrées à Sarreguemines. De 1940 à 1944, les locaux abritèrent des formations de la jeunesse hitlérienne (6). Lors du bombardement du 4 octobre 1943, de nombreuses victimes civiles périrent dans son sous-sol, parmi elles le Pg Luckas (7), chef de la *Hitlerjugend* de l'arrondissement. Après la guerre, le retour des sœurs permit la réouverture du pensionnat le 19 octobre 1948.

L'enseignement professionnel — la *Berufsschule* de 1940 à 1944

En 1940, les Allemands ne voulurent plus de la réouverture de l'école pratique du Commerce et de l'Industrie. Les tentatives de remise en service se heurtèrent à l'opposition farouche du Front du travail allemand (*Deutsche Arbeitsfront*). L'établissement sous son ancienne forme était qualifiée de *französische Bude* (taudis français). La D.A.F. préconisait uniquement un apprentissage de métiers par des maîtres-artisans (*Lehrlingswesen*), et défendait son point de vue avec beaucoup d'opiniâtreté.

Finalement, l'un des professeurs lorrains, M. Willy Becker, sut convaincre l'*Oberregierungsrat* Martin (conseiller du gouvernement) de la *Gauleitung* de Sarrebruck de l'utilité (*Zweckmässigkeit*) d'une telle école. L'établissement put enfin rouvrir ses portes, sous la dénomination de *Berufsschule*, au début de 1941, sous la direction de M. Willy Becker, auquel fut adjoint un enseignant allemand du nom de Metzroth. Un ancien professeur technique allemand, l'ingénieur Fischer, des usines Haffner, avait également accordé son appui à ces démarches. Ainsi la dualité de l'organisation pédagogique (commerce et industrie) de l'ancienne école pratique put être maintenue.

D'autre part, le cycle d'enseignement à temps complet, étendu sur trois ans, comportait un enseignement général et une formation technique prédominante très poussée, en ce qui concerne les mathématiques, la technologie et le dessin industriel. Aux ateliers, était assurée la formation d'ajusteurs et de mécaniciens. Les études furent couronnées par l'obtention du *Facharbeiterbrief*, qui était l'équivalent de notre certificat d'aptitude professionnelle (C.A.P.).

D'autre part, le secteur apprentissage, où les apprentis de l'industrie, du commerce et de l'artisanat venaient s'instruire un jour par semaine, comportait l'enseignement du calcul professionnel et de la technologie du métier auquel ils se destinaient. Ces études et l'apprentissage étaient sanctionnés par la *Gesellenprüfung* (brevet de compagnon). L'organisation pédagogique de l'école pratique avait donc été maintenue.

---

(6) *Haus der Jugend.*
(7) P.G. = *Parteigenosse.*

Dès l'ouverture de la *Berufsschule*, les ateliers furent équipés d'un complément de machines-outils, dont le coût a été imputé sur des crédits de la France.

Le recrutement des élèves s'étendit également sur les communes limitrophes sarroises. Pourtant, le corps des enseignants resta durant toute l'annexion à prédominance lorraine et, grâce à cette situation, de nombreux élèves purent être préservés de l'enrôlement dans la *Wehrmacht*.

A la débâcle de 1944, les nazis vidèrent les ateliers et dispersèrent les machines et l'outillage dans l'industrie allemande.

*

Au lendemain de la défaite de 1940, les enseignants lorrains se trouvèrent confrontés à une alternative pénible : rester dans les départements d'accueil ou bien rentrer dans leur petit pays. Dans les deux cas, la décision prise était également défendable et respectable. Chacun devait trouver une réponse à ce dilemme, à ce cas de conscience. Voici, à ce sujet, les propos tenus par un officier français, ayant exercé comme professeur de lettres dans un lycée de Strasbourg : « Comme je suis d'un département de l'« intérieur », il m'est impossible de rejoindre mon poste, mais il me semble que vous, enseignants d'Alsace-Lorraine, vous avez le devoir de rentrer pour encadrer la jeunesse de votre terroir et de maintenir l'essentiel. » Paroles de bon sens et de clairvoyance ! C'est à cette solution que se rallièrent de très nombreux maîtres, une large majorité. **Que** serait devenue, sans leur rassurante présence, la jeunesse de notre **pays** ? La confiance et la sympathie que leur témoignaient en toute occasion, durant les quatre longues années de l'annexion, la jeunesse studieuse et leurs parents, furent une approbation éloquente de leur choix. Ils purent maintenir l'essentiel, c'est-à-dire préserver leurs élèves de la germanisation, raffermir leur amour de la terre natale, maintenir un idéal de liberté et de dignité. La résistance passive se fit sans éclats et sauva les esprits et les cœurs des jeunes d'un asservissement avilissant.

*

Après la guerre, la question de l'homologation des diplômes et titres obtenus pendant les années de l'annexion s'est posée aux autorités françaises. D'une manière générale, l'équivalence des études secondaires, techniques et supérieures fut admise..., mais pas celle des diplômes décernés. De cette manière, tous ceux qui avaient terminé leurs études et obtenu leur *Abitur* ou leur *Staatsexamen* (diplôme d'Etat), puisqu'ils durent subir les épreuves françaises, furent le plus durement touchés. La question de la langue et de la terminologie créait souvent de sévères obstacles qu'il fallait surmonter. Par contre, tous ceux qui étaient en cours d'études purent les terminer normalement et obtenir leurs diplômes français.

Si immédiatement après la guerre, les jurys d'examen firent preuve d'une rigueur certaine, les difficultés s'aplanirent progressivement... et toutes ces « victimes » de l'annexion rentrèrent dans leurs droits légitimes.

CHAPITRE VI

Le statut religieux

Au retour de l'évacuation de 1939, les paroissiens de Sarreguemines trouvèrent les édifices cultuels intacts, bien que le mobilier eût été spolié et pillé. Mais rien ne s'opposait à la reprise intégrale des offices religieux dans une situation nouvelle.

Malgré la séparation de l'Eglise et de l'Etat intervenue en 1905 en France, les églises chrétiennes d'Alsace et de Lorraine jouirent d'un statut particulier, fondé sur les stipulations du Concordat signé le 15 juillet 1801 entre le Consulat et la papauté. Il ne fut promulgué que le 8 avril 1802. Ainsi les évêques de Metz et de Strasbourg furent toujours des évêques concordataires, c'est-à-dire agréés par Rome. L'école confessionnelle fut maintenue. Durant l'annexion de 1871 à 1918, même l'Allemagne impériale avait respecté ces clauses.

Il allait en être tout autrement en 1940. Dès les premiers jours de cette nouvelle annexion, les autorités nazies feignirent d'ignorer cette situation de fait et conforme au choix canonique en procédant à de profondes transformations du statut religieux. Afin de briser toute velléité d'opposition, les 16 et 17 août 1940, Joseph Bürckel, *Gauleiter* de Sarre-Palatinat, ordonna l'expulsion pure et simple de Monseigneur Joseph Heintz, évêque de Metz, avec toute sa curie épiscopale et tout le chapitre de la cathédrale de Metz. Cette « décapitation » de l'administration diocésaine fut complétée par deux nouvelles vagues d'expulsions de prêtres, dont l'une en novembre 1940 frappa 200 prêtres et l'autre, le 28 juillet 1941, concerna 102 ecclésiastiques. Le chanoine Eugène Berthel, curé-archiprêtre de la paroisse Saint-Nicolas, fut de cette dernière « fournée ». Ainsi, au milieu de l'année 1942, 423 membres du clergé mosellan se trouvaient en exil forcé dans d'autres provinces françaises, donc plus de 50 % de ses effectifs. Ce fut sans conteste le corps social le plus éprouvé de la Lorraine mosellane.

Ces expulsions systématiques visaient à obtenir une mainmise totale sur l'Eglise en Moselle. Pour compléter une telle mesure radicale, il était indispensable de prendre une autre disposition autoritaire. Le 30 novembre 1940, Joseph Bürckel franchit ce pas en proclamant à Sarrebruck la suppression du diocèse de Metz dans sa forme actuelle et en l'intégrant dans celui de

Speyer (Spire). Huit jours plus tard, l'évêque de Spire, Monseigneur Sebastian, reçut l'ordre d'assurer l'administration du diocèse de Metz. Malgré des réserves pressantes présentées par ce prélat, celui-ci, dans l'intérêt supérieur du maintien des structures religieuses, offrit ses services à Monseigneur Louis, le seul rescapé de l'évêché de Metz. Le grand séminaire de Metz ayant été fermé, les séminaristes mosellans purent ainsi poursuivre leurs études théologiques au *Konvikt* de Spire. L'état-major du *Führer* avait depuis quelque temps déjà l'intention de réunir en un seul diocèse les deux diocèses de Spire et de Metz, le siège épiscopal étant évidemment maintenu à Spire.

A Sarreguemines, l'abbé Ernest Wagner, curé de Neunkirch, assura de 1941 à 1945 l'intérim du ministère de la paroisse Saint-Nicolas, englobant alors tout le territoire de la ville. Sur place, l'abbé Jean Fourny faisait office de premier vicaire avec autant de doigté que de détermination.

A partir du 12 février 1941, le *Gauleiter* Joseph Bürckel légalisa l'abolition des organisations religieuses, des ordres et des congrégations, la confiscation de leurs biens et des fondations.

L'interdiction de prêcher et de dispenser l'enseignement religieux en langue française était impérative et les contrevenants étaient menacés de dures sanctions, car la *Gestapo* veillait... et surveillait les offices.

Des mesures identiques concernèrent l'église protestante. Sans consultation préalable, l'ordonnance du 28 septembre 1940 prescrivit le rattachement de la communauté luthérienne et réformée de la Moselle à la *Pfälzische Landeskirche*. Les attributions du synode réformé d'Alsace-Lorraine et du directoire de la confession d'Augsbourg furent également confiées au conseil presbytéral du Palatinat. Ainsi les confessions chrétiennes de la Moselle subissaient la tutelle directe d'instances religieuses allemandes.

A partir du 8 octobre 1940, la séparation de l'Eglise et de l'Etat était effective en Moselle. Mais le contrôle du parti national-socialiste était tel que l'on ne peut pas parler d'une liberté de conscience réelle, car nombreuses furent les entraves imposées au libre exercice du culte, à l'enseignement religieux et à l'autorité des parents en matière de religion. Pourtant, la convention d'armistice ne contenait aucune clause spéciale visant le statut religieux en Alsace-Lorraine. Dans ce domaine, toutes les mesures prises par l'occupant furent entachées d'illégalité.

Les Allemands ayant dû se rendre à l'évidence que la foi chrétienne était encore profondément ancrée (*konfessionnelle Bindungen*), aussi bien dans les cœurs des enseignants que dans ceux de toute la population, s'attaquèrent aussitôt au libre exercice de l'enseignement religieux, en lui imposant des prescriptions restrictives.

Malgré la loi Falloux de 1850 établissant la liberté de l'enseignement, toujours en vigueur en Alsace et en Lorraine, et à partir du 1er mars 1941, la législation scolaire existant en Sarre-Palatinat fut introduite en Moselle. L'enseignement religieux n'était plus considéré comme une matière essentielle, mais plutôt comme accessoire et négligeable. Il ne pouvait être dispensé qu'aux enfants dont les parents en avaient expressément fait la demande, selon l'arrêté (*Anordnung*) du 18 février 1941. Les heures de religion furent reléguées en fin d'horaire (*Eckstunden*). La prière commune était réservée aux seuls cours de religion.

Les prêtres ne pouvaient enseigner le catéchisme à l'école qu'avec l'autorisation expresse du chef de l'administration civile. Par ailleurs, il était interdit aux écoles et aux enseignants de promouvoir des manifestations religieuses.

Malgré ces brimades et ces restrictions, la pratique religieuse et la fréquentation des catéchismes connurent une ferveur et une assiduité jamais atteintes auparavant. A l'évidence, la déchristianisation de l'Alsace et de la Lorraine aurait préparé un terrain propice à la diffusion de l'idéologie nazie athée, empreinte de néo-paganisme et d'un vague déisme. Le fait que les pontifes du nazisme invoquaient à l'envi le Tout-puissant (*den Allmächtigen*) ne pouvait tromper personne.

Rappelons encore une mesure qui avait pour but de saper la résistance des ministres du culte, dont les émoluments furent d'abord diminués puis, en 1942, complètement supprimés. Il fallait payer des loyers pour occuper les presbytères. Ces mesures vexatoires ne firent qu'accroître l'opposition au nouveau régime.

A partir de 1941, Monseigneur Wendel, originaire de Blieskastel, à l'époque évêque de Spire et plus tard cardinal-archevêque de Munich, lors de ses tournées de confirmation, résida plusieurs fois au presbytère de Sarreguemines. A l'occasion de ces cérémonies, il ne manqua jamais d'inviter les jeunes à se conduire en « véritables soldats du Christ ! ».

En janvier 1943, les cloches de l'église Saint-Nicolas, celles du temple protestant et même la clochette de l'hôtel de ville furent enlevées par l'occupant pour les besoins de son armement. Elles avaient déjà connu un sort identique au cours de la première guerre mondiale. Leur enlèvement en 1917 avait alors préludé à la défaite militaire de l'empire allemand. Le même sort allait être réservé au IIIe Reich.

Le couvent du Blauberg fut saisi et converti en hospice pour tuberculeux. Les pères rédemptoristes, que l'expulsion avait épargnés, exerçaient un ministère paroissial.

Les sœurs enseignantes et celles du pensionnat Sainte-Chrétienne furent expulsées ou bien contraintes de se retirer dans la maison-mère de Metz. Les locaux servirent de quartier-général à la jeunesse hitlérienne (*Hitlerjugend*), avant d'être gravement sinistrés lors du bombardement d'octobre 1943.

Le 31 mars 1941, les sœurs hospitalières, à leur tour, connurent l'éloignement d'office et furent remplacées par des infirmières allemandes (*Braune Schwestern*) (1), toutes membres du parti. Aussitôt les crucifix furent enlevés des chambres de malades et la chapelle transformée en réfectoire.

---

(1) *Braune Schwestern* = sœurs brunes, par allusion aux « chemises brunes », *Braunhemden* des formations nazies.

Un rapport du *Kreisleiter*, Dr Kern, fit alors état du malaise créé par cette éviction brutale des sœurs-infirmières dans toutes les couches de la population (2).

(2) a. Dieter Wolfanger, *Die nationalsozialistische Politik in Lothringen (1940-1945)*, 1977, p. 127-142.
b. Henri Hiegel, *La Paroisse Saint-Nicolas à Sarreguemines*, 1959, p. 135-137.

CHAPITRE VII

L'hôpital-clinique et le service médical

Après la défaite de 1940, l'hôpital-clinique de Sarreguemines avait été privé de son chef du service chirurgical, le docteur Jean Hoche n'étant pas rentré. A partir du 1er octobre 1940, le docteur Victor Friderich assuma la responsabilité du service de chirurgie, alors que celui de médecine était dirigé par le docteur Eugène Schatz, tous les deux de vieille souche lorraine. En l'absence du titulaire du poste de chirurgien-chef, le docteur Friderich remplissait ces fonctions jusqu'au 15 mars 1946. Les docteurs Alphonse Schatz et Jean Nickès le secondaient dans sa tâche. A la suite des nombreux bombardements dont la ville de Sarreguemines fut la cible, les blessés y affluèrent et les interventions chirurgicales furent extrêmement fréquentes. Le corps des infirmiers avait été renforcé par l'arrivée de nombreuses infirmières allemandes, les *Braune Schwestern*

A partir de 1943, avec l'incorporation forcée des jeunes dans la *Wehrmacht*, les appendicectomies furent nombreuses. Par ce moyen, les appelés comptaient retarder leur incorporation dans l'armée allemande et préparer leur évasion. Le docteur Friderich devait compter au cours de la guerre plus de trois cents opérations de cette nature. A tel point que ces interventions étaient qualifiées par les Allemands de *Wehrmachtsblinddärme* (1) Faut-il, dès lors, s'étonner que la Gestapo suspecta bientôt le chirurgien de complicité et le somma de se justifier. Pour échapper au harcèlement des agents de la *Sicherheitspolizei*, le docteur Friderich eut recours à un stratagème. Quand un jeune appelé se présentait dans son service, il lui détailla d'abord tous les symptômes de l'appendicite, puis avant d'intervenir, il l'adressa au médecin d'arrondissement, un Allemand, le docteur Kurt Hucklenbroïch (2) Celui-ci, ayant recueilli auprès de l'intéressé tous les indices, et après un examen sommaire, donna le feu vert à l'intervention. Désormais, le docteur Friderich pouvait se retrancher derrière le diagnostic du praticien allemand. Il faut noter ici qu'en maintes autres occasions le docteur Hucklenbroïch fit preuve de beaucoup d'humanité.

---

(1) Blinddarm = appendice.
(2) Docteur Kurt Karl Andreas Hucklenbroïch, né le 10 décembre 1906 à Bonn (Allemagne).

Le docteur Friderich avait été mis en mauvaise posture par les indiscrétions maladroites de ceux-là même auxquels il avait rendu service.

En août 1944, la *Gestapo* engagea une autre procédure à l'encontre du docteur Friderich. Il fut ouvertement accusé d'avoir refusé ses soins à un **soldat de la Wehrmacht** (3), **le nommé Flaschenträger, blessé le 3 août 1944** par des partisans dans la région de Hambach. Le médecin-chef du service médical, Ernst Walter **Hehner**, un authentique Allemand, fut également accusé d'avoir favorisé ce comportement. A cette occasion, on retint encore contre le docteur Victor Friderich et son confrère allemand les charges suivantes : « Les médecins cités auraient soigné par priorité, dans les derniers mois, des Polonais et des ouvriers des pays de l'Est ».

Ces accusations étaient graves et susceptibles d'entraîner des sanctions à l'encontre des médecins mis en cause. Ils se défendirent d'ailleurs énergiquement d'avoir eu jamais une telle attitude.

Le docteur Victor Friderich et son collègue allemand n'ont jamais fait la moindre discrimination entre leurs patients. En toute occasion, ils ont fait honneur à leur serment.

L'affaire traîna, et la première débâcle allemande de septembre 1944 et la suite des événements de guerre mirent les praticiens à l'abri d'investigations plus poussées.

En 1939, le docteur Eugène-Jacques Schatz fut mobilisé comme médecin-lieutenant, puis fait prisonnier en 1940. Libéré comme Alsacien-Lorrain, il reprit aussitôt ses fonctions de médecin-chef du service de médecine de l'hôpital-clinique et cela jusqu'au 30 novembre 1943, date à laquelle il fut arrêté par la *Gestapo* et transféré au fort de Metz-Queuleu, pour avoir organisé la fuite de son frère Alphonse, lequel était alors incarcéré à la prison de Sarreguemines pour faits de résistance. Le docteur Alphonse Schatz, à la demande de son frère, avait été libéré provisoirement et sous contrôle par les Allemands pour opérer les victimes du gros bombardement de la ville, le 4 octobre 1943.

Le docteur Eugène-Jacques Schatz devait être expédié en Pologne ; mais en raison du manque de médecins, le Gauleiter Bürckel le convoqua à son P.C. de Neustadt et lui signifia d'avoir à monter un nouvel hôpital à Spire (Speyer), dans les locaux de l'ancien séminaire. Pour éviter la déportation dans un camp, il dut obtempérer. Dans ses nouvelles fonctions, cet éminent médecin, qui, lors de son internement au fort de Queuleu, avait perdu 17 kg par suite des mauvais traitements subis, se consacra spécialement à l'aide aux prisonniers de guerre français hospitalisés, malgré la surveillance à laquelle il était soumis. Il s'ingénia à trouver les motifs médicaux de nature à les faire rapatrier ou à favoriser leur évasion.

Peu après la libération de Paris, en août 1944, il quitta son poste à Spire et put se faire admettre en observation comme diabétique à l'hôpital civil de

---

(3) *Verweigerung von Hilfeleistung an Wehrmachtangehörige.*

Strasbourg. Il fut rappelé télégraphiquement par le professeur docteur Friedel de Sarrebruck, mais, ne répondant pas à cet ordre, se cacha à Abreschviller, dans des familles ou au sanatorium, jusqu'à l'arrivée de la 2ᵉ D.B.

Entre-temps, l'hôpital de Sarreguemines avait été vidé de la plupart de ses installations par les Allemands battant en retraite devant les Américains.

Les autorités de la ville libérée le prièrent de rentrer immédiatement à Sarreguemines, ce qu'il fit pour s'occuper aussitôt de rééquiper l'hôpital dans la mesure du possible, en attendant d'aller en Allemagne en compagnie de M. Helvig, directeur, récupérer avec des camions militaires, mis à leur disposition, le matériel sanitaire que les Allemands avaient emporté, notamment à Mannheim et Ludwigshafen.

A cette époque difficile, le docteur E. Schatz assura les soins aux malades dans des conditions très difficiles, se préoccupant sans relâche à redonner rapidement à son service les moyens indispensables à une bonne marche.

Le docteur Eugène Schatz devait décéder en mai 1960, à peine âgé de 57 ans, sans avoir pu voir l'entière réalisation de ses longs efforts.

Le service de santé à Sarreguemines durant l'hiver 1944-1945

A l'approche du front, au début de novembre 1944, le docteur Friderich avait organisé un petit service médical dans les carrières de Welferding, où de nombreux Sarregueminois s'étaient réfugiés (voir le chapitre sur la *Steenkull*), tout en assurant un minimum de soins à l'hôpital, où il pratiqua de nouveau à temps complet vers Noël 1944.

Entre-temps, et dès la libération, du 6 au 10 décembre, les Américains avaient pris possession de l'hôpital-clinique pour y soigner leurs malades et leurs blessés. Les civils étaient relégués dans une aile au centre hospitalier, et en partie dans le sous-sol.

Très méfiants, ils firent ménage à part. Supérieurement équipés en matériel sanitaire et disposant d'un personnel de qualité, les services médicaux américains occupèrent l'hôpital jusqu'au désenclavement total de la ville, lors de l'offensive finale du 15 mars 1945 (4).

A cette date, ils déplacèrent leur antenne chirurgicale et leurs services médicaux à Bad Rilchingen.

*

Avant de céder la parole au docteur Philippe Bieber, qui rendra compte des soins médicaux assurés après la libération aux ressortissants sarregueminois et aux nombreux réfugiés de la vallée de la Blies, il convient de rendre hommage au dévouement et à l'abnégation du corps médical lorrain présent à Sarreguemines durant l'annexion. Nombreux sont ceux, auxquels ils

(4) **Propos recueillis auprès du docteur Friderich.**

rendirent d'inappréciables services en les préservant de l'emprise de l'appareil policier nazi. En toute occasion, souvent au péril de leur vie, les médecins de Sarreguemines se trouvèrent aux côtés de leurs compatriotes.

Quelques souvenirs du « Service de Santé »

C'est en visitant de concert avec plusieurs témoins de l'époque la très intéressante exposition de documents sur la libération (visible en mairie le 8 décembre 1974) que j'eus l'idée de fixer par écrit ces quelques souvenirs concernant principalement l'organisation médicale au lendemain de la libération.

Puisse ce modeste témoignage en susciter d'autres plus autorisés afin que l'histoire de cette époque difficile puisse être enfin écrite.

Le 5 décembre 1944 au soir, vers 17 heures, mon père et moi vîmes arriver les premiers soldats américains en bordure de la ville. Nous nous trouvions au haut de la rue du Blauberg, derrière le soupirail de notre cave. Ils se déployaient aux alentours du château d'eau et de la villa Engelstein. Enfin ! L'attente avait été longue, les canons américains postés à Puttelange avaient tonné durant d'interminables jours et d'interminables nuits, interminables surtout pour les irréguliers, les malgré-nous cachés ou terrés dans les caves (et j'étais l'un d'entre eux). Ce soir même les Allemands ont fait sauter le pont des Alliés. Le 6 décembre, les hauts quartiers et toute la rive gauche étaient libérés et au cours d'une entrevue organisée par le major américain Schneider et un lieutenant de liaison français (qui était, si je ne m'abuse, le lieutenant Rognon auquel j'eus recours à plusieurs reprises), Me André Rausch, avocat au barreau, avait été désigné comme maire de la ville, devant quelques Français rassemblés pour l'urgence ; il y avait également Me Lucien Hauser, délégué de la Champignonnière. L'officier américain avait dit : « Maître Rausch, vous êtes le maire de la ville de Sarreguemines ».

Libération de la rive droite vers le 10 décembre ; une installation provisoire, quelques bateaux et quelques planches, permit dès lors aux soldats américains et aux personnes autorisées de franchir la Sarre en cas de nécessité. Mais les combats continuaient et toute la population dut rester terrée dans les caves et les abris. Les conduites étant endommagées, l'eau était coupée, le ravitaillement devenait très difficile. Nombreux furent ceux qui furent blessés ou même moururent sous la mitraille ou par des coups de feu en allant simplement chercher de l'eau ou de la nourriture pour leur famille (ainsi tomba M. Eugène Bucher, rue de la Prison, près du Krebsbach).

Les abris

1) L'abri de la Champignonnière de Welferding (au lieu-dit Gungling) abritait plusieurs milliers de personnes au cours des opérations qui se déroulèrent avant et après la libération. Les familles s'y étaient installées dans un relatif confort, dans des huttes ou des baraques dressées ou construites dans les plus grandes salles de ces grottes. Un hôpital de campagne (douze lits) avec poste de secours et petite unité chirurgicale opératoire, y fut aménagé et assuré par le docteur Friderich, chirurgien, aidé par le docteur Fischer, de Hanweiler. Cette véritable ville souterraine y poursuivit sa vie propre jusqu'en février 1945; des Sarreguéminois y moururent et on enregistra huit naissances. Lorsque les soldats du général Patton (3e armée) découvrirent cet abri, le journal *Star and Stripes* (30 décembre 1944) relata en détail le mode de vie des réfugiés de la *Steinkull*, comme nous appelions alors cet abri naturel (voir le chapitre sur les carrières de Welferding).

2) **Les abris de la Cité et l'abri du Sacré-Cœur.** Ils abritèrent chacun des dizaines de personnes, celui du Sacré-Cœur plusieurs centaines, des familles entières et de nombreux enfants; le docteur Zahm s'occupait avec beaucoup de dévouement des personnes malades. M. Pierre Kany (le directeur de la caisse de maladie) s'y dévoua très efficacement pour le ravitaillement.

3) **Les abris de l'avenue de la gare.** Plusieurs restaurants de l'avenue de la Gare, en particulier le restaurant Tussing, au numéro 12, le restaurant « A la Bonne Source », dans la même rangée de maisons, l'hôtel Excelsior, situé alors de l'autre côté à l'emplacement actuel du garage Bang, disposaient à ce moment-là de grandes caves aménagées en *Luftschutzkeller* bien étayées par des poutres et des piliers en bois et même reliées entre elles par des portes de communication protégées.

A partir de Noël 1944, le docteur Zahm et moi-même nous dûmes nous occuper activement des nombreux réfugiés de la vallée de la Blies (Folpersviller, Bliesguersviller, Blies-Ebersing, Frauenberg et une partie de Bliesbruck); ils avaient été évacués précipitamment vers Sarreguemines, cantonnés d'abord soit au lycée (cuisine populaire), soit dans ces grands abris de l'avenue de la Gare, alors qu'une partie d'entre eux fut évacuée vers l'arrière du pays. Ces pauvres gens (on parlait de 1 500 personnes) avaient dû tout quitter et débarquer à Sarreguemines de 24 décembre 1944 à la suite de la contre-offensive allemande, les Américains s'étant retirés de toute la vallée de la Blies.

Sur proposition de Me André Rausch, M. Marcel Pierron, le libraire, fut chargé par le commandant Bennett de loger tous ces gens et de les installer (en cave) en l'espace de deux heures. Il faut dire qu'il y réussit sans coup férir et très rapidement. Un autre contingent de ces réfugiés fut dirigé vers « l'arrière », vers Sarreinsming, Herbitzheim, Harskirchen.

4) **Le poste de secours de la rive droite** (26, avenue Foch). Jeune médecin, sorti rapidement de ma cave du 68, rue du Blauberg, j'eus aussitôt un terrain d'activité auquel on m'affecta tout spécialement sur la rive droite. Une lettre officielle datée du 5 janvier 1945 et signée par le maire Me André Rausch me chargea d'installer un poste de secours sur la rive droite et d'y demeurer la nuit. Le P.C. tout trouvé était l'antenne de la Croix-Rouge installée alors au 26 de la rue Foch, sous l'égide de la courageuse Mlle Imhoff

(Mme Klein-Imhoff) qui se bataillait quotidiennement pour trouver du lait pour les tout-petits. Avec son aide, nous organisâmes une consultation, on notait aussi les visites à faire et la nuit on nous prévenait là en cas d'urgence.

Secondé par M. Eugène Klein (de la caisse de maladie, mon infirmier-brancardier), par Mme Lang, sage-femme, et M. Reuter, infirmier (tous deux de Neunkirch), nous constituâmes une équipe volante qui circulait de cave en cave, entre les rafales d'obus et de mitraille, pour accorder les soins, panser les plaies ; nous procédâmes entre autres à l'épouillage collectif des abris avec la nouvelle poudre DDT fournie par les Américains.

Précieuse aubaine pour nos malades, nous pûmes récupérer les médicaments de l'infirmerie militaire que les Allemands avaient abandonnée à l'ancienne caserne Galliéni ; il y avait là un lot d'ampoules injectables tout à fait inespéré ; ces médicaments étaient devenus très rares et Mme Ehlinger, la pharmacienne, nous livrait quelques échantillons de ses derniers stocks en passant la main à travers le soupirail de sa pharmacie du Cygne (abritée elle aussi en cave). Une antenne médicale installée au 75, rue du Blauberg, me procura de la Sulfadiazine, nouveau médicament sulfamidé qui s'avéra très précieux dans les cas d'infections graves ; la Pénicilline n'était pas encore distribuée à leur échelon à ce moment-là.

Un soir, M. Klein et moi nous dûmes nous rendre dans l'avenue de la Blies, pour un appel urgent. Parvenus à l'angle rue Albert-Ier, rue Mangin (alors Beethovenstrasse), nous essuyâmes le feu de la mitrailleuse allemande postée de l'autre côté de la Blies, et nous dûmes piquer du nez dans la boue neigeuse et ramper sur les coudes jusqu'au carrefour de l'avenue de la Blies. Notre **visite faite, nous rentrâmes par la rue André-Schaaff, mieux protégée. Heureu**sement, nous avions ce soir-là le mot de passe des Américains, ce qui nous permit de franchir facilement les sentinelles postées là, tous les 100 mètres, et je vous assure que voyant arriver des inconnus dans la nuit, elles avaient la gâchette facile. Le mot de passe ce soir-là, « Limousine-Constantine » (curieuse combinaison de mots !) nous avait exceptionnellement été livré par un officier amical et compréhensif auquel nous avions exposé les énormes **difficultés de nos déplacements** *after curfew* **(après le couvre-feu). Nous fûmes** arrêtés par une patrouille en jeep : des civils qui connaissaient le mot de passe ne pouvaient être que des espions, d'où notre arrestation fort brutale *hands up* et notre transfert au siège de la C.I.C. au restaurant Krempp (à la Charrue d'Or) ; après un rapide interrogatoire, nous fûmes reconnus innocents et invités à dîner pour un autre soir ; en deuxième acte nous étions mis en demeure de reconnaître et de dénoncer l'officier coupable de nous avoir, contre le règlement, livré le mot de passe. Au cours de ce dîner, tous les officiers des deux régiments américains présents durent défiler devant nous. Cette procédure compliquée était due à la rivalité féroce des deux colonels dont chacun accusait les effectifs de l'autre. Peine perdue, nous ne reconnaissions plus du tout cet officier « félon », ils se ressemblaient tellement dans leur uniforme, les cheveux courts sous le casque, et puis il aurait écopé du conseil de guerre, le malheureux...

5) **Les évacuations d'urgence.** Des blessés civils, des malades chirurgicaux, des urgences abdominales (appendicites aiguës, etc.) furent dans un certain nombre de cas évacués sur ma demande par les ambulances américaines vers leur hôpital de campagne de Morhange et opérés là-bas. Ce fut possible grâce à l'excellente entremise de l'antenne médicale du Blauberg, dont les médecins étaient devenus des amis fort serviables.

Mais fait curieux, quelques blessés de la rive droite furent pendant cette période des opérations évacués par les Allemands à Rilchingen ou même plus loin : je cite le témoignage personnel de M. Eberlin, le boucher : blessé par éclat d'obus, il fut évacué par l'unité S.S., qui patrouillait là, vers l'arrière des lignes allemandes et opéré là-bas. En effet, les patrouilles allemandes se rendaient souvent de nuit à Neunkirch et dans les environs (par exemple la nuit de la Saint-Sylvestre), cela explique bien les grosses difficultés que nous avions rencontrées, rive droite, avec les sentinelles américaines ; quelquefois nous avons dû circuler entre les lignes encore mouvantes, sans même le savoir.

Comme il me l'avait promis au cours de cette période difficile, le commandant Bennett me délivra un laissez-passer pour Strasbourg, au mois d'avril, « dès que la situation médicale, à peu près normalisée, le permettrait ». Je pouvais donc enfin rejoindre mon poste d'interne à la clinique dermatologique aux hospices de Strasbourg ; j'ai gardé précieusement le laissez-passer américain et la lettre que le commandant Bennett m'avait écrite le 12 février 1945 :

Dear Doctor Bieber,
I want to express to you at this time my thanks for you having undertaken the establishment of an emergency first aid station on the far side of the river at a time when it was difficul...

Il nous avait rudement commandés et manœuvrés, ce major américain de la « Civil Affaire Section », ses ordres étaient sans discussion, brefs, incisifs, mais justes et efficaces. Il est tombé au champ d'honneur par la suite au cours de l'avance américaine en Allemagne et aurait été enterré au cimetière américain de Saint-Avold. Il a bien mérité de la ville, de la vallée de la Blies, et il n'y a pas encore de rue du Commandant-Bennett à Sarreguemines (5). A cet hommage à l'officier américain qui présida largement à nos destinées d'alors, j'associerai immédiatement celui qui est dû à Mᵉ André Rausch, le maire désigné en cette période si difficile. Né à Bliesbruck, avocat du barreau de Sarreguemines, il fut par la suite élu conseiller de la République (1946 à 1948). Il a bien mérité de notre ville (6).

Dʳ Ph. BIEBER
Médecin-chef du service de dermatologie
au centre hospitalier de Sarreguemines

(5) Depuis le 5 décembre 1981 le magnifique jardin public près du pont des Alliés porte le nom de «Square du Major Robert H. Bennett».
(6) M. André Rausch est décédé le 29 octobre 1976.

Les adresses provisoires des institutions en ville de Sarreguemines à la libération :
— Bureau de la mairie : au palais de justice.
— Commissariat de police : 2, rue du Palais.
— Commandant de place américain (Civils affaire Section Headquarter 44th Infantery Division) : au 16, rue Poincaré (dans les bureaux Haffner-Meysembourg).
— Sécurité militaire : C.I.C. (*counter Intelligence Corps*) : Restaurant de la Charrue d'Or.

Le corps médical sarregueminois de 1940 à 1945
(depuis le retour de l'évacuation charentaise à Chasseneuil jusqu'à la fin des hostilités)

A. Les médecins installés en ville

Le docteur Nicolas Zahm (né le 24 février 1892, décédé le 2 novembre 1958), omnipraticien installé place de la Gare ; je rappelle son rôle généreux dans les caves au moment de la libération, cité dans mon précédent article.

Le docteur Jacques Schatz (né le 18 novembre 1902, décédé le 10 mai 1960), ancien externe des hôpitaux de Paris, il était installé rue Pasteur. Recherches consacrées à la diabétologie. Rappelons sa douloureuse odyssée à partir du 30 novembre 1943 : arrestation, fort de Queuleu, exil à Spire, retour à Sarreguemines en février 1945 où, à partir de là, il consacra toute son énergie à restaurer et plus tard à agrandir notre hôpital. Sur son calvaire à Queuleu, voir *Tragédies mosellanes, le fort de Queuleu à Metz*, par le docteur Léon Burger, page 48.

Le docteur Victor Friderich (né en 1901), installé rue des Muguets et chirurgien de l'hôpital durant toute cette période où il prit le relais du docteur Jean Hoche, chirurgien de notre hôpital avant guerre, alors médecin-commandant à Casablanca (Maroc). Il faut surtout rendre hommage à son activité infatigable et désintéressée au moment des grandes catastrophes par bombardement aérien le 4 octobre 1943 et le 1er mai 1944, où son équipe, avec Paul Hollender et quelques-uns d'entre nous plus jeunes, opéra sans discontinuer durant quarante-huit heures. Le docteur Friderich est retraité à Sarreguemines.

Le docteur Maurice Wissler (né le 5 juillet 1905, décédé le 22 juillet 1950), omnipraticien installé rue Nationale. Il fut très populaire et aimé par les ouvriers du chemin de fer et tous les humbles.

Le docteur Alphonse Schatz, O.R.L., né le 16 août 1908, installé alors rue Louis-Pasteur, auprès de son frère le docteur Eugène Schatz ; il était en même temps médecin O.R.L. de notre hôpital. Arrêté par la Gestapo le 20 septembre 1943, emprisonné à la maison d'arrêt de Sarreguemines, les médecins de l'hôpital le réclamèrent pour opérer durant la catastrophe par bombardement aérien du 4 octobre 1943. Il fut effectivement détaché à l'hôpital, y travailla sous la garde du policier municipal M. Nicolas Schneider, et dès que le grand **rush** opératoire fut passé, il s'évada le 5 octobre 1943 (à bicyclette, son gardien qui avait une jambe plâtrée ne pouvait plus le rattraper...). Il nous revint heureusement sain et sauf, après de vaillants combats, au printemps 1945. Il est chevalier de la Légion d'Honneur et retraité à Sarreguemines.

Le docteur Gaston Eidesheim (né en 1882, décédé en 1952) avait été dès octobre 1940 expulsé par les autorités allemandes avec sa famille, au grand regret de ses malades et de ses amis. Le docteur Georges Eidesheim, son fils (né le 1er mai 1917, docteur en médecine en juin 1941) avait été déplacé en Allemagne à Lauda, puis déclaré *politisch unzuverlässig*, il rejoignit sa famille expulsée au début de l'année 1942. Gaston Eidesheim restera une des figures les plus populaires d'entre les deux guerres.

Le docteur Hucklenbroïch (décédé), originaire de Rhénanie, il était *Amtsarzt*, c'est-à-dire le médecin administratif officiel : médecin contrôleur des arrêts de travail, des dispenses à accorder :
— aux femmes (qui furent embrigadées à travailler dans les usines),
— des dispenses pour le *Schanzen*.
Tout le monde s'accorde à dire qu'il fut très humain, très compréhensif pour le drame de nos populations et le drame individuel de chacun.

B. Les médecins de l'hôpital

Le docteur Emile Bouton (né le 27 août 1905), radiologue. C'est lui qui créa en 1933 le service de radiologie et de radiothérapie et curiethérapie de l'hôpital. Son rôle de diagnosticien perspicace fut unanimement apprécié durant toute cette période difficile où, ne l'oublions pas, la tuberculose (surtout pulmonaire) était encore très répandue. Sa garde permanente et ses interventions sans relâche durant les jours dramatiques qui suivirent les catastrophes par bombardement aérien, méritent le même hommage que celui qui est rendu à l'équipe chirurgicale.

Le docteur Hehner, médecin interniste allemand, qui remplaça le docteur Eugène Schatz après son arrestation, à partir de décembre 1943 jusqu'en été 1944.

Les principaux médecins-chefs, le docteur E. Schatz, interniste, qui exerça aussi les fonctions de *Chefarzt* de l'hôpital tout entier, le docteur V. Friderich, chirurgien, le docteur A. Schatz, O.R.L., furent déjà mentionnés plus haut. N'oublions pas de citer les assistants à temps plein, cheville ouvrière de l'hôpital, qui exercèrent comme résidents à cette époque.

Les assistants

Le docteur Georges Christian, né le 17 septembre 1914, de Neufgrange, actuellement médecin (et chiropraticien) à Laxou (54). Il fut l'assistant zélé à la fois pour la médecine et la chirurgie de 1940 à septembre 1941, où il partit, enrôlé pour le front de l'Est. Il fut à ce moment-là même, un aîné d'excellent conseil.

Le docteur Jean Nikès (né le 28 juillet 1913), actuellement médecin à Strasbourg, lui succéda de novembre 1941 à janvier 1945. Il fut le pilier, le recours omniprésent à tous les moments difficiles, pratiquement de garde tout le temps. J'ai déjà dans l'article précédent parlé de sa persévérance à tenir les positions dans l'hôpital vidé après l'évacuation du matériel par les autorités allemandes.

Le docteur Paul Hollender (né le 1er juillet 1917), médecin assistant au service de chirurgie à partir de 1942, est actuellement médecin à Soultz-sous-Forêts (67). Infatigable ouvrier de la petite et de la grande chirurgie, son intervention durant les catastrophes par bombardement aérien (4 octobre 1943 et 1er mai 1944) restera inoubliable. Nombreuses furent les amputations qu'il dut effectuer d'urgence chez les blessés, les gens écrasés par l'effondrement des murs, les ensevelis sortis de justesse par les sauveteurs ; je le revois avec sous ses lunettes bridées en bas par le masque de chirurgie, ses yeux vifs et pénétrants, décider et trancher, alors que nous autres étudiants, nous assurions l'anesthésie et nous tournions et tournions inlassablement les manivelles de l'appareil de transfusion !

Les étudiants stagiaires que nous étions (le *famulus* ou les *famuli* comme on nous intitulait alors) étaient toujours à pied d'œuvre durant les vacances semestrielles, souvent aussi durant d'autres périodes plus longues, ou tout simplement pour les week-ends.

Ceux qui fréquentèrent régulièrement cet hôpital où, je n'ai pas besoin de le souligner, l'enseignement par les chefs de service précités était excellent, étaient :

Le docteur Edouard Bund (né le 13 août 1923, décédé le 10 mars 1977) que nous avions la douleur de perdre si prématurément ; il exerça à partir des années 50 la phtisiologie à son cabinet 1, rue de la Montagne. Durant la guerre il fréquenta assidûment l'«Iso», c'est-à-dire le pavillon d'isolement de notre hôpital, où se trouvaient (dans un service séparé dirigé également par le docteur E. Schatz) les nombreux tuberculeux pulmonaires, les typhiques, les diphtériques. Le docteur Friderich se rappelle aussi de son stage très actif en chirurgie et dans les salles d'opération.

Le docteur Roger Braun (né le 26 mai 1921), c'était le plus minutieux parmi les *famuli* qui assistèrent attentifs aux interventions de chirurgie ; mobilisé le 17 septembre 1943 pour la Wehrmacht, il passa clandestinement la frontière et termina ses études médicales à Paris. Il exerce actuellement l'ophtalmologie à Sarrebourg (en clientèle et à l'hôpital civil).

Le docteur Roger Pax (né le 28 juillet 1921), omnipraticien à Sarreguemines, conseiller municipal et médecin de nos sapeurs-pompiers ; il est de longue date dévoué à l'homme et à la cause publique. N.B. Son exercice de la médecine en Afrique de 1949 à 1951 à Bamako, Tombouctou et Kayes, à une époque où n'y allaient que les seuls pionniers.

Enfin, votre serviteur, le docteur Ph. Bieber (né le 16 mai 1922), dermatologue en ville, toujours médecin de ce même hôpital, et qui signe cet article.

Si j'ai pris la liberté de le rédiger, c'était dans le dessein de rendre hommage à nos confrères, ceux qui sont disparus et ceux qui sont parmi nous. Ils furent tous durant cette grande et éprouvante fournaise des hommes courageux et droits dans une action dévouée, chacun selon son « charisme » et ses dons particuliers. Un héritage à léguer aux jeunes qui prennent la relève.

D^r Ph. BIEBER
Chef du service de dermatologie
au centre hospitalier général
de Sarreguemines

CHAPITRE VIII

Les bombardements aériens de Sarreguemines[1] de 1941 à 1944

Voici les dates fatidiques des douze attaques aériennes dont la ville de Sarreguemines et sa banlieue furent les cibles :

1. 25-26 août 1941
2. 16-17 septembre 1941
3. 30 juillet 1942
4. 28-29 août 1942
5. 2 septembre 1942
6. 4 octobre 1943
7. 11 février 1944
8. 30 avril 1944
9. 1er mai 1944
10. 11 mai 1944
11. 25 mai 1944
12. 13 juillet 1944

Toutes ces attaques ont causé, non seulement d'importants dégâts matériels aux habitations, aux installations industrielles, aux voies de communication, mais surtout d'irréparables pertes en vies humaines parmi la population civile. Les fréquentes alertes ont semé le désarroi parmi les habitants en provoquant une insoutenable tension nerveuse.

Bombardement de la nuit du 25 au 26 août 1941

C'est la localité de Rémelfing qui connut le premier bombardement aérien de la guerre. Neuf bombes explosives de gros calibre tombèrent sur son finage, occasionnant des dégâts dans les champs et les bois. Seules quelques rares maisons ont été endommagées. Il n'y eut pas de mort d'homme.

Bombardement de la nuit du 16 au 17 septembre 1941

Rémelfing dut encore subir cette deuxième attaque. Trois bombes explosives provoquèrent des dégâts minimes dans un finage boisé.

Bombardement du 30 juillet 1942

De nuit, entre 1 heure 52 et 2 heures 36, douze à quinze bombardiers lancèrent une attaque plus sérieuse contre la ville de Sarreguemines et le faubourg de Neunkirch. La pleine lune offrit aux attaquants une visibilité

---

[1] Archives de la ville de Sarreguemines, 4e section D III, *Histoire de la ville de Sarreguemines 1939-45*, HZ bombardements.

parfaite. Les quartiers de part et d'autre de la Sarre étaient particulièrement visés. Quelque 5 à 6000 bombes incendiaires (*Stabbomben*) et environ 500 bombes au phosphore s'abattirent sur la ville. Quelques bombes explosives provoquèrent des dégâts dans trois quartiers différents de la ville, trois bombes explosives au Himmelsberg, une mine aérienne à la faïencerie, une bombe explosive à la caserne des chevau-légers, une mine aérienne dans les champs près de Neunkirch et une bombe explosive au « Mistelwald ».

Douze cents bombes incendiaires non explosées furent rassemblées dans un cratère de bombe explosive au Himmelsberg et détruites par des spécialistes de la troupe.

Il n'y eut pas de victimes. Seules vingt et une personnes avaient été atteintes par de légères brûlures. Mais en combattant un foyer d'incendie au lycée national (*Oberschule*), le « Major » Wohlfahrt de la Wehrmacht trouva une mort accidentelle. Peu après, les autorités dénommèrent la rue du Lycée *Major Wohlfahrt-Strasse*.

Les dommages matériels furent plus importants : 17 maisons d'habitation, 17 greniers, 25 pièces et 12 dépôts devinrent la proie des flammes. Des incendies s'étaient encore déclarés dans la faïencerie, dans la caserne des chevau-légers et dans le temple protestant. On avait dénombré 71 foyers d'incendie. Pourtant, 36 familles, comptant en tout 128 personnes, étaient totalement sinistrées et devaient être relogées. Des secours d'un montant de 7050 Mark furent distribués, ainsi que des bons d'habillement et de chaussures.

Comme des descentes de parachutistes avaient été signalées, plus de 400 soldats de la *Wehrmacht* fouillèrent le bois de Woustviller jusqu'à l'aube, sans le moindre résultat.

Attaque aérienne de la nuit du 28 au 29 août 1942

Entre 23 heures 55 et 0 heure 50, quelques rares bombardiers prirent pour cible le quartier de la Blies. Ils larguèrent environ 1000 bombes incendiaires, provoquant seulement 16 petits foyers d'incendie, que les habitants, organisés en autodéfense, purent facilement maîtriser.

Dès la fin de l'alerte, 100 hommes de la *Wehrmacht* se mirent à la recherche de tracts défaitistes lancés par les avions sur le ban de Rémelfing. Ils en ramassèrent une bonne centaine, rédigés en langue allemande.

La localité sarroise de Hanweiler avait eu moins de chance, car deux immeubles, près du pont de la Blies, ne formaient plus qu'un brasier.

Bombardement du 2 septembre 1942

De 2 heures 45 à 3 heures 10, encore de nuit, plusieurs bombardiers lancèrent leurs bombes sur le centre de la ville. On put compter 40 à 50 bombes incendiaires (*Stabbrandbomben*), 60 à 70 bombes au phosphore et une mine aérienne, qui devait d'ailleurs s'avérer très meurtrière. Celle-ci tomba sur la chaussée, au coin de la rue de Verdun et de la rue de l'Eglise, et par son puissant souffle provoqua la destruction totale de 27 maisons, alors que 53 autres demeures étaient gravement endommagées et 292 partiellement. Ces chiffres prouvent la violence de la déflagration.

Hélas, sept personnes avaient trouvé la mort sous les décombres de leurs maisons. Pour la première fois, la mort avait fait son œuvre parmi la population civile.

En voici le nécrologe :

1. Mme Rose Schaefer, née Kleindienst, le 20 décembre 1909 à Hilsenheim, Bas-Rhin, épouse de Charles Schaefer, maître-boucher, J.-Bürckel-Strasse, 53 (rue de Verdun).

2. Mélanie Joséphine Kayser, née Schorp, commerçante, née le 10 février 1888 à Puttelange, veuve de Nicolas Maxime Kayser, Dr Todt-Strasse, 8 (rue Nationale).

3. Jacques Charles Pierre Hinkel, maître-cordonnier, né le 29 juin 1888 à Sarreguemines, époux de Anne Mischkowitz, rue de l'Eglise, 16.

4. Jakob Wenders, fabricant de balances, né le 6 décembre 1885 à Geldern, divorcé, rue de l'Eglise, 18.

5. Rose Catherine Massing, née Munchen, née le 21 novembre 1890 à Bruchwiese, commune de Hoppstädten, épouse de l'invalide Pierre Massing, rue de l'Eglise, 18.

6. Pierre Massing, invalide, né le 10 juin 1899 à Sarreguemines, époux de Rose Catherine Munchen, rue de l'Eglise, 18.

7. Marie Françoise Hamann, née Luhmann, le 25 février 1910 à Sarreguemines, épouse du meunier Frédéric Nicolas Hamann, rue de l'Eglise, 20.

En outre, 143 personnes furent blessées, dont 20 grièvement atteintes. Les travaux de sauvetage se déroulèrent aussitôt, grâce au concours de 200 hommes de la Wehrmacht et d'un groupe de secours technique (*Technische Nothilfe*). Au bout de douze heures, on put encore sortir des décombres un homme, trois femmes et deux enfants, tous vivants.

Quelques incendies s'étaient déclarés dans les bâtiments de l'ancienne faïencerie, dans l'immeuble du Dr E. Schatz, rue Pasteur, et dans la Cité, deuxième avenue au café-restaurant *« Zum Stern »*.

Notons encore que les habitants furent surpris en plein sommeil par cette attaque brutale, aucune alerte n'ayant été donnée au préalable.

Le bombardement du 4 octobre 1943

Ce fut une attaque d'envergure et très meurtrière que nous avons vécue, au milieu de nos élèves, dans la cave de l'école de la Cité.

L'alerte a été donnée à 10 heures 58, et une demi-heure plus tard, à 11 heures 35, une trentaine de bombardiers, venant de l'ouest, survolèrent la ville. Malheureusement, 10 km au-delà de Sarreguemines, ce groupe imposant fit demi-tour et lança son attaque sur une largeur de 200 mètres de part et d'autre de la Sarre. Il semble que les trois ponts et des usines étaient particulièrement visés. 206 bombes explosives de 250 et de 500 kg, et environ 85 bombes incendiaires de 30 kg furent lancées sur différents quartiers. Les dommages causés se révélèrent très importants. Ainsi les deux ponts et la passerelle, deux écoles et une église subirent des dégâts importants. Il s'agit du temple protestant, de l'école protestante et de l'école de garçons de la Sarre. Quatre usines, travaillant pour la Wehrmacht, furent sérieusement touchées.

Des bombes explosives avaient endommagé la voie ferrée en direction de Béning. La circulation resta interrompue durant 20 heures. Comme le chemin de halage le long de la Sarre était labouré par les projectiles, toute navigation fut impossible pendant une dizaine de jours.

Les dommages matériels se répartissaient comme suit :

a) 52 sinistres totaux d'immeubles, dont cinq bâtiments publics, notamment une école (école protestante), une usine et un cinéma (Eden).

b) 102 sinistres graves d'immeubles, parmi eux le temple protestant et l'école de la Sarre.

c) 730 sinistres légers.

Ce qui fait un total de 884 immeubles atteints par les bombes et les éclats.

D'autre part, une vingtaine d'incendies compléta le tableau des dommages matériels relevés sur toute l'étendue de la ville.

Les pertes en vies humaines furent nombreuses. 132 personnes, dont 53 hommes, 65 femmes et 14 enfants, avaient trouvé une mort brutale. Tous n'étaient pas domiciliés à Sarreguemines, car de nombreuses victimes de la campagne étaient venues en ville pour y faire leurs achats.

Il y eut 309 blessés, dont 73 grièvement. L'hôpital-clinique était débordé et les chirurgiens durent, sans désemparer, pratiquer de nombreuses interventions. Enfin 649 personnes devaient être relogées.

La fonderie Haffner, rue Poincaré, a été endommagée par trois bombes et fut mise en chômage technique durant deux jours. A l'époque, elle travaillait pour la *Wehrmacht*.

La faïencerie (*Steingutfabrik* Villeroy et Boch) fut atteinte par 19 bombes explosives et une bombe incendiaire. Comme elles étaient tombées sur les places et dans les jardins attenants, les dommages furent minimes.

La fabrique de coffres-forts et de mobilier métallique Kratz et Cie, travaillant alors pour la *Wehrmacht*, reçut une volée de quatre bombes incendiaires, mais les dommages furent très légers.

De nombreuses bombes explosives avaient provoqué en treize endroits différents des ruptures de la conduite d'eau. Au bout de douze heures, les réparations étaient effectuées et l'alimentation en eau de la ville rétablie.

Pour la même raison, l'approvisionnement en gaz a été totalement défaillant. En effet, la conduite d'amenée principale présentait une rupture sur 100 mètres et en ville il fallut remplacer plus de 70 mètres de tuyaux.

L'alimentation en courant électrique fut également interrompue. En 21 endroits, les câbles avaient été sectionnés. Dès le 6 octobre, les équipes techniques avaient rétabli le courant sur toute l'étendue de la ville.

Comme la poste, à l'angle de la rue Pasteur et de la Chaussée de Louvain, était totalement sinistrée, les communications téléphoniques furent interrompues. Des câbles souterrains avaient même été sectionnés par des bombes explosives. L'administration dut procéder à des installations provisoires en attendant une remise en état définitive.

Lors de l'attaque, la Schupo (*Schutzpolizei*) avait perdu deux hommes et un auxiliaire, occupés à diriger les civils vers les abris souterrains.

Attaque aérienne du 11 février 1944

Une alerte aérienne a été déclenchée ce vendredi, à 11 heures 09. A partir de midi, plusieurs vagues de bombardiers, venant de l'est et visiblement en vol de retour, survolèrent la ville. Lorsque à 12 heures 40, les dernières escadrilles furent attaquées par des avions de chasse allemands, elles larguèrent un certain nombre de bombes sur le quartier de la Cité. Alors que les bombes explosives tombèrent sur la faïencerie et sur le quartier de la Cité, les bombes incendiaires touchèrent le Jungwald sans causer de dégâts.

Les avions avaient largué 12 bombes explosives, dont 5 bombes à retardement, et 16 bombes incendiaires (*Flüssigkeitsbomben*). Des bombes à retardement (*Zeitzünder*), trois explosèrent par la suite, l'une au bout de 60 minutes, l'autre au bout de 104 minutes et la troisième seulement au bout de 134 minutes.

Vingt-six maisons d'habitation furent touchées, dont deux totalement détruites et neuf gravement endommagées.

Le nombre de victimes était de quatre, dont une femme et trois enfants. On dénombra douze blessés, dont six grièvement atteints.

La faïencerie avait subi des dégâts importants, notamment par la destruction d'un hangar-dépôt contenant des matériaux de construction. Des objets fabriqués furent également détruits. Comme la ligne de haute tension, qui desservait la faïencerie, avait été touchée, il s'ensuivit une interruption de la production à 50 % durant quatre jours.

Bombardement du 30 avril 1944

A 23 heures 45, plusieurs bombes explosives tombèrent sur les localités de Welferding et de Rémelfing. A Welferding, une mine aérienne provoqua la mort d'un prisonnier de guerre serbe et la destruction du pont sur le *Witzbach*. Un homme, grièvement blessé, dut être hospitalisé. Des immeubles furent également endommagés.

A la sortie sud de Rémelfing, tomba également une mine aérienne qui endommagea cinquante-cinq maisons, dont deux subirent de graves dégâts et treize des dommages moyens. Une famille dut être relogée chez des parents. Deux personnes furent hospitalisées avec des blessures légères.

Bombardement aérien du 1er mai 1944

Le 1er mai 1944, vers 18 heures 45 environ, soixante bombardiers attaquèrent

Sarreguemines en plusieurs vagues, suivant le cours de la Sarre, du sud au nord-ouest. Au centre de l'attaque se trouvaient les voies ferrées et d'autres voies de communication, ainsi que des industries d'armement et le réservoir d'eau de la ville. En plusieurs chapelets, 299 bombes explosives ont été lâchées sur ces objectifs. Les équipages utilisèrent également sans succès les armes de bord. Quatre bombes à retardement furent localisées et désamorcées.

Cinquante-six personnes trouvèrent la mort: quatorze hommes, dix-neuf femmes, dix-sept fillettes et six garçonnets. Quatre *Ostarbeiter* (S.T.O. (2) des pays de l'Est) furent portés disparus. Le nombre de blessés était de soixante-quinze, dont trente-trois grièvement atteints.

Trente familles, comptant cent douze personnes, avaient perdu leur logis. Parmi les habitations et édifices publics, il y eut cent soixante-neuf destructions, dont quatorze totales et vingt-quatre sinistres graves.

Dans l'industrie, on constata une destruction totale (Kardex) et trois destructions partielles graves (Rahm et Kampmann, la tuilerie et la fabrique de carrelages).

Les lignes électriques ayant été coupées, Sarreguemines resta durant vingt-quatre heures sans courant. Selon le cas, la perte de la production dans les entreprises industrielles se chiffrait entre 50 et 100 %.

Le réservoir d'eau subit une destruction totale et deux transformateurs de courant électrique furent gravement endommagés. Parmi les voies de communication, le pont de Woustviller a été totalement détruit, les installations portuaires et le pont de Steinbach quasiment anéantis, alors qu'un pont en béton au même endroit ne fut que légèrement touché.

Les différentes voies ferrées menant à Sarreguemines étaient démolies et inutilisables. Ce n'est que le 22 mai 1944 que la *Reichsbahn* put reprendre un service normal, c'est dire que les destructions furent très graves.

Durant une bonne quinzaine de jours, le canal des houillères était impraticable, en raison de l'effondrement des murs de soutènement des quais et de l'obstruction de la voie d'eau par une péniche échouée, à la suite d'un coup au but d'une bombe explosive (*Volltreffer*).

Pertes en bétail: trois chevaux, trois génisses et deux porcs. On constata également des dégâts appréciables dans les bois, champs et jardins.

Attaque aérienne du 11 mai 1944

A 19 heures 05, trente-six bombes explosives, dont une à retardement, furent larguées sur Sarreguemines et Welferding. Quatre bombes explosives, dont une à retardement, tombèrent à Neunkirch, le long de la route de Deux-Ponts. Comme les engins étaient tombés dans les prés, il n'y eut guère de dégâts. Seules deux maisons subirent de légers dommages.

A Welferding, trente-deux bombes explosives provoquèrent d'importants dommages à des maisons d'habitation, ainsi que dans les champs et les bois.

(2) S.T.O. = service du travail obligatoire.

Un homme trouva la mort au cours de l'attaque, sept personnes furent blessées à l'intérieur d'un abri antiaérien. Il fallut encore dégager douze personnes ensevelies sous les décombres de leurs habitations. Cinq personnes purent être retirées en vie, mais les sept autres durent être considérées comme perdues sous l'abri, complètement effondré. On déplora donc finalement huit morts.

Dégâts matériels: deux maisons totalement démolies, trois gravement endommagées, alors que cinq des vingt-neuf habitations l'étaient moyennement et légèrement.

Bombardement aérien du 25 mai 1944

De 9 heures 25 à 9 heures 27, une armada aérienne de soixante-dix bombardiers aborda Sarreguemines par le sud-ouest. Les voies de communication et les installations industrielles constituaient son principal objectif.

Les impacts de deux cents bombes explosives, dont cinq non explosées ou bombes à retardement, quadrillèrent plusieurs quartiers de la ville. Il n'y eut que neuf blessés: cinq hommes, deux femmes et deux enfants.

Sinistres totaux d'habitations: 15.
Sinistres graves d'habitations: 22.
Sinistres moyens d'habitations: 48.
Sinistres légers d'habitations: 190, ce qui fait tout de même un total de 275 maisons touchées.

Une nouvelle fois les installations ferroviaires furent durement touchées, notamment le hangar aux locomotives et la gare de triage. La circulation des trains était interrompue sur les lignes de Strasbourg, Sarrebourg et Homburg/Sarre.

Des bombes au but sur le canal des houillères avaient provoqué un effondrement de la digue. Il s'ensuivit une vidange complète du chenal, et toutes les péniches engagées échouèrent.

Comme le chemin d'accès à l'usine d'armement des carrières de Wittring avait été bloqué par une bombe à retardement, une équipe de spécialistes procéda incontinent à son enlèvement.

La voie de raccordement ferroviaire de la faïencerie ayant été touchée, l'usine subit durant vingt-quatre heures un arrêt de la production de 100 %.

Attaque aérienne du 13 juillet 1944

De 9 heures 12 à 10 heures, quarante-neuf bombes explosives furent lancées sur la ville et sa périphérie. Pourtant, cette attaque ne fit pas de victimes parmi la population, ni de dommages aux habitations, alors que trois bombes explosives avaient coupé les rails de la voie ferrée entre le pont de Steinbach et Rémelfing. Un transformateur du courant électrique subit des dommages moyens.

Un tronçon de route ayant été labouré par les bombes, l'administration dépêcha sur les lieux un détachement de vingt hommes d'un bataillon de grenadiers (*Grenadier-Bataillon 110*), en garnison à Sarreguemines, qui s'activa à sa remise en état.

CHAPITRE IX

La Résistance en Moselle et à Sarreguemines

Conjointement avec la résistance organisée, il y eut de nombreux harcèlements et des brimades infligées à l'occupant. Tous ces faits mineurs sont pourtant révélateurs de l'esprit frondeur et hostile dont témoignèrent de très larges couches de la population mosellane. Ainsi le port ostensible du béret basque et du canotier, honnis par les Allemands, furent les premières banderilles plantées dans l'épiderme sensible des sbires teutons. La *Marseillaise* et tous nos chants patriotiques connurent une vogue jamais atteinte auparavant. Le couplet « Vous n'aurez pas l'Alsace et la Lorraine, et malgré vous, nous resterons Français », chanté avec entrain par des jeunes, provoqua l'ire de l'ennemi. Des gars audacieux escaladèrent maints clochers de nos villes et de nos campagnes pour y hisser, au nez et à la barbe des autorités allemandes, le drapeau tricolore, ce que fit le jeune R. Wentzel, le 14 juillet 1941, sur le temple protestant. Il distribua aussi dans les boîtes aux lettres de la rive droite de la Sarre de nombreux papillons, ainsi libellés : « *Heraus aus der Volksgemeinschaft, die Entscheidung ist nahe* » (1941) « Quittez la communauté allemande, la décision est proche ! » Après ces actes, R. Wentzel dut regagner la France libre.

Des sabotages mineurs furent perpétrés par la jeunesse, rétive à toute germanisation. Les pneus des bicyclettes des gendarmes et policiers allemands lacérés et leurs freins desserrés témoignèrent de l'hostilité de toute une population. Les affiches officielles et les images du Führer furent maculées et déchirées. Des panneaux indicateurs orientés en sens contraire fourvoyèrent des convois entiers dans une direction opposée. Toutes ces vexations préméditées et systématiques suscitèrent chez l'occupant une ambiance d'insécurité et de malaise et témoignèrent d'une sourde mais farouche opposition.

« A Metz, la résistance à l'occupant a débuté dès l'arrivée des Allemands en juin 1940. Faite tout d'abord d'initiatives individuelles et spontanées, comme partout ailleurs en Moselle, elle se manifeste ouvertement pour la première fois le 15 août 1940 sur la place Saint-Jacques devant la statue de Notre-Dame de Metz où des monceaux de fleurs tricolores avaient été entassés. En représailles, dès le lendemain aux aurores, Mgr Heintz, l'évêque du diocèse, était embarqué *manu militari* et expulsé, ainsi que d'autres prêtres. » (1)

« En novembre 1940, les lycéens ayant organisé une grande manifestation patriotique, beaucoup d'entre eux furent arrêtés et expulsés avec leurs parents. » (2)

Le 30 novembre 1940, la proclamation par le Gauleiter Joseph Bürckel de la création du Gau Westmark, faisant du Palatinat, du territoire de la Sarre et du département de la Moselle un seul et unique *Land* allemand, provoqua une recrudescence larvée mais bien manifeste de l'opposition.

L'introduction du service du travail obligatoire en Moselle, le 1er mai 1941, préluda sans équivoque à l'intention des autorités nazies de faire plier la jeunesse récalcitrante et de lui imposer par la force une formation décisive. Ce fut le signal d'une résistance active et d'une première ruée de jeunes vers la ligne de démarcation et la France libre. Des observateurs vigilants y virent également le prélude à l'incorporation forcée.

« Le 28 juin 1941, le Gauleiter Bürckel exila une centaine de prêtres dont il considérait l'influence dangereuse ; sans aucun préavis et sans bagages, ils furent emmenés en cars à quelques kilomètres de Verdun et, en pleine campagne, lâchés dans la nature. » (1) A Sarreguemines, le chanoine Eugène Berthel, curé-archiprêtre de la paroisse de Sarreguemines, fut du nombre des expulsés. N'avait-il pas osé proclamer, lors de la Fête-Dieu, que seul le Christ était notre *Führer* ? Nous le revoyons encore en mémoire lancer son défi du haut du parvis de l'église du Sacré-Cœur.

Ce que l'on avait pressenti depuis des mois, l'incorporation de force, devait se produire dès le mois d'août 1942. En effet, le Gauleiter d'Alsace Robert Wagner ayant ordonné, le 26 août 1942, l'appel sous les drapeaux des jeunes Alsaciens, le Gauleiter Bürckel emboîta le pas et décréta le 30 août suivant à Metz, dans un discours tonitruant et retentissant, la mobilisation des jeunes Mosellans jusqu'à la classe 1914. Malencontreusement pour lui, il octroya un délai de cinq jours, jusqu'au 5 septembre 1942, à tous ceux qui auraient voulu opter pour la France.

Il se produisit alors une réaction spontanée et significative : à Sarreguemines, comme dans tous les autres chefs-lieux d'arrondissement, les jeunes gens concernés se présentèrent en foule pour signer leur déclaration d'option. J. Bürckel n'avait pas soupçonné un seul instant que le mouvement prendrait une telle ampleur. Le 25 juin 1943, la situation était tendue, les rues du centre de Sarreguemines furent bientôt obstruées par les optants résolus. En haut lieu on envisagea de proclamer l'état de siège. La police, renforcée en hâte, installa des mitrailleuses aux carrefours. Toute la Moselle restera en effervescence pendant quelques jours. Le Gauleiter Bürckel comprit aussitôt que la partie était perdue et annula immédiatement ses dispositions d'option et imposa l'incorporation de force, ouvrant ainsi l'un des chapitres les plus douloureux de l'occupation, car il fut bientôt marqué de larmes et de sang.

(1-2) Gilbert Grandval, A. Jean Collin, *Libération de l'Est de la France*, 1974, p. 125.

Se soustraire à l'incorporation condamnait à la déportation les familles des appelés. Que de jeunes acceptèrent, dès lors, le cœur déchiré, d'endosser un uniforme haï pour épargner la persécution et des souffrances indicibles à tous les leurs. C'est à ce niveau que se situe le drame poignant de tous les « Malgré-Nous ».

Malgré cette menace, de nombreux jeunes gens prirent le maquis et se soustraignirent à l'incorporation en passant la frontière. D'autres, mobilisés, désertèrent à la moindre occasion. Hélas, des dizaines de milliers d'Alsaciens et de Lorrains moururent sur le front de l'Est pour une cause à laquelle ils étaient opposés, victimes de la force brutale et de l'abandon du gouvernement de Vichy. Ils acceptèrent aussi ce sacrifice suprême par amour filial et conjugal. Honneur à leur mémoire !

C'est ici que se situe le chapitre des évadés : prisonniers de guerre, jeunes appelées, personnes compromises devant se dérober à l'emprise de l'occupant. Leur procurer les moyens de réussir le passage de la frontière et de réussir leur évasion devint dès lors une occupation exaltante mais périlleuse. Partout, les Mosellans aidèrent de très nombreux fugitifs à s'évader. A Metz, sœur Hélène, une des filles de la Charité de l'hospice Saint-Nicolas, fit par divers moyens passer un grand nombre d'entre eux, surtout des prisonniers de guerre, en Meurthe-et-Moselle. Arrêtée et incarcérée, elle évita d'être remise à la Gestapo grâce au procureur général allemand Welsch, et se réfugia en zone libre (3).

L'histoire des passeurs et des filières de la région de Sarreguemines est traitée dans un chapitre distinct. Mais ce qu'il faut retenir, c'est la multiplicité des concours nécessaires à l'efficacité et à la réussite de l'entreprise. L'hébergement, parfois durant des jours, la pension durant ce même laps de temps, les vêtements civils, parfois un viatique d'argent, les faux papiers, voilà quelques-uns des volets de la préparation d'une évasion. Bien des faux timbres en caoutchouc, de faux imprimés militaires, des photos d'identité truquées sortirent d'ateliers sarregueminois et ont permis à des centaines de personnes de retrouver la liberté. Elles ne se sont du reste jamais souciées de savoir par qui ces faux avaient été fabriqués et au prix de quels risques. Le chanoine François Goldschmitt, de Rech, qui fut déporté à Dachau pour avoir fait passer quelque deux cents prisonniers évadés, n'a jamais pu reprendre contact avec aucun de ceux qu'il avait aidés au péril de sa vie. Il y a tout de même là un comportement assez singulier qu'il convient de souligner.

« Un des premiers groupes de Résistance structurés, en Moselle, fut le groupe « Mario », du nom de guerre de son fondateur Jean Burger. Celui-ci, membre du parti communiste et fondateur d'une section de la ligue internationale contre l'antisémitisme, avait tout lieu de penser qu'il était de ce fait bien connu des Allemands. Aussi, lorsqu'il fut fait prisonnier le 17 juin 1940 dans le Haut-Rhin, adopta-t-il le patronyme de René Legrand. Evadé, il rejoignit

---

(3) Gilbert Grandval, *La libération de l'Est de la France*, 1974, p. 126.

Metz où il entreprit de fonder un groupe de résistance. Arrêté une première fois par la Gestapo le 20 septembre 1942, « Mario » parvint à s'échapper presque aussitôt, mais fut repris le 12 novembre 1942. Après une troisième évasion, Jean Burger développa considérablement son groupe qui rassembla quelque mille cinq cents résistants. Il effectua un grand nombre de sabotages sur les voies ferrées, sur les locomotives, dans des usines sidérurgiques, des fonderies et des mines de charbon. Une opération d'envergure fut entreprise les 19 et 20 septembre 1943 : il s'agissait de l'opération « Valmy » visant à détruire des denrées destinées à l'Allemagne ; des fermes tenues par des colons allemands et une très grande quantité de meules de blé furent incendiées. Hélas ! le 21 septembre 1943, Jean Burger était à nouveau entre les griffes de la Gestapo. Enfermé au fort de Queuleu d'abord, il fut ensuite déporté à Buchenwald-Nordhausen où il mourut le 4 avril 1945 » (4). Jean Burger est mort pour son idéal.

Ce groupe « Mario » (5) a eu une antenne à Sarreguemines dans les milieux des cheminots. Son chef fut le cheminot Jean Nehlig de Rémelfing, qui mourra plus tard à Dachau. Un membre très actif de ce groupe vit encore à Sarreguemines, M. Eugène Steinmetz, né le 30 mars 1894 à Haguenau. Il eut de nombreux contacts avec Jean Burger, qu'il connaissait bien avant 1939, tous les deux ayant été membres du parti communiste.

Au sujet d'Eugène Steinmetz, il convient de relater un incident bien particulier : la police-frontière (S.D.T. : surveillance du territoire), avait laissé, dans les archives de la sous-préfecture de Sarreguemines, la liste complète des membres du parti communiste français. La *Gestapo* la découvrit et, à la mi-octobre 1940, rassembla à Bénestroff tous les adhérents de ce parti pour les expulser. Au cours d'un examen minutieux de leurs papiers, les agents nazis eurent la surprise de relever dans ceux d'Eugène Steinmetz, « Malgré-Nous » de la première guerre mondiale, son appartenance au groupe de chasse d'aviation « Hermann Gœring ». Devant une telle référence et après des conciliabules embarrassés, on décida aussitôt de ramener Steinmetz à Sarreguemines et de lui rendre la liberté. Le drapeau de la C.G.T. (6) qu'il avait caché avant son départ, fut déniché par un colocataire et sans doute remis aux Allemands, car il n'a jamais été retrouvé.

Eugène Steinmetz fut dès lors un résistant authentique, aussi bien au sein du groupe « Mario » qu'en celui de « Résistance-Fer ». Il collabora activement à ces deux mouvements. Grâce à son concours, de nombreux prisonniers de guerre évadés, réfractaires et déserteurs de la Wehrmacht, retrouvèrent la liberté. Durant trois ans, E. Steinmetz et ses camarades multiplièrent les actes de résistance en collant des affiches séditieuses sur les murs de la ville et en menant une campagne de démoralisation parmi les troupes de la Wehrmacht.

(4) a. Gilbert Grandval et A. Jean Collin, p. 126.
    b. Léon Burger, *Le Groupe Mario, une page de la Résistance lorraine*, 1965, p. 182 et autres.
(5) Voir plus loin la liste des membres du groupe « Mario » de Sarreguemines.
(6) C.G.T. = Confédération Générale du Travail.

Longtemps, ils purent échapper à la vigilance de la Gestapo. Hélas, au début de septembre 1943, le groupe « Mario » fut démantelé et de nombreux membres déportés.

Arrêté le 7 septembre 1943, d'abord incarcéré au camp de la « Neue Bremm », Eugène Steinmetz fut ensuite déporté à Dachau (7) jusqu'au 6 mai 1945, date à laquelle il a été libéré par les Américains, et put gagner Mulhouse, dans son Alsace natale, via Bregenz en Autriche. Rappelons encore que cet homme courageux, serrurier au dépôt S.N.C.F. de Sarreguemines, participa pendant douze ans comme conseiller municipal à la gestion de la ville.

Dès la fin de 1940, Just Scharff dirigeait en Moselle un premier mouvement de résistance à l'occupant. A partir de janvier 1941, il fut le chef départemental de l'armée secrète et à partir d'octobre 1943, il se trouvait à la tête de l'Organisation de la Résistance de l'Armée. De 1940 à 1944, le but essentiel des résistants était de fournir aux Alliés des renseignements précis d'ordre militaire, notamment sur les usines de fabrication de matériel de guerre de Woippy et de Veckring, d'établir des filières destinées aux prisonniers de guerre évadés et aux nombreux réfractaires à l'incorporation dans l'armée allemande. Grâce à la récupération d'armes abandonnées dans les ouvrages de la ligne Maginot, Just Scharff put armer les groupes de résistance de Moyeuvre-Grande, Thionville, Hayange, Metz et Bitche, comprenant en tout 563 hommes, qui prirent à partir de la fin août 1944 une part active à la libération de ces régions. Si certains de ces groupes ont failli à leur tâche, d'autres, fortement organisés par Just Scharff, se sont battus avec beaucoup de courage, d'abnégation et d'esprit de sacrifice. Ainsi, l'abbé Aloïse Schilt, chef du groupe de Bitche, fut tué le 18 janvier 1945, lors d'une patrouille de reconnaissance le long de la route de Lemberg. Avec lui, trouva une mort héroïque Joseph Jost, du groupe de Sarreguemines.

Justin Scharff note encore dans son ouvrage: « A Bitche, j'avais revu dans les derniers jours d'août 1944 le responsable du secteur (l'abbé Aloyse Schilt), pour lui signifier la décision du commandement du 25 juillet touchant K. (Krieger), qu'il rejette aussitôt, comme l'avait fait le 28 août le responsable du secteur I de Metz, et pour l'engager, tout en lui renouvelant les consignes du commandement et les miennes propres, à renforcer les effectifs de ses propres groupes et à créer, avec le concours d'officiers de réserve de sa contrée, d'autres unités de combat dans l'est du département. Mais la région de Bitche allait demeurer isolée, sur les arrières du front ennemi, jusqu'à sa libération en mars 1945 (8).

Voici encore quelques textes où les groupes de résistance de Sarreguemines et de Bitche sont mentionnés: « Les brigades des secteurs de Forbach, Sarreguemines, Sarrebourg, Longeville-lès-Saint-Avold, Abreschviller et Moselle-Sud,

---

(7) Il y travailla à la câblerie de récupération.
(8) Justin Scharff, *La libération de l'Est de la France, département de la Moselle*, 1975, p. 12.

qui, à ma connaissance, n'ont pas toutes été homologuées comme unités combattantes par les autorités militaires, naquirent à l'initiative de patriotes du cru, les unes dès 1943, les autres à l'approche des combats de la libération et agirent de manière isolée. Au reste, elles ne furent, en raison des circonstances, véritablement en contact direct ni avec Krieger ni avec moi, avant la fin des combats en Moselle... »

« Lors des combats dans les régions du nord-est et de l'est du département, c'est-à-dire après la libération de la région messine, j'apparaissais, en permanence, comme le responsable départemental des F.F.I. auprès des troupes alliées se tenant sur ces fronts, pendant que les groupes F.F.I. de Forbach, de Sarreguemines et de Bitche opéraient isolément sur les arrières de l'ennemi. » (9)

Quant à l'organisation des F.F.I. en Moselle, il convient de retenir les remarques suivantes : « Au début de janvier 1944, le responsable des F.F.I. n'était encore désigné ni pour la Moselle, ni pour la Meurthe-et-Moselle. Justin Scharff, qui avait largement fait ses preuves, fut désigné comme chef le 20 du même mois par le général Allemandet. Auparavant, le colonel Grandval, par personnes interposées, avait pris contact avec le chef des F.F.I. de la Moselle.

Or, le 25 juillet 1944, le colonel d'Ornant fit part à Justin Scharff de la décision du commandement régional de nommer Krieger (Alfred) à la tête des F.F.I. de la Moselle, à compter du jour même.

Pourtant, Justin Scharff fut prié d'assumer comme par le passé la charge d'organisation des réseaux de renseignements, et de continuer son activité dans les F.F.I. en assumant également les fonctions d'adjoint départemental. Il y avait cependant une réelle incompatibilité entre la fonction de chef des unités de combat et celle, très astreignante, que J. Scharff occupait dans les réseaux. Sa présence aux côtés de Krieger était jugée indispensable en raison de sa connaissance des difficultés inhérentes à la région et des formations de combat en place, comme aussi des dispositions prises ou en cours de l'être, en exécution des plans et des instructions du commandement régional reçues depuis le début de l'année (10).

Que n'a-t-on laissé à J. Scharff le commandement intégral des F.F.I. de la Moselle, puisque en raison de sa compétence et de sa bravoure, largement prouvées, il a fallu lui laisser les responsabilités de toutes les actions ?

Malgré de nombreuses démarches et plusieurs rendez-vous pris, J. Scharff ne put jamais rencontrer A. Krieger.

A ce moment crucial de la proche libération, les instances responsables auraient dû éviter tout flottement dans le groupe de commandement des F.F.I. de la Moselle. Mais cette situation n'entama en rien la combativité et l'allant des unités d'intervention.

(9) Justin Scharff, *ibidem*, p. 14.
(10) Justin Scharff, *ibidem*, pp. 8, 9, 10.

Organisation des F.F.I. en Moselle

Alfred Krieger (Gregor) prend le commandement le 15 juillet 1944 ; d'après J. Scharff, cette passation de commandement eut lieu le 25 juillet.

G. Grandval cite l'abbé Stenger (Richard) comme l'adjoint de Krieger.

Or, Justin Scharff note à cet égard : « Au sujet du lieutenant L. Stenger, il n'était pas à cette époque, et n'a pas été ultérieurement l'adjoint de Krieger. Il devint après la libération — expressément délégué par K. — le liquidateur départemental des affaires F.F.I. de la Moselle, ainsi que cela est d'ailleurs précisé notamment à l'annexe II de l'Historique de la Résistance en Moselle. » (11).

Voici le dispositif adopté :

Metz (neuf brigades) :

1re brigade de commandement sous les ordres du capitaine René Tribout de Lorbette, qui devint après les combats vice-président du Comité Départemental de la Libération de la Moselle.

2e brigade commandée par le lieutenant Eisenkopf, 200 hommes environ.

3e brigade commandée par le capitaine Bock, 100 hommes.

4e brigade commandée par le lieutenant Griboux, 200 hommes.

5e brigade commandée par le lieutenant Thiriot, 200 hommes.

6e brigade commandée par le sous-lieutenant Christ, 150 hommes.

7e brigade commandée par le lieutenant Berwick, 127 hommes.

8e brigade commandée par le lieutenant Znanniecki, 60 hommes.

9e brigade commandée par le lieutenant Costa, 150 hommes.

Le secteur de la vallée de la Fensch commandé par Justin Scharff et Marcel Hermann.

Le secteur de la vallée de l'Orne commandé par Jean Bolis.

Le secteur de Thionville-Uckange commandé par Robert Weber.

Le secteur de Sarreguemines commandé par Edouard Fogt.

Le secteur de Longeville-lès-Saint-Avold commandé par le lieutenant Mouth.

Le secteur d'Abreschviller commandé par Paul Veyser.

Le secteur de Sarrebourg commandé par le lieutenant Michel Singerlé.

Le secteur de Forbach commandé par le docteur Kirchgesner, puis par le lieutenant Baltès.

Le secteur de Moselle-Sud commandé par Edouard Kron (12).

Curieusement le secteur de Bitche n'est pas mentionné dans ce tableau, alors que son chef, l'abbé Aloyse Schilt, était mort pour la France lors d'une reconnaissance le 18 janvier 1945.

---

(11) Justin Scharff, *La libération de l'Est de la France*, 1975, p. 14.
(12) Gilbert Grandval et A. Jean Collin, p. 127.

Moselle
Comité Départemental de la Libération

Président : Krieger Alfred, F.F.I.
Vice-présidents : Tribout René, F.F.I. ; Nilles L., C.G.T.
Secrétaire général : Abbé Stenger Lucien, F.F.I.
Trésorier : Varoquy Augustin, P.C.
Membres : Décembre 1944 : Mme le docteur Burger Marguerite, F.F.I., puis en juin 1945, à son retour de déportation, le docteur Burger Léon, déporté ; Decker Gaston, F.F.I. Thionville ; Engler Jean, C.G.T. ; Fabert Joseph, personnalité, agriculture ; Fogt Edouard, F.F.I. Sarreguemines ; docteur Kirchgesner Emile, F.F.I. Forbach ; Linder Joseph, J.O.C. ; Loth Henri, personnalité patronat ; Louis, F.F.I. Boulay ; Moppert Edmond, F.F.I. Metz-Ville ; Mme Munier, personnalité ; Quirin Alfred, C.F.T.C. ; Rubeck François, P.C. ; Schindelé Louis, F.F.I. Sarrebourg ; Schuler, S.F.I.O. ; Schwob René, C.G.T. ; abbé Valentin Louis, F.F.I. Metz-Campagne ; Varoquy Louis, Jeunesses Communistes ; Wiltzer Alex, délégué à l'Assemblée Consultative ; Wolf Pierre, F.F.I. — Février 1945 : Griboux Henri, F.F.I. ; Schuman Robert, personnalité (13)

---

(13) Gilbert Grandval et A. Jean Collin, *Libération de l'Est de la France*, 1974, p. 240.

CHAPITRE X

Les passeurs et les filières

Les plus belles pages de la résistance en Lorraine ne seront probablement jamais connues, parce que ceux qui les ont écrites n'ont pas agi pour une vaine gloriole, et il faut employer de véritables stratagèmes pour les faire parler.

Dans la résistance, le rôle des passeurs de frontière n'avait rien de spectaculaire, mais présentait de réels dangers. Parmi ces passeurs, qui agissaient par patriotisme et par compassion pour leurs camarades qui croupissaient dans les *stalags* allemands, ceux du dépôt de S.N.C.F. de Sarreguemines ont fait preuve d'une activité digne d'éloges. C'est Eugène Ehly, mécanicien de route, qui en fut la cheville ouvrière.

Un cœur d'or

Grâce au dévouement de M. Eugène Ehly, à l'organisation qu'il avait soigneusement montée avec son fils Emile, son épouse et quelques amis sûrs, dont nous ferons connaissance au cours du présent récit, près d'une centaine de prisonniers français, évadés des *stalags* allemands, ont pu retrouver leurs familles et la liberté.

A son retour en Moselle, Eugène Ehly avait été profondément écœuré par les traitements, parfois inhumains, infligés aux prisonniers de guerre. Comment leur venir en aide ? telle fut la question qui devint une obsession pour M. Ehly. Un fait fortuit fit bien les choses et déclencha son action.

En effet, dès 1940, une équipe de prisonniers français d'un *stalag* de Sarreguemines était occupée à déblayer le tunnel de la voie ferrée de Sarreguemines à Béning. Les déblais furent chargés sur des wagons, tractés par une locomotive à bord de laquelle se trouvait le mécanicien Eugène Ehly. Quelques prisonniers, enhardis par la sympathie que leur témoignait cet homme, s'approchèrent et lui demandèrent de faire passer des messages à leurs familles. Ce bon samaritain accepta d'emblée et ainsi, il fut bientôt en possession d'une longue liste d'adresses. C'est le propre fils de M. Ehly, le jeune Emile, qui s'occupa de la rédaction et de l'expédition des missives. Les familles des prisonniers, vivant dans l'angoisse et l'incertitude, purent donc être rassurées sur le sort des leurs.

Le premier pas était fait. Il fit naître dans cette famille lorraine une véritable émulation et l'enthousiasme de servir.

« Il me faut quarante sandwichs ! »

C'est par cette étrange demande que le jeune Emile Ehly apostropha sa mère. Sachant très bien à qui son fils destinait ce ravitaillement, Madame Ehly leva pourtant les bras au ciel et s'exclama : « Quarante sandwichs ? Mais où prendrons-nous le pain et la charcuterie ? ». Le père, approuvant la démarche de son fils, le seconda aussitôt dans son entreprise. Les boulangers de Neunkirch., Gl... et Ga..., fournirent le pain, tandis que le jeune Emile s'en fut à Sarreguemines, où il confia discrètement son problème à deux bouchers, qui réservèrent aussitôt le meilleur accueil à sa demande insolite. En un temps record, les sandwichs furent préparés par tous les membres de la famille Ehly. Emile Ehly se chargea d'un sac, bondé de ces précieux casse-croûte, et se rendit au terrain d'aviation de Neunkirch, où travaillaient des prisonniers, sous la surveillance d'un soldat allemand. Celui-ci, d'abord réticent, se laissa convaincre par un sandwich bien garni et une bouteille de vin que le jeune homme avait eu le soin d'emporter. Ainsi l'adolescent avait su toucher la corde sensible du gardien... jusqu'à lui faire oublier ses consignes. Grâce à son obstination, les prisonniers furent rassasiés.

Au numéro 74 de la « rue de Sarreguemines à Neunkirch »

Mais Ehly et son fils poursuivirent leur action désintéressée. Un *stalag* (1) installé à la caserne des « chevau-légers » leur en fournit l'occasion. Les prisonniers travaillaient souvent dans des entreprises privées où ils jouissaient d'une certaine liberté, propice à une évasion éventuelle. Trois d'entre eux, occupés dans l'entreprise Dietsch, bien décidés à s'évader, se présentèrent un jour chez les Ehly, qui leur procurèrent aussitôt des effets civils, et l'évasion fut minutieusement préparée.

Assuré de la complicité de son sous-chef de dépôt René Durckel, Eugène Ehly fut chargé de conduire un train vide de Sarreguemines à Avricourt. Evidemment, les trois prisonniers furent du voyage. Comme le changement de personnel du train se fit à cette gare-frontière, Ehly, au comble de l'émotion, signala la présence des trois fugitifs au chef de train de la Compagnie de l'Est qui, très coopératif, assura le rapatriement des évadés. C'était la première réussite... elle devait être suivie de bien d'autres. Ehly se sentit soulagé, car pendant les trois jours que les prisonniers avaient passés sous son toit, lui et les siens connurent maintes alertes et émotions. Mais n'écoutant que son courage, il avait réussi sa première opération de passeur.

Malencontreusement, à cette époque, un bureau du *Wiederaufbau* (2)

---
(1) *Stammlager* = camp.
(2) Bureau de la reconstruction.

occupait une pièce du rez-de-chaussée de la maison Ehly. Le danger était donc permanent... mais les Allemands, peu méfiants encore, ne se doutèrent pas qu'ils occupaient une pièce dans une officine de passeur.

Après sa première réussite, Eugène Ehly redoubla d'audace et persévéra dans sa vocation de servir. Peu après, il résolut de faire évader l'adjudant-chef Robert Mosser, de Neunkirch, dont la famille était restée en zone non occupée. Robert Mosser fut habillé en cheminot et accompagna Ehly et son fils jusqu'en gare de Sarrebourg, où il devait prendre le chemin de la France. Mais le mécanicien du train d'Avricourt, transi de peur, fit la sourde oreille. Pourtant, Eugène Ehly, qui s'était assuré du concours de nombreux cheminots, n'abandonna pas son projet et emmena l'évadé au quai n° 3 de la gare de Sarrebourg, où devait arriver un train de permissionnaires allemands, rejoignant leurs garnisons en France occupée. Le fils Ehly sut gagner la confiance du chef de train du réseau de l'Est, qui accepta volontiers de s'adjoindre cet étrange « cheminot » qu'on lui présenta. Robert Mosser arriva à bon port. Sur tout le parcours, il avait été « convoyé » par des agents de la S.N.C.F., qui, en cette occasion, firent preuve d'un remarquable esprit de solidarité.

A leur retour de Sarrebourg, Ehly et son fils se rendirent compte qu'il fallait trouver une autre filière, les Allemands ayant considérablement renforcé les mesures de contrôle à la frontière. C'est un autre mécanicien de route, André Paturo, qui s'entremit pour organiser cette nouvelle filière. Il connaissait à Réding un ouvrier-cheminot, Jean Rausch, un des passeurs les plus actifs de la contrée. Une fois le contact établi, cet homme courageux se déclara prêt à faire passer autant de prisonners évadés que possible.

Voici le scénario d'une évasion : c'est Emile Ehly qui se chargeait d'emmener le premier fugitif à Réding. Celui-ci, amené par des amis sûrs chez les Ehly, y était ravitaillé et muni des instructions précises quant au déroulement de l'opération. Alors la grande aventure pouvait commencer... Par train, les deux hommes arrivèrent sans encombre à Sarraltroff, d'où il fallut gagner Réding par la route. En gare de cette localité, tout était prévu. Dans chaque fourgon, sous le siège du chef de train, se trouve un espace vide, pouvant abriter quelques hommes. Il suffisait donc de desceller deux planches pour permettre à un ou plusieurs prisonniers de se glisser dans cette cache sûre. Les planches furent ensuite soigneusement reclouées et le fourgon attaché au train à destination d'Avricourt et de la frontière. Le choix se porta toujours sur un fourgon de la Compagnie de l'Est, qui fut ensuite déclaré avarié pour qu'il pût rejoindre son port d'attache en France. C'est ainsi qu'avec la complicité des cheminots d'Avricourt et d'Igney-Avricourt, les prisonniers évadés parvinrent à leur destination sans le moindre accroc. L'opération terminée, Jean Rausch était prévenu par un coup de fil convenu de la bonne fin de l'opération... et il n'y avait plus qu'à recommencer le lendemain.

Après cette première journée de réussite, le jeune Emile Ehly, de retour à Sarreguemines et fier de son exploit, dit à son père : « J'aurais voulu avoir derrière moi toute une compagnie à faire passer ! ».

Incidents...

Ces passages n'allèrent pas toujours sans provoquer des moments d'émotion ou d'alerte. Il fallait alors garder tout son sang-froid. Un jour, Eugène Ehly avait de nouveau préparé un convoi de trois évadés. Son fils les prit en charge, pour prendre en leur compagnie le train de 4 h 16 en gare de Sarreguemines. Il précédait le groupe de quelques pas lorsque, sur le pont de la Sarre, une voiture militaire occupée par des officiers allemands stoppa à hauteur des trois prisonniers. Emile Ehly réagit aussitôt, car les officiers demandaient la route de Bitche. Il revint rapidement sur ses pas et donna le renseignement d'une voix assurée. Sans son intervention, les trois fugitifs se seraient inévitablement trahis.

Une autre fois, un gendarme allemand vint prendre place dans le compartiment où Emile se trouvait déjà en compagnie de trois prisonniers évadés qu'il accompagnait à Réding. Il ne fallut parler en aucun cas et le jeune tendit des journaux en langue allemande à ses protégés qui finirent par s'endormir. A Sarraltroff, ils se réveillèrent comme à souhait, et, sans éveiller les soupçons du gendarme débonnaire, descendirent du train en riant sous cape.

Un jour, alors qu'Emile Ehly, toujours lui, et un évadé se dirigeaient sur Sarraltroff, le jeune homme apprit en cours de route qu'il convoyait un agent secret en fuite. Emile ne s'en émut pas outre mesure, mais arrivé à Réding, il redoubla de prudence. Heureusement, car il apprit que la *Gestapo*, au courant de la fuite de cet agent, faisait passer sur la gare de Sarrebourg, par laquelle il aurait fallu transiter, un véritable vent d'inquisition. Le départ devait donc être retardé pour laisser s'apaiser la tempête...; quelques jours plus tard, Emile Ehly pouvait signaler à son père que la mission était accomplie.

Heldengedenktag [3] 1941 à Neunkirch

Une imposante gerbe de fleurs entourée d'un large ruban à croix gammée avait été déposée au monument aux victimes de la première guerre mondiale. Le lendemain, elle avait mystérieusement disparu. Gendarmerie et Gestapo furent bientôt sur les lieux, mais l'enquête piétina et ne donna finalement aucun résultat. Elle devait rebondir peu après. A Pâques, Eugène Koscher et sa mère avaient fleuri, au vu et au su de tous, les tombes des soldats français tombés en 1939-1940 sur le ban de Neunkirch. Aussitôt, la Gestapo mit ce fait en corrélation avec le vol de la couronne à l'emblème nazi, et Eugène Koscher fut activement recherché. Eugène Ehly, voyant la détresse de la pauvre maman, lui apprit que son fils était sauf, terré dans la cave de sa maison. Cette situation ne pouvait se prolonger..., il fallut aviser. A la tombée de la nuit, le fils Koscher vint se réfugier chez les Ehly. Il l'avait échappé belle, car le lendemain la Gestapo procéda à une perquisition en

---

[3] Journée nationale de commémoration des héros.

règle, mais vaine, de la maison paternelle. Quatre jours plus tard, Eugène **Koscher** prit le train à Neufgrange. En gare de Sarreguemines, il aurait couru le risque d'être repéré. En compagnie d'Emile Ehly, E. Koscher gagna Réding via Sarraltroff... et par la filière habituelle se réfugia en France. Comme le fugitif était complètement démuni d'argent, les familles Ehly, Serf, Paturo et **Altenburger** se cotisèrent et lui remirent une somme de mille francs pour parer au plus pressé.

Souvent par groupes de trois ou quatre, les prisonniers évadés se présentèrent au domicile des Ehly. Ils y furent amenés par la famille Dickeli, Mlle Sibille, Alphonse Oswald, Eugène Glatt, Eugène François, Alphonse Speder et surtout par Bernard Serf. Ainsi s'était établi un réseau sûr au service des évadés. Les arrivées étaient quotidiennes; il fallait alors les héberger et les nourrir pendant plusieurs jours, en attendant un jour propice à l'évasion. Aucune fuite n'était à craindre, car tous les membres de l'organisation, mise sur pied par Eugène Ehly, offraient les meilleures garanties de discrétion. A tel point que beaucoup d'épouses n'apprirent qu'après la libération les activités de leurs maris.

Lorsque le *stalag* de Sarreguemines fut transféré en Allemagne, la filière des passeurs maintint son entreprise de sauvetage. De nombreux prisonniers évadés d'un *stalag* de Mannheim continuèrent à se présenter, souvent les pieds en sang à la suite de marches forcées. Après avoir reçu les soins que nécessitait leur état, Ehly leur fit prendre la direction de Réding et celle de la liberté.

Ainsi près d'une centaine de prisonniers de guerre évadés durent leur salut à Eugène Ehly et à ses amis.

Le 14 juillet 1941 à Zetting

On le fêta même un peu bruyamment et la *Gestapo*, qui avait des oreilles partout, finit par apprendre que le jeune Wackermann avait chanté la *Marseillaise*. Mandat d'arrêt immédiat! Mais quand les sbires nazis se présentèrent, le jeune homme avait pris le large. En effet, il se trouvait en lieu sûr chez Eugène Ehly à Neunkirch... et ce ne fut pas un hasard. Dès le lendemain, le fils Ehly l'accompagna jusqu'à Réding et le confia aux convoyeurs habituels de la filière. A partir d'Igney-Avricourt, il gagna Lyon par des voies sûres et s'engagea par la suite dans l'armée de la Libération. Son père devait mourir dans le camp de concentration de Dachau.

Fin de la filière de Réding

Bientôt l'inlassable activité déployée à Réding par la cheville ouvrière du réseau, le cheminot Rausch, attira les soupçons de la *Gestapo*. Rausch, ayant eu vent de son arrestation imminente, disparut mystérieusement. Avec sa disparition, la filière de Réding était condamnée. Cet homme fut certainement un des plus grands et des plus intrépides passeurs de toute la région.

Un prisonnier reconnaissant

En 1941, il y avait à Neunkirch un prisonnier de guerre qui travaillait chez M. Jacques Zapp. Il se plaisait si bien chez son hôte qu'il répondit par la négative à une proposition d'évasion du jeune Emile Ehly. C'était un brave paysan de France, plein de reconnaissance pour les soins dont il était entouré, bien que sa mère fût seule à diriger la ferme qu'il exploitait. Eloi était son nom.

Après les semailles de printemps 1941, le prisonnier fut muté à Bliesguersviller et placé chez un cultivateur dont la ferme se trouvait non loin du pont de la Blies. C'est alors qu'il décida de fuir et, tel Latude, quitta nuitamment sa chambre au moyen de draps de lit noués l'un à l'autre. Par une pluie battante, il prit le chemin de Neunkirch et se rendit directement au fenil des Ehly. Sa fuite fut organisée et menée à bonne fin grâce à l'aide du brave Rausch de Réding. Lorsqu'en 1943, Emile Ehly s'enfuit à son tour pour se soustraire à l'incorporation dans la Wehrmacht, il trouva le gîte et le couvert chez le prisonnier qu'il avait préservé d'une longue captivité.

La tragique odyssée du *Brautführer* [4]

Le dramatique épisode que nous allons narrer a connu son épilogue devant la cour de justice. Pourtant, tout avait commencé par un jour de bonheur, le mariage d'une jeune fille de Dabo avec un militaire cantonné dans la localité. La jeune fiancée avait obtenu l'autorisation de choisir le garçon d'honneur parmi les camarades de son futur mari. La mariée lui adjoignit, selon la coutume locale, une de ses amies comme demoiselle d'honneur. Ce fut le départ d'une autre idylle, ébauchée au cours des festivités de la noce. Après l'armistice de 1940, le malheureux *Brautführer* échoua dans un *stalag* de Sarreguemines.

Un brave Lorrain, mis au courant de la situation, put révéler à la demoiselle d'honneur de Dabo le lieu de séjour de son infortuné « promis ». Un passeur, le mécanicien de route André Paturo, fut à son tour mis dans le secret. Il retrouva le « fiancé » à l'hôpital de Sarreguemines, où il était employé, avec deux camarades, comme jardinier. L'évasion put être organisée et fixée à dix heures du matin aux alentours de la Pentecôte 1941. Hélas, le train conduit par Paturo eut un retard imprévu, et les trois prisonniers, trop pressés, résolurent de poursuivre la fuite à leurs risques et périls. Il suffit parfois de peu de choses pour donner au destin une autre orientation. En tentant de gagner la forêt de Woustviller, les trois fuyards furent repérés par une femme mal inspirée et dénoncés à la police allemande. Aussitôt pourchassés par les policiers, deux d'entre eux furent repris, mais le malheureux *Brautführer* y laissa sa vie. Un jeune bonheur venait de s'écrouler. A l'époque, cette lamentable affaire fit grand bruit à Sarreguemines et provoqua une indignation générale.

(4) Garçon d'honneur.

Une nouvelle filière

Maintenant que Rausch, qui avait fait preuve d'un si magnifique dévouement, n'était plus disponible, il fallut organiser une autre filière, car les prisonniers continuaient d'arriver chez Ehly. Le fils Emile Ehly se rendit à Réding pour sonder le terrain. Il frappa en vain à de nombreuses portes, mais les poursuites engagées contre Rausch avaient singulièrement refroidi le zèle des personnes sollicitées. Néanmoins, il se trouva un cheminot, dont le nom nous échappe, qui se prêta de bonne grâce à l'entreprise, malgré les risques énormes encourus. Désormais, les prisonniers furent conduits par des relais sûrs au café de la gare de Réding d'où ils furent acheminés vers la France.

D'ailleurs peu avant la fuite de Rausch et grâce à Ehly, deux jeunes gens de Neunkirch : Charles Dickeli et le jeune Oswald, avaient emprunté la fameuse filière, en même temps que deux prisonniers de guerre évadés, que le fils Ehly leur avait confiés. Trois jours plus tard, le passage n'eût plus été possible.

Deux prisonniers évadés

Le 18 novembre 1941, deux prisonniers, Labaye Raymond de « La Fontenelle » (Deux-Sèvres) et Claisse Pierre de Paris, en compagnie d'un Alsacien, s'étaient d'abord présentés à Mlles Collin et Sibille, ainsi qu'à l'abbé Wagner. L'Alsacien, qui, comme les deux fuyards, avait travaillé dans une usine de Mannheim, n'était nullement désintéressé dans l'affaire. Ensuite Bernard Serf les prit en charge et les accompagna chez Ehly. Comme Robert Schoeser, un autre passeur, donna aux prisonniers évadés l'adresse de l'abbé Burgun, alors vicaire à Sarrebourg, l'évasion put être entreprise. Léon Houder de Neunkirch servit de guide au trio, l'Alsacien, voulant également gagner la France libre, était lui aussi de la partie. Le passage de la frontière devait se faire à Richeval. Mais au lieu d'attendre la nuit, les trois évadés tentèrent de passer en plein jour et furent interceptés par les douaniers allemands.

L'Alsacien fut incarcéré et les deux prisonniers acheminés vers leur camp. Par la suite, on apprit qu'une deuxième tentative d'évasion avait été couronnée de succès.

Dans sa cellule, l'Alsacien fut une proie facile entre les griffes de la Gestapo. Soumis à un interrogatoire très dur, il répondit d'abord évasivement, puis finit par donner les noms de M. et Mme Bernard Serf, qui furent aussitôt arrêtés. Bribes par bribes, on lui arracha encore les noms de Mme Lang et de Léon Houder. Celui-ci put prendre la fuite et échapper à l'arrestation. L'Alsacien, harcelé et menacé, se mit à table et vendit la mèche. L'affaire devenait dramatique pour Eugène Ehly.

Le 15 décembre 1941

Eugène Ehly, mécanicien de route, ramena de Metz le premier train de voyageurs du matin. Après avoir conduit sa machine au dépôt, il fut interpellé par la

Bahnpolizei (5). Ensuite il dut suivre deux agents de la sinistre *Gestapo*, au siège de laquelle, de 9 à 11 heures, il fut soumis à un premier interrogatoire minutieux et incacéré à Sarreguemines. Vers 15 heures, Ehly fut extrait de la prison et conduit à Sarrebourg. Confronté à l'Alsacien, il nia tout en bloc et déclara ne pas le connaître. Mal lui en prit, on l'enferma dans une cellule noire sans aucun rai de lumière et avec des rats pour seuls compagnons.

Le lendemain à son premier interrogatoire, Ehly garda son sang-froid, tint tête aux agents et n'avoua rien.

Le deuxième jour, au cours d'un nouvel interrogatoire, on crut le surprendre en lui disant : *« Haben Sie über Ihre Sünden nachgedacht ? Sie brauchen nichts mehr einzugestehen, ihre Frau hat alles gestanden ».*

« Avez-vous réfléchi à vos péchés ? D'ailleurs, vous pouvez vous dispenser d'avouer puisque votre femme a fait des aveux complets. Elle et tous vos collaborateurs sont sous les verrous. »

Le troisième jour, la Gestapo lui apprit l'arrestation de quinze de ses collaborateurs ; or, ils n'étaient que huit à être dans le coup. C'est ainsi que Ehly se rendit compte qu'on bluffait pour lui arracher des aveux.

Le harcèlement du suspect se poursuivit le quatrième jour... mais le résultat resta négatif, Eugène Ehly avait des nerfs solides. Même la menace de l'assommer avec la machine à écrire ne le fit pas fléchir. Payant d'audace, il demanda d'être confronté avec les collaborateurs qu'ils disaient avoir arrêtés. On ne lui en présenta aucun.

Le cinquième jour de son incarcération, Eugène Ehly fut transféré à la prison de Metz et présenté au juge d'instruction en compagnie de Bernard Serf et de son épouse qu'on avait ramenés de Sarrebourg. A Metz, Ehly et Serf furent d'abord enfermés dans les bâtiments du Grand Séminaire, transformés en prison. Là, ils eurent la bonne fortune de rencontrer un Sarregueminois incorporé dans la *Hilfspolizei* (6), le jeune Lœdel. Celui-ci permit à Ehly et Serf de se voir et de se concerter pour faire concorder leurs dépositions. La décision inébranlable d'Ehly de ne rien avouer les sauva, en même temps que tous ceux qui lui avaient fait confiance.

Mme Jeanne Ehly, toujours alitée, fut prévenue de l'évolution de la situation par une lettre remise au jeune Lœdel. Malgré les nombreuses visites domiciliaires de la Gestapo, elle ne fut pas en état d'être interrogée, ce que vint **confirmer plus tard le *Kreisarzt* (7)**, le docteur Hucklenbroïch, spécialement commis à cet effet par la Gestapo. Ce médecin allemand, au cœur généreux, sauva bien d'autres Sarregueminois des griffes de la toute-puissante Gestapo.

Eugène Ehly, toujours en prison à Metz, attendait de comparaître devant **la cour de justice spéciale (*Sondergericht*),** alors que de vaillants amis s'ingéniaient à le sortir des geôles allemandes. L'un de ses chefs, René Durckel, le réclama d'urgence pour les besoins du service au dépôt S.N.C.F. de Sarre-

---
(5) Police des chemins de fer.
(6) Police auxiliaire.
(7) Le médecin d'arrondissement.

guemines. Les Allemands, toujours sensibles aux exigences du service, le libérèrent le 1er avril 1942. Mais sa libération devait être de courte durée. Dès le 17 avril, il fut condamné à sept mois de prison, Bernard Serf écopant de la même peine. En raison de leurs dénégations opiniâtres, la prison préventive ne fut pas prise en compte. Mme Serf fut condamnée à quatre mois de prison ferme.

Après avoir encore passé quelques semaines à la maison d'arrêt de Metz, Ehly a été ensuite transféré à celle de Pirmasens et y purgea le reste de sa peine.

Il devait être libéré le 17 novembre 1942, mais, à sa sortie de prison, il apprit qu'il avait été congédié de la *Reichsbahn*. Sans ressources, la solidarité de nombreux amis permit à la famille Ehly de survivre. Mais l'office du travail (*Arbeitsamt*) lui assigna finalement comme lieu de travail les établissements Haffner, placés sous séquestre. Dès les premiers jours, deux employés, MM. Becker et Schiellein, l'affectèrent à la formation des apprentis, lui évitant ainsi de travailler à des fabrications de guerre. Bientôt, on lui fit espérer sa réintégration dans la *Reichsbahn*, à condition toutefois d'entrer dans une des formations nazies. Le refus fut catégorique.

En octobre 1943, Emile Ehly, le fils, menacé d'être incorporé dans la Wehrmacht, décida en accord avec ses parents de se soustraire à l'incorporation. C'est au nommé Schneider Joseph, qui avait déjà assuré le passage de vingt-huit prisonniers, que revint la difficile mission de faire passer le jeune Ehly. Son transfert de Sarrebourg en France eut lieu sur une locomotive déclassée dirigée sur le dépôt de Blainville. Il se tint caché dans le cendrier pendant tout le voyage... et put échapper aux fouilles.

Ce chapitre des passeurs du dépôt de Sarreguemines serait incomplet sans la relation des activités du mécanicien de route Nicolas Stoeffler, qui en fut le véritable chef de file, lors des jours sombres de l'occupation et de la résistance à l'ennemi. De 1940 à 1944, ce vaillant soldat de la Résistance-Fer réussit à faire évader quelque deux cent quatre-vingts prisonniers de guerre français, qui, grâce à sa témérité, purent passer en zone libre. Identifié finalement par les services de la Gestapo, il dut, par obligation pour lui-même et tous les siens, se réfugier en Haute-Marne, où il continua sans désemparer son action patriotique, en participant à de nombreuses missions de liaison dans les maquis des Vosges et de la Haute-Marne. La patrie reconnaissante lui décerna après la libération de nombreuses et hautes décorations. Il était titulaire de la Légion d'honneur avec le grade de chevalier, de la Croix de combattant volontaire de la Résistance, de la médaille des Passeurs, de la Croix de Guerre, de la médaille du dévouement et de celle des évadés.

Après la guerre, revenu dans sa ville natale, il œuvra assidûment comme président de la Résistance-Fer de la section de Sarreguemines, comme président de la section de Sarreguemines de l'Union nationale des Passeurs, il fut également délégué de la Résistance-Fer en Moselle. Nicolas Stoeffler eut l'insigne honneur de présenter en juin 1977 les quatre lauréats du grand prix régional de la Résistance au général de Boissieu, gendre du général de Gaulle, lors de l'érection de la Croix de Lorraine monumentale de Villers-Stoncourt. Il décéda le 10 juillet 1977 à l'âge de 85 ans et la ville de Sarreguemines a fait à ce brave d'imposantes obsèques.

Voilà donc dans leurs émouvants détails quelques-unes des plus belles pages de la résistance organisée au dépôt de Sarreguemines. Comme tous ses camarades, Eugène Ehly et son fils Emile ont fait preuve d'un esprit de sacrifice digne des plus beaux exemples de la résistance (8).

Retenons pour terminer ce récit, le rôle éminent joué, durant ces années de guerre, par les vaillants cheminots des dépôts de Sarreguemines, de Réding et de Blainville. Plus de cinq cents prisonniers de guerre et Lorrains réfractaires à la Wehrmacht ont emprunté cette filière d'évasion du rail. Tous ces fuyards trouvèrent des caches sûres dans les tenders vides, les cendriers poussiéreux, dans les cylindres B.P. et même sur les ressorts de suspension des boggies. Arrivés à Blainville, nos voyageurs clandestins, munis de papiers en règle, rejoignirent la capitale et d'autres lieux d'accueil. Que de vaillants cheminots ont connu les geôles allemandes pour avoir assuré le salut de leurs compatriotes. Le dépôt de Réding mérite pleinement le titre de « plaque tournante » des filières d'évasion de l'Est mosellan.

Il convient d'associer dans un hommage unanime, à des hommes tels que Nicolas Stoeffler et Eugène Ehly, tous les cheminots des dépôts de Sarreguemines, Réding et Blainville, qui ont œuvré avec le plus grand courage et un désintéressement total dans une entreprise périlleuse.

---

(8) Reportage non signé du *Courrier de la Sarre* du 21 juillet au 7 août 1945 (texte adapté par l'auteur).

CHAPITRE XI

Le Groupe de résistance « Mario »

793 - Bohn Frédéric, 8-9-44 Distroff, † 8-3-45 Dachau. Dép. pol.
794 - Feisthauer Michel (16-4-1907 Soucht), 14-10-44 Sarreguemines, † 29-3-45 Dachau. Dép. pol.
795 - Feisthauer Elise (14-9-1903 Guéblange), 14-10-44 Neue Brem, 23-4-45 Ravensbrück. Dép. pol.
796 - Florsch Joseph (19-3-94 Wiesviller), 7-9-44 Neue Brem, † 3-4-45 Dachau. Dép. pol.
797 - Geis Antoine (7-7-93 Welferding), Neue Brem, † 23-11-44 Flossenburg. Dép. pol.
798 - Gross Joséphine (13-5-94 Sarreinsming), 30-11-43 Metz, 25-4-45 Ravensbrück. Dép. pol.
799 - **Gross Nicolas (3-7-91 Sarreguemines)**, 30-1-43 Fort de Queuleu, † Flossenburg. Dép. pol.
800 - Gunther Henri (24-10-1901 Sarreguemines), 7-9-44 Neue Brem, † 6-3-45 Dachau. Dép. pol.
801 - Hen Nicolas (3-6-99 Woustviller), 8-7-44 Neue Brem, † 23-2-45 Flossenburg. Dép. pol.
802 - Hen Georges (3-12-02 Zetting), 14-6-44 Fort de Queuleu, 29-4-45 Dachau. Dép. pol.
803 - Hoffmann Eugène (14-6-02 Zetting), 7-9-44 Zetting, Neue Brem, 29-4-45 Dachau. Dép. pol.
804 - **Kalis** Nicolas (10-6-94 Rohrbach-lès-Bitche), 9-9-44 Neue Brem, † 24-2-45 Dachau. Dép. pol.
805 - Koch Adolphe (29-7-93 Sarreinsming), 7-9-44 Sarreinsming, Neue Brem, † 24-1-45 Flossenburg. Dép. pol.
806 - Kratz Georges (30-11-1909 Sarreguemines), 16-4-43 Fort de Queuleu, 11-4-45 Buchenwald. Dép. pol.
807 - Lehmann Frédéric (3-3-98 Erstein), 7-9-44 Neue Brem, † 16-3-45 Dachau. Dép. pol.
808 - Lorentz Ferdinand (23-12-91 Sarreguemines), 7-9-44 Neue Brem, † 28-2-45 Dachau. Dép. pol.

809 - Meyer Joseph (25-3-93), 30-11-43 Fort de Queuleu, 25-3-45. Dép. pol.
810 - Nehlig Jean (26-4-93 Siltzheim), 6-7-44 Neue Brem, † 21-2-45 Dachau. Dép. pol. Ce déporté fut le chef du groupe Mario de Sarreguemines.
811 - Schirrmann Martin (7-11-17 Bining-lès-Rohrbach), 29-1-43 Sarreguemines, Metz, 29-4-45 Dachau. Dép. pol.
812 - **Staudt Charles** (5-11-00 Boulay), 16-7-43 Metz, 2-12-44 Deux-Ponts. Dép. pol.
813 - Steinmetz Eugène (30-3-94 Haguenau), 7-7-44 **Neue Brem**, 28-4-45 Dachau. Dép. rés.
814 - Wendling Pierre (12-11-96 Folpersviller), 7-9-44 Sarreinsming, Neue Brem, † 2-1-45 Flossenburg. Dép. pol.
815 - Wackermann J.-B. (2-2-00 Wiesviller), 9-9-44 Neue Brem, † 8-2-45 Dachau. Dép. pol.
816 - Ziegler Emile (10-7-95 Rémelfing), 7-9-44 Sarreinsming, Neue Brem, † 15-2-45. Dép. pol.
817 - **Zimmer Théa** (5-9-08 Basse-Yutz), 10-11-43 Metz, 7-8-44 Berlin. Dép. pol.
818 - **Zakuk Ferdinand**, 21-12-43, † 30-12-43 (1).

Le groupe « Mario » de Sarreguemines était donc formé de vingt-six membres, dont quinze ne revinrent plus des différents camps de concentration.

Le fondateur et chef départemental du groupe « Mario », Jean Burger (né le 16-2-07 à Metz), a été arrêté à plusieurs reprises, notamment en 1942 à Montois-la-Montagne, puis le 21 septembre 1943 à Metz. Incarcéré au Fort de Queuleu, il fut ensuite déporté au camp de Dora-Nordhausen, où il mourut des sévices et privations endurés, le 4 avril 1945.

Le groupe « Mario » eut en tout 866 déportés, ce qui atteste l'importance de ce mouvement de la résistance lorraine.

Par décret du 27 novembre 1946, paru au *Journal Officiel* du 19 décembre 1946, Jean Burger a été promu dans l'Ordre National de la Légion d'Honneur, au grade de Chevalier, à titre posthume.

En outre, par décret du 31 mars 1947, publié au *J.O.* le 26 juillet 1947, la Médaille de la Résistance Française a été décernée à Jean Burger à titre posthume sur propositon du ministre de la Guerre (2).

---

(1) Docteur Léon Burger, *Le Groupe « Mario », une page de la Résistance lorraine*, 1965, Metz, pp. 41, 42.
(2) *Ibidem*, p. 182.

CHAPITRE XII

L'affaire Karl Borgmann

Dans le chapitre de la présentation de cet ouvrage, nous avons largement rendu compte des différentes mesures arbitraires prises par l'occupant pour perpétrer une annexion de fait de l'Alsace-Lorraine, contraire aux clauses de l'armistice du 18 juin 1940, signé à Rethondes, le 22 du même mois. Cette froide et cynique détermination de l'ennemi et les diverses décisions qui s'ensuivirent créèrent une atmosphère d'insécurité et de contrainte, qui incita de nombreux Lorrains à se soustraire à l'implacable emprise nazie qui était contraire à leur idéal de liberté et à leurs sentiments patriotiques. C'est dans ce contexte d'une irréductible oppression qu'il convient de situer, dès l'automne de 1940, la constitution de filières de passeurs de frontières et la création d'officines de fabrication de fausses pièces d'identité. Ces activités de l'ombre devaient prendre une ampleur peu commune avec l'instauration en 1941 du service du travail obligatoire pour les jeunes de 18 ans et l'enrôlement forcé dans la Wehrmacht, en 1942, de tous les hommes valides à partir de l'année de naissance 1914. En septembre 1943, de tels actes de résistance connurent, à Sarreguemines, une actualité angoissante avec le démantèlement de la filière Borgmann, du nom d'un authentique Allemand, opposé depuis longtemps au régime national-socialiste, qui s'était spécialisé dans la fabrication de faux papiers d'identité. Ce marinier, Karl Borgmann, qui, avant la guerre, avait eu des intérêts dans la navigation de plaisance côtière et sur le Rhin, né à Emden, en Basse-Saxe, avait eu son domicile à Oldenbourg dans la même province. En septembre 1939, il fut incorporé dans l'armée allemande, mais resta résolument opposé au régime. Karl Borgmann, alors âgé de 43 ans, apparut à Sarreguemines, en octobre 1940, comme soldat de la Wehrmacht. Il était employé comme secrétaire dans un bureau militaire, installé au numéro 6 de la rue du Parc, alors *Hermann-Gœring-Strasse*. Nous nous sommes trouvé dans l'impossibilité d'établir la nature de ce bureau, de sorte que nous soupçonnons ce ressortissant allemand d'avoir été, dès le départ, un agent double. A la fin de l'année 1941, il fut muté à Schwäbisch Gmünd, à l'est de Stuttgart, où, en 1942, il se fit réformer de la Wehrmacht. Revenu aussitôt à Sarreguemines comme civil à un moment crucial pour la population

105

masculine, menacée d'incorporation dans l'armée allemande, il s'assura du concours de plusieurs patriotes lorrains et s'adonna à la confection de fausses pièces d'identité. A ce moment son épouse, Erna Riecher, le rejoignit et cohabita avec lui, toujours au numéro 6 de la rue du Parc. L'officine de cette activité clandestine se trouvait sans doute au restaurant « Au Tonneau d'Or », rue de France, géré par Pierre Schneider, un employé municipal. La fille de ce dernier nous a rapporté que Borgmann, un assidu du restaurant, lors de ses venues, se rendait toujours dans la cave de l'établissement en compagnie de son père. L'exactitude de cette affirmation nous a été confirmée par Mme Pierre Schneider, née Léonie Bock, grande résistante et déportée à Ravensbrück. De nombreux jeunes Lorrains utilisèrent les services de ce « laboratoire » un peu particulier pour passer ensuite sans encombre la frontière et gagner la France libre. Au moment où la Gestapo eut vent de l'affaire, on put évaluer à plus de quatre cents le nombre de jeunes ayant emprunté cette filière. Comme souvent dans de pareils cas, de nombreuses indiscrétions et des confidences de bouche à oreille l'avaient mise sur les traces de ce trafic. L'intervention d'un agent provocateur n'est pas à exclure. Toujours est-il que les agents de la Gestapo, installés dans la maison de l'ancien maire, Nicolas Nicklaus, rue des Muguets, intervinrent sur-le-champ et brutalement. Des arrestations ont été opérées, mais, averti à temps du danger qu'il courait, Karl Borgmann, accompagné de son épouse, prit la fuite, échappant de peu aux griffes de la Gestapo. Les services de celle-ci essayèrent alors de trouver l'origine des imprimés et des cachets utilisés, et Koch, le chef local de la *Geheime Staatspolizei*, convoqua à son bureau un imprimeur sarregueminois, soupçonné d'avoir été dans le coup. Celui-ci, soumis à un interrogatoire serré, sans perdre contenance, rétorqua qu'on devait lui soumettre les timbres en caoutchouc utilisés, que seul leur examen lui permettrait de dire s'ils étaient de sa fabrication. Comme on n'avait saisi que des pièces d'identité falsifiées, mais pas les cachets, la Gestapo ne put lui donner satisfaction. Un fonctionnaire plus humain de la police secrète, du nom de Reinhart, intervint alors en faisant remarquer que sans ces pièces à conviction et leur expertise, il n'y avait pas lieu de poursuivre l'affaire dans cette direction... et l'imprimeur en question fut relâché.

Karl Borgmann et son épouse restèrent introuvables, malgré les multiples efforts de la Gestapo et de toutes les formations de police, lancées à leurs trousses. De source sûre, nous avons appris qu'ils furent accueillis et cachés durant quelques jours par des Sarregueminois, notamment rue de la Montagne, par un professeur du Lycée National, puis à Bitche. Revenu à Sarreguemines, le couple gagna de nuit la ville de Saint-Avold où, grâce à la complicité du suisse, il put se terrer dans le clocher de l'église paroissiale. Ce même résistant, du nom de Bund, assura quotidiennement le ravitaillement des fugitifs.

Karl Borgmann, qui était également un agent du service d'espionnage anglais, ne resta pas inactif. Sortant nuitamment de sa cachette, il perpétra de nombreux sabotages dans la région, dont le plus spectaculaire fut le dynamitage d'un pont sur la voie ferrée de Béning à Hargarten. Cet acte coûta d'ailleurs la vie à un mécanicien de route sarregueminois, dont la locomotive plongea dans le vide. A Sarreguemines, de nombreux ressortissants, qui avaient approché Karl Borgmann et lui avaient adressé des jeunes réfractaires désireux de passer la frontière, furent convoqués au tribunal. Grâce à la connivence d'un jeune juge lorrain, M. Gérard, ils purent se disculper et éviter la déportation.

De la même source, nous tenons les détails suivants : vivant dans la clandestinité, Karl Borgmann, sans ressources, préleva, pour subsister, une rétribution pour les services rendus, et accepta également des vivres.

Entre-temps, cette affaire avait connu des développements dramatiques pour de nombreux Sarregueminois arrêtés par les sbires nazis. Nous relaterons leurs démêlés et leur calvaire à la fin de ce chapitre.

Karl Borgmann et son épouse avaient donc pu s'enfuir de Sarreguemines, après avoir pris soin de changer leur physique en se grimant et en portant des perruques. Les nombreuses fausses pièces d'identité dont les fuyards disposaient leur avaient permis de rallier la région de Saint-Avold, où ils vécurent dans la clandestinité, comme nous l'avons déjà relaté. Mais le 9 décembre 1943 se produisit un événement tragique, qui attira de nouveau une attention accrue sur les fuyards. Les contrôles de police s'intensifièrent, car la Gestapo était fermement résolue à se saisir de celui qu'elle considérait comme un criminel dangereux. Lors d'un contrôle d'identité, à la nuit tombante, à Hombourg-Haut, dans un chemin creux, Karl Borgmann, se sentant acculé, n'hésita pas à faire usage de son arme et abattit un fonctionnaire de la gendarmerie, père de dix enfants. Revenu à Sarreguemines, il exprima à son hôte de quelques jours de profonds regrets au sujet de cet acte, puis le couple poursuivit son errance incertaine pour gagner la Suisse.

Une intense chasse à l'homme se déclencha aussitôt dans toute l'Alsace-Lorraine. Dès le lendemain, apparurent sur les murs de la ville de Sarreguemines et partout ailleurs, des avis de recherche, imprimés sur papier rose, donnant la photographie des fugitifs et des signalements précis. Une prime de 3 000 Mark y était promise à quiconque pourrait contribuer à l'arrestation du *Gewaltverbrecher* (1) **Karl Borgmann**, dont la tête était ainsi mise à prix. Mais les époux Borgmann échappèrent encore aux mailles de la police. Pourtant, leur destin devait s'accomplir dans la soirée du 23 décembre 1943, à plus de cent kilomètres de Sarreguemines, dans une maison isolée, entre Geispolsheim et Fegersheim, au sud de Strasbourg, où ils avaient cherché refuge. Leur présence ayant été signalée aux autorités allemandes, la maison fut aussitôt cernée par des forces de police et des unités de la Wehrmacht. Sommé de se rendre, Karl Borgmann riposta par des coups de feu, et fut alors, selon l'avis officiel, abattu et son épouse grièvement blessée. Une autre version circulait à l'époque : Borgmann, se sachant perdu, aurait tué son

(1) Criminel forcené.

épouse et se serait suicidé avec son arme. Le corps de Borgmann fut transporté à la faculté de médecine de Strasbourg aux fins d'« autopsie », dont les services médicaux nazis étaient coutumiers. Mme Erna Borgmann ne survécut pas à ses graves blessures. Leur destin avait trouvé son épilogue sanglant dans la plaine d'Alsace.

Mais le drame navrant des résistants sarregueminois incarcérés à la suite de cette affaire ne faisait que commencer. Tous ceux qui avaient prêté leur concours à Borgmann, identifiés et appréhendés, se trouvaient sous les verrous à la prison de Sarreguemines. Si Pierre Schneider avait pu s'échapper, son épouse, née Léonie Bock, Mlle Emilie Grosse, professeur de lettres, les époux Jean Klintz, du buffet de la gare, Mme Georgette Krempp, du restaurant de « La Charrue d'Or » et un garçon du même établissement, Marcel Urban, se trouvaient entre les mains de la Gestapo.

Il nous a paru intéressant de donner la relation des sévices subis et des privations endurées par un certain nombre de ces résistants authentiques.

Le 24 septembre 1943, Mlle Emilie Grosse fut arrêtée par la Gestapo et incarcérée à la prison de Sarreguemines, où elle fut menée, les yeux bandés, comme une criminelle, par les agents de la Gestapo, après avoir été soumise à un interrogatoire serré et prolongé, sans subir pourtant de sévices corporels. Le 10 décembre 1943, Mlle Grosse a été transférée au fort de Queuleu à Metz (Fort Gœben), tristement connu comme lieu de tortures. D'ailleurs son beau-frère, René Matt, de Thionville, y trouva la mort, assommé à coups de crosses par les gardiens S.S., le 28 décembre 1943. Les époux Matt-Grosse avaient eu des contacts avec Karl Borgmann et organisé à Thionville une filière vers la proche frontière franco-allemande. Après ce meurtre, Mme René Matt, née Lucie Grosse, a été libérée et rendue à ses trois enfants en bas âge. A Queuleu, comme tous les détenus, Mlle Emilie Grosse eut toujours les yeux bandés, hormis durant les fêtes de Noël, grâce à un geste humain du remplaçant du sinistre Hempen, parti en permission. Le bourreau de Queuleu, Hempen, vécut en Allemagne sous le nom de « Eugen Helmbrecht » jusqu'en 1954. Le 10 avril 1951, le tribunal militaire permanent de Metz l'avait condamné à mort par contumace pour homicides multiples et coups et blessures volontaires. Sorti de la clandestinité et malgré son lourd passé, il fut engagé le 1er janvier 1960 comme officier de police à Oldenburg en Basse-Saxe. Arrêté en juin 1962, une partie de son procès se déroula à Sarrebruck pour permettre l'audition des témoins mosellans. Faisant peu de cas des dépositions accablantes, le tribunal le relaxa, sous prétexte qu'il ne pouvait être jugé une seconde fois pour les mêmes faits [2].

Le 3 mars 1944, Mlle E. Grosse a été transférée à la prison de femmes de Metz, en Chandellerue, en vue de comparaître devant un tribunal d'exception (*Sondergericht*) sous l'accusation de *« Beihilfe zur Fahnenflucht »* (complicité de désertion).

[2] Dr Léon Burger, *Le Groupe « Mario »*, 1965, p. 173.

Elle y fut entendue, dès le 4 mars, par un juge militaire allemand du nom de Reinhart, dont le père avait été, avant 1918, professeur au lycée de Bouxwiller (Bas-Rhin), lieu de naissance de Mlle Grosse. Celui-ci semble ensuite avoir oublié son dossier, peut-être par piété filiale en souvenir de son père.

Ici se plaça ensuite un intermède dans l'incarcération de la détenue. En effet, au début d'avril 1944, elle fut extraite de la prison des femmes et emmenée sous bonne garde à Fribourg-en-Brisgau, où elle devait comparaître comme témoin dans le procès de Marcel Urban, garçon de café à « La Charrue d'Or », impliqué dans l'affaire Borgmann et défendu devant le tribunal militaire par Maître Charles Thomas, du barreau de Sarreguemines. L'officier de la Gestapo, qui assurait le transfert de Mlle Grosse, peu à son aise dans son rôle, avait été juge à la chambre criminelle de Leipzig, humanisa autant que possible les conditions du voyage nocturne, allant jusqu'à partager son casse-croûte avec la prisonnière.

A Fribourg, devant le *Sondergericht* militaire, celle-ci fut entendue avec ménagement. Comme elle refusa de charger l'accusé, on n'insista pas. Là encore, elle fut l'objet d'un geste humain, l'un des officiers-juges, la voyant exténuée par le voyage, lui fit servir un café et un casse-croûte qu'elle s'empressa de partager avec son geôlier compréhensif. Il faut préciser que ces hommes du tribunal ne faisaient pas partie d'une formation de S.S., mais d'unités régulières de la Wehrmacht.

De retour à Metz, le lendemain, elle se trouva de nouveau sous l'emprise de la Gestapo, qui s'était rendu compte des temporisations du juge Reinhart. Le motif de son arrestation lui fut confirmé une nouvelle fois, et elle vécut ensuite au secret à la prison messine. Cette notification lui avait été faite le 16 avril 1944. Durant deux mois, Mlle Grosse était dans l'impossibilité totale de communiquer avec ses codétenues.

Enfin le 14 juin 1944, eut lieu le transfert au camp de Ravensbrück, au Land de Mecklembourg. Rappelons que de 1941 à 1942, Mlle Grosse avait déjà connu un déplacement d'office à Heidenheim an der Brenz. Ainsi après les différentes incarcérations, elle connut la déportation sans être jamais passée en jugement. Le voyage exténuant se fit par Luxembourg, Cologne et Hanovre. Le 26 juin 1944, enfin, les déportées débarquèrent en gare de Fürstenberg. Mlle Grosse connut à Ravensbrück d'autres victimes du nazisme, originaires de Sarreguemines, notamment Mme Georgette Krempp, Mme Meysembourg, Mme Pierre Schneider, née Léonie Bock, Mlle Philippe, Mme Adrienne Ehlinger et Mme Joséphine Gross. Ces déportées échouèrent d'abord au *Zugangsblock* 23 avant d'être dirigées sur les différents *Blocks* du camp. Durant sa déportation, Mlle Grosse séjourna dans les *Blocks* 6 et 12. Remarquée par une surveillante de langue française, elle-même déportée, Mlle Grosse fut affectée à des travaux de bureau. L'hiver 1944-45, extrêmement rigoureux, éprouva durement les prisonnières, le camp n'étant pas chauffé. Les rations alimentaires furent de plus en plus réduites et souvent d'une fadeur répugnante.

Enfin, le 26 avril 1944, grâce à un accord conclu entre le comte Bernadotte, de la Croix-Rouge suédoise, et Heinrich Himmler, chef de la Gestapo, le camp de Ravensbrück a été évacué et les déportées transférées en Suède, où elles furent l'objet de soins touchants. Le voyage s'était effectué, sous les auspices de la Croix-Rouge, par le Danemark, et le débarquement avait eu lieu à Malmœ. Après deux mois et demi de convalescence, les déportées françaises furent rapatriées en avion sur Paris le 6 juillet 1945. Le retour à Sarreguemines se fit aussitôt par voie ferrée, et le 1er octobre 1945, Mlle Emilie Grosse reprit son service à l'école primaire supérieure de jeunes filles. Sa forte personnalité avait forcé le respect, même celui de ses geôliers.

Aujourd'hui, elle coule une paisible retraite à Metz-Sablon et parle toujours avec émotion des épreuves vécues. Le gouvernement français a rendu hommage aux activités de résistance de cette femme courageuse, en lui décernant la croix de chevalier de la Légion d'Honneur, la croix de guerre avec palmes, la médaille militaire, la médaille des déportés résistants, la médaille de la France libérée et celle du combattant volontaire de la guerre 1939-1945. Mlle Emilie Grosse est en outre officier de l'ordre des palmes académiques.

Pierre Schneider, tenancier du restaurant « Au Tonneau d'Or », rue de France, qui avait prêté son concours à Karl Borgmann dans l'établissement de faux papiers pour les réfractaires et déserteurs de la *Wehrmacht*, avait pu échapper aux agents de la Gestapo. Après s'être mis à l'abri des poursuites dans différentes caches à Bitche, Welferding et Willerwald, dans la maison de la famille Gangloff, Pierre Schneider put gagner la France. La *Geheime Staatspolizei* se saisit alors de son épouse, née Léonie Bock. Incarcérée à Sarreguemines, dès le 1er octobre 1943, elle fit en février 1944 partie d'un transport de déportées qui échoua au sinistre camp de Ravensbrück, où elle eut d'abord à subir les sévices des surveillantes, des *Blockowa* et *Stubowa* (3). Affectée ensuite au service des cuisines, elle put rendre de grands services à ses camarades.

Libérée par la Croix-Rouge suédoise le 23 avril 1945 et hospitalisée en Suède, elle regagna enfin Sarreguemines le 7 juillet 1945, hélas en grande invalide.

Mme Pierre Schneider, née Léonie Bock, est officier de la Légion d'honneur et titulaire de la croix de guerre avec palmes.

---

(3) *Blockowa* = surveillante d'un bloc. *Stubowa* = surveillante d'une chambrée.

CHAPITRE XIII

L'affaire de l'aviateur australien Russell Norton

Le point de départ de cette triste affaire se situe à la ferme de Brandelfing, sur le ban de Gros-Réderching, exploitée à l'époque par les frères Utzschneider. En septembre 1943, un bombardier de la Royal Air Force fut abattu par la chasse allemande et l'un de ses occupants put encore actionner son siège éjectable et utiliser son parachute. Recueilli par un prisonnier de guerre serbe, au service des fermiers Utzschneider, il fut caché dans la ferme et échappa ainsi aux recherches des Allemands. Averti de sa présence, Rolf Utzschneider le mit aussitôt en sécurité dans une cache sûre, Le pilote, Russell Norton, blessé au pied, y reçut les soins que nécessitait son état.

Rolf Utzschneider, décidé à sauver l'aviateur en détresse, se mit en rapport avec le Père Camille Thro du couvent de Neufgrange, connu pour son opposition au régime nazi. Ce prêtre alsacien, né en 1894 à Guebwiller, l'assura aussitôt de son concours. Par son entremise, le pilote australien fut transféré nuitamment au domicile de Mlle Marie Dahlem, alors gérante de la librairie Schérier, rue Sainte-Croix. Celle-ci, secondée par son amie Mlle Berthe Mosser et son employée Hélène Nagler, soigna le blessé et prépara son évasion.

Lors du bombardement de Sarreguemines du 4 octobre 1943, le domicile de Mlle Dahlem fut gravement endommagé et imposa le transfert du fugitif en un lieu sûr. Pressentie par son amie Dahlem, Thérèse Schneider, née en 1920 à Neunkirch, se déclara prête à l'accueillir au domicile de ses parents à Neunkirch. Ainsi, l'Australien y fut caché du 4 au 9 octobre 1943. Les demoiselles Marie Dahlem et Berthe Mosser, bien courageuses, l'avaient accompagné de nuit dans son nouveau refuge. Ces dispositions prises, il fallut aviser pour soustraire l'aviateur aux griffes de l'occupant. Il fut convenu de le faire passer en Suisse par une filière sûre. D'une dame de Sarreguemines on apprit l'adresse d'un soi-disant passeur, très rusé, qui aurait déjà mené à bon port plus d'un fugitif. Cet individu tant vanté s'appelait Alphonse Schérer et était domicilié à Wingen dans le Bas-Rhin. Après une prise de contact et des pourparlers prudents, mis en confiance, le groupe de résistants lui confia le sort de son protégé. Accompagné d'un complice, Schérer se présenta au domicile de Mlle Dahlem, embarqua le pilote australien et promit de le sauver en lui faisant passer la frontière suisse. Mais Alphonse Schérer était un traître sournois et éhonté. Au lieu de diriger l'aviateur vers la Suisse, il le conduisit directement dans les bureaux de la Gestapo de Metz. Ainsi que l'a raconté Russell Norton par la suite, ce transfert se fit sous la menace de deux pistolets. Pour quelques deniers de Judas, cet homme, à peine âgé d'une vingtaine d'années, avait commis sciemment une vilenie honteuse.

Dès lors, le sort des résistants sarregueminois était scellé. En novembre 1943, toute la famille Schneider, père, mère, fils et fille, ainsi que le Père Thro et les dames Dahlem, Mosser et Nagler, furent appréhendés par la Gestapo. Après les formalités d'écrou à la prison de Sarreguemines, ils furent transférés au sinistre fort de Queuleu, où ils languirent durant quatre longs mois, les yeux bandés et les mains ligotées. L'internement y dura du 30 novembre 1943 au 23 mars 1944. Des interrogatoires très durs les mirent à rude épreuve. Le docteur Léon Burger signale la présence à Queuleu du propriétaire terrien Utzschneider (1).

L'instruction de l'affaire terminée, les internés, à l'exception de Mme Joséphine Schneider, quittèrent Queuleu sous bonne garde, et rallièrent la capitale du Reich, où ils devaient être jugés par l'instance suprême, la cour de justice populaire (*Volksgerichtshof*), aux sentences implacables.

Mme Josépine Schneider, tombée gravement malade au camp de Queuleu, fut enfermée dans le poste de police, établi au Grand Séminaire, et soignée à l'hôpital du Bon-Secours de Metz. Lors de l'évacuation temporaire de Metz par les autorités allemandes, elle fut libérée la 1er septembre 1944. Lors du retour de ses bourreaux, quelques jours plus tard, elle fut reprise et internée durant cinq semaines au camp de la Brême d'Or, près de Stiring. De là, elle fut dirigée de prison en prison vers le sinistre camp de Ravensbrück. Mais les Américains la délivrèrent à Bamberg avant qu'elle ne fût arrivée au camp infernal. Fin mai 1945, elle était de retour à Neunkirch.

Les autres huit accusés gagnèrent Berlin, via Sarrebruck, Cologne et Hanovre. Le voyage dura du 23 mars au 7 avril 1944. Ces détenus furent incarcérés dans les prisons de Brandebourg et de Berlin et y attendaient leur procès.

Le 21 novembre 1944, les accusés comparurent devant la cour de justice populaire de Berlin. Le procès dura six heures avec une seule brève interruption. Quatre défenseurs, commis d'office, y prirent la parole, car on ne peut pas parler de défense et de plaidoyer. L'un d'eux d'ailleurs déclara à Mlle Berthe Mosser, plus tard Mme Joseph Lorang, que les quatre principaux accusés, elle-même, le Père Thro, Utzschneider et Mlle Dahlem, n'avaient à attendre aucune clémence de la part de leurs juges, tous en toges écarlates. Selon lui, le fait d'avoir hébergé un aviateur, qui avait tué des femmes et des enfants allemands, était considéré comme un crime inexpiable. La sentence fut terriblement sévère: Thro, Utzschneider, les dames Dahlem et Mosser furent

---

(1) *Le Groupe «Mario»*, p. 137.

condamnés à la mort par le glaive. Tous accueillirent le verdict avec dignité et résignation. Ces exécutions sauvages par décapitation à la hache présentent une des pages les plus noires du nazisme. Nicolas Schneider fut condamné à deux ans de travaux forcés, son fils Joseph écopa d'un an de la même peine et sa fille Thérèse de dix-huit mois de prison. Hélène Nagler, acquittée, fut néanmoins retenue en prison, comme ses autres compatriotes. Les femmes étaient d'abord incarcérées à la prison de Moabit du 7 avril au 30 juillet 1944, puis à la prison pour femmes de la Barnimstrasse à Berlin, du 30 juillet 1944 au 8 février 1945.

Après la sentence, les quatre condamnés à mort furent réunis dans une même cellule, où le Père Camille Thro leur donna l'absolution et sa bénédiction sacerdotale. Cette scène poignante souleva une vive émotion dans l'entourage.

Comment se termina la tragédie de nos héroïques compatriotes ?

A partir de ce jour, le Père Thro resta dans les fers jour et nuit, en attendant l'exécution. En décembre 1944, la voiture cellulaire le ramena à la prison de Brandebourg, où il refusa de signer un recours en grâce. Lorsque le directeur de la prison, en personne, essaya d'amener le prêtre à faire appel à la clémence de Hitler, il reçut une réponse digne d'un héros : « J'ai été condamné comme prêtre et comme Français ; je resterai l'un et l'autre à jamais. D'ailleurs, le recours serait une reconnaissance de ma culpabilité, or je ne me sens nullement coupable. Si l'occasion se présentait à nouveau, je n'hésiterais pas un seul instant à refaire l'acte qu'on me reproche ».

Dès lors, la situation devenait intolérable. La faim le tenaillait de plus en plus. Les menottes, constamment portées, blessaient les poignets. Durant la nuit, les membres grelottaient de froid et d'humidité. Les mains enchaînées n'étaient plus capables d'étendre l'unique couverture légère sur le corps décharné jusqu'au squelette. Finalement le prêtre réussit d'obtenir un peu de soulagement de la part d'un gardien plus humain, qui lui enlevait les menottes tous les matins pour lui permettre de faire sa toilette. Profitant d'un moment d'inattention de celui-ci, le Père Thro glissa un peu de papier dans le trou de la serrure qui retenait les chaînes, si bien que la clef n'entrait plus complètement dans le trou et empêchait ainsi la fermeture totale. Cette ruse lui permettait de se débarrasser facilement des menottes durant le nuit.

Les souffrances morales et une anxiété perpétuelle finirent par porter de graves atteintes au système nerveux.

Tous les lundis étaient des jours d'exécution pour les hommes. Parfois, une quarantaine de personnes subirent la peine atroce de la décapitation ou celle de la pendaison. Depuis sa cellule, le Père Thro pouvait observer l'exécution de ses compagnons d'infortune. La prière et l'absolution permirent l'accomplissement de sa mission de prêtre, même à distance. Il arriva que les malheureuses victimes de la barbarie s'agitaient encore pendant un bon quart d'heure sous la potence, avant que la mort ne vînt les délivrer des tortures inhumaines. Quelle vision de cauchemar que de voir couler le sang de ceux qu'on exécutait à la hache !

Tous les dimanches, le Père se disait : demain, ce sera mon tour d'être décapité. Imaginez la hantise, durant une telle nuit. A l'aube des lundis, son oreille guettait les moindres bruits, surtout celui des bottes, pour savoir si les bourreaux viendraient à sa porte, afin de le mener au supplice. Pourtant, durant d'interminables mois, les lundis passaient... en lui imposant toujours le même sentiment de détresse. Quels terribles tourments pour l'âme !

De temps en temps, la visite de l'aumônier de la prison de Brandebourg, l'abbé Buchholz, un courageux prêtre rhénan, lui procurait, Dieu merci, quelques moments de consolation. En dépit de l'interdiction formelle, le noble confrère lui faisait porter dans sa cellule, en cachette, par des laïcs, la sainte communion. Quel réconfort ! Ce furent des jours de fête pour le condamné. En l'espace de deux ans, l'abbé Buchholz, avait préparé plus de mille condamnés à mourir dignement. Quel devait être l'état d'âme du Père Thro en écoutant cet aveu !

Noël 1944 ! Depuis six semaines, le Père Thro attendait tous les lundis d'être exécuté par la hache. Le lundi de la Nativité et celui du Nouvel-An, il n'y eut pas d'exécutions. Les bourreaux avaient observé la Trêve de Noël. Puis la hache et la corde reprenaient leur horrible besogne.

A proximité de la cellule du Père Thro était enfermé un jeune patriote alsacien, Lucien Arbogast, originaire de Sand, également condamné à mort. Le 2 janvier 1945, il eut encore la joie d'avoir la visite de son père. Le jeune homme était persuadé qu'il allait être grâcié... mais sa tête tomba le 8 janvier.

Rolf Utzschneider a partagé tous les tourments du Père Thro, et avec la même intensité.

Journellement, il y avait alerte aérienne. Que de condamnés à mort ont alors eu l'occasion de s'évader pendant que leurs gardiens s'étaient terrés dans les abris ! Mais pour endiguer ces évasions et décourager les plus audacieux, les S.S. pendirent une fois, en une seule nuit, cent trente-cinq infortunés détenus. De tous les côtés, la mort guettait ses proies.

Puis, la poussée de l'armée russe ramena l'espoir au cœur des prisonniers. Le 13 février 1945, la prison fut évacuée. Les internés furent transférés sur des embarcations militaires, et après un parcours de trois jours sur l'Elbe, les détenus Thro, Utzschneider et leurs camarades débarquèrent à Halle. Dans cette ville, les bombardements aériens faisaient rage et, nuit et jour, crépitaient les obus. Les Russes étaient à portée de canon. Au bout de quatre jours, Halle fut abandonnée à son tour et l'on alla se réfugier à Torgau.

Ici les S.S. se sentaient encore bien moins en sécurité devant l'avance russe. Ces canailles s'enfuirent lâchement, mais Dieu merci, sans exécuter leurs otages. A présent le Père Thro et Rolf Utzschneider étaient libres. Pour la première fois depuis le 30 novembre 1943, le prêtre pouvait de nouveau dire la sainte messe. Dix jours plus tard, les Russes s'emparèrent de la ville, et le 18 mai 1945, les deux rescapés, Thro et Utzschneider, atterrirent sur l'aérodrome du Bourget. Les Américains avaient assuré leur rapatriement. Les malheureux ressemblaient plutôt à des cadavres ambulants qu'à des hommes.

N'importe ! Ils étaient miraculeusement sauvés.

Quel a été le sort des femmes condamnées à mort ? Après le verdict qui les condamnait à la peine capitale, Marie Dahlem et Berthe Mosser furent ramenées à la prison de femmes (*Frauengefängnis*) de la Barnimstrasse à Berlin. Elles restèrent enfermées dans des cellules isolées, au secret le plus complet, nuit et jour dans les fers. Elles connurent les mêmes tourments et les mêmes angoisses que les hommes. Avant leur condamnation à mort, les femmes pouvaient encore s'adonner à des travaux de couture. Ces occupations leur permettaient d'oublier par instants leur profonde détresse. Ce privilège leur fut ensuite retiré.

Les exécutions des femmes eurent lieu tous les vendredis. Durant des mois, elles vécurent désormais dans la hantise de leur mise à mort. Heureusement, l'abbé Buchholz leur rendait régulièrement visite et leur portait tous les quinze jours la sainte communion. Un jour restera éternellement gravé dans leur mémoire, celui de la communion générale, à laquelle participaient douze autres femmes, leurs amies, toutes menottes aux poignets, dans le bureau de la prison. Le prêtre leur donna le Christ, unique secours des affligés, caché sous les saintes espèces. L'heure fatale était-elle arrivée ? Le spectre lancinant de la hache les hantait toutes. Mais nos deux vaillantes Sarregueminoises purent encore retourner dans leurs cellules et l'attente continuait, toujours plus obsédante. Toujours seules dans l'étroite cellule, toujours enchaînées, sans occupations, tourmentées par la faim, le froid et par la pensée ininterrompue de la mort prochaine. La prière et la communion furent leurs seules compagnes et leur procurèrent le seul réconfort.

Dans la prison, une cour assez exiguë était réservée aux sorties des condamnées à mort, avec l'interdiction de communiquer entre elles. Que de regards fraternels furent ainsi échangés. Parfois en se baissant, elles faisaient semblant de renouer un lacet récalcitrant. C'est à ce moment que quelques propos purent être échangés. Un jour, deux détenues allemandes, deux sœurs, glissèrent à Berthe Mosser ces mots : « Courage ! nous n'en avons plus pour longtemps, les Russes approchent ». Le mardi suivant, elles manquaient à l'appel ; la veille elles avaient péri par la hache.

Un jour de fin janvier, l'abbé Buchholz put leur apporter une nouvelle consolante. Les dossiers des quatre condamnés à mort de Sarreguemines avaient miraculeusement disparu, une exécution devenait improbable. Quelle main tutélaire avait opéré ce détournement de pièces officielles ? On sut par la suite que les nombreux déplacements à Berlin de Mme Utzschneider, mère de l'un des condamnés, et la complicité de magistrats, opposés au régime, qu'elle avait su gagner à sa cause, n'y étaient pas étrangers.

A leur tour, devant la percée de l'armée russe, Marie Dahlem, Berthe Mosser et leurs codétenues durent quitter la prison de la Barnimstrasse le 8 février 1945. Sous bonne garde encore, jusqu'au 13 février, toutes furent transportées par bateau sur l'Elbe jusqu'à Coswig-Gribo (Anhalt). Du 13 février au 5 mars 1945, elles séjournèrent au camp de Gulo, dans le même Etat d'Anhalt. Du 5 mars au 15 avril 1945, elles végétèrent dans le pénitencier (*Zuchthaus*) de Waldheim en Saxe. Celui de Dresde les hébergea du 15 au 19 avril 1945. En guenilles, décharnées, les pieds en sang, elles inspiraient la pitié. Du 19 avril au 8 mai, Marie Dahlem et Berthe Mosser connurent de nouveau la prison de Stolpen.

Voici comment François Goldschmitt relate cet épisode: « Entre-temps, l'armée rouge victorieuse approchait à pas de géant. Seront-elles décapitées avant son arrivée? La date fatale de l'exécution avait été fixée au 15 avril 1945. Au dehors, le grondement du canon faisait rage. Les Russes menaient attaque sur attaque. La décapitation dut être ajournée. De nouveau, il fallait s'enfuir. Selon les consignes reçues, les femmes internées devaient se rendre à Leitmeritz, distant de 35 km, puis on s'arrêta à Stolpen. Par un gardien, elles apprirent qu'elles seraient assassinées le 8 mai. Visiblement, le chef du commando de surveillance, qui n'était pas totalement dénué de compassion humaine, peut-être était-il aussi saisi par la peur, hésitait ostensiblement d'exécuter les ordres reçus, au risque d'y laisser sa propre tête. A l'aube de la journée du 8 mai 1945, la vie des détenues ne tenait plus qu'à un fil et dépendait de chaque minute. La bataille faisait rage à proximité de Stolpen. Les pauvres femmes seront-elles, in extremis encore, les victimes d'une balle des gardiens, ou de quelque obus russe, égaré dans leurs rangs? La tension nerveuse était à son paroxysme.

Tout à coup, ce fut le sauve-qui-peut général des gardiens... et toutes les détenues étaient enfin sauvées. Le matin même, les Russes pénétrèrent dans la ville de Stolpen. Leur arrivée mit fin aux épreuves des déportées. Les dames Mosser et Dahlem prirent quelques jours de repos à Rathewalde avant de préparer elles-mêmes leur retour. Elles eurent la possibilité de gagner à pied les lignes américaines. Ce fut une longue marche très pénible jusqu'à Wehlen-Pirna, d'où les Américains les rapatrièrent sur Thionville, où elles arrivèrent le 22 mai 1945. Le surlendemain, 24 mai, elles étaient de retour à Sarreguemines, très éprouvées par la longue détention, les privations et les angoisses endurées.

Mme Joseph Lorang, née Berthe Mosser, avait été inscrite sous le numéro matricule 1508 au pénitencier de Waldheim/Saxe. Au numéro 1 de la rue du Chanoine-Ganglof, où elle coule une paisible vieillesse, elle se souvient avec émotion des différentes stations du long calvaire qu'elle a vécu. Au cours de la dernière étape pédestre vers la liberté, les deux rescapées avaient trouvé aide et assistance auprès d'un maître-tailleur et un restaurateur de Rathewalde.

Quel a été le sort des autres compagnons de cette épreuve?

La famille Schneider

L'aviateur Russell Norton était resté une dizaine de jours au domicile des Schneider. Vers la mi-octobre, il retourna à celui de Mlle Dahlem, où l'attendait son destin.

M. Nicolas Schneider, son épouse Joséphine et leur fille Thérèse furent arrêtés el 30 novembre 1943 et incarcérés à Queuleu, où, comme les autres détenus, ils subirent les sévices de Georg Hempen.

Joseph Schneider, mécanicien de route à Réding, ne fut arrêté par la Gestapo que le 30 décembre suivant. Auparavant, il avait œuvré dans la Résistance-Fer. Il avait à son actif de nombreux passages de réfractaires et d'insoumis. Un jour, dix-sept jeunes gens lui durent leur salut. Quatre machines désaffectées lui avaient permis de réussir cet exploit, avec le concours d'autres cheminots du dépôt de Réding.

Le 19 mars 1944, en compagnie de son père, du Père Thro et de Rolf Utzschneider, il fut transféré à la prison de Brandebourg, où les détenus restèrent six mois au secret, jusqu'en septembre 1944. La Gestapo les transféra ensuite dans la prison de Berlin-Plötzensee. Après le verdict du 21 novembre 1944, Joseph Schneider et son père furent affectés à un commando de travaux forcés. Ils travaillèrent dans une filiale de l'entreprise « Autofix » qui exécutait les commandes de pièces de rechange pour les *Junkerswerke* (avions). Tous les jours, il fallut parcourir à pied 9 km jusqu'à leur lieu de travail. Nicolas Schneider, le père, était déjà très éprouvé par la longue détention. A la messe de minuit 1944, son fils le revit pour la dernière fois.

En février 1945, Joseph Schneider fut repris par les agents de la Gestapo et emmené dans la prison de la Gross-Hamburger-Strasse à Berlin. Après un terrible bombardement qui détruisit l'immeuble où il était détenu, ce fut le transfert dans un *Arbeitserziehungslager* (un camp de rééducation par le travail) situé à Grossbeeren-Lichterfelde. Auparavant, une cave voûtée avait permis aux détenus d'échapper à la mort. Dans ce camp, les conditions d'existence étaient désastreuses. Le 26 avril 1945, à l'approche des Russes, les gardiens S.S. prirent la fuite... et tous les prisonniers retrouvèrent la liberté. Joseph Schneider fut recueilli par un ingénieur allemand, son camarade de détention, qui l'emmena à son domicile. Il y vécut une quinzaine de jours, avant de se présenter à une commission russe. Avec bien du mal, notre compatriote put prouver sa qualité de déporté, les Russes étant très méfiants. Par la suite, il séjourna encore une quinzaine de jours dans un camp russe, avant d'être remis, le 31 mai 1945, aux Américains. Presque aussitôt, une commission de rapatriement française, siégeant à Schönebeck-sur-Elbe, le prit en charge. Puis ce fut le retour par voie ferrée, à partir de Magdebourg, via Wesel et la Hollande. Joseph Schneider a été libéré au camp de triage de Maubeuge. Il rejoignit aussitôt Neunkirch, où il arriva le 6 juin 1945. Cet homme avait **enduré les pires sévices : les yeux bandés, les menottes aux poignets, durant de** longs mois au secret dans une cellule individuelle (*Einzelhaft*), sans oublier la faim, le froid et les plus durs travaux.

M. Joseph Schneider a pu me fournir d'autres détails sur la détention de sa mère et de sa sœur.

Nous avons déjà rendu compte de l'odyssée de Mme Joséphine Schneider. Très souffrante, elle avait été hospitalisée à plusieurs reprises. Libérée le 1er septembre 1944, elle avait été recueillie par les sœurs du couvent de la

Sainte-Famille à Montigny-lès-Metz, où l'une de ses cousines était religieuse. Reprise par la Gestapo, à laquelle sa présence à Neunkirch avait été révélée par la rumeur publique, elle connut de nouveau les affres de la déportation. Après sa libération définitive, elle vécut au foyer de son fils Joseph à Neunkirch. Durant les vingt dernières années de sa vie, elle avait perdu la vue. Joséphine Schneider est décédée, nonagénaire, à la fin de l'année 1975.

Thérèse Schneider, comme tous les autres, avait connu la dure détention au camp de Queuleu (fort Gœben). Lors de son transfert à Berlin, elle tomba malade de la diphtérie et dut être hospitalisée à Cologne. Durant cinq mois, les médecins allemands de cet hôpital purent la préserver des griffes de la Gestapo. Finalement elle échoua à la prison de Moabit et passa en jugement avec ses compatriotes. Libérée par les Russes à Leipzig, elle séjourna un certain temps dans la famille d'un bijoutier de Prague, en Tchécoslovaquie, d'où elle fut rapatriée par avion. Mariée en 1952 à Raymond Bauer, elle ne put jamais se remettre des sévices endurés et mourut en 1965, laissant une fille à peine adolescente.

Tel a été le sort de cette famille très éprouvée. Les quatre membres de cette famille, le père à titre posthume, sont titulaires de la médaille militaire, de la croix de guerre avec palmes, des médailles de la résistance et de la déportation.

Malgré son acquittement, Hélène Nagler resta dans les prisons de Berlin, où elle eut à endurer d'indicibles tourments et tracas. Après sa libération par les Russes, elle eut la chance d'être recueillie par les religieuses du couvent du Sacré-Cœur de Berlin, qui la soignèrent avec beaucoup de dévouement. Elle y passa une longue convalescence. Cette rescapée ne revit Sarreguemines que le 22 juin 1945. Elle fut la dernière à rentrer... et pourtant, elle avait été acquittée. C'est que le régime national-socialiste ne s'embarrassait guère de questions de droit, et encore moins de dignité humaine.

Le pilote Russell Norton, au centre de ce drame, a été sauvé à son tour et rapatrié en Angleterre. Il a pu retourner dans sa patrie australienne après avoir été dégagé de ses obligations militaires auprès de la Royal Air Force, en novembre 1945. A la fin de ce chapitre, nous publions la teneur d'une lettre de remerciements, adressée à ses sauveteurs, le 8 février 1946.

Mlle Marie Dahlem, très éprouvée par la dure détention et la hantise d'une exécution, se remit peu à peu des suites de la déportation. Alors qu'elle avait repris ses occupations professionnelles et siégé au conseil municipal de Sarreguemines, une leucémie foudroyante la terrassa en 1948, année de son décès. Le Révérend Père Thro et Hélène Nagler ne lui survécurent que de quelques années.

Nous laissons au lecteur le soin de méditer sur les souffrances de ces résistants authentiques et sur le sens de leur sacrifice.

*

Ainsi prit fin le long calvaire de nos compatriotes sarregueminois, qui n'ont pu surmonter toutes les épreuves que grâce à leurs âmes fortes et une force de caractère peu commune. Tous ont enduré dans la dignité ce long et pénible cheminement jalonné, nuit et jour, durant dix-huit mois, de détresses morales et de tortures corporelles, causant, même après leur libération, la mort de plusieurs d'entre eux.

Que les générations présentes et futures n'oublient jamais le sacrifice de leurs aînés et leur lumineux exemple au service de la liberté, pour qu'à leur tour ils œuvrent dans les rangs de tous ceux qui sont épris d'un esprit de tolérance et de fraternité, dans une ère de paix et de concorde, enfin retrouvée !

François Goldschmitt, *Tragédie vécue par la population des marches de l'Est*, I, 1947, pp. 32-36. L'auteur de cet ouvrage a complété ce texte par d'autres indications recueillies auprès des survivants de la tragédie.

Document : une lettre de Russell Norton

C/ - 42 Dalley Street
Lismore N.S.W.
Australia
8th February 1946

Chère Miss Wack (2),

En vérité, que c'est merveilleux d'avoir de nouveau de vos bonnes nouvelles et de tous les amis sarregueminois, après une si longue période. Je suis tout aussi heureux d'apprendre que tous les rescapés se portent bien.

Dès mon retour en Australie au mois de septembre 1945, j'ai écrit à Mme Marie Dahlem pour la remercier elle-même, ainsi que Mlle Betty (Berthe Mosser), vous-même et tous les charmants amis de tout ce qu'ils ont fait pour moi durant les mois de septembre et d'octobre 1943, pour me permettre de rallier l'Angleterre.

Ainsi que je l'ai expliqué dans ma lettre, ce furent en fait des agents de la Gestapo qui vinrent me chercher au domicile de Mme Marie, affirmant vouloir m'assister pour me permettre de passer en Suisse. Mais ce fut, hélas, sous la menace de deux pistolets, le chemin de la prison de Metz que nous prîmes. Je n'ai donc plus eu le temps de vous faire connaître la tournure que les événements avaient prise et j'ai continuellement vécu dans le souci du sort qui a pu vous être réservé. C'est par conséquent avec une joie d'autant plus grande que j'ai reçu votre lettre m'apprenant que tous, à l'exception d'une seule personne, étaient sains et saufs. Pouvez-vous me préciser de qui il s'agit,

(2) Mlle Wack avait assuré la correspondance en anglais.

et si elle a pu en réchapper finalement ou si elle est décédée ? |(3).

Après quelques jours passés à la prison de Metz, je fus dirigé sur Francfort, où je fus soumis à de multiples interrogatoires. Je puis vous assurer qu'à aucun moment la Gestapo n'a appris par ma bouche quoi que ce soit en ce qui vous concernait vous et tous les autres.

Ensuite, je dus rejoindre un camp de prisonniers de guerre à Sagan, près de la frontière polonaise. C'est là que nous restâmes jusqu'au mois de janvier 1945, date à laquelle, par la force des choses, nous fûmes transférés à Luckenwalde, à 30 km au sud de Berlin. Finalement ce furent la libération et le retour dans cette chère vieille Angleterre, d'où je regagnais enfin l'Australie, où je viens de reprendre mes activités professionnelles, après avoir été, entre-temps, en novembre 1945, dégagé de mes obligations militaires auprès de la Royal Air Force.

J'espère très sincèrement que cette lettre vous trouvera tous en bonne et parfaite santé, et permettez-moi encore, une fois de plus, de vous transmettre mes remerciements pour tout ce que vous avez fait pour moi.

Votre dévoué,
Russell Norton.

P.S. — Une autre lettre de votre part sera toujours la bienvenue. Comment se portent les leçons d'anglais de Mesdemoiselles Marie et Betty ? J'espère très bien !

---

(3) Il s'agit de M. Nicolas Schneider.

CHAPITRE XIV

Les camps de la mort

Avant de relater les épreuves traversées par de nombreux Sarregueminois déportés, il convient de donner un « Historique sommaire des camps de la mort » où ils séjournèrent

Dachau

Ce camp se situait dans une région marécageuse à 15 km au nord de Munich. Premier *Konzentrationslager* fondé en 1934 par Heinrich Himmler, il hébergea durant les douze années de son existence plus de 2 500 000 détenus.

A partir de 1943, près de vingt mille Français y subirent l'implacable loi de la vie concentrationnaire. Compiègne, Bordeaux et Lyon furent les points de départ des convois. Du 4 au 5 septembre 1944, à l'évacuation du camp de Natzweiler-Struthof, de nombreux rescapés français vinrent encore grossir les rangs de tous ces malheureux.

Le 5 juillet 1944, le convoi de la mort, parti de Compiègne, perdit en route cinq cent trente-six déportés sur un total de deux mille. La chaleur accablante, l'entassement inhumain et les privations d'eau et de nourriture avaient provoqué cette hécatombe.

En septembre 1944, quatre-vingt-dix officiers russes prisonniers y furent exécutés par les S.S. Ils étaient accusés d'avoir organisé un groupe de résistance à l'intérieur du camp.

Le 19 avril 1945, le général français Charles Delestraint y tomba sous les balles de ses geôliers.

Les victimes de ce camp se comptent par dizaines de milliers. De nombreux Sarregueminois y trouvèrent la mort.

Le 29 avril 1944, les détenus du camp de Dachau furent libérés par la VIIe armée américaine du général Alexander Patch. Une division de cette armée, la 44e (1), prit en décembre 1944 la relève de la 35e division U.S., de la IIIe armée, qui avait réalisé la libération de Sarreguemines.

---

(1) Cette division a combattu durant l'hiver 1944-45 dans le secteur de Sarreguemines-Rohrbach.

Bergen-Belsen

Situé dans la *Lüneburger Heide* (les landes), à 100 km de Hambourg, en direction de Hanovre, ce camp ne fut créé qu'en 1943.

En 1944, une épidémie de typhoïde y causa la mort de plusieurs milliers de détenus. On y comptait une moyenne de 40 000 déportés. Il y eut en tout plus de 50 000 morts.

Le 15 avril 1945, les Anglais, en pénétrant dans le camp, y découvrirent 13 000 cadavres sans sépulture. Plus de 15 000 malheureux moururent encore après la libération.

Flossenburg

Le camp d'extermination de Flossenburg était installé dans la *Oberpfalz*, à 30 km à l'est de Weiden, dans la région de Regensburg. Il est tristement connu pour la dureté de l'incarcération et surtout par la marche de la mort du 21 avril 1945. Sous la garde impitoyable des gardiens S.S., les déportés durent évacuer le camp et rallier Theresienstadt. En cours de route, la plupart d'entre eux furent abattus d'une balle dans la nuque ou à la mitraillette. Ce fut la marche la plus meurtrière que l'histoire des camps ait connue.

Plus de 13 000 déportés y moururent en 1944 et 1945. C'est dans ce camp que l'amiral Wilhelm Canaris, chef des services d'espionnage du IIIe Reich, fut pendu, sur ordre de Hitler.

Le total des décès de ce camp s'élève à 73 296, dont 4 371 Français.

Ravensbrück

Dans une contrée parsemée d'étangs, dans le sud de la province du Mecklembourg, à 80 km au nord de Berlin, fut créé en 1939 le sinistre camp de Ravensbrück, surtout destiné aux femmes.

D'après les immatriculations, environ 120 000 femmes, en provenance de tous les pays occupés en Europe, y vécurent, y souffrirent et y moururent. Les Françaises et les Polonaises étaient particulièrement nombreuses à être acheminées vers ce lieu de la mort lente. Plus de 11 000 de nos compatriotes en ont connu les rigueurs et les sévices. Seulement 3 000 d'entre elles purent en revenir et témoigner de la bestialité des responsables du camp. L'encadrement était surtout féminin, dont un certain nombre d'internées de droit commun. Quasiment toutes les déportées sarregueminoises y ont vécu les années de leur déportation.

Doté comme la plupart des autres d'un four crématoire et de chambres à gaz, ce camp a été, en outre, le théâtre d'expériences pseudo-scientifiques, prétendant servir à l'étude des greffes osseuses. Beaucoup de jeunes Polonaises subirent ces interventions et en restèrent mutilées.

Grâce à l'intervention de la Croix-Rouge suédoise, les Françaises survivantes purent être évacuées fin avril 1945 et reçurent des soins appropriés en Suède avant d'être rapatriées.

Le camp a été libéré par les Anglais dans les derniers jours du mois d'avril.

Natzweiler-Struthof

Créé en 1940, à 50 km au sud-ouest de Strasbourg, à 800 m d'altitude, face au Donon, ce camp était surtout destiné aux Alsaciens et aux Lorrains, réfractaires à l'idéologie nazie.

Les premiers Français, cent soixante-sept hommes, y arrivèrent en juillet 1943. A partir d'avril 1944, jusqu'en septembre, les Français affluèrent, grâce aux rafles d'otages opérées dans de nombreux villages de Lorraine, et à l'arrivée massive des membres du réseau « Alliance », destinés à l'extermination. Ce mouvement de résistance y perdit deux cents adhérents, tués, dans les derniers jours d'août 1944. Pendus, gazés ou tués par une balle dans la nuque, ils payèrent de leur vie l'amour de la Patrie.

En 1944, les professeurs Hagen, Bickenbach et Hirt, des sommités médicales, y pratiquèrent des expériences inhumaines, surtout sur des détenus israélites et des tziganes. L'action des gaz ypérite et phosgène sur l'organisme humain y fut testée. On y pratiqua également la stérilisation sur quatre-vingt-sept israélites, dont trente femmes.

Devant la menace de l'avance des troupes alliées, le camp fut évacué. Les détenus qui survécurent au transfert échouèrent au camp de Dachau.

De nombreux Sarregueminois ont été internés dans ce camp et y subirent les sévices de leurs bourreaux. L'abbé Roth, ancien vicaire de Sarreguemines, fut abattu lors du transfert.

*

Nos compatriotes juifs déportés connurent surtout les horreurs des camps de Buchenwald et d'Auschwitz.

*

Les différents reportages produits sur des cas précis de déportation et un historique, nécessairement sommaire, d'un certain nombre de camps de la mort du IIIe Reich donnent déjà une image saisissante de ce qu'a pu être, durant des années, l'existence pitoyable de tous ceux qui ont vécu et souffert à l'intérieur des barbelés, sous la menace constante des « gardes-chiourme », brutaux et sans scrupules, juchés sur les miradors ou accomplissant cyniquement leur sinistre besogne dans les allées et les baraquements de tels lieux de désolation.

L'ignoble travail forcé en commandos, où régnait la cravache, dans les carrières à ciel ouvert, exposées aux intempéries, dans les mines insalubres et dans les usines d'armement où l'on poussait impitoyablement au rendement, a eu raison de la résistance physique et morale des plus vaillants.

Sait-on que l'univers concentrationnaire était une vaste entreprise industrielle dont les bonzes du nazisme empochaient des revenus substantiels ? Le peu de forces que laissaient aux déportés les privations et les sévices, fut exploité par leurs bourreaux à des fins lucratives. Même leurs pauvres cadavres furent encore dépouillés de tout ce qui pouvait se monnayer. L'esclavage de l'antiquité ou du monde moderne, la traite des Noirs et le servage du moyen âge ne soutiennent en aucun cas la comparaison avec les horreurs perpétrées et les crimes commis dans les camps de concentration.

Jamais la dignité de l'homme ne fut autant bafouée qu'en cette ère de déraison, de violence et d'abjection (2).

---

(2) Voir Germaine Tillon, *Ravensbrück*, Editions du Seuil, 1973, p. 245-252.

CHAPITRE XV

Les épreuves des déportés sarregueminois

N'ayant pas la possibilité de retracer le calvaire de tous les déportés sarregueminois, nous en avons choisi quelques-uns d'entre eux pour rendre hommage à tous.

Le premier déporté politique de Sarreguemines, Jacques Philippe (1897-1974), journaliste

Jacques Philippe, une figure sympathiquement connue à Sarreguemines, où il naquit le 8 octobre 1897, devait être la première victime de la Gestapo de notre ville.

Ayant été mobilisé très jeune, durant la première guerre mondiale, il était titulaire de la croix du combattant et de la médaille des blessés. Rédacteur local au *Républicain Lorrain*, il se manifesta dès l'avènement de Hitler en Allemagne par des articles hostiles à toute dictature. Il eut d'autre part l'occasion de remplir des missions au service des « Renseignements Généraux Français ». Dès lors, il ne fallait pas s'étonner de voir cet homme s'opposer très tôt au régime nazi instauré, à partir de 1940, en Moselle, et favoriser tous les actes de résistance à l'occupant. Par ailleurs, malgré plusieurs sommations pressantes, Jacques Philippe refusa toujours d'adhérer à la communauté du peuple allemand (D.V.G.) (1).

Suspecté depuis longtemps de menées anti-allemandes, les agents de la Gestapo l'arrêtèrent le 9 avril 1942. Incarcéré à Sarreguemines, il devait y rester au secret jusqu'au 27 avril, date de son transfert à la prison *Lerchesflur* de Sarrebruck, où il connut pendant huit mois, jusqu'au 1er décembre 1942, les affres de la solitude (*strenge Einzelhaft*). La Gestapo avait retenu contre lui l'inculpation de haute trahison. En prison, Jacques Philippe s'adonna à des travaux légers de vannerie et de confection de bahuts. Maître Charles Thomas, du barreau de Sarreguemines, était chargé de sa défense. En route pour le sinistre camp de Schirmeck, il séjourna d'abord dans la prison de Sarrebourg du 18 au 23 décembre 1942, ensuite dans celle de Strasbourg du 18 au 23 décembre. Dans toutes ces maisons d'arrêt, il endura le régime très dur

---

(1) D.V.G. = *Deutsche Volksgemeinschaft*.

125

du secret absolu. La veille de Noël 1942, Jacques Philippe échoua enfin au camp de Schirmeck et y fut placé immédiatement dans le baraquement disciplinaire (*Strafbaracke*) et devait y séjourner durant trois longs mois. Au cours de l'hiver extrêmement rigoureux, il fut astreint à de pénibles corvées de terrassement, d'empierrement, de sciage de bois et de préparation de bardeaux (*Schindeln*). Le régime alimentaire consistait en un strict minimum, insuffisant à un travailleur de force. Après cette épreuve, ce fut, du 10 au 24 mars 1943, l'acheminement exténuant vers le camp de Dachau. En route, il fit avec ses compagnons de souffrance de courts séjours dans les prisons de Mulhouse, Strasbourg, Bruchsal, Ulm, Ingolstadt et Munich. Jacques Philippe porta toujours les menottes et fut gardé au secret.

Le chef d'inculpation de haute trahison aurait dû le faire traduire devant le *Volksgerichtshof* de Berlin. Il y aurait pu encourir la peine de mort. Mais entre-temps, son avocat, Maître Hans Folz, du barreau de Sarrebruck, avait pu obtenir un non-lieu et l'affaire fut classée. Remarquons encore que l'avocat sarregueminois, Charles Thomas, avait été récusé auparavant par le *Volksgerichtshof*. Hélas, pour Philippe, la Gestapo veilla et ne lâcha pas sa prise. Elle obtint son internement à Dachau.

Arrivé dans ce camp le 24 mars 1943, Jacques Philippe y fut accueilli par l'abbé François Goldschmitt, le curé de Rech, auquel le liera désormais une profonde amitié. Voici le portrait physique et moral de Jacques Philippe, tel que son ami le perçut à son arrivée à Dachau : « Affamé, pitoyable, décharné. Physiquement ébranlé, mais moralement intact. Son regard trahissait toutes les misères vécues, mais également une volonté farouche, un courage indomptable et une invincible espérance ». Il refusa d'abord le casse-croûte que l'ingénieux abbé lui avait réservé, puis, après l'avoir accepté, il le partagea avec ses compagnons d'infortune. Jacques Philippe, d'une taille de 1,88 m, ne pesait plus que 54 kg en arrivant au camp de Dachau et dut être admis à l'infirmerie (*Revier*). Là encore, malgré sa propre détresse physique, il s'efforça de soulager plus malheureux que lui-même.

A peine remis de son extrême faiblesse, il trouva d'abord une occupation d'ouvrier agricole à la ferme du *Polnhof*, ensuite comme brouetteur (*Karrenschieber*) dans une plantation, pour accéder finalement, sans doute grâce à son ami Goldschmitt, au bureau de la comptabilité des salaires (*Besoldungsstelle*). Voici comment l'interpella à son entrée le chef de service S.S. : « *Der lange Himmelfahrtskomiker mit der Judenmütze* », dont la traduction approximative donne ceci : « Ce long clown comique, pourvoyeur du ciel (en fait « ce curé ») avec son bonnet juif » (Philippe portait toujours le béret basque). Après un bombardement, il fut affecté au bureau des commandos de travail (*Arbeitseinsatz*). Après avoir hésité longtemps, Philippe céda aux instances de ses camarades français, qui savaient qu'à ce poste-clef, il se dévouerait sans compter pour alléger le dur fardeau de ces forçats des temps modernes.

La devise de Jacques Philippe était la suivante : « Plutôt « crever » que de faire tort à un seul camarade ». Elle traduit la noblesse de caractère de cet homme intègre. Le bien que Jacques Philippe put alors faire à ce poste recueillit les suffrages de tous ses codétenus, qui, spontanément, lui témoignèrent leur gratitude, après la libération. Nous avons eu l'occasion de prendre connaissance de nombreuses lettres adressées à Jacques Philippe, d'où se dégage un témoignage éclatant de la noblesse et du désintéressement du déporté n° 46.578.

Jacques Philippe a connu à Dachau le général Charles Delestraint, connu sous le nom de Vidal, chef de l'armée secrète, arrêté à la Pentecôte 1943. Un jour du printemps 1945, plus précisément le 19 avril, il vint annoncer à Philippe sa libération. Notre compatriote lui répondit : « Mon général, à votre place, je me méfierais ! ». Comme il avait raison ! Peu après, une rafale de mitraillette d'un S.S. abattit cet officier supérieur devant le four crématoire du camp, où son corps fut ensuite incinéré. Son décès fut enregistré par la note laconique : *« Auf der Flucht erschossen ! »*.

Edmond Michelet, plus tard ministre, Pierre-Louis Berthaud, Monseigneur Piguet, connurent Jacques Philippe à Dachau et furent pleins d'éloges à son adresse. Les abbés François Goldschmitt, Jean Seelig et Léon Fabing, Mosellans d'origine, partagèrent le sort de leurs compatriotes déportés à Dachau. Quelques dizaines de Sarregueminois y furent internés à partir de 1943 et de 1944. Jacques Philippe et les prêtres susnommés rivalisèrent de compassion pour soulager leur détresse.

Le camp de Dachau fut libéré le 29 avril 1945 par les Américains, qui mirent aussitôt à la disposition des déportés, aussi bien des vivres, des produits pharmaceutiques que des vêtements et des chaussures. Médecins et infirmiers leur prodiguèrent des soins appropriés.

Les déportés français furent ensuite évacués à l'aide de camions militaires américains via Munich et Bregenz en Autriche. De là, on les achemina ensuite vers le centre de rapatriement de la rue du Fil à Mulhouse. Fin mai 1945, plus de trois mille déportés y passèrent, parmi eux deux cents Alsaciens et Lorrains ; Jacques Philippe et plusieurs camarades sarregueminois y arrivèrent le 28 mai 1945. Un journaliste de l'époque décrivit l'arrivée des déportés à Mulhouse comme l'un des moments les plus émouvants de sa carrière : « Ce long défilé des camions américains en provenance de Dachau... des sourires épanouis sur des figures émaciées, la *Marseillaise* dominant le bruit des moteurs, de vibrants « Bonjour la France » fusaient de toutes parts ».

Enfin Jacques Philippe retrouva tous les siens à Sarreguemines dans la journée du 2 juin 1945, après une longue absence de trois ans et deux mois, passée dans les camps nazis, où il s'était résolument mis au service de ses frères d'infortune. Une fois remis du cauchemar qu'il avait vécu, notre compatriote reprit son métier de journaliste aux *Dernières Nouvelles d'Alsace*, à la rédaction locale de Sarreguemines. Dès sa libération, il œuvra pour la reconnaissance des droits inaliénables des anciens déportés, aussi bien à l'U.N.A.D.I.F. qu'à la F.N.D.I.R.P., tout en déplorant la multiplicité des organisations de déportés et d'internés. Pour Jacques Philippe, il n'y avait eu qu'une seule catégorie de victimes de la déportation, qui avaient toutes, au même titre, droit à la reconnaissance de la Nation.

En 1964, il fit valoir ses droits à la retraite, une retraite bien méritée qu'il passa dans son foyer reconstitué et dans sa bonne ville de Sarreguemines.

En octobre 1974, après une vie bien remplie, il s'éteignit à l'âge de 77 ans. Lors de ses obsèques, ses anciens camarades de déportation et ses concitoyens lui témoignèrent une ultime fois leur estime et leur gratitude.

Rappelons encore un autre trait de caractère de Jacques Philippe. Sollicité de toutes parts, il refusa toujours avec une certaine hauteur de demander la moindre décoration, lui qui y aurait eu droit plus que bien d'autres.

Jacques Philippe restera un exemple à maints égards, lui qui, selon une parole d'Edmond Michelet, laissera toujours le souvenir de la droiture, du dévouement, du courage et d'une grande conscience.

Les épreuves de la famille Meysembourg

En 1910, Adolphe Meysembourg, ingénieur-chimiste, né en 1884, d'origine luxembourgeoise, était venu rejoindre ses frères à la direction des établissements Haffner et Cie à Sarreguemines. Il y épousa, en 1924, Léonie Kihl, issue d'une vieille famille sarregueminoise.

A la veille de la guerre de 1939-1945, cet industriel dirigeait une tuilerie-briqueterie, à laquelle il avait adjoint une clouterie. Avant l'évacuation de Sarreguemines, le 1er septembre 1939, les machines de cette dernière avaient été transférées dans les Vosges, à Attigny, près de Vittel. Après la défaite de 1940, la question de leur rapatriement à Sarreguemines fut immédiatement posée par les Allemands. Pressé par la *Kommandantur* de Darney, Vosges, de ramener le matériel et les installations de la clouterie à Sarreguemines, M. Adolphe Meysembourg y revint avec sa famille. Les services du *Wiederaufbau* le sommèrent de remettre également en route la briqueterie-tuilerie. M. Meysembourg remit progressivement les deux usines en état de fonctionnement, mais sans toutefois les faire tourner. Cette attitude de temporisation finit par provoquer la méfiance et la coercition de l'occupant, de telle sorte qu'en automne 1942, M. A. Meysembourg se vit interdire l'accès de la clouterie qui, dès lors, fut exploitée par les *Kommissarische Verwalter* Fischer et Reuter. La tuilerie-briqueterie a été presque complètement détruite par le bombardement aérien du 1er mai 1944. A la débâcle allemande du 1er septembre 1944, les nazis avaient eu soin de transférer à Burgunstadt, en Allemagne, toutes les machines-outils de la clouterie.

Auparavant s'était déjà accompli le destin tragique des époux Adolphe Meysembourg-Léonie Kihl. A l'automne 1943, leur jeune fils, Jean-Jacques, né le 5 mars 1925, était menacé d'enrôlement de force dans le service du travail obligatoire (*Arbeitsdienst*), d'où les jeunes Lorrains étaient ensuite directement versés dans la *Wehrmacht*. En accord avec ses parents, il décida de s'y soustraire. C'est ainsi que la famille Meysembourg entra en contacts avec Karl Borgmann, organisateur d'une filière pour faciliter aux réfractaires et insoumis le passage de la frontière. Une entrevue eut lieu au domicile des Meysembourg. A cette occasion, Borgmann, exhibant un revolver de gros calibre qu'il portait sous l'aisselle, affirma que jamais les Allemands ne le prendraient vivant. L'intéressé fut certainement un opposant farouche au régime national-socialiste, mais il manifestait, à maints égards, le comportement d'un aventurier, parfois imprudent dans ses propos. Par ailleurs, un professeur sarregueminois, qui a bien connu Borgmann et ses activités, nous a affirmé avoir été le témoin de la réception par celui-ci d'un message chiffré des services secrets anglais, à l'aide d'un émetteur-récepteur. Etait-il un agent de l'Intelligence Service ? C'est fort probable. Quoi qu'il en soit, le démantèlement de la filière Borgmann en septembre 1943, et la fuite de ce dernier, mirent fin aux pourparlers entamés par la famille Meysembourg pour assurer l'évasion de leur fils.

Il fallait donc trouver d'urgence un autre passeur qui se chargerait de cette mission, l'ordre d'appel au *Reichsarbeitsdienst* étant parvenu à son destinataire. A la suite des nombreuses défections de jeunes Lorrains, le Gauleiter Joseph Bürckel avait fait sérieusement renforcer la surveillance de la frontière. De fréquentes patrouilles, dotées de chiens policiers, y circulaient et rendaient le franchissement très hasardeux.

Les époux Meysembourg, toujours à la recherche d'un homme providentiel qui ferait passer leur fils en France libre, apprirent l'existence de celui-ci par l'abbé Ch. Laurent, ancien vicaire de la paroisse Saint-Nicolas, et à l'époque curé de Willerwald, en la personne d'Alphonse Schérer, un jeune homme de 23 ans, habitant Wingen-sur-Moder. De nouvelles arrestations, entre autres celles de Jean Klintz et de Mme Georgette Krempp, incitèrent M. et Mme Meysembourg à prendre contact avec cet homme que des personnes dignes de confiance leur avaient recommandé. Des contacts eurent lieu, l'intéressé présentant bien et sachant être très convaincant — ne se disait-il pas officier de réserve français ? — sut faire agréer ses services, d'autant plus facilement que le jeune Meysembourg était en possession de son ordre de mise en route. Pour bien situer le personnage d'Alphonse Schérer, rapportons l'anecdote suivante : un soir, en sa présence, M. et Mme Meysembourg, très confiants, avaient largement parlé de la situation telle qu'elle se présentait à Sarreguemines, en mentionnant également les récentes arrestations. Avant de les quitter, Schérer leur recommanda alors d'écouter le lendemain soir l'émission de la B.B.C., bien connue des Lorrains. A leur grande surprise, après le traditionnel « Ici Londres », il y était fait état de tous leurs propos, y compris les patronymes des déportés ; ce fait insolite les mit encore davantage en confiance. Un agent de l'Intelligence Service ne pouvait être un traître. Désormais aucun soupçon n'effleura plus leur pensée. L'évasion de Jean-Jacques Meysembourg fut minutieusement préparée. A plusieurs reprises, Alphonse Schérer, parfois accompagné de Jean Schoving, se présenta inopinément au domicile des Meysembourg. Sans doute comptait-il sur la surprise pour pouvoir faire d'autres constatations compromettantes. Il dirigea ensuite Jean-Jacques

Meysembourg, un ami de celui-ci, Paul Ball, et un aviateur anglais, récupéré à Willerwald, sur une filière existant à Hagondange, et dirigée par les époux Léon-Heimburger-Nicklaus (2). Alors que A. Schérer disparut aussitôt avec l'aviateur de la Royal Air Force, sans doute pour le livrer aux Allemands, Jean-Jacques Meysembourg et Paul Ball durent séjourner durant plusieurs jours dans une cache chez les Heimburger. Le renforcement des mesures de surveillance de la frontière créèrent de nouvelles difficultés à M. et Mme Heimburger, qui avaient déjà de nombreux passages à leur actif. Aussi mirent-ils les fugitifs en relations avec le boulanger Watrin de Vernéville. Ce dernier, très méfiant, et ne connaissant pas Schérer, leur opposa une fin de non-recevoir catégorique. Les jeunes gens, désemparés, se réfugièrent alors dans la proche forêt. A la tombée de la nuit, ils y firent la rencontre d'une vieille femme compatissante (en réalité envoyée à leur secours par Mme Watrin), qui s'offrit à les présenter à un passeur authentique et sûr, le garde-chasse du village. Celui-ci accepta de venir à leur secours, mais leur fit jurer de ne jamais révéler son nom à qui que ce soit. Le passage de la frontière en compagnie de cet homme courageux se fit alors en toute sécurité.

La frontière passée sans encombre, les jeunes gens rallièrent aussitôt Nancy, où une sœur de Mme Meysembourg, Mme Joseph Freyd, s'occupa de l'établissement des indispensables faux-papiers. A Nancy, Alphonse Schérer leur avait fixé rendez-vous à l'hôtel Jeanne d'Arc. Lorsque Jean-Jacques Meysembourg et Paul Ball s'y présentèrent, on les dévisagea avec curiosité tout en les soumettant à une longue attente. Les fugitifs s'y sentirent mal à l'aise et, pris d'un sombre pressentiment, se retirèrent et s'éclipsèrent précipitamment. Errant dans les rues de Nancy, ils se trouvèrent soudain nez à nez avec Schérer, tout surpris de leur présence. Sans doute les croyait-il déjà aux griffes de la Gestapo, car l'hôtel fut durant la dernière guerre une véritable souricière des services secrets allemands. Après avoir reproché à Schérer de les avoir mal conseillés, ils se mirent en quête d'une autre voie de passage en Suisse. A ce moment-là, ils ne se doutaient pas encore de la félonie de ce soi-disant résistant et mirent seulement en doute ses conseils techniques. Les deux évadés se rendirent alors auprès d'un résistant éprouvé, le capitaine retraité Chuard d'Attigny, qui put effectivement les faire passer, sains et saufs, en Suisse. Auparavant, Alphonse Schérer avait essayé de les reprendre sous sa coupe pour les livrer ensuite plus sûrement à la Gestapo. Dans ce but, il avait dépêché à Attigny son complice, Jean Schoving, qui fut heureusement éconduit.

Admis d'abord dans un camp d'accueil en Suisse, les deux jeunes gens furent ensuite internés dans différents camps. Dans l'un d'eux, ils retrouvèrent l'abbé Ch. Laurent et Mme Tousch de Willerwald, qui leur apprirent la déportation des époux Meysembourg. La traîtrise d'Alphonse Schérer ne leur fut connue qu'après la libération.

(2) M. Léon Heimburger, qui mourut au camp du Struthof, et son épouse, Camille Nicklaus, étaient tous deux originaires de Sarreguemines.

Que s'était-il passé entre-temps à Sarreguemines ?

Le 30 novembre 1943, à 4 heures du matin, trahis par Schérer, M. et Mme Meysembourg furent appréhendés à leur domicile et emmenés au siège de la Gestapo, rue des Muguets à Sarreguemines.

Il convient de remarquer ici qu'à la suite du démantèlement de la filière de passage organisée par Karl Borgmann, les services de la Gestapo avaient sans doute fait appel à leur agent éprouvé, Alphonse Schérer, pour prendre la relève de ce passeur sûr et ainsi détecter tous les jeunes gens désireux de se soustraire à l'enrôlement forcé. Faux résistant et authentique traître, Alphonse Schérer commença ainsi à sévir en notre ville. Les époux Meysembourg, ses premières victimes, après interrogatoire, furent aussitôt transférés au sinistre fort de Queuleu, en compagnie de tous les inculpés de l'affaire de l'aviateur australien, Russell Norton. Interrogés à plusieurs reprises par le chef de la Gestapo de Metz, le nommé Pistorius, les époux Meysembourg furent l'objet d'une triple inculpation. On retint à leur charge, aussi bien les contacts qu'ils avaient eus avec Borgmann que l'instigation et la complicité dans l'évasion de leur fils, ainsi que le fait d'avoir eu connaissance de la cache de l'aviateur de la Royal Air Force. Nous précisons que l'aviateur en question, hébergé par Mlle Dahlem, avait été pris en charge personnellement par Schérer, assisté d'un complice, sans doute Jean Schoving, et livré à la Gestapo de Metz.

Comme bien d'autres malheureux, M. et Mme Meysembourg partagèrent les tourments et les sévices des incarcérés du fort « Gœben » (Queuleu). Les yeux bandés, menottes aux poignets, ils y endurèrent les pires sévices d'une implacable détention, avant d'être transférés sans jugement :

M. Adolphe Meysembourg, d'abord, le 19 janvier 1944, dans une prison de Strasbourg, ensuite, le 22 janvier, au sinistre camp du **Struthof-Natzwiller**. et enfin au camp d'extermination de Flossenburg où, à la suite des privations et des sévices subis, il mourut dès le 3 mars 1944.

Mme Léonie Meysembourg, après un séjour de six semaines au fort de Queuleu, partit également, le 19 janvier, à destination de Ravensbrück, via Luxembourg, Cologne, Hamm en Westphalie et Hambourg.

Comme toutes les disponibles (*Verfügbaren*), elle devait y connaître une détention particulièrement dure, car elle fut contrainte de travailler dans une sablière et au déchargement de wagons de charbon. En outre, comme les autres détenues, Mme Meysembourg eut à souffrir des conditions d'hygiène déplorables, de la faim et du froid. Les gifles et la cravache ne lui furent pas épargnées. Seuls sa foi profonde et l'espoir inébranlable de revoir un jour les siens lui permirent de survivre, car elle n'apprit la mort de son époux qu'après sa libération. Une autre Sarregueminoise détenue à Ravensbrück, Mme Catherine Schrœder, veillait avec une attention touchante à ce que personne ne lui apprît prématurément son immense malheur. Celle-ci fut transférée par la suite au camp de Bergen-Belsen où elle survécut également à la tourmente.

Par une ruse, Mme Meysembourg put échapper au transfert vers ce même camp.

Le 23 avril 1945, après avoir été victime et témoin des pires atrocités, Mme Léonie Meysembourg fut prise en charge par la Croix-Rouge suédoise, où, comme ses compagnes de misère, elle fut l'objet des soins les plus attentifs et dévoués. Rapatriée par avion sur Paris, elle rejoignit Sarreguemines le 30 juin 1945. Elle y retrouva son fils Jean-Jacques, mais plus son mari, victime de la terreur nazie.

Aussitôt, elle se trouva confrontée aux interminables démarches exigées par la reconstruction et la reconstitution de l'entreprise familiale. Affaiblie par la longue détention et ébranlée par la nouvelle de la mort de son époux, elle dut confier cette lourde tâche à son fils, alors âgé de 20 ans seulement, mais que l'adversité avait mûri. Celui-ci put récupérer une partie des machines et du matériel spoliés sous des meules de foin à Neunkirchen en Sarre et à Burgunstadt. Il entreprit et mena à bien la reconstruction de la briqueterie et de la clouterie, détruites par bombardement. La production de la clouterie put reprendre dès 1946 et celle de la tuilerie à partir de 1948, en dépit des difficultés rencontrées et des lenteurs de la reconstruction.

Mme Léonie Meysembourg est encore actuellement hantée par les souvenirs atroces qui l'assaillent et dont la relation suivante relate d'une manière poignante le drame : « Nous arrivâmes à Ravensbrück un dimanche soir de la fin d'octobre 1943. En quelques heures, nous eûmes la révélation brutale du camp, du bagne, nous connûmes les expériences de vivisection sur des jeunes filles polonaises, nous vîmes ces jeunes filles elles-mêmes et leurs jambes martyrisées, les histoires de « transports noirs » (de la mort), d'exécutions isolées, de massacres en série, les malades achevés, les chiens, les coups, les chambres à gaz... Et tout cela se présentant à nous simultanément, par vision directe ou par témoignages innombrables et irréfutables. » (3)

Quand on a vécu un tel cauchemar, on en reste marqué pour toute sa vie.

Le destin tragique de Victor Huvig

En 1943, Victor Huvig, né le 31 août 1888, était un mécanicien de route en retraite, et habitait avec sa fille Marie, née en 1921, au numéro 25 de la rue Albert-Ier (alors Richard-Wagner-Strasse) à Sarreguemines. Il venait de perdre son épouse et menait une vie paisible en compagnie de sa fille. Déjà bien éprouvé par ce deuil, un sort tragique l'attendait en cet automne de l'année 1943.

La famille Antoine Krempp, du restaurant de « La Charrue d'Or », possédait un jardin en face du domicile des Huvig. C'est ainsi qu'il connaissait bien cette famille et leur jeune fils Edgar. Ce dernier avait été incorporé dans la *Wehrmacht*, mais à la suite de brimades de la part de ses supérieurs, il eut des démêlés avec ceux-ci et fut mis en arrestation à l'ancienne caserne Galliéni.

---

(3) Germaine Tillon, *Ravensbrück*, Editions du Seuil, 1973, p. 33.

De nuit, en novembre 1943, il s'évada et, pieds nus, il se présenta au domicile de M. Victor Huvig, sollicitant son aide pour réussir le passage de la frontière. Patriote-résistant, ce cheminot retraité s'occupa aussitôt de la préparation de l'évasion, Karl Borgmann procura les fausses pièces d'identité, et l'on se mit à la recherche d'un passeur. Victor Huvig avait eu soin de brûler les effets militaires allemands du jeune déserteur. Après l'avoir hébergé durant plusieurs jours, il lui procura des vêtements civils et le munit d'une certaine somme d'argent. Au jour convenu, Edgar Krempp entreprit donc le déplacement vers la frontière, où il se présenta au passeur, qui n'était hélas qu'un agent de la Gestapo. Dès lors, son sort était scellé. Mais l'affaire eut des suites tragiques pour son généreux sauveteur.

Le 30 novembre 1943, Victor Huvig et sa fille furent arrêtés par la Gestapo et emmenés dans ses bureaux, rue des Muguets. Aussitôt, on leur banda les yeux et on leur ligota les mains, avant de les soumettre à un premier interrogatoire serré. Ensuite, ce fut le transport au camp de Queuleu. En raison de son jeune âge, Marie Huvig a été libérée au bout de trois jours, mais son père fut maintenu en détention et dut subir les premiers sévices de la part de ses bourreaux.

Quelques jours plus tard, Victor Huvig arriva au camp de Natzwiller-Struthof, qu'on désigne encore sous le nom de camp de Schirmeck. Il devait y décéder dès le 19 décembre 1943, victime des brutalités de ses gardiens, et son corps fut incinéré au four crématoire. Le lendemain, sa fille eut l'avis de décès de son malheureux père, dont la cause était cyniquement attribuée à une intoxication par iléus, une occlusion intestinale. En véritable dérision, le cachet de la poste portait la légende que voici : « *Schirmeck-Rothau - Beliebte Sommerfrische - Standort für Wintersport* » (Station estivale réputée, sports d'hiver), alors qu'il s'agissait d'un véritable camp de la mort.

Mlle Marie Huvig obtint, dans une urne, la remise des cendres de son père et put lui assurer une sépulture digne aux côtés de son épouse, dans la tombe familiale. Un certificat de décès, en bonne et due forme, parvint à sa fille le 26 janvier 1944.

L'orpheline épousa la même année M. Paul Gœttmann, professeur au lycée de Sarreguemines, mais elle garde toujours avec émotion le souvenir de la tragédie qu'elle a vécue.

*

Le traître dans cette triste affaire avait encore été le sinistre Alphonse Schérer, dit Pierrot de Wingen. Se faisant passer pour un homme sûr, il avait su gagner la confiance des familles Krempp et Huvig. C'est ainsi que le jeune Edgar Krempp fut transporté à Nancy dans la voiture personnelle du passeur félon et livré à la Gestapo installée à l'hôtel Jeanne d'Arc. Transféré à la prison Charles III de cette ville, il y eut comme codétenu un soi-disant Anglais, qui abusa encore de sa confiance. Il passa ensuite dans les camps de Queuleu et de Woippy pour rejoindre, au début de l'année 1944, le camp de Walchum, près de la frontière hollandaise. Affecté au commando des tourbières, il y connut, comme tous ses camarades, les rigueurs du camp. A la fin de l'année 1944, devant la menace de la percée de l'armée anglaise, les prisonniers furent transférés à Golnow en Poméranie, d'où l'avance des troupes russes les délogea une fois de plus. Après avoir rejoint Bützow, sur les bords de la mer du Nord, ils furent finalement libérés par les Canadiens les 4-5 mai 1945. Fin juin, Edgar Krempp rejoignit de nouveau la ville de Sarreguemines.

Précisons encore qu'avant l'entrée de leur fils dans la fausse filière Schérer, les parents avaient eu des contacts avec Karl Borgmann, grâce à l'entremise du *Hauptmann* Weber-Meder, qu'on retira noyé de la Sarre après le démantèlement du réseau Borgmann. La Gestapo put se saisir de Mme Georgette Krempp, qui mourut à Ravensbrück, alors que le père, Antoine Krempp, put se soustraire à la déportation qui le menaçait.

Le drame vécu par la famille Schrœder

Durant des décennies, M. Georges Schrœder, bien connu des Sarregueminois, exploitait une cordonnerie, rue des Généraux-Crémer. C'est dans son échoppe qu'il eut à connaître bien des détresses, du fait de l'annexion. Profondément hostile aux contraintes exercées par les nazis, il eut le souci de venir en aide à ses compatriotes, dont les fils étaient menacés par l'incorporation, d'abord dans le service du travail obligatoire, et ensuite dans l'armée allemande. Il fut secondé dans cette mission par son épouse, née Catherine Fickinger de Welferding, et ses deux fils René et Armand. Très tôt, il prit contact avec des filières de passeurs, dont les principales furent celles de Résistance-Fer et de Karl Borgmann. Quand cette dernière a été démantelée en septembre 1943, il fallut en trouver une autre. Pour le malheur de cette famille, le nommé Alphonse Schérer, dit Pierrot, de Wingen, sut s'introduire dans leur rayon d'action. Ce traître eut d'abord des contacts avec le fils Armand Schrœder, passionné d'aviation, et aujourd'hui encore président de l'Aéro-Club de Sarreguemines, dont il avait su capter la confiance en se disant membre de l'Aéro-Club d'Alsace. Il présentait bien et avait des accents de sincérité quand il vantait ses prouesses de passeur. La famille Schrœder lui fit confiance et c'est ainsi qu'il entra dans le réseau qu'elle avait organisé. L'un de ses complices, Jean Schoving, le secondait dans sa sinistre besogne. C'est du fait de tels hommes que toute la famille Schrœder connut la déportation.

Georges Schrœder, né en 1898, a été arrêté par la Gestapo le 4 novembre 1943 et incarcéré à la prison de Sarreguemines, avant d'être transporté, le 30 novembre, au fort de Queuleu à Metz, où il fut soumis à de durs interrogatoires. Dès le 15 décembre 1943, ses geôliers le transférèrent au camp du Struthof (Natzweiler). Il y partagea son travail entre la cordonnerie du camp et l'usine souterraine de V1 à Neckarselz, près de Stuttgart, où était occupé un commando de déportés de Natzweiler. Ramené au Struthof à la suite de maladie, il connut ensuite, à partir du 4 septembre 1944, un dur séjour dans le camp de Dachau. Libéré par les Américains, Georges Schrœder rejoignit Sarreguemines le 19 mai 1945, où il reprit ses occupations. Ce résistant, décédé en 1969, était titulaire de la croix de guerre et de la médaille militaire à titre militaire.

Son épouse, née Catherine Fickinger, a été arrêtée en compagnie de son fils Armand, le 30 novembre 1943, par la Gestapo de Sarreguemines. Tous les deux furent transportés, le jour même, dans une camionnette, au fort de Metz-Queuleu. Le 19 janvier 1944, ce fut, pour Mme Schrœder, le départ pour le sinistre camp de Ravensbrück, dans le Mecklembourg. Son fils Armand devait prendre une autre destination. A Ravensbrück, Mme Catherine Schrœder partagea le sort de ses codétenues et y soulagea les misères de ses compagnes, qui témoignent encore aujourd'hui de sa belle conduite. Malade de la typhoïde, elle fut évacuée sur le camp de Bergen-Belsen, dans la Lüneburger Heide, où, encore convalescente, la libération par les troupes alliées assura son salut. La croix de guerre et la médaille militaire vinrent plus tard rendre hommage à son mérite. Cette femme de cœur est décédée en 1962.

Le fils, René Schrœder, reçut son ordre d'appel dans la Wehrmacht en mai 1943. Aussitôt, il gagna une cache sûre, d'où, pour son malheur, il ne sortit que pour s'engager dans la filière d'Alphonse Schérer. Emmené à Metz le 24 novembre, dans la voiture personnelle du traître, il eut des soupçons en arrivant près du siège de la Gestapo. Lorsqu'un policier, auquel le chauffeur avait fait des appels de phares, se présenta pour vérifier son identité, il lui lança sa valise à la tête et prit la fuite. Rattrapé, il connut le camp de Woippy, destiné aux réfractaires de la Wehrmacht. Condamné à mort par le *Sondergericht* de Metz, il échoua le 10 avril 1944 au camp de l'*Aschendorfer Moor*, près de la frontière hollandaise. Les déportés y étaient contraints au travail forcé dans les tourbières de la région. Il y fallait extraire quotidiennement 7 m3 de tourbe. C'était un travail exténuant, rendu plus dur encore par le manque de nourriture et par le froid en hiver. Libéré, René Schrœder put rejoindre sa ville natale dès le 23 mai 1945. Lui aussi est titulaire de la croix de guerre et de la médaille militaire.

Armand Schrœder, arrêté le 30 novembre 1943, fut incarcéré le même jour au camp de Queuleu, en compagnie de ses parents et de nombreux autres déportés de Sarreguemines. Après un court séjour dans une prison de Strasbourg, le jeune Armand, né en 1923, connut à son tour, le 3 janvier 1944, le transit par le camp du Struthof-Natzweiler, en Alsace. Dès le 17 janvier, avec d'autres détenus, il fut transféré au camp de Flossenburg (Oberpfalz), dans la région de Regensburg. A son arrivée, on lui attribua le numéro 2 950, dévolu précédemment à un déporté décédé qui était une des premières victimes de la déportation sous le régime nazi. Grâce à ce numéro, Armand Schrœder fut considéré comme un ancien, malgré son jeune âge, et fut l'objet de quelques égards sans échapper pour autant aux rigueurs d'une détention implacable. Sa jeunesse et une résistance physique peu commune lui permirent de supporter mieux que d'autres les tenaillements de la faim et le travail en commando.

A la mi-avril 1945, la fuite des gardiens S.S. avait fait naître un immense espoir parmi la population du camp. Hélas ! cette courte éclaircie dans la nuit concentrationnaire fut de courte durée. Les bourreaux revinrent et organisèrent l'évacuation du camp le 21 avril 1945. Une longue marche de trois jours et de trois nuits devait mener les rescapés à Theresienstadt, au pays des Sudètes. Cette marche forcée de la mort, jalonnée de cadavres, est bien connue dans le monde des survivants de la déportation. Armand Schrœder faisait partie d'un groupe de deux cents hommes, escortés par les geôliers S.S. impitoyables. Lors du passage dans un village, il eut le courage de se glisser dans une grange et de se cacher dans un tas de foin. Auparavant, il avait vu s'y engouffrer un prisonnier de guerre français, employé par le fermier. Il l'avait échappé belle, car, quelques centaines de mètres plus loin, les S.S. abattirent tous ses compagnons de route.

Au petit matin, lorsque le P.G. français se présenta dans la grange, Armand Schrœder se manifesta. Heureux de pouvoir venir en aide à un compatriote, l'homme le ravitailla aussitôt et l'introduisit dans la famille du fermier, qui l'accueillit en toute simplicité. Libéré le 24 avril, il fut de retour à Sarreguemines dès le 7 mai 1945.

Les mérites de ce résistant authentique ont été reconnus par l'attribution de la croix de guerre, de la médaille militaire et de la croix de chevalier de la Légion d'honneur. M. Armand Schrœder est aujourd'hui président de l'Aéro-Club de Sarreguemines.

CHAPITRE XVI
Liste des déportés décédés

Liste des déportés et internés de Sarreguemines morts aux camps de concentration (1) - Guerre 1939-1945

1. ADLER Eugène, né le 18-6-1890 à Anvers (Belgique), domicilié 1, rue de la Chapelle.
2. ADLER Alice, née BLOCH, née le 25-1-1890 à Hegenheim, domiciliée 1, rue de la Chapelle.
3. ADLER Arthur, né le 15-8-1922 à Rexingen, domicilié 1, rue de la Chapelle.
4. ADLER Simone, née la 18-8-1920 à Liesthal, domiciliée 1, rue de la Chapelle.
5. BARTH Chrétien, né le 6-1-1917 à Sarreguemines, domicilié 2, rue du Moulin, décédé le 11-6-1944.
6. BERNARD Prosper, né le 5-6-1881 à Frauenberg, domicilié 50, rue de la Montagne.
7. BLOCH Charles, né le 14-12-1895 à Sarreguemines, domicilié 10, rue de la Chapelle, décédé le 16-3-1942 à Drancy.
8. BLOCH Selma, née MEYER, née le 26-11-1882 à Düsseldorf, domiciliée 12, rue Clemenceau, décédée le 18-7-1943 à Drancy.
9. BOTZUNG Elise, née le 24-12-1924 à Welferding, domiciliée rue de Grosbliederstroff, décédée à Ravensbrück.
10. CAHN Raymond.
11. CAHN Jean.
12. CAHEN Jean, né le 13-3-1922 à Sarreguemines, domicilié 14, place du Marché, décédé le 15-10-1943 à Auschwitz.
13. CAHEN Simon, né le 17-1-1878 à Metzervisse, domicilié 6, rue Pasteur.
14. CAHEN Laure, née SCHWARTZ, née le 26-5-1879 à Illingen, domiciliée 6, rue Pasteur.
15. CAHEN Mathilde, née le 6-12-1907 à Sainte-Marie-aux-Mines, domiciliée 6, rue Pasteur.

(1) Archives municipales de Sarreguemines.

16. **COHN Semi.**
17. DREYFUSS Bella, née FISCHEL, née le 10-12-1871 à Ingenheim, domiciliée 7, rue Pasteur, décédée le 12-3-1944 à Auschwitz.
18. DURLON Max, né le 19-1-1892 à Metz, domicilié 7, rue du Parc.
19. **EPHRAÏM** Félix, né le 13-5-1890 à Bitche, domicilié à Bitche, 5, rue de Sarreguemines.
20. FEISTHAUER Michel, né à Soucht, domicilié 45, rue de France. décédé à Dachau.
21. FRANK Jules, né le 23-4-1880 à Laufersweiler, domicilié 22, rue Chamborant.
22. FRANK Edwige, née le 28-7-1881 à Trèves, domiciliée 22, rue Chamborant.
23. GEIS Antoine, né le 7 juillet 1893 à Welferding, domicilié rue de Woustviller, décédé le 23-11-1944.
24. GRONNER Chil, né le 17-8-1890 à Chrzanow, domicilié 20, avenue de la Gare.
25. GRONNER Gitel, née le 18-7-1893 à Przubradz, domiciliée 20, avenue de la Gare.
26. GROSS Nicolas, né à Sarreguemines, domicilié rue Poincaré.
27. GUTTMANN Georgette
28. GUTTMANN Claudine
29. GRUBMANN Abraham
30. HERRMANN Nicolas, né le 5-11-1920 à Saint-Avold, domicilié 25, rue d'Or, décédé en juin 1944.
31. HEYMANN Léon
32. HEYMANN Henry
33. HIRSCH Max, né le 24-6-1913 à Sarreguemines, domicilié rue des Chèvres.
34. HUVIG Victor, domicilié 20, rue Pauline.
35. JABLONSKI André, né le 27-4-1934 à Sarreguemines, domicilié 19, rue Sainte-Croix, décédé à Drancy.
36. JABLONSKI Eugénie, née le 8-3-1910 à Sarreguemines, domiciliée 19, rue Sainte-Croix, décédée à Drancy.
37. JAKUBOWITZ Sulamith
38. JAKUBOWITZ Anny
39. JOSEPH Alice, née ARON, née le 14-4-1888 à Steinbach, domiciliée 12, rue Sainte-Croix, décédée le 2-11-1944 à Auschwitz.
40. JOSEPH Berthe, née ARON, née le 21-4-1885 à Steinbach, domiciliée 12, rue Sainte-Croix, décédée le 2-11-1943 à Auschwitz.
41. JOSEPH Emile, né le 1-10-1876 à Welferding, domicilié 12, rue Sainte-Croix, décédé le 3-11-1943 à Auschwitz.
42. JOSEPH Gustave, né le 24-9-1873 à Sarreguemines, domicilié 12, rue Sainte-Croix, décédé le 2-11-1943 à Auschwitz.
43. JOSEPH Paul, né le 3-5-1874 à Sarreguemines, domicilié 12, avenue de Bliesguersviller, décédé le 18-4-1944 à Auschwitz.

44. KAHN Irène-Marguerite, née le 7-4-1905 à Osthoffen, domiciliée 24, rue Chamborand, décédée le 24-8-1943.
45. KAHN José, né le 24-8-1893 à Osthoffen, domicilié 24, rue Chamborand, décédé le 28-8-1943.
46. KLINTZ Jean-Baptiste, domicilié au Buffet de la Gare.
47. KNOPP Jacques-Joseph, né le 18-4-1897 à Lodz, domicilié 1, rue Poincaré.
48. KNOPP Sarah, née le 16-3-1901 à Lodz, domiciliée 1, rue Poincaré.
49. KREMPP Georgette, domiciliée 21, rue Poincaré, décédée le 19-3-1945.
50. LAMBERT Elisabeth, née WIRTH, décédée le 14-12-1942.
51. LEHMANN Frédéric J., décédé le 16-3-1945 à Dachau.
52. LEHMANN Georges.
53. LEVY Augustine, née ALKAN, née le 21-11-1878 à Dillingen, domiciliée 7, rue Nationale.
54. LEVY Benjamin, né le 6-4-1871 à Kerprich-Hemmersdorf, domicilié 7, rue Nationale.
55. LEVY Henri, né le 21-10-1877 à Grosbliederstroff, domicilié 5, avenue de la Gare, décédé le 28-9-1942 à Auschwitz.
56. LEVY Yvonne, née BLOCH, née le 24-7-1894 à Colmar, domiciliée 5, avenue de la Gare, décédée le 4-5-1944 à Auschwitz.
57. LEVY Jeanne, née le 7-1-1928 à Sarreguemines, domiciliée 5, avenue de la Gare, décédée le 4-5-1944 à Auschwitz.
58. LEVY Margot, née le 14-3-1929 à Sarreguemines, domiciliée 5, avenue de la Gare, décédée le 4-5-1944 à Auschwitz.
59. LEVY David-Gérard, né le 3-8-1934 à Sarreguemines, domicilié 5, avenue de la Gare, décédé le 4-5-1944 à Auschwitz.
60. LEVY Blanche.
61. LIEBMANN Elise, né le 19-6-1903 à Welferding, domiciliée 19, rue Sainte-Croix, décédée le 15-2-1944 à Auschwitz.
62. LIEBMANN Gabrielle, née le 19-9-1904 à Welferding, domiciliée 19, rue Sainte-Croix, décédée le 15-2-1944 à Auschwitz.
63. LIEBMANN Pauline, née le 10-5-1872 à Rémering, domiciliée 19, rue Sainte-Croix, décédée le 15-2-1944.
64. LION Georges, né le 29-8-1924 à Sarrebruck, domicilié 5, rue du Blauberg.
65. LIESER Maurice.
66. LORICH Gustave-Mathieu, né le 2-9-1907 à Hottviller, domicilié 21, rue Saint-Denis, décédé le 21-2-1945 à Dachau.
67. LUTZ M.-Marguerite, née KARMANN, née le 20-4-1884 à Grosbliederstroff, domiciliée 33, rue de la Montagne, décédée à Ravensbrück.
68. METZLER Gustave-Isaac, né le 22-11-1895 à Diefenbach, domicilié 51, rue de France, décédé le 15-8-1943.
69. METZLER Berthe-Babette, née HIRSCH, née le 17-9-1895 à Huningue, domiciliée 51, rue de France, décédée le 1-3-1944.
70. METZLER Robert, né le 19-5-1923 à Sarreguemines, domicilié 51, rue de France, décédé le 14-8-1943.

71. METZLER Jeanne, née le 7-9-1924 à Sarreguemines, domiciliée 51, rue de France, décédée le 28-2-1944.
72. METZLER Carmen, née le 2-12-1928 à Sarreguemines, domiciliée 51, rue de France, décédée le 28-2-1944.
73. METZLER Gilbert-René, né le 25-12-1933 à Sarreguemines, domicilié 51, rue de France, décédé le 28-2-1944.
74. METZLER Jules, né le 2-10-1898 à Sarreguemines, domicilié 3, rue P.-Haffner, décédé le 5-8-1943.
75. METZLER Thérèse, née LEVY, née le 15-8-1908 à Nalbach, domiciliée 51, rue de France.
76. METZLER Roger-Manuel, né le 7-10-1924 à Sarreguemines, domicilié 3, rue P.-Haffner, décédé le 15-5-1945.
77. METZLER Germaine, née le 18-2-1920 à Sarreguemines, domiciliée 3, rue P.-Haffner, décédée le 1-4-1944.
78. METZLER Suzanne-Denise, née le 23-4-1939 à Sarreguemines, domiciliée 3, rue P.-Haffner, décédée le 15-2-1944.
79. METZLER Samuel, né le 16-12-1861 à Loupershouse, domicilié 2, rue des Frères.
80. METZLER Sarah, née JOSEPH, née le 15-1-1870 à Diefenbach, domiciliée 2, rue des Frères.
81. METZLER Caroline, née le 21-8-1900 à Sarreguemines, domiciliée 2, rue des Frères.
82. METZGER Gaston.
83. MEYER Jean, né le 12-2-1919 à Berlin, domicilié 4, rue Clemenceau.
84. MEYSEMBOURG Adolphe, domicilié 48, rue A.-Schaaff, décédé le 3-3-1944.
85. ORBECK Silvain, né le 14-2-1903 à Puttelange, domicilié 6, rue Himmelsberg.
86. RAINER Sarah, née WEISSEMANN, née le 21-12-1894 à Zamosz, domiciliée 7, rue Nationale, décédée le 24-8-1942 à Auschwitz.
87. RAINER Adolphe-Rudy, né le 30-6-1926 à Stendal, domicilié 7, rue Nationale, décédé le 24-8-1942 à Auschwitz.
88. RATZ Léopold, décédé le 15-8-1944.
89. RAVARD Charles, domicilié 13, rue Poincaré.
90. REIMS Léon, né le 15-9-1875 à Sarreguemines, domicilié 20, rue de l'Eglise, décédé le 26-9-1942.
91. PAMPILLON Louis, né le 24-10-1889 à Schopperten, domicilié 10, rue de Geiger, décédé le 28-1-1945 à Dachau.
92. ROTH Sylvain, domicilié 19, rue des Généraux-Crémer, décédé le 11-12-1943.
93. ROTH Berthe, domiciliée 19, rue des Généraux-Crémer, décédée le 11-12-1943.
94. ROYER André, né le 23-1-1921 à Sarreguemines, domicilié 32, rue du Parc, décédé le 15-10-1944.

95. SCHIFF Renée-Yvonne, née le 24-5-1923 à Sarrelouis, domiciliée 3, rue de la Montagne.
96. SCHNEIDER Nicolas.
97. **Vve SCHWARTZ, domiciliée 20, rue Roth.**
98. SILBERBERG Paul, né le 15-8-1894 à Lodz, domicilié 9, rue Utzschneider.
99. SILBERBERG Sarah, née MINGELGRUN, née le 17-11-1898 à Francfort, domiciliée 9, rue Utzschneider.
100. SILBERBERG Marcel, né le 6-8-1930 à Metz, domicilié 9, rue Utzschneider.
101. SIMON Armand, né le 26-5-1887 à Diemeringen, domicilié 31, rue des Muguets, décédé le 4-5-1944 à Auschwitz.
102. SIMON Céline, née BOLLACK, née le 27-11-1893 à Wintzenheim, domiciliée 31, rue des Muguets, décédée le 4-5-1944 à Auschwitz.
103. SIMON Irène, née le 20-10-1928 à Sarreguemines, domiciliée 31, rue des Muguets, décédée le 4-5-1944 à Auschwitz.
104. SKOSOWSKI Léon, né le 26-10-1884 à Sarreguemines, domicilié 9, rue Sainte-Croix, décédé le 31-7-1944 à Auschwitz.
105. TAPPERT, domicilié 26, rue Chamborand.
106. WACHSMANN Max.
107. WACHSMANN Léopold, né le 12-2-1887 à Wadowice, domicilié 12, rue de France, décédé en janvier 1944 à Auschwitz.
108. WEIL Emile, né le 17-2-1894 à Sarreguemines, domicilié 8, rue Sainte-Croix.
109. **WEIL Olga, né Spingarn, domiciliée 16, rue Chamborant, décédée le 6-5-1944.**
110. **WEIL Ruth, domiciliée 16, rue Chamborant.**
111. **WEIL Juliette-Danielle, domiciliée 16, rue Chamborant.**
112. **WEIL Henri, domicilié 41, rue de France.**
113. WOLF Achille, né le 29-9-1873 à Hatten, domicilié 12, rue du Parc.
114. ZENKER Gustave, né le 15-2-1885 à Dresden, domicilié 13, rue Poincaré, décédé le 15-2-1944.
115. ZWEIG Fajga, née le 20-10-1905 à Lodz, domiciliée 15, rue Geiger.

CHAPITRE XVII

Alphonse Schérer, agent du S.D. [1]

Le 17 avril 1947 s'est ouvert devant la Cour de Justice de Metz le procès du traître Alphonse Schérer, dit Roger ou Pierrot. Cette affaire peut être classée dans les plus grands procès dont cette instance ait eu à connaître.

Alphonse Schérer était originaire de Basse-Yutz, où il avait vu le jour en 1920. En 1938, il s'engagea dans l'aviation. Démobilisé en 1941, il rejoignit ses parents à Wingen-sur-Moder. De passage à Paris, Schérer prit contact avec un agent du S.D. auquel, pour 500 francs, il remit un rapport détaillé sur la situation de l'armée de l'air. Ce fut le début d'une longue trahison au service du service de renseignements allemands. Il adressa une requête dans ce sens au Kreisleiter et reçut aussitôt la visite de Fanelsa, lieutenant du S.D. de Metz, qui lui fit signer un engagement comme V.-Mann [2] du S.D. Le jeune espion suivit alors un stage à Berlin pour y suivre des cours spéciaux. A l'issue de cette instruction, il partit en mission à Tunis et, en avril 1943, ce fut son intégration dans les services de Fanelsa.

A Metz et en Moselle, il fit « merveilleusement » son lamentable travail. Chargé d'organiser un réseau durable, Schérer adopta la méthode de l'I.S., se présentant comme un authentique résistant dans de tels milieux. Son activité dépassa le cadre de la Lorraine, car ses missions le conduisirent aussi en Suisse et en Italie.

A Thionville, Vernéville et Hayange, il s'introduisit dans des filières de passeurs pour les trahir ensuite et faire arrêter les personnes en faisant partie. En Alsace, il informe son chef de la préparation d'un attentat contre le Gauleiter Wagner et lui fournit des précisions sur des nids de résistance et sur des refuges d'aviateurs alliés à Hambach et à Sarreguemines.

Ensuite, il étendit son champ d'action et réussit à se faire embaucher dans une entreprise et à avoir une boîte aux lettres drainant le courrier de toute la France. C'est ainsi qu'il eut connaissance de l'officine qui établissait les fausses pièces d'identité aux Lorrains évadés. M. Schmidt, directeur de l'Office du

---

(1) S.D. = *Sicherheitsdienst.*
(2) *V. Mann* = *Vertrauensmann* (homme de confiance).

Travail à Nancy, a été la victime de ces louches agissements. Grâce aux correspondances dévoilées, il opéra à Paris, Bourges, Périgueux, Saint-Sorlin, Argentat, Nice, Montpellier et Autun. Partout il y eut de nombreuses victimes de Schérer.

De retour à Metz, il signala la liaison existant entre les Chantiers de la Jeunesse et les milieux de la résistance, ce qui amena la dissolution des Chantiers. M. Guénot, arrêté, mourut dans un camp de concentration.

Se faisant passer pour réfractaire, Schérer se fit délivrer de fausses pièces d'identité et des cartes d'alimentation par une dame Lippert et obtint des renseignements sur l'activité des résistants de Jœuf et de toute la région. Mme Lippert put échapper aux griffes de la Gestapo, mais sa fille fut arrêtée. Puis il sévit à Chambéry et à Bar-le-Duc.

Fanelsa reçut peu après un rapport de Schérer, concernant une filière d'évasion par avion pour l'Afrique du Nord. A Bourges et à Limoges, ainsi qu'à Vichy, le traître rassembla des informations sur les Lorrains évadés.

Le « Réseau Jean-Marie » du G.Q.G. britannique fonctionnait dans l'Yonne sous la direction du commandant Frager, « l'Oncle Paul ».

Pour l'Est, le chef de ce réseau était Jean Eltzer, dit Dufour, sous les ordres duquel travaillaient beaucoup de personnes. En 1944, se déclarant agent de l'Intelligence Service, Schérer sut gagner la confiance des époux « Dufour ». Il obtint même une mitraillette qu'il s'empressa de remettre au S.D.

Ces renseignements eurent des conséquences néfastes et multiples, notamment le transfert d'aviateurs alliés sur le point de s'évader, le départ de soixante appareils de chasse allemands du terrain d'Etain, lequel devait être bombardé, l'arrestation de la secrétaire de mairie de Malzéville, la découverte des archives du réseau et celle des messages devant précéder le débarquement allié du 6 juin 1944.

Schérer avait même réussi, en compagnie d'authentiques résistants, à se faire livrer une grosse quantité d'armes par le maquis de l'Yonne, qu'il livra immédiatement à la Gestapo. Puis ce furent les arrestations et la fin du réseau. L'« Oncle Paul » fut arrêté et fusillé à Buchenwald.

Affaire de Sarreguemines

En août 1943, Alphonse Schérer s'introduisit dans les milieux de la résistance de Sarreguemines et de sa région. A Willerwald, il fit déporter l'instituteur Emile Fischer, qui s'occupait avec l'abbé Laurent de faire passer en France des réfractaires lorrains et des aviateurs alliés. Schérer livra un pilote anglais à la Gestapo de Metz.

L'abbé Laurent mit également Schérer en relations avec Joseph Lutz, tailleur à Sarreguemines, rue de la Montagne. Le traître fit passer à Nancy le fils Léon Lutz, caché à Guebwiller, et indiqua à l'autre fils Joseph, à Charles Behr et à Jean Nicklaus un moyen de passer en Meurthe-et-Moselle, avec le concours de Girard, fermier à Vernéville. Comme ce dernier refusa d'assurer le passage des fugitifs, les trois jeunes gens s'adressèrent à M. Watrin, boulanger, et purent gagner la zone non occupée. Mais les personnes qui leur avaient prêté assistance ou qui les avaient hébergés furent toutes arrêtées : M. Watrin mourut à Dachau ; Mlle Lutz et son fiancé Marcel Fischer, qui avaient hébergé ses frères à Gap, furent arrêtés (la jeune fille put s'évader) ; Amélie Behr fut internée à Queuleu ; Léonie Lerch et Cécile Hoffmann, qui avaient hébergé Léon Lutz à Guebwiller, furent internés à Schirmeck.

Joseph Lutz, que Schérer avait su mettre en confiance, le mit en rapports avec les époux Adolphe Meysembourg-Kihl, dont le fils Jean et l'ami de celui-ci Paul Ball, purent passer en Meurthe-et-Moselle grâce à l'aide d'un garde-chasse. Dans cette même affaire, M. Heimburger de Hagondange, qui avait hébergé les réfractaires, fut arrêté et mourut au Struthof. Les époux Adolphe Meysembourg-Kihl connurent à leur tour la déportation. Le mari passa par le camp de Schirmeck et mourut à Flossenburg, alors que son épouse survécut à sa déportation, endurée au camp de Ravensbrück.

Nous avons déjà eu l'occasion de relater le sort tragique d'autres victimes de ce traître. Croyant rendre service, Marie Dahlem avait signalé au traître trois réfractaires, désireux de passer en France libre. Deux d'entre eux furent déportés. Schérer avait également trempé dans l'affaire Edgar Krempp, déserteur de la Wehrmacht. Là encore, il y eut trahison de la part du « faux passeur ».

Toutes les personnes impliquées dans ces filières furent arrêtées et déportées. Alphonse Schérer a trompé tout le monde à Sarreguemines et dans les environs ; il a abusé d'une manière éhontée de la confiance qu'on lui accordait. Ses mobiles furent l'appât du gain facile, le denier de Judas.

Dans cette seule contrée, il a fait opérer quarante-six arrestations et fut à l'origine de trente-neuf déportations dont onze personnes moururent dans les camps d'extermination. Un lourd bilan. Fin novembre 1943, Schérer eut encore l'audace de demander à un Sarregueminois de lui procurer une liste de vingt jeunes gens désireux de passer en France en se portant garant du succès de l'entreprise.

D'autre part, le traître voulait à tout prix obtenir l'adresse du refuge du docteur Alphonse Schatz et connaître les cachettes des aviateurs alliés évadés, dont il présumait la présence dans la région.

Schérer reconnut également avoir été chargé en exclusivité des recherches sur Karl Borgmann, spécialiste dans le passage de réfractaires. Mais dans ce cas précis, il n'eut guère de succès (voir le chapitre sur Borgmann).

Toutes ces trahisons furent payées 600 Reichsmark par mois. Après la « réussite » de ses opérations à Sarreguemines, Alphonse Schérer fut proposé pour la croix du mérite de guerre avec épées (3) et citation à l'ordre de la police. En outre, il reçut le prix « Heydrich », une distinction rarement décernée.

(3) *Kriegsverdienstkreuz mit Schwertern.*

Enfin, le 14 août 1944, Schérer fut arrêté par les Allemands pour délit de droit commun. Incarcéré à Sarreguemines, il fut ensuite transféré à Schirmeck, où il continua encore à trahir. Nombre d'internés, après avoir pris contact avec lui, furent fusillés ou gazés. Lors du transfert de ce camp, Schérer insista pour suivre les détenus au camp de Gaggenau, où il donna encore la liste d'un groupe d'officiers français qui avaient préparé leur évasion. En triste « mouton », il avait su gagner la confiance de ses codétenus. A l'heure de l'effondrement du IIIe Reich, il s'évada le 14 avril 1945. Dès lors, il changea froidement de camp et se mit à la disposition des Alliés, comme résistant. Rapatrié le 11 juin 1945, on le vit le mois suivant à Wingen-sur-Moder en tenue de lieutenant de l'armée française.

Les débats du procès furent dirigés par M. le Président Krier. M. Lansac, commissaire du gouvernement, occupait le siège du ministère public. La défense de Schérer était assurée par Maître Gadelle.

De nombreux témoins, victimes de la trahison de Schérer, vinrent à la barre relater les faits et les souffrances endurées. Malgré les témoignages accablants, Alphonse Schérer eut encore l'audace de dire : « En mon âme et conscience, je n'ai rien à me reprocher ».

Après d'autres témoins, la Cour entendit les personnes victimes de l'affaire de Sarreguemines, et plus particulièrement MM. Lutz, Nicklaus, Schrœder, Mmes Mersch, Meysembourg, Luxembourger et son fils, Mme Heimburger, Mlle Dahlem. Cette dernière prouva par lettre que Schérer avait livré un aviateur australien de la Royal Air Force.

Au cours de l'interrogatoire apparut Jean Schoving, un autre agent mosellan de la Gestapo, qui précisa les fonctions exactes de Schérer et le rôle qu'il avait joué au service de l'occupant. Ce témoin déjà condamné à mort le 23 novembre 1946, comparut, les pieds enchaînés et en casaque de condamné à mort.

Alphonse Schérer essaya également d'égarer la justice en prétendant qu'il avait été au service de l'Intelligence Service anglais. L'inspecteur de la B.S.T. (4) chargé d'enquêter à ce sujet, réfuta point par point les allégations de l'inculpé. Pourtant, au cours de mes recherches, une personnalité de Sarreguemines, digne de confiance, me signala le fait étrange suivant, dont il fut déjà question dans un chapitre précédent.

Un jour, Alphonse Schérer, reçu dans cette famille afin de préparer l'évasion du fils de la maison, se renseigna aussi sur la situation générale et sur l'état d'esprit de la population à Sarreguemines. A l'issue de cet entretien, il pria ses interlocuteurs d'écouter la B.B.C. le lendemain à une heure précise... et ils y entendraient les propos qu'ils venaient de lui tenir. Effectivement, à l'écoute de la radio anglaise, on put vérifier l'exactitude de l'affirmation de Schérer. Etait-il un agent anglais, donc un agent double ? Les débats devant la Cour de Justice ne purent l'établir.

(4) Brigade de surveillance du territoire.

Après la guerre, en septembre 1945, les recherches pour arrêter Schérer devaient donner lieu à une tragique rencontre entre trois inspecteurs de police à Meisenthal.

Deux inspecteurs de la « police de surveillance du territoire » de Metz étaient sur les traces du sinistre agent de la Gestapo Schérer, dit Roger, de Wingen-sur-Moder, lorsqu'ils aperçurent au lieu-dit « La Colonne » un individu suspect, dont ils s'approchèrent en le sommant de se rendre. Mais, bientôt, le suspect ouvrit le feu sur les inspecteurs. L'inspecteur de police Robert Johannes de Metz fut tué sur le coup, alors que son collègue René Kuntz, également de Metz, était si grièvement blessé qu'il mourut peu après son admission à l'hôpital d'Ingwiller.

Le tireur, après avoir d'abord pris la fuite, se présenta un peu plus tard au maire de Meisenthal, se disant, à son tour, inspecteur de la « Sécurité militaire » de Spire, au Palatinat, également chargé de retrouver Schérer. Il avait cru reconnaître dans l'un des inspecteurs messins l'agent de la Gestapo recherché. Lorsque celui-ci dégaina son arme, il s'était cru en état de légitime défense et avait fait feu sur les deux inspecteurs.

L'auteur de cette tragique méprise est l'inspecteur Roger André Eberhardt, âgé de 24 ans, originaire de Strasbourg. Le parquet de Sarreguemines a ouvert une enquête pour éclaircir cette lamentable affaire (*Courrier de la Sarre*, 20 septembre 1945).

Le second jour du procès de Schérer, Mme Heymès annonça à la cour la mort de son fils, vingtième victime mosellane du traître.

Le réquisitoire de M. Lansac, commissaire du gouvernement, dura deux heures. Il démontra implacablement la trahison d'Alphonse Schérer et fit état des nombreux témoignages qui l'accablent. En âme et conscience, il demanda la peine de mort, c'est-à-dire le peloton d'exécution, refusant à l'accusé les circonstances atténuantes.

Me Gadelle, défenseur de l'inculpé, prit ensuite la parole pour une longue plaidoirie au cours de laquelle il s'évertua en vain d'obtenir la clémence des jurés.

Après vingt minutes de délibération, le verdict tomba : Alphonse Schérer était condamné à mort, à la dégradation nationale et à la confiscation de ses biens.

L'accusé signa aussitôt son pourvoi en cassation. Ce pourvoi fut rejeté et la grâce du Président de la République lui fut refusée. La justice allait suivre son cours.

La cour avait retenu contre lui vingt-cinq missions, soixante déportations et vingt morts, un très lourd bilan.

L'exécution d'Alphonse Schérer et de Jean Schoving

A l'aube du samedi 26 juillet 1947, les deux traîtres expièrent leurs crimes au polygone militaire de Metz-Chambière, au pied de la levée ouest.

Auparavant, ils avaient assisté à la messe et communié des mains de l'aumônier de la prison, M. l'abbé Genvo.

Tous les deux refusèrent de se laisser bander les yeux et moururent courageusement.

Leurs corps furent aussitôt inhumés au cimetière de l'Est dans le quartier des suppliciés (5).

---

(5) Un reportage du *Républicain Lorrain* de l'époque.

CHAPITRE XVIII

Le sort de la communauté juive de Sarreguemines

L'idéologie nazie avait constamment prôné la solution finale (*die Endlösung*) (1) du problème juif, c'est-à-dire l'extermination. Une fois au pouvoir, Hitler mit méthodiquement à exécution son infernal projet.

De nombreux israélites de Sarreguemines, réfugiés dans les départements de l'«intérieur» de la France, connurent un sort identique dans les fours crématoires des camps d'extermination.

En 1926, la ville de Sarreguemines comptait quatre cent soixante-neuf juifs ; ce nombre était tombé à trois cent quatre-vingt-quinze en 1939, à la veille de la déclaration de guerre. Nos compatriotes juifs partagèrent d'abord le sort de toute la population, évacuée à l'intérieur de notre pays. Il se recréa à Cognac, Angoulême, Ruffec, Chasseneuil, à Poitiers et ses environs de petits centres juifs formés de familles lorraines.

Mais bientôt, leur destin se sépara nettement de celui de leurs compatriotes lorrains, lors de la défaite de la France. Alors que ces derniers étaient autorisés à rentrer dans leurs foyers par le vainqueur allemand, les juifs furent mis hors la loi à la fois par les Allemands et par le gouvernement de Vichy.

Les premières rafles dirigées essentiellement contre les juifs étrangers eurent lieu en 1941 ; puis elles s'étendirent aux juifs français. Dès 1942, il ne subsistait pratiquement plus de juifs lorrains en Charente ou dans la Vienne, mais il restait quelques groupes dans les Vosges ou à Nancy même et dans ses environs immédiats ; ces régions furent d'ailleurs expurgées en 1943.

Lorsque l'occupation de la France fut devenue totale (novembre 1942), la Gestapo put traquer les juifs sur l'ensemble du territoire (2).

M. Robert Weil retient la déportation de quatre-vingt-quinze juifs sarreguemois, dont six seulement échappèrent à la mort. Sur les quatre-vingt-neuf disparus, on compte vingt-huit enfants, parmi lesquels dix-neuf en bas âge. Enfin, cinq jeunes gens étaient tombés au champ d'honneur.

---

(1) Die Endlösung (la solution finale du problème juif) fut décidée le 20 janvier 1942 à la réunion de Wannsee, à l'est de Potsdam
(2) Joseph Rohr, L'arrondissement de Sarreguemines, 1966, pp. 125-127. Etude rédigée par Robert Weil, professeur au lycée de Sarreguemines

Juifs originaires de Sarreguemines, morts en déportation

Nos 18 à 20. — Olga Spingarn (épouse de Robert Weil, professeur au lycée de Sarreguemines) et ses deux enfants, Ruth, née en 1939, et Danielle, née en 1942. **La famille Robert Weil gagna l'intérieur de la France en 1939.** Elle fut arrêtée le 29 avril 1944, et après avoir été traînée de prison en prison, ce fut l'internement au camp d'Auschwitz le 2 juin 1944. Ici, le professeur Robert Weil fut immédiatement séparé de son épouse et de ses enfants. Il ne devait plus jamais les revoir. Sa jeune épouse, âgée de 25 ans, et ses deux enfants, âgés de 5 et de 2 ans, ont été assassinés dans la chambre à gaz. Robert Weil fut interné successivement dans les camps de Gross-Rosen et de Buchenwald, où il a été libéré par les Américains le 11 avril 1945.

Nos 21, 22, 23, 24. — Eugène Adler, son épouse, ses enfants Arthur et Simone.

No 25. — Prosper Bernard.

No 26. — Charles Bloch.

Nos 27, 28. — Mme Edmond Bloch et son neveu Jean Meyer.

Nos 29, 30, 31. — Simon Cahen, professeur au lycée de Sarreguemines, son épouse et leur fille Mathilde.

No 32. — Sémi Cohn.

No 33. — Jean Cahen, fils de Mme Veuve André Cahen, étudiant.

No 34. — Mme Jules Dreyfus.

Nos 35, 36. — Jules Franck et son épouse.

No 37. — Paul Joseph.

Nos 38, 39. — Charles Gronner et son épouse.

Nos 40, 41. — Emile Joseph et son épouse.

Nos 42, 43. — Gustave Joseph et son épouse.

No 44. — Max Hirsch.

Nos 45, 46. — José Kahn et son épouse.

Nos 47, 48. — Jacques Knopp et son épouse.

Nos 49, 50, 51. — Mme Albert Lévy et ses deux enfants.

Nos 52, 53, 54, 55, 56. — Henri Lévy, son épouse et ses trois enfants.

No 57. — Georges Lyon.

No 58. — Maurice Lieser.

Nos 59, 60, 61. — Mme Veuve Lippmann et ses deux filles Lénie et Gaby.

Nos 62, 63. — Mme Jablonska et son petit enfant.

nos 64, 65. — Benjamin Lévy et son épouse.

Nos 66, 67. — Samuel Metzler et son épouse.

Nos 68 à 72. — Isaac Metzler, son épouse et ses trois enfants.

Nos 73 à 77. — Jules Metzler, son épouse et ses trois enfants.

No 78. — Lily Metzler.

No 79. — Léon Rheims.

Nos 80, 81. — Mme Roth et son enfant.

Nos 82, 83. — Mme Rainer et son fils Rudi.

N° 84. — Léon Skosowsky.

N° 85. — René Schiff.

N°s 86 à 88. — Esriel Silberberg, son épouse et son enfant.

N°s 89 à 91. — Armand Simon, son épouse et leur fille Irène.

N° 92. — Henri Weil.

N° 93. — Emile Weil.

N° 94. — Mme Zweig.

N° 95. — Gustave Zenker.

N°s 96, 97. — Herr Wachsmann et son fils Léopold.

N° 98. — Achille Wolff.

N° 99. — Edwige Wolff.

N°s 100, 101. — Mme Jakubowitz et son enfant.

N° 102. — Gaston Metzger.

N°s 103, 104. — Henri Laufer et David Laufer.

Ainsi l'abbé François Goldschmitt relève les noms de cent quatre disparus, alors que M. René Weil n'en retient que quatre-vingt-neuf. Cette différence provient sans doute du fait que la liste officielle mentionne tous les israélites natifs de Sarreguemines, même ceux qui n'y étaient plus domiciliés en 1939.

Les juifs suivants, originaires de Sarreguemines, sont tombés pour la Patrie :

N° 105. — Louis Cahen, fils de Mme Veuve André Cahen, dont le frère Jean est mort dans un camp de concentration.

N° 106. — Kurt Lévy, fils de Maurice Lévy.

N° 107. — Théo Kahn.

N° 108. — Fernand Ruff, fils de Sylvain Ruff.

N° 109. — Alfred Goldschmied.

Juifs rescapés des camps :

N° 110. — Pierre Lorach, interné à Dora.

N° 111. — Hermann Roth, interné à Buchenwald et à Auschwitz.

N°s 112, 113. — David et Armand Silberberg, internés également à Auschwitz et à Buchenwald.

N° 114. — Frieda Silberberg, à Auschwitz et à Bergen-Belsen (2).

En 1959, un autre lieu de culte remplaça la synagogue de la rue de la Chapelle, dynamitée le 20 septembre 1940 par les Allemands. Actuellement, la communauté juive de Sarreguemines compte environ trois cents personnes. Dans une entente parfaite, ses représentants siègent aussi bien au conseil municipal que dans les associations culturelles et sportives, où leur concours est très apprécié.

---

(2) François Goldschmitt, *Tragédie vécue par la population des marches de l'Est*, 1947, pp. 43-45.

CHAPITRE XIX

Le gouvernement de Vichy et l'Alsace-Lorraine [1]

Le 10 juillet 1940, par un vote, l'Assemblée nationale mit fin à la IIIe République et consacra la naissance de l'Etat français sous l'égide du maréchal Philippe Pétain.

Le projet gouvernemental ne comportait qu'un article unique, ainsi libellé :
« L'Assemblée nationale donne tous pouvoirs au gouvernement de la République, sous l'autorité et la signature du maréchal Pétain, à l'effet de promulguer par un ou plusieurs actes une nouvelle constitution de l'Etat français. Cette constitution devra garantir les droits du Travail, de la Famille et de la Patrie.

Elle sera ratifiée par la nation et appliquée par les assemblées qu'elle aura créées. »

Ce projet, présenté par Pierre Laval, fut adopté par 569 suffrages contre 80 opposants (pp. 85, 86).

Malgré de nombreuses informations faisant état des intentions des tenants du IIIe Reich d'annexer purement et simplement l'Alsace-Lorraine, qui n'avaient pu échapper à l'attention des hommes politiques de tous les partis de l'époque, « pas un seul instant dans les réunions qui vont du 4 au 10 juillet 1940, le problème de l'Alsace et de la Lorraine n'est sérieusement évoqué » (p. 87).

Voici une réflexion du général Maxime Weygand, ministre de Pétain jusqu'au 5 septembre 1940, qui relève cet étrange et inquiétant silence : « A plusieurs reprises, j'ai eu des scènes violentes avec M. Laval à propos de l'armistice. Je n'ai jamais pu obtenir, malgré tout ce que j'ai fait en conseil privé, au conseil des ministres, que la protestation pour les Alsaciens-Lorrains fût une protestation radiodiffusée publiquement... » (p. 104).

Un relevé des prestations de vivres et de denrées alimentaires durant les dix-huit premiers mois de l'occupation fixe celles-ci à un total de 21 milliards de francs pour le territoire national métropolitain, à l'exception des départements du Nord, du Pas-de-Calais, de l'Alsace et de la Lorraine. Ainsi les

---

[1] Henri Amouroux, *Quarante millions de pétainistes*, 1977, 549 pages ; avec l'autorisation de l'auteur.

départements de la Moselle, du Bas-Rhin et du Haut-Rhin ne semblaient plus faire partie du territoire national. Avait-on renoncé à ces terres françaises ? (p. 144).

A la commission d'armistice allemande installée à Wiesbaden, présidée par le général Heinrich von Stülpnagel, en 1942, *Militärbefehlshaber* à **Paris**, le général Charles Huntziger adressa le 3 septembre 1940 une protestation solennelle au président de la commission contre les violations de l'armistice. Il visait particulièrement la mainmise des nazis sur l'Alsace-Lorraine. Les Allemands ne réagirent en aucune façon à cette protestation. Il semble bien qu'ils étaient assurés du silence du gouvernement de Vichy.

Seuls des militaires avaient jusqu'alors pris la défense des Alsaciens et Lorrains annexés contre leur volonté.

Que s'était-il passé à Compiègne, le 22 juin 1940, lors de la signature de l'armistice ?

« A Compiègne, pas un seul instant, il n'a été question de l'Alsace et de la Lorraine. Dans le projet rédigé par le colonel Böhme, Hitler a supprimé un paragraphe qui parlait d'annexion. De leur côté, les Français n'ont pas soufflé mot du problème. A Vichy, le 10 juillet 1940, des députés, membres de la commission de l'armée, ont demandé à leurs collègues alsaciens et lorrains — qui devaient tous voter pour le texte gouvernemental — de ne pas manifester, de ne pas se singulariser, de n'émettre ni doutes ni craintes puisque la thèse officielle française est que la convention d'armistice n'a fait aucune différence entre les territoires qui constituaient la France en 1939, au moment de la déclaration de guerre à l'Allemagne. » (pp. 131, 132)

Pourtant, le 28 juin 1940, Hitler fait son entrée solennelle à Strasbourg et ses paroles ne laissent aucun doute sur ses intentions réelles. N'avait-il pas déclaré un jour, tout en rassurant la France, qu'il n'avait aucune visée sur les territoires que nous avions libérés en 1918 ? *Man soll nur nicht meinen, dass das Münster von Strassburg für uns ein leerer Begriff ist !* « Qu'on ne s'imagine surtout pas que la cathédrale de Strasbourg est pour nous un vocable vide de tout sens. » En effet, dès l'armistice, « il décide d'installer une administration militaire dans les anciennes Terres d'Empire (*Reichslande*) et, dès lors, s'engage entre Vichy et Berlin — Wiesbaden étant le champ privilégié du combat — une longue guerre de notes. « Guerre de notes », le mot est impropre. Nous sommes seuls à écrire. Les Allemands ne répondent pas, mais accumulant les protestations, nous espérons moins les faire changer d'avis que prendre position pour l'histoire. » (pp. 132, 133)

Ensuite, à notre insu, alors que l'article 3 de la convention d'armistice maintient à la France ses droits de souveraineté et d'administration dans les territoires occupés, le Reich, profitant du vide créé par l'exode, nomme, dès juin, des préfets et des sous-préfets allemands en Alsace aussi bien qu'en Lorraine, arrête le préfet du Bas-Rhin (et celui de la Moselle), chasse le sous-préfet de Molsheim, demeurés à leur poste, remplace le franc par le mark, expulse, après avoir confisqué leurs biens, juifs, Nord-Africains, Français de l'intérieur et, le 24 juillet, reporte le cordon douanier sur la frontière tracée après notre défaite de 1870. »

« Arnal, l'un des négociateurs français, informe le gouvernement de Vichy de cette scandaleuse « rectification de frontière », annexion de fait que jamais les Allemands ne chercheront à transformer en incorporation de droit. »

Les réfugiés d'Alsace-Lorraine dans les départements du Sud-Ouest sont aussitôt après l'armistice l'objet de la sollicitude des Allemands. Considérés par les hommes du IIIe Reich comme *Volksdeutsche* — de souche allemande — ils mettent tout en œuvre pour leur rapatriement. La pression dans ce sens sur le gouvernement de Vichy est constante.

« Le 29 août 1940, le général von Stülpnagel se plaint, et sur quel ton, au général Huntziger :

« Comme vous le savez, le gouvernement du Reich s'est fait, depuis des années, un devoir d'honneur de s'occuper de tous les membres de la communauté allemande et de leur prêter aide et assistance. Un traitement injuste des Allemands d'Alsace-Lorraine dans la question de leur rapatriement serait donc de nature à indisposer gravement le gouvernement du Reich. Au surplus, des mesures tendant à désavantager les membres de la communauté allemande ne correspondraient en rien à l'esprit du traité de l'armistice. » (pp. 134, 135)

« Les Allemands, par tous les moyens, vont donc s'efforcer de « récupérer » ceux qu'ils considèrent comme des nationaux.

Dès fin août, le rapatriement par trains spéciaux devint une réalité. Il faut reconnaître qu'à aucun moment, le gouvernement de Vichy n'exerça la moindre pression sur les réfugiés. Tous pouvaient se déterminer en toute liberté. Ceux qui voulaient demeurer dans les départements d'accueil garderaient le bénéfice des allocations de réfugiés.

Finalement, dans une proportion de 90 %, sinon davantage, les Alsaciens-Lorrains demandèrent à être rapatriés, non pas dans une terre allemande, mais dans leur terroir natal. Tous ignoraient d'ailleurs le sort qui leur sera réservé par la suite. Peut-on reprocher à cette vaillante population, victime de la défaite, d'avoir voulu retourner dans ses villes et ses villages, dans ses demeures et sur ses terres ? L'attrait de la terre natale, où des générations ont œuvré et souffert, est une indéniable réalité. » (p. 133)

Hélas, après les avoir rapatriés, les Allemands expulsent les Mosellans de langue française. Leurs terres sont données à 3 à 4 000 paysans allemands venus de Sarre ou du Palatinat (les *Siedler* = colons). On évalue à 70 000 le nombre des francophones ainsi chassés de leurs terres et de leurs demeures.

A Vichy, le général Weygand poursuit son action énergique en faveur des populations d'Alsace-Lorraine (p. 136).

« Faisant référence à ce qui s'était passé en 1871 à Bordeaux, lorsque les députés d'Alsace et de Lorraine avaient pris la France et le monde à témoin de la violence qui était faite aux populations annexées, il voudrait que nos protestations soient publiques, qu'elles aient un caractère « solennel », qu'alertant l'opinion elles puissent impressionner l'occupant. Il ne parviendra pas à convaincre le gouvernement français que la peur des réactions allemandes paralyse. Lettres et notes ne seront donc jamais connues qu'à Wiesbaden et à Berlin où elles sont classées sans la moindre réponse. » (p. 136)

Les Allemands continuent à prendre des mesures en faveur des *Volksdeutsche* d'Alsace-Lorraine pour les gagner à leur cause. Ils libèrent les prisonniers de guerre alsaciens et lorrains. Ceux-ci ne se doutent pas qu'à partir de 1942, l'armée allemande, la *Wehrmacht*, les enrôlera de force dans ses rangs, qu'ils seront forcés de porter l'uniforme allemand et de combattre contre leur volonté.

Le général von Stülpnagel exige que tous les soldats de l'armée d'armistice, que tous les membres des chantiers de jeunesse, originaires d'Alsace et de Lorraine, soient libérés avant le 1er janvier 1941.

Le 3 septembre 1940, devant la commission d'armistice allemande de Wiesbaden, le général Huntziger, avant de céder sa place au général Doyen, formule les griefs contre les mesures arbitraires allemandes en Alsace et en Lorraine, en douze points :

1. Les préfets, sous-préfets et maires, ainsi que bon nombre de fonctionnaires d'origine non locale ou dont les tendances paraissaient suspectes, ont été évincés de leurs postes respectifs.

2. Monseigneur Joseph Heintz, évêque concordataire de Metz, a été chassé de son diocèse. De nombreux membres du clergé, tant séculier que régulier, ont été également expulsés sous le prétexte qu'ils étaient de langue ou de mentalité françaises.

3. Monseigneur Ruch, évêque concordataire de Strasbourg, s'est vu également interdire l'accès de son diocèse et, par voie de conséquence, la reprise de son ministère.

4. M. Joseph Bürckel a été nommé, le 7 août 1940, Gauleiter de Lorraine et M. Robert Wagner, Gauleiter d'Alsace. La première de ces provinces a été rattachée au Gau de Sarre-Palatinat, qui prit le nom de *Westmark* (marches de l'ouest), et la seconde à celui de Bade.

5. L'Alsace et la Lorraine ont été intégrées dans l'administration civile de l'Allemagne. La frontière et la police douanière ont été portées à la limite occidentale de ces territoires.

6. Les chemins de fer ont été incorporés dans le réseau allemand de la *Reichsbahn*.

7. L'administration des postes, télégraphe et téléphone a été prise en main par les postes allemandes, la *Reichspost*, qui substitue graduellement au personnel en place son propre personnel (cadres supérieurs).

8. La langue française est éliminée des écoles, de la vie administrative et de l'usage public.

9. Les noms des localités sont germanisés.

10. La législation raciale de l'Allemagne est introduite dans le pays. Les israélites sont expulsés ou empêchés de rentrer, ainsi que ceux des nationaux que l'autorité allemande tient pour des intrus.

11. Seuls les Alsaciens et les Lorrains, qui consentent à se reconnaître comme étant de souche allemande, sont admis à réintégrer leur foyer.

Remarque : Ce n'est qu'après leur retour, et seulement au cours de l'année 1941, que l'adhésion à la communauté du peuple allemand était demandée (*Deutsche Volksgemeinschaft*).

12. Le patrimoine des associations de caractère politique et celui des juifs est frappé de confiscation, de même que les biens acquis postérieurement au 11 novembre 1918 par les Français (il s'agit de biens ayant alors appartenu à des ressortissants allemands) (p. 136, 137).

Toutes ces mesures étaient arbitraires et contraires à l'esprit des clauses de l'armistice de Rethondes. En effet, c'est avec la France entière, dans ses frontières de l'Etat de 1939, que l'Allemagne avait signé la convention du 22 juin 1940.

Le réquisitoire du général Huntziger resta sans le moindre effet, car comme Robert Wagner, le Gauleiter de l'Alsace, l'affirma publiquement, il fallait régler une fois pour toutes la question de l'Alsace-Lorraine.

Entre le 11 et le 20 novembre, les Allemands expulsent les francophones **de la zone de Moyeuvre, Metz, Château-Salins et Dieuze, sans le moindre ménagement.**

Le gouvernement français n'est même pas informé des jours d'expulsion. Mais il se garde bien d'intervenir publiquement. Alibert prétend avoir insisté auprès du maréchal Pétain pour que la réunion d'armistice du 20 novembre élève une protestation publique contre les expulsions d'Alsaciens et de Lorrains. Cette réunion se contente d'entériner les principales décisions allemandes ou de chercher à en atténuer la portée. Hypocritement parfois! (p. 138).

Et voici une bien singulière décision : comme les jeunes Alsaciens et Lorrains des Chantiers de Jeunesse devaient être renvoyés en Alsace et en Lorraine avant le 1ᵉʳ janvier 1941, les ministres présents autour du Maréchal (Laval, Darlan, Huntziger, Baudouin, Alibert, Bugeret) tombent d'accord pour que ces jeunes soient regroupés dans les camps les plus proches de la ligne de démarcation. On facilitera ainsi « l'évasion » de ceux qui se sentent le cœur nazi... sans avoir l'air de céder aux pressions des Allemands (p. 138).

Quel témoignage de faiblesse et de duplicité! Quelle hypocrisie également! Ainsi on invitait implicitement les Alsaciens et les Lorrains à « s'évader » et à rentrer chez eux... pour leur coller ensuite sans pudeur l'étiquette de nazis. Comme si ces jeunes gens ne pouvaient pas éprouver le désir légitime de rejoindre leur terroir et leurs parents dans une Alsace et une Lorraine qui, pour eux, étaient toujours des provinces françaises.

En ce qui concerne les expulsions, il est entendu seulement qu'on priera le Reich d'interrompre les départs en hiver et de les limiter à 10 000 par mois (p. 138).

Les expulsés rapportent des nouvelles des provinces annexées où, parfois, un peu de faux se mêle à beaucoup de vrai. Ainsi, ils racontent que les douaniers sarrois sont accessibles à la corruption et acceptent volontiers des spécialités alimentaires et des boissons alcoolisées, que les instituteurs mosellans sont envoyés en stage en Allemagne, qu'au début des classes les enfants doivent faire le salut hitlérien, que les prix ont triplé, que des bagarres entre Allemands et Lorrains ou Alsaciens éclatent un peu partout, que l'allemand étant désormais la seule langue officielle, les habitants ont été obligés de substituer à leurs prénoms français des prénoms allemands (« à titre d'exemples : Roger devient Rüdiger, Pierre devient Peter, Jacqueline devient Jakobine et Ginette... Genoveva »). Des patronymes sont également germanisés. Les noms des rues comme ceux des villes et des villages ont été remplacés par des dénominations allemandes. Les enseignes des magasins n'échappent pas à cette règle très stricte. On fait la chasse à tout ce qui peut rappeler la présence française (béret basque et canotier, proscrits à ce titre). Les quotidiens en langue allemande sont seuls autorisés à paraître (p. 139).

Les expulsés disent aussi que l'administration civile se trouve désormais doublée comme en Allemagne, et à tous les échelons, d'un corps de contrôle du parti nazi ayant pour tâche de vérifier l'application des principes et des consignes du parti national-socialiste.

Voici le texte d'une interview accordée, le 27 mai 1941, par Pierre Laval au représentant de l'agence américaine « United Press » qui fut lue au déjeuner donné en l'honneur du jubilé journalistique de Jean Luchaire :

« Je sais, hélas, que l'Alsace et la Lorraine constituent l'enjeu traditionnel de nos batailles avec l'Allemagne, et je crains que nous n'ayons une fois de plus à subir la loi de l'histoire. Ces provinces sont comme des enfants mineurs issus d'un mariage désuni, vivant, tantôt avec le père, tantôt avec la mère qui les revendiquent toujours l'un et l'autre par la violence. Ne pourrait-on pas considérer un jour que ces enfants sont devenus majeurs et qu'ils doivent être non une cause de discorde, mais au contraire de rapprochement entre la France et l'Allemagne ?

C'est un problème délicat et grave qui ne pourra être posé et résolu que dans l'entente et dans l'amitié des deux grands pays voisins. » (J. Rohr, p. 62) (2).

Ce sont de telles phrases qui annoncent déjà une abdication totale. Pour les Allemands, l'entente préconisée par Laval n'était réalisable qu'en tenant compte du rapport des forces en présence, qui à l'époque était sans conteste en faveur du IIIe Reich en face du gouvernement de Vichy, faible et sans ressort. Dès le 4 septembre 1942, quand l'incorporation de force fut devenue une réalité en Alsace et en Lorraine, les représentants des populations alsaciennes et lorraines, réunis à Vichy, demandèrent au gouvernement la publication de la protestation du 3 septembre 1940 (du général Huntziger) contre la violation des dispositions du traité de l'armistice. Après bien des hésitations et de nombreux remaniements, on en vint, vers le 14 septembre, à la rédaction du texte définitif.

(2) Joseph Rohr, *La Lorraine Mosellane - 1918-1946*, 1973, 108 p.

Communiqué

« A la suite des mesures prises dernièrement par les autorités allemandes locales, notamment l'incorporation d'Alsaciens et de Lorrains dans diverses formations et dans l'armée allemande, l'attribution de la nationalité allemande et les conditions de résidence en Alsace et en Lorraine, le gouvernement français, tenant compte des clauses de l'armistice, a protesté auprès du gouvernement allemand contre ces décisions qui ont vivement ému la nation et son chef. »

Mais les Allemands s'opposèrent à la publication de ce texte par l'intermédiaire de de Brinon qui adressa un télégramme au président Laval.

Ce silence imposé au gouvernement de Vichy par les Allemands fut rompu par une protestation vigoureuse du général de Gaulle à Londres. Voici le texte de l'émission « Les Français parlent aux Français » de la B.B.C. :

« Le Comité National Français vient de formuler la protestation suivante adressée à tous les Etats du monde, contre l'imposition, par l'Allemagne, du service obligatoire aux Alsaciens-Lorrains :

« Après avoir, en pleine guerre, proclamé l'annexion de l'Alsace et de la Lorraine, chassé et dépouillé un grand nombre d'habitants, pris les mesures les plus rigoureuses de « germanisation », le Reich contraint maintenant les Alsaciens-Lorrains, déclarés « Allemands » par lui, de servir dans l'armée allemande contre leurs propres compatriotes et contre les alliés de la France.

« Le Conseil National, défenseur de l'intégrité de l'unité nationale, gardien du principe du droit des gens, proteste à la face du monde civilisé contre les nouveaux attentats commis, au mépris de conventions internationales, contre la volonté des populations ardemment attachées à la France.

« Il proclame le droit inviolable des Alsaciens-Lorrains de rester membres de la famille française. » (J. Rohr, p. 66).

On remarquera la vigueur de l'intervention du général de Gaulle, qui tranche nettement avec les atermoiements et les propos lénifiants du gouvernement de Vichy.

Les paroles de dignité de Londres provoquèrent pourtant la réponse suivante à la radio de Vichy :

« M. de Gaulle vient, récemment, de faire un communiqué au sujet des événements d'Alsace-Lorraine.

« L'ex-général voudrait ainsi conserver l'illusion qu'il peut encore donner des leçons de patriotisme.

« Il est étrange qu'un fuyard, résidant sur un sol étranger, ait cette audace. Nous n'avons jamais voulu engager de polémique avec la radio de la dissidence ; il s'agit aujourd'hui, seulement, de donner une leçon aux mauvais Français qui n'ont pas voulu partager, groupés autour du Maréchal, les malheurs de leur Patrie.

« Le gouvernement qui doit faire face à tant de difficultés qui assaillent la

France, n'avait pas attendu M. de Gaulle pour protester contre des mesures prises par les autorités locales allemandes, en Alsace et en Lorraine.» (J. Rohr, p. 66).

*

Malgré le silence officiel du gouvernement de Vichy, il convient de retenir en toute objectivité les mesures prises et les démarches faites pour protester contre les mesures arbitraires ordonnées, en Alsace et en Lorraine, par les autorités allemandes.

Avant de relater les faits, donnons un aperçu succinct de l'état d'esprit qui régnait alors en France, face au drame des Alsaciens et des Lorrains (3).

Il était courant d'entendre dire: «Qu'on leur donne donc l'Alsace et la Lorraine!» ou bien: «Il faut vous faire une raison. Après tout, vous avez déjà été Allemands!».

Une fois de plus, nos compatriotes de «l'intérieur» envisageaient froidement de faire de nous la rançon de la paix.

Voici encore un jugement péremptoire d'un Alsacien: «La France officielle de Vichy nous a déçus depuis 1940 par le silence funèbre qu'elle a fait peser sur toutes les choses d'Alsace (et de Lorraine)...; mais la France nous a déçus beaucoup plus amèrement encore par l'accueil qu'elle a fait à beaucoup de nos réfugiés et expulsés, reçus quelquefois comme des trouble-fête et des bons à rien... Cet accueil réticent n'était pas conditionné par quelque régime que ce fût» (4).

Le gouvernement de Vichy n'était donc pas seul en cause. L'indifférence témoignée au sort des Alsaciens et des Lorrains était une manifestation assez affligeante. Il y a eu, il faut le reconnaître en toute justice, des cœurs généreux..., mais que de notes discordantes, voire de vexations.

Charles Péguy avait douloureusement ressenti le drame des Alsaciens et des Lorrains que d'aucuns jugeaient un peu sommairement et, bien avant 1914, il eut ces paroles poignantes: «Je n'aime pas qu'on me parle des Alsaciens et des Lorrains... Quand on a vendu son frère, il vaut mieux ne pas en parler.»

Signalons la liste des interventions diplomatiques du gouvernement du maréchal Pétain du 6 juillet 1940 au 22 août 1944. Elles sont au nombre de cent douze et furent présentées, aussi bien à la commission d'armistice allemande de Wiesbaden, qu'à différentes personnalités nazies, détenteurs du pouvoir en Alsace et en Lorraine.

Ces démarches visaient surtout l'introduction des formations nazies, les expulsions, les déportations, les mesures d'annexion et de colonisation, l'incorporation dans l'armée allemande, l'octroi de la nationalité allemande, la violation du statut religieux et les condamnations à mort de résistants

---

(3) Louis Cernay, *Le Maréchal Pétain - L'Alsace et la Lorraine*, 1955.
(4) Emile Baas, *Situation de l'Alsace*, 1946, pp. 82, 83.

alsaciens et lorrains.

Le maréchal Pétain avait conscience des souffrances endurées par les Français d'Alsace et de Lorraine. Un jour qu'on lui reprochait son silence officiel, il eut cette réponse qui éclaire quelque peu son étrange comportement : « Si je fais cela, je provoquerai des représailles et des mesures plus terribles encore pour les Alsaciens et les Lorrains. Les Allemands sont des sadiques, qui aiment faire souffrir. » (L. Cernay, p. 115).

Remarquons encore que Pierre Laval était l'homme des marchandages. Se taire sur ce qui se passait en Alsace et en Lorraine était un moyen pour lui d'atténuer d'autres rigueurs qui menaçaient le reste de la France. C'était d'ailleurs une erreur capitale, puisque la terreur nazie s'abattait à l'époque sur tous ceux qui tentèrent d'entraver son désir d'hégémonie.

Par ailleurs, en ce qui concerne Pétain, depuis avril 1942, il n'avait plus la plénitude des pouvoirs gouvernementaux et il ne pouvait plus agir sans passer par le chef du gouvernement, en l'occurrence Pierre Laval.

*

En conclusion, on peut affirmer que le silence en face d'actes et de mesures condamnables est toujours coupable et peut être assimilé à une dégradante complicité. Les timides démarches faites à pas feutrés pour ne pas effaroucher le grand méchant loup n'étaient pas dignes d'un grand pays comme la France, même vaincu. Il eût fallu clamer inlassablement à la face du monde la réprobation de toute une nation solidaire. Seule, une telle attitude, fière et résolue, aurait été digne d'un chef d'Etat et de la France.

*

Ce chapitre ne constitue nullement une digression, mais entre bien dans le cadre des attitudes et des comportements qui ont scellé, pour la deuxième fois en un siècle, l'abandon de nos provinces de l'Est.

CHAPITRE XX

Liste des « Malgré-Nous » non-rentrés à la date du 1er novembre 1946

1. Adler René Emile, né le 29-5-1925 à Sarreguemines, 36, Closerie des Lilas.
2. Altenburger Adrien, né le 27-3-1923 à Sarreguemines, 40, rue Emile-Gentil.
3. Altenburger Albert, né le 15-5-1924 à Sarreguemines, 40, rue Emile-Gentil.
4. Altenburger Louis, né le 23-8-1914 à Neunkirch, 40, rue Emile-Gentil.
5. Bauer Ernest, né le 4-7-1914 à Sarreguemines, 20, rue de Geiger.
6. Bauer Erwin, né le 23-5-1914 à Rémelfing, 28, rue Clemenceau.
7. Bauer Richard, né le 8-4-1919 à Diemeringen, 16 a, rue du Maréchal-Joffre.
8. Baumgart Rodolphe, né le 5-4-1920 à Sarreguemines, 38, rue de Hambach.
9. Becker Martin, né le 15-4-1908 à Bonnevoie, Luxembourg, 19, rue de Nomeny.
10. Becker Pierre, né le 12-9-1926 à Sarreguemines, 24, rue du Parc.
11. Beckerich Auguste-Georges, né le 1-11-1926 à Sarreguemines, 30, rue d'Or.
12. Bletsch Paul, né le 28-6-1924 à Sarreguemines, 11, rue Général-Houchard.
13. Botz Remy, né le 24-2-1925 à Basse-Yutz, 46, rue du Blauberg.
14. Boulling Alfred, né le 16-4-1925 à Sarrebruck, 13, place du Général-Sibille.
15. Bour Emile, né le 6-7-1920 à Rémelfing, 8 a, Closerie des Lilas.
16. Bour Georges, né le 21-4-1922 à Neunkirch, 158, rue de la Montagne.
17. Bouvel Marcel, né le 11-12-1926 à Sarreguemines, 46, avenue de Bliesguersviller.
18. Braun Charles, né le 31-10-1921 à Sarreguemines, 6, rue du Himmelsberg.
19. Brun Nicolas, né le 4-1-1920 à Welferding, 13, rue de Nomeny.
20. Brunck Paul, né le 9-4-1916 à Forbach, Welferding-Sarreguemines.
21. Buhr Hubert, né le 26-4-1924 à Puttelange, 3, rue des Vergers.
22. Bur Charles, né le 4-10-1899 à Auersmacher, 12, rue Fabry.

23. Diebold Léon, né le 16-6-1925 à Grosbliederstroff, 48, rue de la Montagne.
24. Dier Antoine, né le 10-3-1921 à Sarreguemines, 33, rue du Maréchal-Foch.
25. Dœbler Oscar, né le 5-9-1920 à Sarreguemines, 9, rue du Maréchal-Foch.
26. Dorckel Charles, né le 30-7-1923 à Sarreguemines, 7, rue du Bac.
27. Driessens Nicolas, né le 10-3-1916 à Sarreguemines, Cité, 3e avenue, 11.
28. Dross Adolphe, né le 9-3-1925 à Sarreguemines, 19, rue du Petit-Paris.
29. Dussort Raymond-Eugène, né le 15-2-1921 à Sarregumines, 23, rue des Camélias.
30. Edam Adam, né le 12-10-1912 à Hemsbach, 141, Moulin de la Blies.
31. Ehrhard Jean, né le 23-7-1914 à Ippling, 152, rue de la Montagne.
32. Eichert Joseph, né le 1-5-1920 à Ensheim, 25, rue Clemenceau.
33. Fischer Emile, né le 9-7-1917 à Sarreguemines, 20, rue du Petit-Paris.
34. Fischer Joseph, né le 1-6-1921 à Ormersviller, 24, rue de la Forêt.
35. Fischer Eugène, né le 31-12-1925 à Sarreguemines, 24, rue de la Forêt.
36. Fischer Albert-Alphonse, né le 16-10-1916 à Sarreguemines, 77, rue du Blauberg.
37. Florsch François, né le 28-2-1917 à Sarreguemines, 38, rue de la Montagne.
38. Friedrich Jean, né le 4-5-1922 à Sarreguemines, 5, Closerie des Lilas.
39. Giess Marcel, né le 17-5-1924 à Sarreguemines, 44, rue André-Schaaff.
40. Grasser Marcel, né le 24-9-1919 à Sarreguemines, 7, rue du Moulin.
41. Hegwein Charles, né le 4-11-1920 à Sarreguemines, 12, rue du Blauberg.
42. Hell Wendel, né le 9-9-1909 à Sarreguemines, 29, rue de France.
43. Helmer Laurent, né le 12-1-1919 à Bitche, 2, rue du Petit-Paris.
44. Helmig Louis-Paul, né le 11-1-1922 à Sarreguemines, 9, rue Utzschneider.
45. Hermann Henri, né le 15-3-1922 à Sarreguemines, 19, allée des Châtaigniers.
46. Hermann Louis, né le 21-3-1920 à Sarreguemines, 35, Closerie des Lilas.
47. Hessenauer Alfred, né le 31-3-1914 à Sarreguemines, 12, rue Lallemand.
48. Hetzer Kurt, né le 9-10-1923 à Neunkirchen-Sarre, 41, rue du Maréchal-Foch.
49. Heub Etienne, né le 17-2-1917 à Sarreguemines, 12, rue de France.
50. Hinkel Emile, né le 29-6-1921 à Sarreguemines, 23, rue de Nomeny.
51. Hody Jean, né le 23-5-1926 à Sarreguemines, 32, rue Emile-Gentil.
52. Hoellinger François, né le 26-9-1919 à Sarreguemines, 41, rue André-Schaaff.
53. Holzritter Paul, né le 4-10-1922 à Sarreguemines, 16, rue de la Forêt.
54. Houver Julien, né le 1-4-1918 à Rémelfing, 21, rue Claire-Oster.
55. Hubert Félix, né le 4-1-1923 à Sarreguemines, 2, rue du Moulin.
56. Hubsch Louis, né le 8-7-1924 à Sarreguemines, 10, rue d'Or.
57. Jenft Martin, né le 27-7-1922 à Sarreguemines, 48, rue Albert-Ier.
58. **Kaiser** Emile-Robert, né le 29-8-1918 à Sarreguemines, 15, rue Jacoby.

59. Keller Antoine, né le 1-7-1924 à Woustviller, 2, rue du Moulin.
60. Kern Alex, né le 2-10-1924 à Sarreguemines, 23, rue des Tirailleurs.
61. Kieffel Jean, né le 17-1-1914 à Bouligny, 37, rue de Forbach à Grosbliederstroff.
62. Kobler René-Paul, né le 8-4-1925 à Welferding, 9, Closerie des Lilas.
63. Kœhl Emile, né le 6-12-1915 à Sarreguemines, 3, rue Serpentine.
64. Koehler Jacques, né le 1-7-1921 à Sarreguemines, 15, place du Marché.
65. Kopp Joseph-Albert, né le 21-11-1917 à Sarreguemines, 31, rue de France.
66. Kopp Nicolas, né le 17-1-1915 à Sarreguemines, 31, rue de France.
67. Koscher Camille, né le 10-9-1924 à Rémelfing, 22, rue Thérèse.
68. Koscher Joseph, né le 19-2-1920 à Sarreguemines, 41, rue de la Montagne.
69. Kratz Jean, né le 30-6-1918 à Sarreguemines, 145, rue de la Montagne.
70. Kuhn Pierre, né le 11-4-1922 à Merlebach, 7, rue d'Or.
71. Kuhner Gaston, né le 13-4-1926 à Sarreguemines, 42, avenue de Bliesguersviller.
72. Lamm Gaston, né le 24-11-1925 à Sarralbe, 13, Closerie des Lilas.
73. Lampert Raymond, né le 23-10-1923 à Sarreguemines, 20, rue des Myosotis.
74. Lange Alfred, né le 22-6-1917 à Sarreguemines, 9, rue du Parc.
75. Laroche Pierre, né le 27-12-1919 à Sarreguemines, 1, rue de la Charrue.
76. Lauer Marcel, né le 1-4-1921 à Neunkirch, 41, rue du Maréchal-Foch.
77. Lehnhard François, né le 22-11-1924 à Sarreguemines, 16, rue du Maréchal-Joffre.
78. Lohr Charles, né le 4-9-1919 à Sarreguemines, 31, rue du Petit-Paris.
79. Lorenz Charles, né le 15-9-1921 à Sarreguemines, 18, rue du Parc.
80. Lostetter Louis, né le 20-2-1921 à Sarreguemines, 2, Chaussée de Louvain.
81. Meyer Bruno, né le 20-2-1920 à Hanviller-lès-Bitche, 52, rue du Petit-Paris.
82. Michel Edouard, né le 24-3-1921 à Neunkirch, 37, Closerie des Lilas.
83. Mildenberger Henri-Charles, né le 22-7-1902 à Sarrebruck, Cité, 4ᵉ avenue, 21.
84. Mourer Bertrand, né le 11-2-1927 à Sarreguemines, Cité, 3ᵉ avenue, 7.
85. Muller Auguste, né le 30-1-1917 à Neunkirch, 1, impasse Kiemen.
86. Muller Albert, né le 7-8-1918 à Sarrewerden, Cité, 3ᵉ avenue, 4.
87. Oswald Charles, né le 19-4-1920 à Neunkirch, 14, rue d'Or.
88. Peter Adrien, né le 20-8-1926 à Sarreguemines, 25, avenue de Bliesguersviller.
88 b. Pierret, né le 20-8-1926 à Sarreguemines, Saalbau.
89. Post René, né le 11-8-1921 à Sarreguemines, 4, rue de l'Eglise.
90. Rau Alphonse, né le 24-3-1926 à Sarreguemines, 98, rue de la Montagne.
91. Rausch Eugène, né le 4-5-1922 à Sarreguemines, 2, rue de la Montagne.
92. Rebmann Albert, né le 23-2-1920 à Sarreguemines, 33, rue de France.
93. Redel André, né le 3-3-1923 à Sarreguemines, 4, rue des Dahlias.
94. **Reinhardt Alphonse, né le 16-12-1924 à Sarreguemines, 4, rue Thérèse.**

95. Rebmann André, né le 7-3-1922 à Sarreguemines, Hagondange, **cité de la Cokerie, 7.**
96. Reis Arnold, né le 25-6-1914 à Sarreguemines, 8, rue Louis-Pasteur.
97. Reiser-Ganter Erwin, né le 18-12-1927 à Sarreguemines, 2, rue du Moulin.
98. Rohr Emile, né le 8-11-1919 à Sarreguemines, 10, rue du Maréchal-Joffre.
99. Rohr Pierre, né le 9-8-1925 à Etting, Cité, 4e avenue, 99.
100. Rohrbacher Auguste-Amédée, né le 3-2-1917 à Sarreguemines, 4, rue Joseph.
101. Rohrbacher Ernest, né le 5-2-1926 à Sarreguemines, 34, rue J.-J.-Roth.
102. Schiel Albert, né le 22-3-1915 à Sarreguemines, Cité, 3e avenue, 15.
103. Schieler Paul-Nicolas, né le 22-12-1916 à Sarreguemines, 42, rue André-Schaaff.
104. Schlindwein René, né le 27-5-1916 à Sarreguemines, 6 a, Closerie des Lilas.
105. Schlösser Emile, né le 16-4-1923 à Sarreguemines, Cité, 4e avenue, 3.
106. Schmitt Denis, né le 21-8-1920 à Sarreguemines, 16, rue J.-J.-Rousseau.
107. Schmitt Léon-Charles, né le 25-6-1924 à Sarreguemines, 15, rue des Myosotis.
108. Schoritz Marcel, né le 30-1-1919 à Sarreguemines, 13, rue de France.
109. Schoumacher Edouard, né le 6-7-1924 à Sarreguemines, 26, rue Emile-Gentil.
110. Spielmann Ernest, né le 2-3-1922 à Neunkirch, 6, rue Serpentine.
111. Schumacher Victor, né le 18-12-1922 à Sarreguemines, 48, rue de France.
112. Staudt Emile, né le 21-4-1917 à Sarreguemines, Welferding, rue de la Montagne.
113. Stirnemann Fernand, né le 22-12-1922 à Schiltigheim, 20, rue Clemenceau.
114. Thines Alphonse, né le 14-8-1919 à Sarreguemines, 33, rue de la Montagne.
115. Tonnelier René, né le 29-9-1920 à Sarreguemines, 37, allée des Châtaigniers.
116. Tritz Georges, né le 31-3-1919 à Sarreguemines, 15, rue d'Or.
117. Tritz Rodolphe, né le 29-1-1924 à Sarreguemines, 8, rue Thérèse.
118. Tussing Raymond, né le 20-11-1924 à Sarreguemines, 69 a, rue du Maréchal-Foch.
119. Wéber Charles, né le 26-4-1926 à Sarreguemines, 27, allée des Châtaigniers.
120. Weidmann Joseph, né le 6-1-1915 à Sarreguemines, 34, rue Utzschneider.
121. Werner Chrétien, né le 29-5-1914 à Forbach, 2, rue du Moulin.
122. Wolff Henri-Charles, né le 26-6-1927 à Sarreguemines, 2, rue du Moulin.

Incorporé dans l'armée française non rentré

1. Maus Raymond, né le 16-10-1901 à Bénestroff, 18, rue du Himmelsberg (1).

(1) Dernier domicile à Sarreguemines.
Archives municipales : Dossier III, section IV D III (Histoire de Sarreguemines 1939-45).

CHAPITRE XXI

Le camp de Tambow [1]

Dans la mémoire des Alsaciens et des Lorrains enrôlés de force dans la Wehrmacht, ce nom résonne comme le glas de leurs espérances déçues, car des milliers de leurs camarades, après le reniement de la parole donnée, y ont connu les privations, les sévices et la mort.

A l'origine, ce camp devait servir au regroupement des Alsaciens-Lorrains qui, conformément aux consignes reçues par la B.B.C., s'étaient rendus aux troupes soviétiques. Créé en 1943 dans la forêt de Rada, à 20 km de la ville de Tambow, il prit bientôt le nom de « camp des Français ». Si nos compatriotes y étaient les plus nombreux, il hébergeait également des prisonniers d'autres nationalités tels que des Allemands, des Italiens, des Hongrois, des Roumains et des Luxembourgeois. Le camp portait le numéro 188 et se situait à 450 km au sud-est de la capitale Moscou. Formé d'une bonne centaine de baraques mi-souterraines, dont seuls le toit et quelques lucarnes émergeaient du sol, l'aération, qui se faisait par la porte et les lucarnes était nettement insuffisante. Toute la construction avait été réalisée en poutrelles de bois. Démuni de tout confort, on n'y trouvait ni tables, ni chaises. En guise de lits, des *Pritschen* [2] s'alignaient le long des murs, et une double rangée était installée au milieu du baraquement. Il fallait coucher sur « la dure » avec un polochon de fortune comme oreiller.

Un certain nombre de prisonniers de guerre français de 1939-1940 récupérés dans les Stalags allemands lors de l'avance russe vinrent encore grossir les rangs des détenus, dont le nombre tournait en 1944 autour de dix mille.

On est étonné d'apprendre la présence d'une trentaine de membres de la légion des volontaires français (L.V.F.), qui jouissaient d'ailleurs d'un régime d'alimentation de faveur, parce qu'ils étaient donneurs de sang.

Comme les hivers russes sont extrêmement rigoureux, l'administration du camp avait fait remettre à chaque prisonnier un ample sac de jute, devant

---
(1) a. Reportage de Germain Rodeghiero, paru dans les *Dernières Nouvelles d'Alsace*, les 9 et 10 juillet 1974 (avec l'autorisation de l'auteur).
  b. Témoignage d'un rescapé de Tambow : Henri Stocky, Sarreguemines.
(2) *Pritschen* : bat-flanc.

servir de sac de couchage. Pour le garnir de paille, une expédition fut organisée. Plus de mille prisonniers participèrent à cette marche. Après 8 km de marche dans la neige, on approcha d'une gare où stationnaient de nombreux wagons. Peut-être contenaient-ils cette précieuse paille ? Il fallut, hélas, déchanter et la randonnée se poursuivit encore durant 8 km. Ce n'est qu'au bout de près de 16 km de marche que la colonne s'arrêta devant un kolkhoze où, en fait de paille, il s'y entassait un imposant tas de fanes de pommes de terre, dont il fallait bourrer les sacs. Cette opération terminée, un repas chaud, assez copieux, put être servi, la cuisine roulante ayant suivi la troupe. Recrus de fatigue, les prisonniers comptaient passer la nuit à la ferme, mais il n'en fut rien. Après une pause digestive d'une heure, on reprit le chemin du retour. Le sac bourré de fanes ne facilitait pas la marche et le peu de forces qui restait ne pouvait éviter l'épuisement d'un certain nombre de ces étranges marcheurs. Les ambulances qui suivaient ce cortège de fantômes déguenillés eurent bientôt fort à faire pour charger les éclopés... et, hélas aussi, une vingtaine de morts. Les rescapés de cette marche de la mort tombèrent, épuisés, sur leurs dures couches. Auparavant, ils s'étaient goulûment désaltérés à même les fûts contenant l'eau destinée aux cuisines.

Durant les longs mois d'hiver, le chauffage au bois était quasiment inexistant, puisque l'air glacial pénétrait par la porte et les lucarnes du baraquement. Un groupe électrogène assurait de nuit l'éclairage des baraques et des allées du camp. Une solide clôture de barbelés, flanquée aux quatre coins de miradors, où se tenaient nuit et jour des sentinelles vigilantes, armées jusqu'aux dents, ceinturait le camp. Depuis ces tours de guet, à l'aide de projecteurs, on pouvait éclairer les alentours du camp. Des évasions n'étaient pourtant pas à craindre, car de telles tentatives eussent été vouées à l'échec.

Les prisonniers furent répartis en cinq *kommandos* de travail.

Le premier assurait l'entretien du camp et veillait à la propreté impeccable de tout le casernement. Le déblaiement de la neige lui incombait également. Comme parfois des congères de plus d'un mètre s'amoncelèrent, cette besogne fut assez épuisante pour des hommes affaiblis.

Journellement, de bon matin, le commando du bois prit le départ pour la forêt afin d'y prendre en charge les bûches destinées au chauffage et aux cuisines. Le transport se faisait à dos d'homme. Comme la distance à parcourir était tout de même à l'aller et au retour de 3 à 4 kilomètres, d'aucuns essayèrent de tricher en choisissant de minuscules rondins. Mal leur en prit, car les gardes roumains, intraitables, n'hésitèrent pas à intervenir et à imposer aux fautifs une double ration de bûches.

Il semble que les commandos des kolkhozes aient eu la préférence des prisonniers. Aller travailler dans une ferme était considéré comme une faveur, car le paysan russe avait du cœur et ne lésinait pas sur la nourriture. C'est ainsi qu'une centaine d'entre eux avaient été détachés dans un kolkhoze pour les semailles et les plantations printanières. Durant leur séjour, ils étaient logés dans une bergerie proche de leur lieu de travail.

Les fabriques de chaussures et d'habillement de Tambow utilisaient également la main-d'œuvre du camp. Matin et soir, le transport se faisait par camions qu'il fallait faire précéder en hiver de l'inévitable chasse-neige.

Enfin, le cinquième et dernier commando creusait, d'avril à octobre, la tourbe, cette matière spongieuse étant appréciée comme combustible dans toute la région, où les tourbières sont nombreuses.

Ainsi, tous les occupants du camp, restés valides, s'adonnaient à une tâche quotidienne précise, qui, malgré tout, agrémentait quelque peu la monotonie de la vie du camp.

L'alimentation de ces nombreux prisonniers, jusqu'à dix mille à la fois, posait de sérieux problèmes au commandant du camp. Malgré les dénominations de « cuisine française » et de « cuisine luxembourgeoise », le menu, toujours maigre, ne pouvait provoquer aucun casse-tête aux cuisiniers bénévoles, car il restait invariablement le même.

La ration de pain noir était de 700 grammes par jour. Au repas de midi, on distribuait quotidiennement l'éternelle soupe aux choux, où surnageait tristement l'unique feuille de ce légume. Ensuite, on offrait à chacun une cuillerée de cascha, une bouillie de semoule. Des écuelles et des cuillères en bois étaient mises à la disposition des détenus. Le soir, tous devaient se contenter d'une bolée de thé noir. Ainsi qu'on peut le constater, il n'y avait aucun risque de suralimentation.

Les soins médicaux étaient assurés dans le camp par des médecins russes (surtout des femmes-médecins) et des infirmières. Quelques rares dentistes complétaient cette équipe médicale. Chaque prisonnier, admis dans le camp, recevait, dès son arrivée, une piqûre contre la fièvre typhoïde, fléau des camps. Malades et blessés pouvaient recevoir des soins dans une infirmerie. La moindre maladie, en raison de la déficience physique, pouvait être fatale aux détenus.

Pour permettre aux prisonniers un minimum de soins hygiéniques, il y avait de temps à autre une distribution de savon noir. Des douches servaient également aux ablutions corporelles. En réalité, elles ne permettaient que de simples lavages, tout de même appréciés par les intéressés.

Les premiers rayons du printemps voyaient les prisonniers, après le repas de midi, se livrer à de sérieuses séances d'épouillage, les poux étant la vermine la plus répandue dans les camps.

Tous les quinze jours, les habits devaient être présentés à la désinfection qui se pratiquait dans les fours. Disons encore que pour assurer aux détenus une décente protection contre le froid cinglant, l'administration du camp leur avait fait remettre des vestes matelassées.

Malgré toutes ces mesures sanitaires, la mortalité restait très importante. Durant le seul hiver de 1944-1945, plus de trois mille décès furent enregistrés. Le froid, la sous-alimentation et la maladie faisaient des ravages parmi la population affaiblie du camp de Tambow. Tous les matins, à l'appel, il y avait des manquants, décédés au cours de la nuit. Ils gisaient, rigides, sur leurs couches de bois. Les ambulances défilaient pour enlever les dépouilles gelées et raidies par le froid. Quel triste spectacle que celui des soldats russes sortant des baraquements, un cadavre sous chaque bras! Le spectre de la mort, si fréquent dans le camp, hantait les esprits des survivants. Parfois, on utilisait un traîneau, attelé d'un cheval, pour assurer le transfert des corps vers la fosse commune, située en dehors du casernement.

Mais revenons aux scènes de la vie, plus réconfortantes que celles du trépas. Remarquons que les Alsaciens et Lorrains s'étaient peu à peu regroupés dans les baraques 59 à 65, face à la place centrale. Le fait de se retrouver, après une journée de travail, entre compatriotes, et de pouvoir se confier et de partager les joies et les peines, était sans aucun doute consolant et réconfortant.

Une baraque du camp était réservée au «club», aux réunions amicales des différentes nationalités. Les prisonniers pouvaient aussi y trouver de la lecture dans leur langue. Au cours de réunions communes, des officiers russes commentaient le déroulement des opérations militaires et l'évolution de la guerre. De temps à autre, la projection d'un film d'actualités de guerre rassembla de nombreux prisonniers.

En 1944, les prisonniers avaient préparé et organisé une grande soirée récréative au cours de laquelle chaque nationalité devait présenter un numéro. Les Français avaient fondé une chorale, qui y interpréta un pot-pourri de chansons en vogue avant la guerre. Le «Chant du Guardian» de Tino Rossi eut bientôt toutes les faveurs des Alsaciens et des Lorrains.

Ajoutons à cela que la présence d'un prêtre alsacien parmi les prisonniers permettait à ceux-ci d'assister le dimanche à la célébration de la messe dominicale. Les mourants eurent également la consolation de la présence d'un prêtre à leur chevet.

Ouvrons une parenthèse pour nous permettre de narrer un événement peu banal qui s'est produit durant l'été de 1944. Un incorporé de force, Henri Stocky, né en juin 1914, nous en rapporte les faits. Cet homme, s'il avait été né six mois plus tôt, donc en 1913, aurait échappé à l'incorporation. En endossant l'uniforme allemand, il avait pour seule et unique pensée de déserter à la première occasion. Arrivé sur le front de l'Est, dans le secteur de Bobruisk, en Biélorussie, lors d'un repli de son unité, le 25 juin 1944, il traîna quelque peu en queue de peloton pour s'évanouir ensuite dans la nature. Recueilli par des troupes russes de première ligne, on le félicita et le commandant lui délivra un papier attestant sa désertion de l'armée allemande et sa qualité de Français (*Überläuferschein*). Acheminé vers l'arrière, un autre officier lui confisqua l'attestation qui lui aurait assuré un traitement de faveur. Dès lors, il fut confondu avec la masse des prisonniers. Au bout de quelques jours, plus de soixante mille d'entre eux furent embarqués dans des wagons à bestiaux, à raison de deux cents par wagon, et transférés par voie ferrée dans la région de Léningrad. Puis les trains redescendirent vers la banlieue de Moscou où tout le monde fut dirigé vers un hippodrome. Durant ce voyage de quinze jours, la ration journalière fut d'une tranche de pain et d'un hareng.

Alors débuta un spectacle étrange : les prisonniers étaient parqués sur le stade qui se trouvait entouré de nombreuses cuisines roulantes, desservies par des cuisiniers et des cuisinières en blouses et toques blanches.

De nombreux officiers russes et leurs épouses se tenaient dans les tribunes, prêts à distribuer une soupe bien grasse, exhalant un parfum subtil. Effectivement, les gradés de tous rangs participèrent à la distribution, engageant les convives, surpris par tant de sollicitude, à en reprendre à volonté.

En leur for intérieur, les prisonniers se demandaient pourquoi on leur appliquait un tel traitement de faveur, après les privations endurées durant le transport.

Le lendemain, ils en eurent l'explication. Les autorités russes avaient tout simplement voulu leur redonner des forces pour leur permettre de participer à un défilé monstre de propagande à travers les rues de Moscou.

Par files de dix, le cheptel humain défila donc d'un bout à l'autre de Moscou, sous les huées et les projectiles des Moscovites hostiles. Sans la surveillance des gardes, il y aurait eu des scènes de lynchage.

Par malheur, la soupe de la veille fit son effet et de nombreux prisonniers, pris de coliques, durent se soulager en marchant, soutenus par les deux voisins immédiats. Après le défilé, les Russes durent nettoyer les rues en y faisant passer des citernes d'arrosage. Comme le tout avait été filmé, ce spectacle insolite fut projeté, après la libération, sur les écrans des cinémas de la ville. Quelques Sarregueminois s'en souviennent fort bien (Henri Stocky).

Ensuite, ce fut la dispersion et l'acheminement vers les camps définitifs. Repéré comme Lorrain, Henri Stocky prit la direction du camp de Tambow, où venait de se produire un événement mémorable : le départ de quinze cents volontaires allant rejoindre les armées du général de Gaulle.

Auparavant la suggestion du maréchal Joukow de former une brigade Alsace-Lorraine, appelée à combattre aux côtés des Soviétiques, s'était heurtée à l'opposition du gouvernement provisoire d'Alger, car pour celui-ci, la création de cette unité « aurait fait courir aux Alsaciens et aux Lorrains le risque d'être fusillés s'ils étaient repris par les Allemands ».

Le long voyage des 1 500 [3]

Lors de l'appel du matin, le 6 juin 1944, des officiers russes informèrent les prisonniers du débarquement des troupes alliées sur les plages de Normandie. Cette heureuse nouvelle provoqua une explosion de joie. Un immense espoir remplit alors les cœurs et les esprits, et le mot de rapatriement était désormais un puissant stimulant de survie.

Les prisonniers, qui avaient été détachés à l'école antifasciste des environs de Moscou, revinrent au camp. L'idée de constitution d'une légion de volontaires qui iraient rejoindre l'armée française gagna du terrain et Staline donna

---

(3) Reportage de Germain Rodeghiero (adapté) paru dans *Les Dernières Nouvelles d'Alsace*, les 9 et 10 juillet 1974.

le feu vert à une telle opération. Quinze cents Alsaciens et Lorrains se portèrent volontaires et formèrent six compagnies de deux cent cinquante hommes chacune.

Ce fut le seul et unique départ, car Staline, apprenant que des prisonniers russes employés par les Allemands à la construction du mur de l'Atlantique, avaient été maltraités par des Français, refusa catégoriquement le renouvellement d'une telle expérience.

Le 2 juillet 1944, les volontaires furent équipés d'uniformes soviétiques, flambant neufs, le calot étant frappé de l'étoile rouge. Alors débutèrent les séances d'entraînement militaire et d'apprentissage de chants de marche.

Le 6 juillet, le détachement reçut la visite du général Petit, attaché militaire français à Moscou, accompagné du général Petrov et du capitaine d'aviation Neurohr, un Alsacien.

Le 7 juillet, ce fut l'embarquement en gare de Rada. Le départ se fit aux accents entraînants de la *Marseillaise*. Via Rostov et Bakou, le convoi ferroviaire passa en vue des sommets du Caucase, longea la mer Caspienne, puis, le 14 juillet, franchit la frontière entre l'Azerbaïdjan et l'Iran. A partir de Tabriz, le transport en camions se poursuivit ensuite jusque dans la banlieue de Téhéran. Hébergés dans un immense village de toile, mis à leur disposition par les autorités britanniques, les volontaires y furent accueillis par un groupe d'officiers et de sous-officiers français. Après des bains-douches et après avoir revêtu des uniformes anglais, un repas copieux leur redonna force et entrain. Un repos réparateur de huit jours, du 16 au 25 juillet, permit à la vaillante troupe de reprendre son odyssée, grâce à des véhicules de l'armée de l'Inde. Quelques malades restèrent à l'hôpital de Téhéran.

A travers l'Iran, l'Irak, la Syrie, la Transjordanie et la Palestine, le convoi gagne le port de Haïfa, sur la Méditerranée, où il se présenta le 3 août 1944. Le général Pabst, un Alsacien, les y accueillit avec beaucoup de cordialité.

Le 17 août, ce fut l'embarquement à bord d'un transport de troupes pour le port italien de Tarente, où l'on débarqua dès le 23 août. Quatre jours plus tard, le 27 août, tous les hommes montèrent à bord du paquebot « Ville d'Oran ». Après une traversée sans encombre, le 29 août, ce fut enfin l'arrivée à Alger, où ils défilèrent devant les généraux Koeltz et Martin. Le camp de Ténès les accueillit pour une longue convalescence. Désormais ils portèrent de nouveau avec fierté l'uniforme de leur pays, celui de la France. Tous reprirent ensuite les armes dans différentes formations de leur choix au sein de la première armée française.

Au camp de Tambow, la vie des détenus se déroulait toujours aussi monotone et astreignante qu'avant le départ du détachement des quinze cents volontaires. Durant le rude hiver de 1944-1945, la débâcle allemande, en s'accentuant, fournit à l'armée soviétique l'occasion de capturer encore davantage de guerriers, lors de « replis stratégiques ». De nombreuses arrivées de prisonniers grossirent encore les rangs de tous ceux qui y végétaient depuis de longs mois et attirèrent aux grilles du camp de nombreux Alsaciens et Lorrains espérant reconnaître dans la foule un visage ami ou un compatriote.

C'est ainsi qu'un jour du début de l'année 1945, un « Malgré-Nous » alsacien reconnut parmi les nouveaux arrivants un ami d'enfance, originaire du même village que lui. Il convient de préciser que l'ancien, mobilisé de la première heure en 1943, avait laissé au pays sa jeune épouse. Déserteur de l'armée allemande dès l'été 1943, son unité l'avait porté comme tombé au champ d'honneur, *Auf dem Felde der Ehre gefallen*. Or, au bout d'un an, son épouse, se croyant veuve, s'était remariée avec le camarade qui venait d'arriver. Ce furent, en vérité, de singulières retrouvailles. Si le premier manifestait une joie exubérante, le second pâlit à la vue du mari de celle qu'il avait, en toute bonne foi, épousée en secondes noces, et ne put cacher son désarroi.

La première surprise passée, les deux hommes, qui avaient enduré les mêmes souffrances et traversé les mêmes épreuves, après une explication franche et loyale, surmontèrent l'ambiguïté de la situation et entretinrent par la suite des relations amicales et confiantes (relaté par Henri Stocky).

Après la fin de la guerre, le retour des rescapés se fit par Francfort-sur-Oder et ensuite par la Hollande. Il y eut encore des décès dans les trains de rapatriement.

Un deuxième convoi de rapatriés du camp de Tambow atteignit Sarreguemines le 13 septembre 1945, en provenance de Darmstadt. Les troupes anglaises avaient assuré le transport à l'aide de camions. Mais combien de leurs camarades restaient à jamais en terre russe...

Des nouvelles d'un camp de prisonniers de guerre en Russie : Tambow

D'après les indications du général russe Goliobev, environ treize mille Alsaciens et Lorrains se trouveraient encore en captivité sur le territoire russe. Ils seront rapatriés très prochainement. D'autres recherches actives sont en cours pour détecter la présence de tels ressortissants dans les camps de prisonniers de guerre.

Entre-temps, les premiers Lorrains, faits prisonniers sur le front de l'Est, ont pu rejoindre leurs foyers. Un Sarregueminois, Henri Stocky, se trouvant encore au camp 188 de Tambow, a pu confier à l'un des rapatriés une première liste des jeunes gens de la région de Sarreguemines, encore présents dans le camp. Cette liste, datée du 11 mai 1945, rassura leurs proches, puisqu'ils seraient tous en bonne santé et attendraient avec impatience leur rapatriement. La missive traduit l'espoir de tous de pouvoir rallier un prochain jour Sarreguemines et leurs foyers.

Effectivement, il se passera encore des mois avant que le gros des prisonniers pût prendre place dans un convoi de rapatriement.

Cette nouvelle a été publiée dans le *Courrier de la Sarre* du 28 août 1945, alors que Henri Stocky et un groupe de camarades étaient revenus à Sarreguemines depuis deux jours, exactement le 26 août 1945.

Voici la liste des « Malgré-nous » prisonniers mentionnés dans la lettre du 11 mai 1945 :

Adler René, Closerie des Lilas, Sarreguemines. — Albert Lucien, rue Clemenceau, Sarreguemines. — Behr Georges, Rohrbach-lès-Bitche. — Geyer Ernest, rue de France, Sarreguemines. — Gross, Closerie des Lilas, Sarreguemines. — Heub Etienne, rue de la Charrue, Sarreguemines. — Hubé, rue des Tirailleurs, Sarreguemines. — Hure Fernand, rue Jacoby, Sarreguemines. — Jeko Willy, rue du Maréchal-Foch, Sarreguemines. — Jochum René, impasse Kiemen, Sarreguemines. — Kalis René, Welferding. — Kern, rue des Tirailleurs, Sarreguemines. — Krackenberger Hubert, rue du Parc, Sarreguemines. — Lehnhard Pierre, rue du Maréchal-Joffre, Sarreguemines. — Lotz Jean, Cité, Sarreguemines. — Mertz (classe 1914), rue d'Or, Sarreguemines. — Minig Albert, rue de France, Sarreguemines. — Meyer Nicolas, rue de la Chapelle, Sarreguemines. — Nicolas Alfred, rue du Bac, Sarreguemines. — Poinsignon Camille, Neunkirch. — Post Aloyse, rue Albert-Ier, Sarreguemines. — Reiser, rue du Parc, Sarreguemines. — Schneider Charles (Schoumacher), rue de la Montagne, Sarreguemines. — Schneider (Rausch), Sarreinsming. — Tritz Guillaume, Bliesguersviller. — Vigel Marcel, rue du Petit-Paris, Sarreguemines. — Weber Jean (facteur), Rohrbach-lès-Bitche — Zenglein Lucien, rue de Verdun, Sarreguemines.

Le sort des Lorrains faits prisonniers sur le front de l'Est [4]

Mme la Générale Catroux, Déléguée Générale de la Croix-Rouge en U.R.S.S. et en Pologne, dans l'impossibilité de répondre individuellement à toutes les demandes de parents des prisonniers et déportés d'Alsace-Lorraine, tient à assurer ses correspondants qu'elle consacre toute sa sollicitude à la recherche et au soulagement du sort de leurs proches.

Un nombre très appréciable d'Alsaciens et de Lorrains a déjà été rapatrié et Mme Catroux a envoyé à la Croix-Rouge de Strasbourg les noms de ceux qu'elle avait vus prêts à être embarqués.

La détection et le rapatriement des Alsaciens et des Lorrains enrôlés de force dans la Wehrmacht sont l'objet des soins constants de la mission de rapatriement et de l'ambassade. Ces opérations demandent cependant du temps en raison de la dispersion des Alsaciens et des Lorrains sur un territoire immense et en raison aussi du fait qu'ils ont été à l'origine confondus avec les Allemands. Il faut donc les découvrir et les identifier pour ainsi dire un à un.

Tous les renseignements sont envoyés au siège central de la Croix-Rouge à Paris et à Strasbourg.

---

(4) *Le Courrier de la Sarre*, 28-8-1945.

Amicale des Anciens de Tambow
Section de Sarreguemines et environs

1. ALLARD Oswald, 1, rue de Gerbéviller, 57200 Sarreguemines.
2. ALBRECHT Jean, 23, 57430 Eich-lès-Sarralbe.
3. BRAUN Marcel, 22, rue de Ruffec, 57200 Sarreguemines.
4. BERTRAN Lucien, 57137 Wittring.
5. BUCHMANN Paul A., rue de Saint-Louis, Gœtzenbruck 57260 Lemberg.
6. BETTING Léon, 7, rue de l'Aht, 57430 Sarralbe.
7. BETTING Léon, maire de Kappelkinger, 57670 Albestroff.
8. BOCK Jean, 10, rue des Vergers, Guebenhouse 57510 Puttelange-aux-Lacs.
9. BOEHLER Xavier, 17, rue Burgun, 57430 Sarralbe.
10. BURGUN Roger, 36, rue Principale, Frauenberg 57200 Sarreguemines.
11. BURGUN Joseph, 22, rue Haute, Gœtzenbruck 57620 Lemberg.
12. BALL Louis, 10, rue Nationale, 57140 Saint-Jean-Rohrbach.
13. BURGUN Fernand, 1, rue Jacques-Touba, 57200 Sarreguemines.
14. BECK Marcel, rue Principale, Roth 57910 Hambach.
15. BICHLER Eugène, Lambach 57410 Rohrbach-lès-Bitche.
16. CLAVE Joseph, 3, rue de l'Etang, Hirbach-Holving 57510 Puttelange-aux-Lacs.
17. CESTARO Herbert, 1, rue de Strasbourg, 57430 Sarralbe.
18. CONRAD Marcel, rue Saint-Pierre, Diebling 57450 Farébersviller.
19. DIHO Jean-Pierre, 116 c, impasse du Moulin, 57230 Bitche.
20. DAUSEND Joseph, 46, rue de Chatelaillon, Alsting 57520 Grosbliederstroff.
21. DEHLINGER Albert, 6, centre village, Bining 57410 Rohrbach-lès-Bitche.
22. DOGUR Robert, Bining 57410 Rohrbach-lès-Bitche.
23. DERR Robert, 2, rue de Ruffec, 57200 Sarreguemines.
24. DIETSCH Robert, 22, rue Lallemand, 57200 Sarreguemines.
25. DUCARN Joseph, rue des Alliés, Montbronn 57410 Rohrbach-lès-Bitche.
26. DEMMERLE Léon, Walschbronn 57720 Volmunster.
27. DORN Charles, 16, rue Balzac, 57450 Farébersviller (cité).
28. DASTILLUNG Léon, 16, rue du Cap, Hattigny 57830 Héming.
29. DERR Pierre, Petit-Réderching 57410 Rohrbach-lès-Bitche.
30. ERTZSCHEID Joseph, rue de la Solitude, 57910 Hambach.
31. ESCHENBRENNER Bertin, Montbronn 57410 Rohrbach-lès-Bitche.
32. EHRENFELD Ignace, Lambach 57410 Rohrbach-lès-Bitche.
33. FLAUS Alphonse, 21, rue de Théding, Ebring 57450 Farébersviller.
34. FREY Lucien, 1, rue de la Libération, 57430 Sarralbe.
35. FELD Jean, 24, rue de Nousseviller, 57990 Hundling.
36. FUHRMANN Jean-Nicolas, 35, rue de Bitche, Gœtzenbruck 57620 Lemberg.
37. FERSING Aloys, 91, Lixing-lès-Rouhling, 57520 Grosbliederstroff.
38. FROMHOLZ Jean, 42, 57151 Schorbach,
39. FRENZEL Ernest, rue Beau-Site, 57230 Bitche.

40. FISCHER Alphonse, 3, rue de la Vallée, Montbronn 57410 Rohrbach-lès-Bitche.
42. FOGEL Joseph, 50, Frohmule, Petit-Réderching 57410 Rohrbach-lès-Bitche.
43. FINKLER Pierre, rue de la Chapelle, 57520 Grosbliederstroff.
44. FEY Joseph, 4, rue des Vosges, 57230 Bitche.
45. FERSTLER Lucien, rue Jeanne-d'Arc, Montbronn 57410 Rohrbach-lès-Bitche.
46. FABING Aloyse, Rolbing 57220 Volmunster.
47. FOURCAULT Ernest, 124, rue de Herbitzheim, Willerwald 57430 Sarralbe.
48. FISCHER Joseph, 12, rue des Vergers, 57200 Sarreguemines.
49. GROSS Albert, 50, centre village, Bining, 57410 Rohrbach-lès-Bitche.
50. GAUER Lucien, rue de Neunkirch, 57200 Sarreguemines.
51. GREFF Julien, 3, rue de Tenteling, Diebling, 57450 Farébersviller.
52. GEYER Ernest, rue de Bitche, 57200 Sarreguemines.
53. GREINER Joseph-Lucien, 12, rue de l'Eglise, Montbronn 57410 Rohrbach-lès-Bitche.
54. GOUVION Jacques, 21, rue des Vosges, 57410 Rohrbach-lès-Bitche.
55. GERNE Edouard, rue des Vosges, Neufgrange 57910 Hambach.
56. GRESSEL Charles, 26, rue Grunenwald, Waldhambach 67430 Diemeringen.
57. GROSS Joseph, rue Principale, 57910 Hambach.
58. GAERTNER Célestin, 122, Faubourg, 57122 Insming.
59. GORIUS René, 58, rue Principale, Diebling 57450 Farébersviller.
60. HENER Albert, rue Baron-Guntzer, 57230 Bitche.
61. HAQUE René, rue d'Enchenberg, 57620 Lemberg.
62. HEHN Léon, cité F1, 67970 Oermingen.
63. HENSGEN Auguste, 79, rue Principale, Bliesbruck 57200 Sarreguemines.
64. HASSELWANGER Pierre, 65, rue Principale, 57131 Woelfling-lès-Sarreguemines.
65. HOFF Joseph, rue des Salines, Sommerviller 54110 Dombasle-sur-Meurthe.
66. HEIN Etienne, 97, rue de Forbach, Lixing-lès-Rouhling, 57520 Grosbliederstroff.
67. HAAR Marcel, 5, rue Saint-Joseph, Montbronn 57410 Rohrbach-lès-Bitche.
68. HENNER Jean, Walschbronn 57720 Volmunster.
69. HOFFMANN Joseph, 10, rue des Jardins, Kalhausen 57410 Rohrbach-lès-Bitche.
70. HOLT Oscar, 38, Closerie des Lilas, 57200 Sarreguemines.
71. HOFFMANN Joseph-Paul, 8, rue de l'Ecole, 57131 Woelfling-lès-Sarreguemines.
72. HAFFNER Joseph, rue de Woustviller, Roth 57910 Hambach.
73. HAUCK Aloyse, 76, rue Principale, Schweyen 57720 Volmunster.
74. ISMERT Henri, 28, rue de la Gare, 57380 Faulquemont.

75. JECKO Willy, 10, rue Rouget-de-LIsle, 57200 Sarreguemines.
75. JUNG Joseph, rue de la Montagne, Kalhausen 57410 Rohrbach-lès-Bitche.
77. JUNG Etienne, 14, rue des Vosges, Neufgrange, 57910 Hambach.
78. JUNG Georges, 7b, Siersthal 57410 Rohrbach-lès-Bitche.
79. JANSEN Joseph, 49, Grand-Rue, 57430 Rech-lès-Sarralbe.
80. KNEIPP Aloyse, 17, Lengelsheim 57720 Volmunster.
81. KOCH Joseph, 32, Grand-Rue, 57115 Sarreinsming.
82. KARMANN Lucien, Ebring 57450 Farébersviller.
83. KAYSER Florian, 78, rue des Alliés, 57410 Rohrbach-lès-Bitche.
84. KREBS Jean, 24, rue de Kalhausen, Achen 57410 Rohrbach-lès-Bitche.
85. KLEIN Alphonse, 21, rue de la Fontaine, 57620 Lemberg.
86. KLEIN Camille, rue de l'Eich, 57430 Sarralbe.
87. KANNY Georges, 47, rue de Grafinthal, Blies-Schweyen 57200 Sarreguemines.
88. KESSLER Jean-Baptiste, 18, rue de Woustviller, Roth 57910 Hambach.
89. KLOCK Raymond, 14, Gros-Réderching, 57410 Rohrbach-lès-Bitche.
90. KREBS Albert, 14, rue Principale, Bliesbruck 57200 Sarreguemines.
91. KREMER Nicolas, 14, rue Jeanne-d'Arc, Soucht 57960 Meisenthal.
92. KREBS Lucien, 15, rue des Ecoles, Bining-lès-Rohrbach 57410 Rohrbach-lès-Bitche.
93. KRACKENBERGER Aloyse, rue de Wissembourg, 57230 Bitche.
94. KREMER Edouard, rue de Montbronn, Soucht 57960 Meisenthal.
95. KUCHLER Charles, 3, rue Jacques-Touba, 57200 Sarreguemines.
95. KREUS Joseph, rue du Château, Rémelfing 57200 Sarreguemines.
97. KRATZ Jean-René, 13, rue du Moulin, 57115 Sarreinsming.
98. KIRSCHWING Joseph, 11, rue de Wissembourg, 57230 Bitche.
99. LADERHEIM Jules, 16, rue Principale, Rolbing, 57720 Volmunster.
100. LUTZ Marcel, 8, rue des Verriers, Saint-Louis-lès-Bitche 57620 Lemberg.
101. LENHARD Pierre, 16, rue Maréchal-Joffre, 57200 Sarreguemines.
102. LANG Emile, 44, rue du Père-Livier, 57151 Schorbach.
103. LEININGER Edouard, 76, rue J.-J.-Kieffer, 57230 Bitche.
104. LEDIG Albert, 18, place de la Libération, 57430 Sarralbe.
105. LEONARD Valentin, Schweix 57120 Le Val de Guéblange.
106. LEMIUS Eugène, 16, Rahling 57410 Rohrbach-lès-Bitche.
107. LANG Albert, 18, rue de Vomunster, 57138 Hottviller.
108. LUTZ Louis, rue Belle-Vue, Saint-Louis-lès-Bitche 57620 Lemberg.
109. LAUER Ernest, 17 Vibersviller 57670 Albestroff.
110. LETT Emile, rue de Montbronn, 57410 Rohrbach-lès-Bitche.
111. LEIBUNDGUTH Adolphe, 90, rue Principale, Vibersviller 57670 Albestroff.
112. LANG Joseph, 46, rue Principale, Schweyen 57720 Volmunster.
113. MALLICK Robert, 4, rue des Allwies, 57200 Sarreguemines.
114. MEYER Félix, 7, rue Principale, Roppeviller 57230 Bitche.
115. MEYER Marcel, 5, rue de Sarreinsming, Zetting 57115 Sarreinsming.
116. MULLER Pierre, 22, rue des Sports, 57200 Sarreguemines.

117. MULLER Joseph, 7, Bining 57410 Rohrbach-lès-Bitche.
118. MULLER Victor, ferme du Welschhof, 57510 Puttelange-aux-Lacs.
119. MEYER Clément, 19, Hanviller-lès-Bitche 57230 Bitche.
120. MINIG Albert, 10, rue du Himmelsberg, 57200 Sarreguemines.
121. MULLER Edouard, 68, rue Principale, Lixing-lès-Rouhling 57520 Grosbliederstroff.
122. MULLER Willy, 27, rue Vauban, 57230 Bitche.
123. MULLER René, cité D 2 Solvay, 57430 Sarralbe.
124. MULLER Raymond, 7, rue Grauberg, Tenteling 57450 Farébersviller.
125. MEYER Othon, 4, rue de la Liberté, 57200 Sarreguemines.
126. MEYER Pierre, 53, rue Trumelet-Faber, 57230 Bitche.
127. MULLER Raymond, 22, rue du Vieux-Chêne, 57200 Sarreguemines.
126. MORIAN Victor, rue Albert-Schweitzer, Soucht 57960 Meisenthal.
129. MULLER Charles, Etang de Hanau, 57152 Philippsbourg.
130. MULLER Nicolas, 35, route de Nancy, 57200 Sarreguemines.
131. MULLER François, rue du Commandant-Illig, Achen 57410 Rohrbach-lès-Bitche.
132. MEYER Emile, rue de Folpersviller, 57200 Sarreguemines.
133. MORSCH Antoine, 6, rue du Moulin, 57115 Sarreinsming.
134. NOLL Roger? 2, cité de la Gare, Kalhausen 57410 Rohrbach-lès-Bitche.
135. NEU Aloyse, Petit-Réderching 57410 Rohrbach-lès-Bitche.
136. NIRRENGARTEN Marcel, route de Montbronn, Soucht 57960 Meisenthal.
137. OBRINGER Alex, 43, rue de la Digue, 54000 Nancy.
138. OSWALD Louis, S.N.C.F., 57620 Lemberg.
139. PETRI François, 32, 57131 Woelfling-lès-Sarreguemines.
140. PORT Léon, 7, rue Hullin, 57430 Sarralbe.
141. POINSIGNON Camille, 9, rue de Sarreinsming, 57200 Sarreguemines.
142. POTIER Emile, 4, Kappelkinger, 57670 Albestroff.
143. REPPERT Auguste, rue de l'Abattoir, 57230 Bitche.
144. ROTH Albert, 36, Liederschiedt 57230 Bitche.
145. ROTH Marcel, 44, Liederschiedt 57230 Bitche.
146. ROTH Aloyse, 9, Waldhouse 57720 Volmunster.
147. RUBECK Adam, 3, impasse du Commandant-Noirot, 21000 Dijon.
148. ROHR Erwin, 66, centre village, Bining 57410 Rohrbach-lès-Bitche.
149. RUBECK Charles, 15, rue du Château-d'Eau, 57200 Sarreguemines.
150. ROHR Antoine, rue du groupe scolaire, 57137 Wittring.
151. RIMPLER Paul, 22, rue du Vieux-Chêne, 57200 Sarreguemines.
152. RIMLINGER André, rue Saint-Joseph, Montbronn 57410 Rohrbach-lès-Bitche.
153. REICHL Rodolphe, Siersthal 57410 Rohrbach-lès-Bitche.
154. ROMANG Hubert, 2, rue des Sapins, Gœtzenbruck 57620 Lemberg.
155. ROCH Alphonse, 14, Kappelkinger 57670 Albestroff.
156. REISSE Eugène, 57148 Saint-Jean-Rohrbach.
157. STEINER André, Petit-Réderching 57410 Rohrbach-lès-Bitche.

158. SCHLEGEL Camille, 40, rue Principale, Schmittviller 57410 Rohrbach-lès-Bitche.
159. SCHERF Joseph, 50, centre village, Bining 57410 Rohrbach-lès-Bitche.
160. SCHALLER Pierre, rue de la Chapelle, Petit-Réderching 57410 Rohrbach-lès-Bitche.
161. STOCKY Henri, 79, rue du Blauberg, 57200 Sarreguemines.
162. SIEBERT François, 10, rue de Sarreguemines, Ippling 57990 Hundling.
163. SCHUTZ René, route de Strasbourg, 57410 Rohrbach-lès-Bitche.
164. STEPHANUS Louis, 59, rue du Petit-Paris, 57200 Sarreguemines.
165. SCHITT Joseph, 26, rue de Hambach, Siltzheim 67260 Sarre-Union.
166. STERN René, 9, rue du Chemin-de-Fer, Zetting 57115 Sarreinsming.
167. SPECHT Ernest, 30, rue de l'Eich, 57430 Sarralbe.
168. SCHMITT Joseph, 41, Gros-Réderching, 57410 Rohrbach-lès-Bitche.
169. SCHILD Michel, 71, rue de l'Ecole, 57151 Schorbach.
170. SCHAEFFER Léon, 8. rue Roskopf, 57620 Lemberg.
171. SCHEIDECKER Lucien, 26, rue de Woustviller, Roth 57910 Hambach.
172. SCHEIDECKER Pierre, 40, 57128 Le Val de Guéblange.
173. SCHELLHORN Charles, 5, rue des Généraux-Crémer, 57200 Sarreguemines.
174. SCHILT Lucien, 2, rue Didierjean, Saint-Louis-lès-Bitche 57620 Lemberg.
175. STEINER Antoine, 1, rue de la Gare? Petit-Réderching 57410 Rohrbach-lès-Bitche.
176. SCHMITT Alexis, 72, Gros-Réderching 57410 Rohrbach-lès-Bitche.
177. SAENGER Joseph, rue de Belle-Vue, 57620 Lemberg.
178. STUDER Aloyse, Wiesviller 57131 Woelfling-lès-Sarreguemines.
179. SCHWARTZ Jean-Pierre, 23, rue Nationale, 57148 Saint-Jean-Rohrbach.
180. STAUB Pierre, 41, rue Nationale, 57148 Saint-Jean-Rohrbach.
181. SCHNEIDER Eugène, rue Schweitzerberg, Goetzenbruck 57620 Lemberg.
182. SPAETER Paul, 13, rue des Remparts, 57230 Bitche.
183. SCHWEITZER Emile, Rémering-lès-Puttelange, 57510 Puttelange-aux-Lacs.
184. SPIELDENNER Joseph, rue d'Enchenberg, 57620 Lemberg.
185. SPRUNCK Roger, 13, rue des Douanes, Schweyen 57720 Volmunster.
186. SCHREIBER Léon, 18, rue Principale, Schweyen 57720 Volmunster.
187. TORNOW Adolphe, 17, rue des Tirailleurs, 57200 Sarreguemines.
186. TOUSCH Pierre, Singling 57410 Rohrbach-lès-Bitche.
189. VOGEL Eugène, 21, rue Maréchal-Foch, 57230 Bitche.
190. WAGNER Joseph, 34, Lengelsheim 57720 Volmunster.
191. WEBER Auguste, rue des Alliés, 57410 Rohrbach-lès-Bitche.
192. WEISSKOPP Aloyse, 61, rue de Hambach, Grundviller, 57510 Puttelange-aux-Lacs.
193. WURTZ Pierre, 70, rue de l'Ecole, 57151 Schorbach.
194. WEY Arthur, 14, rue des Remparts, 57230 Bitche.

195. WAGNER Jean-Aimé, Rolbing 57720 Volmunster.
196. WUSLLER René, 10, rue des Mimosas, 57200 Sarreguemines.
197. WEBER Paul, 16, rue Fabry, 57200 Sarreguemines.
198. WELSCH Georges, 24, rue de Sarreguemines, 57230 Bitche.
199. WEBER Jean, Foyer des Invalides, 57200 Sarreguemines.
200. WITZMANN Paul, 8, rue des Bois, 57430 Rech-lès-Sarralbe.
201. WOLF Etienne, 8, rue Colonel-Cazal, 57200 Sarreguemines.
202. WACK Joseph, 40, rue de la Gare, 57149 Loudrefing.
203. WILLINGER Robert, 2, rue Jérôme-Bock, 57200 Sarreguemines.
204. WEISS René, 31, route de Nancy, 57200 Sarreguemines.
205. ZINS Marcel, Bliesbruck 57200 Sarreguemines.
206. ZITT Hubert, 2, rue Boulanger, Zinzing 57520 Grosbliederstroff.
207. ZINGRAFF Joseph, 8, rue Saint-Jean, 57149 Saint-Jean-Rohrbach.

Les anciens incorporés de force dans l'armée allemande, prisonniers de guerre dans les camps soviétiques et notamment dans celui de Tambow, ne peuvent bénéficier de la loi du 12 juillet 1977 dont les dispositions sont réservées aux anciens déportés et aux anciens internés. C'est ce qu'annonçait M. Jean-Jacques Beucler, alors secrétaire d'Etat aux Anciens Combattants, en réponse à une intervention du Dr Kiffer, député de Metz I [5].

Ainsi, plus de trente ans après la guerre, le gouvernement refuse encore de donner satisfaction aux revendications légitimes des anciens de Tambow et des camps russes, où la mortalité égalait souvent celle des camps de déportation.

---

(5) *Le Républicain Lorrain* du 28-12-1977.

CHAPITRE XXII

Les F.F.I. au service de la population
Le « Bunker » du Sacré-Cœur

Le *bunker* du Sacré-Cœur

A la demande des Allemands, l'entreprise Dietsch et Cie avait creusé et aménagé un vaste abri anti-aérien à proximité immédiate de l'église du Sacré-Cœur, où lors des combats de la libération près de douze cents personnes, parmi elles huit S.T.O., s'étaient abritées. Dans ce fameux bunker, il fallait assurer le ravitaillement et la subsistance des occupants : hommes, femmes et enfants. La literie, les ustensiles de cuisine et un mobilier sommaire avaient été amenés sur place par les gens du quartier. A partir des derniers jours d'octobre, le séjour y fut permanent. Pierre Kany assurait le service de l'intendance et Marcel Pierron organisa la cuisine populaire.

De nuit, une équipe de volontaires se rendit à la caserne de la gendarmerie mobile, évacuée par la Wehrmacht, pour y récupérer un certain nombre de bacs destinés à la préparation des aliments. Grâce à un important stock de charbon récupéré, la cuisine populaire était en mesure de fonctionner dans la chaufferie de l'église, ainsi que dans les caves du presbytère. Pour les corvées de ravitaillement, il fallait littéralement mobiliser les hommes, car tous n'étaient pas volontaires. Ces sorties nocturnes n'étaient pas sans danger en raison des bombardements, tirs d'artillerie, fusillades et mitraillades, mais elles étaient vitales. Le problème du pain fut résolu de la manière suivante : grâce à une cheminée de fortune et un four récupéré, la cuisson du pain put se faire sur place. Ce n'était pas l'abondance, mais les fournées régulières suffirent aux besoins d'une population, rendue moins exigeante par le péril.

Tant que Sarreguemines n'était pas investie et sous le feu permanent de l'attaquant, le ravitaillement en viande s'opéra par des expéditions nocturnes dans la campagne environnante, parfois jusqu'à la ferme du Heiligenwald, près d'Enchenberg. Vaches et génisses étaient abritées dans des baraquements tout proches de l'entreprise Dietsch. Selon les besoins, les bêtes furent abattues et dépecées par une vingtaine de bouchers de métier et de fortune.

Des tuyaux de fourneau, enlevés dans le quartier, permirent l'installation d'une cheminée assurant l'aération de l'abri souterrain. Bien qu'il existât une prise d'eau dans l'ouvrage, son mince filet ne suffisait pas à assurer la quantité nécessaire à la préparation des aliments et aux indispensables soins d'hygiène, déjà assez réduits. Les responsables de la communauté eurent alors l'idée de s'approvisionner de ce précieux liquide au ruisseau du Lembach. Des commandos nocturnes de volontaires remplirent ces missions dangereuses, qui furent autant d'actes de bravoure.

Quelques anecdotes sur la vie de ces « troglodytes »

Les huit transfuges du S.T.O. étaient bien camouflés dans un couloir inachevé, dont le coffrage imposant, ainsi qu'un mur de soutènement et les détours d'un escalier les mirent à l'abri de toute découverte. Un jour pourtant, un groupe de contrôle d'une unité S.S. se présenta pour inspecter les différents compartiments du bunker, sans doute à la recherche de déserteurs. On sut le distraire du gîte des huit « S.T.O. », qui échappèrent ainsi à la capture.

Dans la nuit où le pont de la Sarre sauta, quelques militaires allemands amenèrent à l'abri un *Hauptmann S.S.* blessé dans l'opération. Trois S.S., revolver au poing, obligèrent le docteur Nicolas Zahm à remonter à la surface afin de prodiguer des soins au blessé. Ce médecin dévoué, assurant le service médical parmi les réfugiés, ne lui aurait en aucun cas refusé du secours. La menace était superflue.

Un autre jour, le fils Rohmer fut sérieusement touché par un éclat d'obus. Là encore, le docteur N. Zahm n'hésita pas à sortir du souterrain protecteur pour assurer les soins au blessé. Les réfugiés ont su apprécier la présence de ce médecin.

Un matin, un lieutenant de la Wehrmacht, accompagné de huit hommes de troupe, se présenta à la cuisine populaire pour obtenir l'accès de la sacristie. Comme il n'y avait pas de clé, l'officier décida d'enfoncer la porte avec une poutre faisant office de bélier. Ses hommes exécutèrent aussitôt l'ordre reçu et la porte vola en éclats. Au moment où ils s'engouffrèrent dans le local, le lieutenant, paternel, leur recommanda : *« Also Kinder, nur Kerzen ! »* — « Allons, les enfants, uniquement des bougies et des cierges ! ». Les spectateurs de cette scène, qui s'attendaient à un pillage en règle et au vol des vases sacrés, apprécièrent cette attitude d'un ennemi. L'officier ne voulait que se procurer des moyens d'éclairage. Ce fut la dernière rencontre avec des troupes allemandes en armes.

Le 6 décembre 1944, à la Saint-Nicolas, patron de la ville et de la Lorraine, les responsables du bunker eurent le geste touchant d'offrir, selon la coutume locale, à chaque réfugié, quelques pommes et quelques noix, resquillées dans les maisons des alentours. François Hoellinger, un facteur retraité, joua le rôle du saint tutélaire.

Vers le 10 décembre, l'un des reclus s'aventura dans la rue Jaurès, bien décidé à pousser une reconnaissance jusqu'au centre de la ville. Soudain, à hauteur de l'immeuble Gangloff, un G.I. surgit de l'encadrement de la porte en pointant son mousqueton. L'incident devait en rester là, car, après un laborieux brin de causette, ce combattant d'avant-poste offrit une cigarette à son interlocuteur éberlué... et le laissa poursuivre son chemin en lui recommandant la prudence.

En franchissant l'amoncellement des poutrelles du pont des Alliés détruit, il fit une autre rencontre. Un soldat américain, parlant français et originaire de Thionville, l'interpella à son tour. Informé de l'abri souterrain, il tint à s'y rendre. Arrivé sur les lieux, il distribua force cigarettes aux hommes, qui en étaient privés depuis longtemps, puis il rejoignit l'autre rive.

A partir du 10 décembre, le commandant américain de la place de Sarreguemines s'était installé dans l'appartement de MM. Meysembourg-Haffner, rue Poincaré. Le major Robert Bennett, un avocat de New York, parlant parfaitement le français, assuma cette fonction. Voici le texte de la proclamation qu'il adressa aux Sarregueminois libérés : « En parcourant les rues de la ville, on peut constater les affreux effets matériels de la guerre. Rien n'en est exempt. Elle ne respecte pas les églises, les foyers, les écoles, les usines et les monuments de l'histoire. Tout est touché. Elle ne respecte pas davantage les personnes. Tous, nous en avons souffert, parfois physiquement, moralement toujours.

Cependant, Peuple de France et de Lorraine, j'aimerais vous dire en ces quelques lignes ce que moi-même et tous mes camarades américains ont gagné à combattre ici, parmi vous, pour la cause commune.

La plupart d'entre nous ont étudié l'histoire de l'Europe, quelques-uns l'ont fait plus particulièrement pour certains pays, leurs peuples, leurs mœurs, leur économie, leurs gouvernements, leur mode de vie. Nous savons qu'il y a eu dans votre histoire des pages mouvementées et glorieuses, mais aussi quelques périodes pendant lesquelles vous avez lutté contre de dures oppositions pour la sauvegarde de vos idées. Cependant, jusqu'à ce que nous ayons eu l'occasion de travailler avec vous dans les conditions les plus dures et de nous trouver en présence du caractère et de la volonté du peuple français, tout ce que nous avions lu et appris ne pouvait être que des mots émouvants, certes, mais dépassé par l'histoire vécue.

Nous rendons hommage au courage qui vous a permis de supporter ces quatre années écoulées et vous permet maintenant de redevenir le peuple de la vraie France. Vos notabilités locales, F.F.I., ingénieurs, gendarmes, docteurs, prêtres et pasteurs, et vous aussi, peuple de France, vous nous avez donné à nous Américains la preuve vivante que ce pour quoi nous sommes venus combattre et aussi, malheureusement, mourir, est au-dessus des destructions matérielles et des vies brisées.

Vous avez innées en vous les choses que dans notre pays nous admirons et protégeons. Nous savons que jamais vous ne les avez perdues : nous savons aussi que vous ne les perdrez jamais puisque ce sont les idéaux de la France.

Il y aura beaucoup à pardonner et à oublier dans votre pays. Il y aura beaucoup à ne jamais oublier. Nous espérons et nous prions aussi pour que dès maintenant et jusqu'à la fin des temps vous demeuriez une nation libre et unie, jalouse de ses libertés et protectrice des libertés individuelles. Veillez beaucoup à ces dernières car l'oppression de quatre années nous en a enseigné la valeur. Veillez en frappant les coupables de ne pas blesser des innocents.

Ici, en Lorraine, il faudra la sagesse de Salomon et la patience de Job pour résoudre équitablement vos problèmes. Nous, qui avons travaillé en Lorraine avec vous, nous croyons que vous avez ces qualités et nous savons que vous redeviendrez un peuple plus beau, plus vigoureux et plus uni par les épreuves nouvelles d'un passé tout récent.

Ce ne sont point là de vaines paroles qui vous sont adressées pour que vous gardiez un bon souvenir des Américains. Bien au contraire, elles traduisent ce que nous pensons et ce que nous avons constaté. Nous vous souhaitons assez de succès et de bonheur pour effacer à tout jamais l'amertume des jours d'épreuves que nous avons vécus ensemble. Ainsi lorsque nous quitterons votre ville et votre pays, nous pourrons garder réciproquement en nous le meilleur souvenir. » (1)

Sarreguemines, 8 février 1945.

Signé : Robert H. Bennett, Major A.U.S.

Telle est la teneur du message que cet Américain au grand cœur adressa au « Peuple de France et de Lorraine ».

Voici le texte de l'hommage rendu par les Sarregueminois à ce vaillant soldat de l'armée de la libération.

« Artisan de la libération et de la renaissance : Major Robert Bennett.

La ville de Sarreguemines est heureuse de sa libération. Dans sa joie débordante elle s'est remise au travail, âprement, pour réparer les traces de la bataille. Lentement, la vie renaît. Sarreguemines reprend son aspect familier.

Aujourd'hui, elle se retourne avec reconnaissance vers ses libérateurs, nos amis américains, si dignement représentés dans notre ville par le Major Robert Bennett, qui n'a cessé de montrer une si profonde compréhension de nos difficultés présentes.

Sarreguemines, ville martyre, est aujourd'hui encore ville du front. Cette pensée seule devait nous faire oublier toutes nos récriminations quand nous manquons d'eau, d'électricité, de ravitaillement. La municipalité s'est attachée à résoudre ces problèmes au fur et à mesure des possibilités. Elle y a réussi. Si l'on considère qu'à proximité immédiate du front, la distribution d'eau fonctionne, le courant électrique est rétabli et le ravitaillement assuré d'une manière satisfaisante, il n'est pas exagéré d'affirmer que nous tenons là un exemple probablement sans précédent dans l'histoire de cette guerre.

(1) *Le Courrier de la Sarre* du 17 février 1945.

Dès la libération, un autre grave problème s'était posé à la municipalité : assurer la sécurité et la subsistance d'un quart de nos concitoyens, réfugiés dans les carrières de Welferding. Par sa situation, cet abri souterrain se trouvait encore dangereusement exposé en pleine ligne de front. Malgré les dangers réels, une aide efficace leur fut assurée.

Autant de difficultés, autant d'obstacles à surmonter. La municipalité doit bien reconnaître que sans l'aide et l'appui du Major Bennett, les obstacles seraient peut-être restés insurmontables.

La ville de Sarreguemines est fière de son Major Robert Bennett, auquel elle doit beaucoup. Son sens des réalités politiques et sociales si profond a fait de lui non seulement un artisan de notre libération, mais aussi celui du renouveau de Sarreguemines. Nous gardons en M. le Major R. Bennett un ami sûr et dévoué, un conseiller avisé et fidèle.

La renaissance de Sarreguemines est en grande partie son œuvre. La ville de Sarreguemines a eu la bonne fortune de rencontrer dans sa détresse le Major Bennett qui, dans toutes les situations, s'est vraiment montré autant un homme d'action qu'un homme de cœur.

Qu'il reçoive ici l'hommage reconnaissant **de la population.** » (2)

Le 18 avril 1945, hélas, ce bienfaiteur de la ville de Sarreguemines trouva une mort brutale lors d'une reconnaissance des premières lignes, aux abords **de Bartenstein en Allemagne**. Sa dépouille repose au cimetière américain de **St-Avold**.

localités de Bliesmengen-Bliesbolchen.

La municipalité actuelle s'honorerait en donnant à une rue de la ville le nom de ce vaillant et généreux soldat.

Mais reprenons le cours des événements : le jour même de la libération définitive, le 12 décembre 1944, les Américains chargèrent Maître André Rausch de l'administration civile de la ville de Sarreguemines. Il était secondé dans cette tâche par des administrateurs expérimentés, tels que les employés municipaux Adolphe Bauer et Jean Dimofski qui reconstituèrent les différents services. Le maire André Rausch nomma aussitôt un délégué aux réfugiés, car, lors de la contre-attaque allemande du 31 décembre, de nombreux ressortissants des localités de la vallée de la Blies, encore en pleine zone des combats, refluèrent vers la ville. Il fallut les héberger et les nourrir. C'est à cette tâche que se consacrèrent Marcel Cichocki, Marcel Pierron, Xavier Meyer, Maennlein et bien d'autres hommes dévoués. En attendant le retour des autorités scolaires, M. Marcel Cichocki remit en route l'enseignement primaire et secondaire.

Comme la Major Robert Bennett avait ordonné le repli des habitants des localités françaises de la vallée de la Blies, il fallut, dès les 13 et 14 décembre, faire face à l'afflux de six cents réfugiés, dont le nombre ne faisait que grossir au fil des jours, pour obliger finalement l'intendance à distribuer plus de douze cents repas par jour.

Heureusement, on avait pu amener à pied d'œuvre les bacs utilisés au

(2) *Le Courrier de la Sarre* du 10 février 1945.

« Bunker » du Sacré-Cœur. Au départ, les cuisines furent installées dans les caves du café Ulmer, rue Chamborand, celles du Lycée National furent également utilisées. Des poêles et des cuisinières purent être amenés de la Faïencerie. Ainsi équipées, ces cantines de fortune eurent le meilleur rendement. Les réfugiés avaient été hébergés dans les vastes salles de l'Hôtel Excelsior, aujourd'hui le Grand Garage Bang, à l'angle de la rue Poincaré et de l'avenue de la Gare. Un groupe moins important avait trouvé refuge dans certaines salles du lycée. Lorsqu'on apporta le premier repas chaud aux uns et aux autres, ils s'étaient tous abrités dans les caves de ces établissements, estimées avec raison plus sûres.

D'autres groupes d'évacués avaient trouvé un asile provisoire dans les salles de l'école de la Sarre, encore dangereusement exposée.

Comme de nombreux réfugiés avaient été dans l'impossibilité d'observer un **minimum de soins d'hygiène, en raison de la cohabitation avec les troupiers de première ligne**, le fléau de la vermine s'était manifesté et des cas de gale furent constatés. C'est alors que le docteur Philippe Bieber, déjà chargé par le Major Robert Bennett du service sanitaire sur la rive droite, interviendra également avec efficacité, grâce aux médicaments appropriés que les autorités américaines mirent à sa disposition.

Il faut préciser ici qu'à chaque commandant de régiment U.S. était adjoint **un officier du grade de capitaine, chargé du service de l'hygiène publique**, à laquelle les autorités américaines attachaient une très grande importance, dans l'intérêt de la troupe bien entendu, mais aussi pour le plus grand bien de la population. Avec une rigueur absolue, elles veillaient non seulement à la propreté des rues et des cantonnements, mais encore à la pureté de l'eau potable, à la propreté des aliments et à la suppression de toute cause de pollution. Tous les cadavres d'hommes et d'animaux durent être enlevés en un temps record.

Mais revenons à la cuisine populaire. Délogées par les Américains des caves de l'immeuble Ulmer, les cuisines s'installèrent d'abord en plein vent sur le trottoir qui longe l'hôtel Terminus, ensuite dans la cour de l'immeuble Schweitzer, avenue de la Gare. Des camions servirent à acheminer les repas vers les lieux d'hébergement. De nombreux prisonniers russes délivrés grossirent encore le nombre de bouches à nourrir. Le communiste Gerber prêta son concours à cette équipe. Toutes les bonnes volontés de la ville se mirent spontanément au service des plus démunis. Des cuisiniers bénévoles, femmes et hommes, sous la direction de M. ...Joseph — seul son prénom entrera dans l'histoire — rivalisèrent dans la préparation des nombreux repas. Il faut encore signaler la présence d'un groupe de jeunes gens de Reyersviller, transfuges de la Wehrmacht, qui s'était mis avec enthousiasme à la disposition de la cuisine populaire.

Remarquons encore que les Américains, dirigés par le Major Robert Bennett, supervisaient aussi bien le service de santé que celui du ravitaillement.

Après la libération de Bitche, le 16 mars 1945, la cuisine populaire de

Sarreguemines fut chargée de transporter dans cette ville, à l'aide de trois camions, du ravitaillement. Bitche avait été éprouvée par un long investissement et de durs combats. Intégrés dans un convoi américain, les jeunes gens de Reyersviller n'eurent même pas l'autorisation de sortir de la colonne, en passant dans leur village natal, pour saluer et rassurer leurs parents, très inquiets sur leur sort. Ainsi le voulait la dure discipline militaire que les unités américaines imposaient aussi bien à des auxiliaires bénévoles qu'à leurs propres troupiers. A Bitche, la cuisine ambulante s'installa dans la cour de l'hôtel de Metz... et c'est ainsi que les Bitchois eurent leur première soupe chaude, après des mois de tourmente et de privations.

Dès la libération de Sarreguemines, une délégation française auprès des troupes américaines s'était installée dans les locaux du palais de justice. Le capitaine Warren E. Morrell de Rapid City (Dakota), en était le chef, alors que le lieutenant H. Rognon lui était adjoint. Un Sarregueminois, le lieutenant Asion, avait pris en charge les affaires locales. Cette mission de liaison administrative auprès de la 35e division U.S., de la IIIe armée du général Patton, avait pour rayon d'action tout le secteur de Sarreguemines. A Meisenthal, le capitaine Lagaillarde (de la Century) se lia d'amitié avec M. Maas, directeur des cristalleries, qui s'était distingué durant la guerre comme organisateur d'une importante filière d'évasion de prisonniers de guerre.

Voici encore le récit d'une anecdote piquante : A la mi-décembre, la gendarmerie nationale, sous les ordres du capitaine Mazoyer, avait également rejoint la ville de Sarreguemines. Les bureaux de la maréchaussée se trouvaient rue du Palais, dans l'immeuble Bader. Un jour, une singulière mésaventure arriva au capitaine Mazoyer. Ayant oublié l'ordre et l'heure du couvre-feu, il s'apprêta à rejoindre sa pension à l'hôtel Hickel, rue des Généraux-Crémer. Mal lui en prit, le malheureux fut aussitôt appréhendé par une patrouille de M.P. devant le magasin Baumann-Sandmayer. Les mains en l'air et sous la menace des armes de l'intraitable « Military Police », il pénétra dans la salle de l'hôtel, où un lieutenant de la C.I.A., conscient de la méprise, le fit aussitôt libérer. D'une manière générale, la police militaire américaine fut en toutes occasions d'une rigueur absolue et embarquait facilement les contrevenants aux consignes données.

L'aide aux sinistrés du pays de Bitche

De nombreux sinistrés du secteur de Bitche étant sans ressources, à Soucht, Enchenberg, Lemberg... puis à Erching-Guiderkirch, ils eurent d'abord recours au troc et aux moyens du bord pour assurer leur subsistance. C'est dans cette situation intenable que le service des réfugiés de Sarreguemines fut désigné comme trésorier-payeur des primes allouées à ces sinistrés. En janvier et février 1945, plus de dix millions de francs lui furent confiés par le percepteur, installé à la sous-préfecture. Toutes ces opérations financières se passèrent en bonne et due forme. Le payeur, juché sur une jeep « tous terrains » conduite par un gars du Texas, s'acquitta de sa tâche auprès des maires, préposés à la distribution de cette « manne » providentielle.

CHAPITRE XXIII

Les carrières de Welferding au cours de l'hiver 1944-1945

Dans d'anciennes carrières de pierres calcaires, utilisées jadis dans les aciéries de la proche Sarre, le long de la route de Grosbliederstroff, au lieu-dit Gungling, l'ingéniosité des hommes a aménagé des champignonnières, dont la famille de Paul Kessler assure à présent l'exploitation.

Durant le rude hiver 1944-1945, ces carrières très étendues servirent d'abri souterrain à plus de cinq mille sept cents habitants de Sarreguemines, Welferding et Rouhling. Une trentaine de ressortissants de localités sarroises, telles que Hanweiller, Rilchingen, Güdingen et même Sarrebruck y avait trouvé un refuge sûr. Le docteur Fischer de Hanweiler, accompagné de sa famille, y assurait un service médical. Il y avait stocké de nombreux produits pharmaceutiques et pouvait ainsi prodiguer des soins efficaces durant les longs mois d'une réclusion forcée.

Comme le docteur Victor Friderich de Sarreguemines y avait également organisé un service médical, dans une baraque installée à l'entrée du souterrain, la nombreuse population de tous âges ne manquait pas de soins médicaux. Le docteur Friderich reprit ses consultations en ville à la veille de Noël.

Cette ville souterraine était formée de deux carrières, communiquant entre elles, couvrant l'une une superficie de 5 hectares et présentant une profondeur de 500 mètres sur 300 mètres de large, l'autre une superficie de 2 hectares et ayant sensiblement les mêmes dimensions que la première, et s'étendant à flanc de coteau sous une voûte de terre protectrice de 120 m d'épaisseur. C'est dire que les nombreux réfugiés s'y trouvaient à l'abri des tirs d'artillerie et des bombardements aériens.

Dès le début du mois de novembre 1944, le front s'approchant de la périphérie de la ville, ce fut l'exode des habitants de l'agglomération sarregueminoise vers ces carrières du salut. Des familles entières s'y installèrent tant bien que mal, avec le mobilier et les ustensiles amenés sur place. Des réserves de vivres leur permettaient de tenir de longs mois. Mais là encore l'inégalité de moyens disponibles révélait les différentes couches sociales. Les plus nantis s'étaient aménagés de véritables appartements avec un minimum de confort, alors que les autres, moins favorisés par le sort, bivouaquaient dans tous les coins et recoins des vastes cavernes.

Auparavant, durant le printemps de 1944, les Allemands avaient projeté l'installation d'une usine de moteurs à réaction dans ces carrières bien camouflées. Deux mille prisonniers russes, logeant dans des baraquements érigés à proximité, devaient entreprendre cette fabrication de guerre. L'avance foudroyante des Alliés ne leur permit pas de mener à bonne fin cette entreprise d'envergure. Au début de septembre, les prisonniers quittèrent les lieux et cédèrent la place à la population menacée par les dangers des combats qui approchaient.

Jusqu'au départ définitif des troupes allemandes, cette foule de réfugiés disposait du courant électrique grâce à l'installation déjà posée par l'occupant. Quand le courant fit défaut, on utilisa les lampes à acétylène, grâce au carbure que Paul Kessler avait gardé en réserve. L'eau indispensable aux soins corporels et à la cuisson des aliments était fournie par une source providentielle. Par ailleurs, un mince filet d'eau, une sorte de ruisselet, traverse la carrière de bout en bout.

Les réfugiés ne manquaient ni de lait, ni de viande, car les gens de Rouhling et quelques éleveurs de Welferding avaient amené à pied d'œuvre tout leur cheptel : vaches, génisses, bœufs et même quelques porcs..., de quoi améliorer l'ordinaire. La cuisson du pain quotidien, grâce à la farine amenée sur place, était réalisée dans les cuisinières dont disposait chaque famille.

L'occupation des carrières avait d'abord été intermittente lors d'alertes aériennes, pour devenir ensuite permanente à la fin du mois d'octobre 1944. Bien souvent, des patrouilles allemandes s'y présentèrent encore pour forcer les hommes valides à rejoindre les équipes de *Schanzer* préposées au creusement de tranchées sur les hauteurs de Welferding et à la « Rotherspitz ». De nombreux ressortissants s'ingéniaient à fausser compagnie à ces « sergents recruteurs ».

Au cours de cette existence précaire, les moments les plus pénibles furent ceux de la préparation des aliments, où une fumée opiniâtre, malgré les quelques cheminées d'aération, envahissait toutes les galeries. Couverts de suie et incommodés par la fumée, les gens ressemblaient parfois à d'étranges charbonniers.

En raison de cette longue claustration, et malgré la présence des deux médecins, les réfugiés eurent à souffrir de la gale et de la plaie des poux.

Dans cette cour des miracles, les enfants insouciants, libérés de l'obligation scolaire, s'adonnèrent à leurs jeux et ébats habituels, sans se rendre compte de la précarité de leur existence.

Au cours des fêtes de Noël, Paul Kessler avait eu la délicatesse d'installer un imposant sapin dans la carrière. C'est autour de cet arbre de Noël, bien illuminé et orné, que la population fêta la Nativité en chantant de touchants cantiques traditionnels.

Retenons encore le fait que douze prisonniers serbes et quelques Français du S.T.O. vivaient, bien camouflés, parmi les réfugiés... et purent ainsi échapper à la déportation.

Les Allemands tenant encore la rive droite de la Sarre au confluent de la Blies, tout danger n'était pas écarté. Deux personnes, qui s'étaient aventurées à l'extérieur, trouvèrent la mort, l'une par un éclat d'obus, l'autre par la balle d'un tireur d'élite allemand. En outre, la communauté eut à déplorer sept décès par mort naturelle. Ces morts eurent une sépulture provisoire non loin de la carrière en attendant leur transfert au cimetière communal.

Lors d'un recensement, effectué par Adolphe Meyer, directeur d'école à Welferding, on y dénombra le total imposant de cinq mille sept cents réfugiés.

Dès le premier bombardement de Sarreguemines en 1942, qui rasa plusieurs immeubles de la rue de l'Eglise, les habitants de l'agglomération prirent l'habitude de se réfugier à la moindre alerte dans ces vastes carrières de Welferding. A partir de 1943, l'exode des habitants se fit par tous les moyens de transport disponibles, tels que bicyclettes, voitures et camions.

Il nous paraît utile de donner ici la traduction d'un reportage paru dans le journal de guerre américain *Stars and Stripes* du 30 décembre 1944.

« Quelque part en Lorraine, le 29 décembre 1944. Le commandant pénétra dans cette caverne, encore à portée des fusils et des mitrailleuses des lignes allemandes. Il s'attendait à y découvrir quelque trois mille moribonds, des civils malades et affamés. A sa grande surprise, il y fut reçu par un vice-consul espagnol soigneusement habillé, qui le dirigea vers un appartement de quatre pièces, construit en bois plaqué. Fier comme Artaban, il lui fit les honneurs d'une demeure luxueuse, lui présenta sa limousine, aux dimensions d'une péniche, qu'il avait garée dans un passage de la carrière. Le commandant put encore admirer l'imposante réserve de bonnes bouteilles de ce diplomate qui fut même en mesure d'offrir au Major Sheldon Elliot une coupe du meilleur scotch américain. Cette ville souterraine n'avait rien de commun avec les abris qu'on peut parfois découvrir tout au long de la ligne de front, bien au contraire, ce confort insoupçonné présente quelque chose d'irréel. Les nazis avaient envisagé d'installer dans ces carrières de pierres calcaires une fabrique d'avions de combat. Dans ce but, ils y avaient posé des installations électriques qui fonctionnèrent jusqu'à la destruction du transformateur proche par un bombardement aérien. Depuis plus de quatre mois, les habitants de Sarreguemines-Welferding occupent ces cavernes salutaires. D'ailleurs, au cours d'une émission spéciale de la B.B.C., les autorités avaient conseillé à tous les citadins de quitter la ville pour échapper à une hécatombe. Ainsi, au fur et à mesure, plus de trois mille personnes s'y étaient implantées, avec leur mobilier, leur bétail et quasiment tout ce qu'elles possédaient. L'étendue de ces cavernes est telle qu'on aurait pu y loger encore plus de trente mille personnes.

En plus des cuisines roulantes communes, qu'on peut également trouver dans d'autres villes souterraines, on y est surpris par l'existence d'un hôpital de campagne avec douze lits, où deux médecins dispensent leurs soins et tiennent même des consultations régulières. Depuis septembre, ces médecins-accoucheurs avaient assité à huit naissances. Avant l'approche du front, les réfugiés vaquaient quotidiennement aux corvées de ravitaillement. A l'arrivée du major américain, les vivres se faisaient plutôt rares, hormis pour le vice-consul espagnol et quelques autres notables, qui disposaient de réserves appréciables. Pour venir en aide à tous les autres, moins bien pourvus, le Major Elliott, dans le civil professeur à l'université de la Californie du sud, fit distribuer à ces nécessiteux deux cent cinquante colis de vivres du type C. Il envisagea également une évacuation progressive. Bien entendu, tous les nantis du souterrain n'avaient aucune hâte de retourner dans une zone où les combats faisaient encore rage.

Le capitaine John Kramers, l'adjoint du major, retint même la possibilité d'une évacuation grâce à la présence sur place de nombreux camions et cars.

A l'occasion de cette visite, Sheldon Elliott, John Kramers et Ralph Martin, acteurs et témoins de cette vision tour à tour rocambolesque et dantesque, purent, l'instant d'une visite souterraine, sortir de l'anonymat de milliers de combattants, pour donner plus de relief à l'action humanitaire de l'armée américaine, soucieuse de soulager partout la détresse humaine. »

Effectivement, il y a eu d'autres ravitaillements de la carrière, confiés à des « F.F.I. », qui parachutèrent des colis de vivres par les bouches d'aération des hauteurs de Rouhling, puisque les entrées, sur le front de la Sarre, se trouvaient encore sous le feu des unités allemandes, déployées sur l'autre rive. De ce fait, les opérations de parachutage, mentionnées ci-dessus, durent se faire de nuit et n'étaient pas sans danger.

CHAPITRE XXIV

Dans la tourmente - Les *Schanzer* [1]

Un témoignage vécu

Voici la publication d'un feuilleton relatant quelques-uns des épisodes les plus pénibles vécus par les Sarregueminois, durant les derniers mois de l'annexion.

Pour l'intérêt du récit autant que pour en confirmer l'authenticité, un certain nombre de nos compatriotes qui ont été mêlés à l'action verront leurs initiales figurer dans le récit et ils se reconnaîtront avec plaisir, espérons-nous, dans les rôles où l'auteur de ces notes les aura vus.

La retraite de septembre 1944

« Alsaciens et Lorrains, la bataille se rapproche de vous... » répétait inlassablement la radio de Londres. Par milliers, des tracts annonçaient l'approche des armées de la libération et donnaient les dernières instructions à la population civile qui, bientôt, serait comprise dans la zone des combats.

« Les Allemands, disaient encore les tracts et la radio, vous obligeront de force à exécuter des travaux de retranchement que les avions alliés pourront prendre comme objectifs de leurs raids. »

Pendant ce temps, les alertes se succédaient à Sarreguemines... puis vint la journée mémorable du 1er septembre 1944. La nuit précédente avait été calme, sans la moindre alerte. Les collaborateurs avaient eu chaud. Sur le pas de ma porte se tenait une jeune fille en pleurs. Questionnée, elle me répondit que son patron s'était éclipsé durant la nuit. Les Américains à Delme, à Château-Salins, à Metz, telles furent les nouvelles qui circulaient de porte en porte. Les fonctionnaires allemands avaient pris la poudre d'escampette. Il ne reste plus que la police, affirmait-on... pour remettre la ville aux Américains. Et dans un flot de nouvelles contradictoires, la foule gardait son calme. Les quelques fonctionnaires allemands restés à Sarreguemines avaient baissé le ton, mais chacun de nous sentait confusément qu'il eût suffi d'une maladresse pour mettre le feu aux poudres, faire passer sur Sarreguemines le

---

[1] Reportage non signé paru dans le *Courrier de la Sarre* du 17 mai au 2 juin 1945.

vent de l'émeute. Avec quelques amis, nous nous tenions au bord du trottoir, rue Pasteur, et nous parlions de « chewing-gum » et de « corned-beef » pendant que près de nous, un officier allemand faisait les cent pas devant une voiture militaire transportant un général qui étudiait fiévreusement des cartes d'état-major. L'officier ayant entendu nos réflexions, se pencha vers le général pour lui rapporter notre conversation. L'armée en déroute, pensions-nous, mais l'officier pinça les lèvres et se raidit. Bientôt les premières colonnes allemandes en désordre traversèrent la ville, des *Siedler* (2) suivirent, emportant sur des charrettes hâtivement chargées des biens volés aux Lorrains expulsés. Çà et là il y eut, sur leur passage, quelques incidents, de pitié point.

« Les Américains seront à Sarreguemines vers cinq heures de l'après-midi. » A l'annonce de cette nouvelle, même invraisemblable, les plus fiers de nos *Schupos* (3) n'étaient plus que des loques humaines. Dans un restaurant de la ville, j'appris à quelques amis que les Américains avaient pénétré dans Château-Salins. Une *Arbeitsdienstführerin*, que ses chefs avaient abandonnée à son sort, se mit à pleurer... de rage probablement.

Nous déchantions un peu, quand un canon antichar fut mis en position près de l'Hôtel Royal, à l'entrée de la rue du Parc. Puis j'appris, de source certaine, qu'environ deux cents blindés américains étaient entrés dans Delme, par la route de Lemoncourt, mais qu'ils n'avaient pas poursuivi leur progression.

Pourtant, en attendant l'arrivée des Américains, nous étions pendant quelques heures les hôtes de la cave, déjà un peu dégarnie, d'un marchand de vin. Enhardis par la dégustation de quelques fines bouteilles, nous « cassions le morceau » à un Allemand qui s'était fourvoyé dans la cave. Il en resta tout penaud.

Le soir même, j'enfourchai mon vélocipède et me dirigeai vers la région de Morhange où se trouvait ma famille. En cours de route, dès Woustviller, je croisais des files interminables de voitures attelées d'un ou de plusieurs chevaux, transportant encore des *Siedler*. Si toute évacuation offre le spectacle insoutenable de la misère humaine, cette débandade ne provoqua nullement la pitié de notre population lorraine, car les *Siedler* étaient des intrus, qui fuyaient comme des malfaiteurs.

Au croisement de Heckenransbach, je rencontrai Edouard Fogt, dont je savais qu'il avait pris en mains l'organisation du groupe des F.F.I. de Sarreguemines. Je ne m'arrêtai pas, car j'avais encore un bon bout de chemin à faire. A chaque instant, je m'attendais en vain à entendre le bruit du canon. J'arrivai sans encombre à Morhange.

Là, j'attendais deux, trois, quatre, cinq jours... la venue des Américains. Mais le bruit de la bataille ne se rapprochait point... le front s'était sans doute stabilisé. Il ne me restait plus qu'à rejoindre, une fois de plus, notre bonne ville de Sarreguemines. La libération, tant attendue, n'aurait pas encore lieu

---

(2) Des colons.
(3) *Schutzpolizei*.

de sitôt, alors que la débâcle allemande avait pourtant atteint les proportions de la retraite de 1918.

Bien pis, peu de jours plus tard, nous eûmes la désagréable surprise de voir rappliquer à Sarreguemines tous les fuyards nazis. La honte se lisait sur leurs visages. Ils passaient dans la rue en rasant les murs. Leur morgue superbe s'était volatilisée. Tous ces « capitaines courageux » nazis portaient encore les stigmates de l'accueil plutôt froid qui leur avait été réservé à leur arrivée au Palatinat. Ils restaient comme sous l'effet d'une douche froide et ne tenaient plus le haut du pavé. Mais heureusement, ils se rendaient compte à présent que couverts de ridicule, méprisés par la population autochtone, il ne fallait surtout pas « retourner la veste ou changer de chemise »... c'était trop tard.

Alertes

Ce samedi matin de septembre 1944, le temps était splendide, une belle journée ensoleillée d'automne. Dans les rues de Sarreguemines, les ménagères allaient hâtivement faire leurs emplettes. Il fallait ramener à la maison autant de provisions que possible. La journée ne passera pas sans alertes. D'autres, bien informées, remarquaient : « La radio a annoncé d'importantes formations aériennes au-dessus de la Belgique » et les plus prudentes d'entre elles portaient déjà sous le bras les petits sièges pliants qu'elles utilisaient, en cas d'alerte, dans les abris de la ville. Le signal de pré-alerte venait d'être donné, et çà et là, on entendait le sinistre tic-tac du *Drahtfunk* qui donnait à intervalles réguliers la position des avions. *« Aus dem Raume Luxemburg viele Flugzeuge im Anflug », Kurs Süd-Ost,* ce qui signifie : beaucoup d'avions dans l'espace aérien du Luxembourg, se dirigeant vers le sud-est.

Au même instant, les sirènes firent entendre leur hurlement lugubre. Certaines âmes crédules pensaient que le danger dépendait de l'intensité et du prolongement des hurlements saccadés. Il n'y avait aucun rapport, nous courions le même risque. Quotidiennement, le début de l'alerte fut toujours le signal d'un véritable exode, d'une fuite éperdue de la population vers les abris, vers la « Steenkoull », la carrière de Welferding. Des milliers de personnes, à pied ou en vélo, fuyaient le danger imminent, annoncé par les premiers vrombissements de cette armada du ciel. Ce départ précipité ressemblait étrangement au défilé d'une étape du Tour de France cycliste et de sa caravane publicitaire, car des camions furent également utilisés durant cette fuite éperdue. Cyclistes, piétons, autos filaient vers des buts lointains, alors que des camions chargés de grappes humaines se faufilaient à travers cette foule disparate. Et en face de cette folie collective, c'était faire preuve de courage que de rester à son poste dans la ville, bientôt déserte... une ville morte. L'alerte fut parfois de courte durée. Peut-être sera-t-elle encore suivie d'autres alertes, alors le même spectacle se reproduirait, la même course effrénée recommencerait.

Mais bientôt les premières formations aériennes survolaient la ville. Chaque formation comptait trente-six appareils. Comme leur but était plus lointain, il n'y avait aucun danger pour la ville. Elles poursuivaient leur vol vers le sud-est, ce que confirma aussitôt le *Drahtfunk*. Puis ce fut la longue attente du retour des avions inoffensifs puisqu'ils avaient déchargé ailleurs leurs bombes de tous calibres. Au début de l'après-midi, le signal de fin d'alerte retentit... quel soulagement! L'alerte avait duré plus de quatre heures. C'est cet instant psychologique qui fut mis à profit par les autorités allemandes pour afficher une proclamation impérative signifiant à toute la population masculine de se tenir prête pour les travaux de tranchées de défense (*Schanzarbeiten*). Celui qui essayerait de se soustraire à cet ordre se verrait traduit devant le *Volksgericht* qui, ajoutait le texte de l'affiche, ne prononcerait que des condamnations à mort. Ce n'était pas une vaine menace, puisqu'il y eut ailleurs des pendaisons de réfractaires.

Schanzer

Le lendemain, un dimanche, je m'éclipsai de fort bonne heure pour ne rentrer à Sarreguemines que le lundi matin. Au retour, je fus intercepté par deux S.A. au croisement de la rue Sainte-Croix et de la rue de la Chapelle. Je fis semblant de tomber des nues, bien qu'auparavant j'eusse croisé à vélo sur la route de Woustviller des colonnes de braves Sarregueminois, munis de pelles et de pioches, occupés à creuser des retranchements qui venaient de débuter. Les uns disparaissaient jusqu'à la taille dans leur tranchée, alors que les autres grattaient sans conviction apparente le gazon du pré ou le sol du champ qu'ils étaient chargés de saccager.

— *Ausweis* (pièces d'identité) réclamaient les S.A.

Je sortis un vieux sauf-conduit. L'un des sbires me l'arracha des mains en me toisant sévèrement du regard.

— *Das nennen Sie Ausweis?* (vous appelez cela une pièce d'identité). *Warum gehen Sie nicht schanzen?* (pourquoi n'allez-vous pas «schanzen»?). Ensuite, s'adressant à son comparse, il dit: «*Schreib' mal den Namen und die Wohnung auf. Das weitere wird sich noch finden.*» (note le nom et l'adresse, le reste suivra).

J'eus vite fait de savoir ce qui m'attendait. Tous ceux qui ne s'étaient pas présentés le premier jour furent emmenés à Puttelange pour y travailler en colonnes sous la garde constante des S.A. En somme, un avant-goût du bagne et des travaux forcés. Je résolus d'attendre le retour de quelques amis qui travaillaient à proximité de la ville. Par un heureux hasard, une alerte aérienne me donna quelque répit. Le lendemain matin, il pouvait être sept heures, quelqu'un sonna à ma porte. Je fis le mort et continuai à vaquer tranquillement à mes occupations en évitant de faire le moindre bruit. J'entendis le piétinement rageur de bottes sur le palier.

«*Dieser Schweinehund schläft noch*» (cette tête de cochon dort encore). «*Schweinehund*» c'était moi pour ces messieurs qui s'impatientaient devant la porte.

J'ignorais s'il s'agissait de la *Gestapo* ou de la *Schupo* dont les envoyés s'apprêtaient à arracher la sonnette ou à enfoncer la porte. Par l'effet de la transmission de la pensée sans doute, la maison trembla bientôt devant la colère de ces messieurs, qui ne voulaient plus attendre. Coups de pieds et de poings ébranlaient la porte de l'appartement, tandis que la sonnette trillait sous les vigoureuses pressions exercées sur son bouton.

A présent, il ne fallait plus hésiter et tergiverser. Je me souvins que les jeunes premiers, avant d'entrer en scène, respiraient profondément pour vaincre le trac. J'en fis autant et criai ensuite de toutes mes forces : « *Was ist denn los ?* » (qu'y a-t-il donc ?).

« *Der Kerl ist noch frech. Machen Sie, dass Sie herauskommen, sonst kann Ihnen noch sonst was blühen !* » (ce type est encore culotté. Dépêchez-vous de sortir, si vous voulez vous éviter des ennuis).

J'ouvris posément le judas de la porte et me trouvai nez à nez avec deux S.A. sanglés dans des uniformes impeccables et équipés des pieds à la tête, qui me dévisageaient avec hostilité tout en m'invitant à les suivre sur-le-champ.

Je demandai quelques instants pour m'habiller et je profitai de ce répit pour verser dans mon café du matin une bonne rasade de mirabelle de Lorraine. Cigarette aux lèvres, en tenue de treillis, je me présentai aux S.A., au comble de l'exaspération. Quand ils humèrent le bouquet de l'alcool, l'un d'eux me dit : « *Mensch, Sie stinken ja nach Alkohol am frühen Morgen !* » (mais mon bonhomme, vous puez déjà l'alcool de bonne heure). Pour rien au monde, je ne leur aurais offert de goûter ma mirabelle.

Je me contentai donc de sourire de leurs propos en leur demandant où ils allaient m'emmener, après cette visite matinale intempestive. Evidemment, je savais que j'allais être dirigé sur un chantier de *Schanzarbeiten*, peut-être sur celui de Puttelange, mais j'étais bien décidé à leur fausser compagnie avant la tombée de la nuit.

Mais ils m'entraînèrent d'abord au siège de la Ortsgruppe qui se trouvait dans la maison Dolisy, place du Général-Sibille. Là, après des présentations plutôt froides, ils m'abandonnèrent à mon sort. Comme j'étais démuni d'outil, je fus renvoyé pour chercher une pioche, après avoir promis de me rendre sans tarder sur le chantier de la « Rotherspitz ». Quel soulagement, j'évitais ainsi celui de Puttelange.

Arrivé sur place, je me joignis à l'équipe de quelques voisins, bien qu'elle dépassât l'effectif prévu, et je n'eus pas à m'en plaindre. J'appris aussitôt que je n'avais pas été le seul à avoir été houspillé si matinalement par les S.A. C'est par listes entières que la S.A. cherchait les réfractaires. Les *Schanzer* de Sarreguemines faisaient de la résistance passive où et comme ils le pouvaient. Nous excellions tous dans l'art de nous planquer et nous nous abreuvions de bons mots. Nous revendiquions aussi pour nous le droit de rire quand il nous plaisait.

J'eus ensuite tout le loisir de dévisager mes coéquipiers et de rire avec eux de notre maladresse réelle ou feinte à manier la pelle et la pioche.

Sans être de grands stratèges, nous pouvions rapidement nous rendre compte que les travaux auxquels nous étions astreints ne présentaient aucune valeur tactique et que dans une guerre de mouvement, ils ne pouvaient présenter un obstacle sérieux.

Pourquoi alors avoir entrepris ces travaux ? Sans doute les Allemands craignaient-ils un soulèvement armé de la population lorraine. Les travaux de creusement de tranchées étaient le meilleur moyen d'étouffer toutes les velléités de révolte et de tenir tout le monde sous le knout.

Nous avions à peine donné quelques coups de pioche dans les chaumes, que mon compagnon d'infortune estima le plus sérieusement du monde que cette ornière suffisait à arrêter un « Sherman ». Il me rappela ensuite qu'il était temps de casser la croûte.

Jamais sans doute nous n'avions souhaité d'aussi bon cœur qu'une alerte aérienne vînt troubler nos paisibles travaux. Ça ne fit pas long feu. Tandis qu'au loin, on percevait distinctement le vrombissement des avions, les sirènes de la ville se mirent à hurler. Nous n'en demandions pas davantage pour nous éclipser dans la proche forêt du « Märzwald ». Dans un ravin profond, au fond de la forêt, nous pûmes alors passer une journée tranquille. Auparavant, on nous avait bien recommandé de creuser un trou individuel, où nous aurions pu nous abriter contre les rafales des chasseurs-bombardiers qui évoluaient en « piqué »... mais le nôtre était à peine ébauché. Nous préférions les rutilantes frondaisons automnales des sous-bois. Un autre coéquipier, qui était venu joindre ses efforts aux nôtres, était tellement persuadé de l'inanité de son travail qu'il n'enleva même pas son manteau qui ne le protégeait que du soleil.

Quand le surveillant parut sur le chantier, il se désolait du peu d'empressement que nous mettions à creuser tranchées et trous. Il releva soigneusement les noms des présents, proféra des menaces à l'adresse des absents et se garda bien d'approuver nos récriminations. Les travaux se déroulaient d'ailleurs sous la responsabilité de la *Wehrmacht*. Un *Unteroffizier* vint même nous faire un cours, comme à des recrues, sur l'utilité de notre travail. Après avoir constaté le peu d'attention que nous lui accordions, il s'en alla développer sa théorie auprès de l'équipe voisine. Un simple soldat nous fit une démonstration du camouflage de l'ouvrage à l'aide de branchages et de mottes de gazon. La première journée se termina avec la fin de l'alerte aérienne.

Des quetsches cueillies de grand matin, surtout quand elles se trouvent dans le jardin du voisin, ont la saveur exquise du fruit défendu... et il y avait là, à portée de nos mains, des grappes de fruits savoureux, pendant de toutes parts aux branches des jeunes pruniers. Comment voulez-vous que nous résistions à la tentation ? Le jardin était grand ouvert ! Du reste, nous n'aurions pas hésité à franchir la haie, si elle avait pu faire obstacle à notre invasion. Hélas, pendant que nous nous appliquions à la cueillette du fruit défendu, la propriétaire ahurie accourut vers nous. Nous déguerpîmes comme une volée de moineaux. L'un d'entre nous tint tête à la bonne dame, tout en encaissant les reproches et les quolibets. Soudain, pour la faire taire, il eut une idée de génie et lui dit: «Madame, si vous n'êtes pas contente, nous transporterons notre chantier dans votre jardin, et nous y creuserons une tranchée dont vous vous souviendrez».

La propriétaire, quoique furibonde, ne demanda pas son reste et se retira. Mais le lendemain, elle assura la cueillette de ses fruits. Il n'en resta plus que quelques-uns pour les étourneaux qui nous tenaient compagnie en se promenant parmi les colchiques des prés.

Il pouvait être dix heures du matin; d'un seul regard, nous embrassions un immense chantier qui s'étendait du Blauberg à l'entrée du village de Woustviller. Au bord de la route, des soldats allemands creusaient des trous étrangement symétriques, d'autres étaient en train de faire des relevés d'arpentage, et, dans ce panorama, d'innombrables *Schanzer* donnaient de vigoureux coups de pioche ou de pelle.

C'est le moment que choisit le bon E. B... pour entreprendre une promenade en forêt. Il avançait de son pas de sénateur sur la route de Woustviller. Nous l'observions à présent depuis sa sortie de la forêt. Il portait beau et sa canne de bambou frappait à coups réguliers le macadam de la chaussée. Celle-ci était devenue, en quelques jours, une voie magistrale à travers le puzzle des retranchements allemands. Pour une promenade forestière, le moment me semblait mal choisi, d'autant plus que le promeneur, récalcitrant au travail, risquait de provoquer l'ire des petits *Führers* qui nous surveillaient. Mais B... ne se promenait pas, c'était plutôt un ouvrier de la onzième heure. Au carrefour de la Rotherspitz, il vira à droite et s'engagea résolument à travers champs. A pas comptés, et après un long entretien avec des camarades d'une autre équipe, il résolut de regagner notre chantier pour nous donner «un sérieux coup de main». Comme nous n'étions pas habilités pour l'embaucher, il fallut attendre le retour du surveillant. Celui-ci ne réalisa point d'où lui venait ce singulier *Schanzer*. B... ne se démonta pas pour autant et entreprit de lui expliquer en long et en large les visites médicales qu'il avait subies, avant d'être reconnu apte à des travaux légers.

— Travaux légers, travaux légers, soupira l'autre, enfin, qu'appelez-vous travaux légers ?

Et B..., sans hésiter, de dire : «Je ne sais pas».

— Evidemment, évidemment...

La Providence adressa alors au surveillant un *Unteroffizier* qui exigeait le camouflage par des branchages des retranchements et surtout de la terre fouillée. Une exigence providentielle pour attribuer à notre ami B... un travail léger, à la mesure de ses moyens physiques. Aussitôt celui-ci, accompagné d'un camarade, s'en retourna à la forêt pour en ramener branches et ramilles. B... allait devenir un parfait «camoufleur».

Hélas, le chef d'équipe dut bien vite déchanter. B... n'avait ni serpette, ni couteau pour détacher les branches. Quelqu'un eut alors l'idée de lui prêter un couteau d'arboriculteur.

Un bon moment plus tard, la lisière de la forêt se mit à bouger. Ce n'était pourtant pas un mirage : la partie de haie qui s'avançait vers nous avait des pieds. Quand les éléments du camouflage s'étaient rapprochés, nous distinguâmes derrière ce rideau de branches la silhouette familière de notre ami B... portant d'une main quelques maigres branchages et exhibant l'index sanguinolent de l'autre. Comme son compagnon, il déposa sa piètre « moisson » et demanda aussitôt : « Où est le *Verbandsplatz* ? » (l'infirmerie).

Le surveillant s'exclama : « Quelle misère, que lui est-il encore arrivé ? ». Comme B... saignait effectivement, il fallut lui trouver un infirmier. Celui-ci étant introuvable, B... prit résolument son affaire en main, ainsi que ses cliques et ses claques, et s'en fut se faire soigner. Nous ne devions plus le revoir.

Après le beau temps, ce fut la pluie. Fini de flâner sous le soleil automnal. Le lendemain, il y eut un autre changement de décor, notre équipe était mutée à Sarreinsming. D'autres groupes connurent le même destin et la même destination. Au Blauberg et à la Rotherspitz, nous abandonnâmes une tranchée inachevée, mais remplie d'eau. Chargés de nos outils, nous gagnâmes le nouveau chantier. Par ironie du sort, le point de ralliement était le lieu-dit bien connu « Klein Amerika ». Une partie des pioches mises à notre disposition provenait d'un dépôt de la *Technische Nothilfe*. A raison de deux pioches toutes les trois heures, J. H... assurait cette récupération. Il en assurait le transport avec son vélo. Ce va-et-vient entre le dépôt et les différents chantiers lui convenait particulièrement. Parfois, ceux qui avaient un poil dans la main lui reprochaient d'apporter des outils trop lourds et peu maniables. Décontracté à l'extrême, il s'en alla à la recherche de pioches plus convenables... et gagna encore du temps et des loisirs. Ce furent les à-côtés plaisants de la *Schanzerei*.

Sarreinsming

Ce coquet village à flanc de coteau, où l'on cultivait jadis la vigne, est aujourd'hui entouré de magnifiques vergers. La Sarre coule à ses pieds. Lorsque nous y arrivâmes, une épaisse brume planait sur ses rives, au point de réduire sensiblement toute visibilité. Le premier rassemblement des *Schanzer* se fit sur le pont, à l'entrée du village. Au Q.G. de nos chefs installé dans les locaux de la mairie de Sarreinming, on ne paraissait pas bien d'accord sur les travaux qu'on allait nous imposer. C'est du moins ainsi que nous expliquâmes la longue attente avant de recevoir des ordres. Finalement, nous entreprîmes de longer la Sarre en empruntant un petit chemin rural qui suivait le cours de la rivière sur la rive droite pour rejoindre de nouveau la route à la sortie de Sarreinsming, vers Zetting. Il y avait là quelques belles rangées de jeunes peupliers, un terrain marécageux à souhait et des prés à perte de vue. Un terrain idéal pour creuser des tranchées, où nous eûmes tôt fait de nous répartir sur toute la longueur de la rive et de nous employer à saccager toute cette étendue encore intacte, aidés en cela par des équipes de *Schanzer*, plus ou moins décidées, arrivées quelques jours plus tôt de Mayence, Offenbach et d'autres localités de la Rhénanie.

C'est ce jour-là, après de multiples désistements, que H... fut désigné comme chef de chantier. On fit miroiter à nos yeux l'attribution d'une rétribution et des rations alimentaires supplémentaires. Par la suite, celles-ci ne furent touchées qu'une seule fois individuellement, et ensuite remises à la popote qui nous servait quotidiennement l'indéfinissable brouet de midi.

Comparés aux *Schanzer* venus d'Allemagne, nous jouissions encore d'une liberté d'action relative. La proximité des eaux de la Sarre tenta même quelques pêcheurs qui, munis de leur attirail, préférèrent taquiner le goujon. Notre mission initiale consistait à surélever les berges de la Sarre selon les directives d'un soldat de la Wehrmacht. La terre meuble se prêtait facilement à ce genre de travail. Avec quelques amis, je pris soin de m'installer à un endroit où la rivière formait une lagune miniature, sans roseaux ni trop de vase. La terre, facile à travailler, nous permit d'élever rapidement un petit parapet en découpant de grandes plaques carrées dans le pré voisin. L'équipe voisine, formée de mineurs, travaillait à une cadence trop rapide, à notre gré, et nous l'invitâmes à plusieurs reprises à faire preuve de moins de zèle. Au bout de quelques heures de travail, le parapet révéla ses contours définitifs. Hélas, l'officier allemand, chargé de superviser ces travaux de retranchement, les trouva nullement à son goût, car au lieu d'édifier le parapet le long de la berge, nous l'avions construit sur les contours de la lagune. Il nous expliqua longuement qu'en cas d'attaque du rivage opposé, notre construction offrirait à l'ennemi un excellent point de débarquement et la réalisation d'une tête de pont. Nous prîmes des mines « confuses » de circonstance. Heureusement, une alerte soudaine nous permit de mettre les bouts. Auparavant, j'avais eu le temps de savourer une excellente soupe aux pois qu'une main compatissante avait préparée à mon intention. Tout autour de moi, l'état-major « canari » faisait honneur de bon appétit, semblait-il, au traditionnel brouet. Chacun d'eux se servait d'une impressionnante écuelle de bois pour recueillir sa ration, tout en vantant les prouesses des cuisiniers de la roulante. J'observais cette scène singulière à la dérobée et sous l'œil complice de la propriétaire du café de « Klein Amerika », qui aurait préféré que les « canaris » (4) encombrent un peu moins son restaurant.

Les nerfs en boule, je m'en étais retourné au chantier, où une alerte bienvenue nous dispensa de la poursuite de nos travaux. Nous nous réfugiâmes au café Wackermann à Zetting, où nous eûmes tôt fait de former une équipe de beloteurs.

La partie finie, l'alerte également, je repris paisiblement le chemin de Sarreguemines. A peine arrivé, une nouvelle alerte m'obligea à rejoindre dans la cave tous les habitants de l'immeuble.

Peu à peu, toutes les professions et toutes les corporations, à l'exception des bouchers, boulangers et cordonniers, se trouvaient réunies sur le chantier de Sarreinsming. On aurait pu y former des équipes de professeurs, d'avocats, de commerçants, de postiers, les uns aussi inaptes que les autres à exécuter de tels travaux. Des entreprises entières étaient présentes avec tout leur personnel.

Le bureau de l'état-major des *Schanzer* prit une telle extension qu'il s'attacha finalement les services d'un médecin, sinistré lors d'un bombardement, de

---

(4) S.A., encore appelés « faisans dorés ».

Francfort-sur-le-Main.

Comme il inspirait confiance, il eut aussitôt une nombreuse clientèle. Chaque congé-maladie procurait quelques jours de répit à ceux qui, pendant d'interminables semaines, n'avaient connu aucun repos.

Depuis le début de septembre, les semaines de ce travail forcé s'étaient écoulées péniblement. Voici octobre, les mois succédaient aux mois, les alertes également... et à la fièvre de l'attente des journées de septembre succédait à présent la hantise d'un embrigadement dans le *Volkssturm*. Au loin, le canon grondait toujours, mais le bruit des combats ne se rapprochait pas. Beaucoup de *Schanzer*, épuisés davantage par une attente sans fin que par les travaux et les intempéries, sentirent décliner leurs forces. Les stratèges du Café du Commerce, eux-mêmes, continuaient à jouer dans les tranchées à la petite guerre des pronostics. Le raisin mûrissait dans les vignes et nous pûmes faire une ample vendange de grappes délicieuses. Dans un proche verger, des pommiers nous offraient leurs fruits savoureux. Quelques oies, gavées à point, ne se doutaient pas du danger qu'elles couraient. Mais leur maîtresse fit bonne garde.

Chaque jour de nouvelles recrues se présentaient. Les administrations, les tribunaux se vidaient et nous envoyaient jusqu'au dernier de leurs employés pour renforcer nos rangs. De jour en jour aussi, le contrôle devint plus rigoureux, mais l'enseignant luxembourgeois chargé de l'appel ne signala jamais le moindre absent. Hélas, on soupçonna bientôt son stratagème et, dès lors, on lui adjoignit un « faisan doré » (5).

Nous vivions constamment sous la hantise d'être une jour embarqués pour exécuter des retranchements en Allemagne, ce qui aurait constitué une véritable déportation.

Pour parer à une telle éventualité, je pris la résolution de me faire porter malade. Mais les congés-maladie étant de si courte durée, je fis tant et si bien que le médecin de service me dirigea sur l'hôpital-clinique, où je fus admis à la station radiographique.

Quand j'y fus admis pour la première fois, je venais d'avaler un « bouillon de onze heures » ou quelque chose d'approchant, quand la sirène hurla à l'alerte. Je fus quitte de revenir. Entre-temps, la faim et la soif me tenaillaient, et quand je revins après le signal de fin d'alerte pour la radioscopie, j'avais l'estomac ailleurs que dans les talons... Enfin, après une rapide séance le lendemain matin, j'appris avec une résignation apparente que mon état de santé était grave, très grave. Pourtant, malgré ce diagnostic sinistre, j'appréhendais qu'il ne fût pas assez grave pour obtenir l'exemption que je recherchais.

Quand je me présentai le lendemain pour retirer le diagnostic savamment rédigé, le Docteur Bouton, que je questionnais, me fit bon espoir. Hélas, arrivé à la maison, j'eus toutes les peines du monde à déchiffrer ce savant constat. Toutes mes connaissances du latin ne suffirent pas à trouver une version correcte de tout ce fatras de termes techniques. Alors, je me sentis brusquement réellement

---

(5) Un homme du parti.

malade, me croyant atteint de toutes sortes de maux. Enfin, j'étais nanti d'une belle maladie étiquetée d'un nom scientifique, avec laquelle on peut susciter, dans les salons, l'intérêt et la curiosité des vieilles douairières. Suffira-t-elle pour le *Schanzdoktor* ? Il y a bien eu le « Médecin malgré lui », pourquoi ne serais-je pas reconnu malade malgré moi ?

Lorsque je remis le constat fatidique au bon docteur Heubes, il me fit d'abord asseoir, puis, après quelques instants de lecture, il se leva d'un seul trait de sa longue taille, me dévisagea avec compassion, comme le juge avant de rendre sa sentence, puis il me serra la main comme pour me congratuler et me dit : « Il ne peut plus être question pour vous d'aller au travail. Ne pensez plus qu'à vous faire soigner ».

J'avais obtenu gain de cause et je continuais à vivre comme auparavant, heureux comme un poisson dans l'eau. Mais, à la réflexion, je pensais que le docteur Bouton m'avait rendu un fier service.

156 marks pour appointer une pioche

Voici encore un détail piquant vécu au *Schanzarbeiten* : quand les *Schanzer* faisaient de la résistance passive, ils étaient capables de toutes les astuces. Comme les pioches utilisées s'émoussaient rapidement, il fallut trouver une équipe capable de les réparer, de leur rendre leur tranchant. Parfois des manches durent être remplacés et les pics appointés. Au bout d'une longue semaine d'efforts inlassables, une pioche et un pic, appointés à souhait, sortirent de cet atelier singulier. Jacques K... et P. Schu... en étaient les remarquables artisans, alors que leur jeune aide savait emmancher tous ces outils avec une adresse consommée... mais très lente. Le travail bien fait demande toujours un certain temps.

En additionnant les indemnités journalières payées à ces trois hommes, on arrivait à l'incroyable somme de 156 marks, exactement le montant du prix de vingt pioches neuves.

Une autre fois, un malheureux *Schanzer*, en retournant à son chantier avec son pic appointé, s'aperçut avec consternation qu'on lui avait joué un tour de... cochon ; en effet, son outil avait la pointe en vrille comme la queue d'un porcin. C'était une forme bénigne de sabotage.

Dans leur atelier, nos trois lascars riaient sous cape, mais de bon cœur, à une époque où le rire était proscrit et non sans danger. A n'en pas douter, ils avaient encore plus d'un tour dans leur sac.

*

Les travaux de retranchement avaient duré deux mois et demi, du début de septembre au 20 novembre. Il a fallu un rapprochement inquiétant de la ligne de front pour qu'on ordonnât la suspension... et partant, la cessation des travaux.

Des centaines de Sarregueminois avaient été soumis durant de longues semaines à un travail ingrat et à une rude épreuve, sans perdre l'espérance, qui survit toujours dans le cœur des hommes. L'heure de la libération était proche et les souffrances endurées ne seraient bientôt plus qu'un mauvais souvenir.

La direction des travaux de retranchements en Lorraine

Avis

Ayant constaté ces derniers temps un relâchement de la discipline au travail, j'ai pris des mesures pour que dorénavant tous les cas de refus et de sabotage du travail assigné soient relevés et sanctionnés sur-le-champ, sans la moindre pitié.
Comme dernier avertissement, j'attire l'attention des intéressés sur les prescriptions suivantes :
1. Celui qui, sans motif valable, s'absente du chantier, le rejoint tardivement ou bien le quitte prématurément, sera considéré comme réfractaire du travail et comme saboteur et traité en conséquence.
2. A l'avenir, les insoumis et les saboteurs de ces travaux seront embrigadés dans des unités disciplinaires, encasernés et contraints à travailler. Au surplus, et dans des cas particuliers, il existe auprès du secteur de retranchements de Metz une section disciplinaire, travaillant sous les tirs directs de l'ennemi, et vers laquelle plusieurs réfractaires de notre ressort ont déjà été acheminés.
3. Celui qui délibérément refuse de participer à ces travaux, ou bien se rend coupable de sabotage, rend service à la cause de l'ennemi et nuit au peuple allemand. Il sera donc remis au tribunal d'exception aux fins de jugement sommaire, en général la condamnation à mort par pendaison.
Le 12-10-1944.

Zimmer
k. Kreisleiter

CHAPITRE XXV

Derniers soubresauts de l'occupant

L'offensive alliée, et notamment la poussée de la IIIe armée U.S. du général Patton, atteignit au début de septembre 1944 la ligne occidentale du département de la Moselle. Prises de panique, l'administration et les autorités allemandes s'enfuirent devant cette formidable poussée des IIIe et VIIe armées U.S. Nous eûmes le sentiment d'assister à un sauve-qui-peut général. C'est alors que les unités alliées stoppèrent leur offensive devant Metz et sur la Seille. Du fait de l'étirement des lignes de communication américaines, de la pénurie du carburant, également, Patton décida le 22 septembre de rester sur la défensive. D'autre part, toutes ces troupes ayant combattu sans arrêt depuis le 6 juin, jour du débarquement, avaient besoin de souffler et d'assurer leurs arrières. L'état-major mit cette accalmie à profit pour réorganiser le dispositif et amener à pied d'œuvre d'importants renforts.

Mais les Allemands, quelque peu surpris par cette immobilité de l'adversaire, se reprirent et réorganisèrent à leur tour leurs positions défensives en y amenant des troupes fraîches. Dans les villes et les campagnes, nous assistions, profondément déçus, au retour des occupants, qui durcirent encore par la suite leur comportement. Le Gauleiter Willy Stoehr, successeur de Joseph Bürckel, suicidé sur ordre du Führer, déclara le 20 octobre à Metz que la ville serait défendue coûte que coûte et les mêmes instructions impératives furent transmises à tous les secteurs (1).

Pourtant dans ce département, on essaya d'organiser le *Volkssturm* (une armée populaire), appelé à entreprendre d'importants travaux de fortifications (*Schanzarbeiten*), notamment le creusement de fossés antichars. Les Lorrains, récalcitrants à ce genre d'entreprise, furent brimés, emprisonnés, et dans les secteurs où sévissaient de véritables fanatiques, il y eut des pendaisons, comme ce fut le cas à Munster et à Lixheim. En raison de ce répit concédé aux Allemands, ceux-ci eurent dès lors le temps de piller systématiquement notre département en démantelant les usines, en évacuant les stocks de vivres et de marchandises et en entraînant tout le cheptel vers le Reich.

---

(1) Gilbert Grandval, p. 171 ; Dieter Wolfanger, p. 259.

Tous les hommes valides de Sarreguemines et du pays de Bitche connurent la servitude du travail des *Schanzarbeiten*. Les Sarregueminois, encadrés de dignitaires du parti national-socialiste, creusèrent des tranchées antichars à la «Rotherspitz» et à Sarreinsming, le long de la Sarre. Ce fut un travail fastidieux, sans grande efficacité. Ces travaux forcés présentèrent de réels dangers en raison de l'activité inlassable des avions de chasse U.S. qui mitraillèrent sans relâche tout ce qui bougeait (nous publions par ailleurs le reportage d'un témoignage vécu).

Le rôle des forces françaises de l'intérieur - F.F.I.

Bien avant la prise de commandement des F.F.I. de la Moselle, en juillet 1944, par Alfred Krieger (Gregor), un premier noyau de résistants s'était formé à Sarreguemines et avait pris contact avec Justin Scharff, qui avait animé la résistance dans le département dès l'automne 1940.

Ce premier groupe devait être averti sur les ondes du débarquement par un message de la B.B.C. Un message libellé: «De la bonbonne à la bouteille» devait annoncer des parachutages d'armes. Par la suite, les groupements de résistance de l'est du département furent quelque peu oubliés, car aucun message ne parvint jamais à leur adresse.

Pourtant, le secteur de Sarreguemines, sous le commandement du capitaine Edouard Fogt, ne resta pas inactif. Un service de renseignements fut organisé, qui put transmettre d'utiles précisions sur le passage d'unités allemandes et la nature de celles-ci. Les fortifications du secteur Sarre jusqu'aux abords de la ligne Siegfried furent repérées, reportées sur une carte d'état-major et les indications recueillies transmises au groupe de commandement de Metz.

Dans ce domaine, un jeune homme, Aimé Doumazel, né le 14 août 1920 à Sète, habitant Montpellier, astreint au service du travail obligatoire (S.T.O.), qui travaillait aux P.T.T. de Sarreguemines, rendit avec un courage exemplaire d'éminents services. En se déplaçant le long des lignes téléphoniques pour vérifier les installations, il releva soigneusement non seulement les mouvements de troupes, mais encore les emplacements des ouvrages de défense. Etant en pension au café de la Sous-Préfecture, il était en contact avec un groupe de résistants qui se chargea de la mise à jour des relevés et de leur transmission. Par la suite, des cartes, soigneusement annotées, furent également remises aux unités américaines, qui purent les utiliser efficacement lors de l'ultime attaque de mars 1945.

Malheureusement, Aimé Doumazel fut arrêté par la Gestapo et mourut en héros, sans avoir parlé, au camp de la Neue Bremm de Forbach.

CHAPITRE XXVI

L'offensive américaine de Metz à Sarreguemines

Du 23 septembre au 19 octobre 1944

Examinons le dispositif de combat des armées alliées et allemandes au moment où l'avance de la III⁰ armée U.S. du général Patton marque un temps d'arrêt.

Le département de la Moselle est abordé par le III⁰ corps d'armée U.S. dans la région de Briey-Longwy, par le XX⁰ corps d'armée de Pont-à-Mousson à Thionville et par le XII⁰ corps d'armée qui se tient prêt sur une ligne allant de Pont-à-Mousson au sud de Dieuze.

Le XX⁰ corps d'armée U.S. dispose de trois divisions : les 95⁰, 90⁰ et 5⁰ divisions U.S. La 95⁰ division d'infanterie occupe des positions s'étendant du nord de Metz, par Maizières jusqu'à Thionville, alors que la 90⁰ division se trouve à la périphérie de Metz, défendue par la 462. Infanterie-Division, épaulée dans le secteur de Peltre-Verny par la 17. S.S. Panzergrenadier-Division « Götz von Berlichingen ». En outre, le 38. Panzergrenadier-Regiment combattra également dans l'enceinte de la ville.

A l'ouest de la Moselle, entre Ars-sur-Moselle et Pont-à-Mousson, la 5⁰ division d'infanterie U.S. se trouve en face de la 559. Volksgrenadier-Division.

Au XII⁰ corps d'armée, la 80⁰ division d'infanterie U.S. avait alors progressé jusqu'aux rives de la Seille et ses formations s'échelonnent entre Pont-à-Mousson et Malaucourt-sur-Seille. Elle s'y heurtera ensuite à la résistance farouche de la 553. Volksgrenadier-Division, puis à celle de la 48. Infanterie-Division, appuyée par des unités de la 19. Volksgrenadier-Division. L'objectif de cette division est constitué par les villes de Faulquemont et Saint-Avold, et au-delà, en direction de la frontière sarroise.

Entre Malaucourt-sur-Seille et Moyenvic, se tiennent la 35⁰ division d'infanterie U.S. et la 6⁰ division blindée U.S., encore menacées sur leur flanc droit par le 18. Panzer-Armeekorps. Les deux divisions américaines opéreront ensuite suivant une ligne d'attaque constituée par les villes de Château-Salins et Morhange. Remarquons encore que des unités de la 6⁰ division blindée interviendront également dans les secteurs de la 80⁰ division U.S.

Entre Moyenvic et Maizières-lès-Vic, la 26e division d'infanterie U.S. et la 4e division blindée U.S. suivront l'axe d'attaque Dieuze-Albestroff, d'abord, celui de Fénétrange-Sarre-Union ensuite. Des formations de la 5. Panzer-Armee et la 316. Volksgrenadier-Division tenteront de s'opposer à leur progression.

Nous porterons surtout notre attention sur les combats livrés par les 80e, 35e et 26e divisions d'infanterie U.S., soutenues dans leur action par les 6e et 4e divisions blindées U.S. L'artillerie et l'aviation U.S. interviendront efficacement chaque fois que leur soutien sera indispensable pour réduire la résistance de l'ennemi.

Jusqu'au 7 novembre 1944, les forces en présence restèrent sur les positions acquises à la date du 19 octobre. Seules des escarmouches d'un intérêt local et des duels d'artillerie avaient alors animé une ligne de front en stagnation, mais prête à s'enflammer.

Dès le 7 novembre, le général Baade publia l'ordre de marche n° 26, contenant les instructions pour l'attaque à lancer par la 35e division d'infanterie U.S. C'est la progression de cette formation qui retiendra particulièrement notre intérêt, puisqu'elle assurera finalement la libération de Sarreguemines.

Le 8 novembre 1944, à 6 heures du matin, démarre l'offensive générale des armées alliées sur le front occidental, signifiant à l'armée allemande qu'on ne lui laisserait pas le répit espéré de prendre ses quartiers d'hiver. Le XIIe corps de la IIIe armée U.S., avec les trois divisions citées, devait attaquer au nord-est avec une première mission de s'emparer des voies de communication, de les rétablir ensuite afin de poursuivre son avance dans les meilleures conditions. Ces unités devaient également établir et consolider finalement une tête de pont sur le Rhin... un objectif qui sera seulement atteint fin mars 1945.

Situation du 8 au 11 novembre 1944

Les 95e et 90e divisions d'infanterie U.S. parachevèrent l'investissement de Metz, toujours défendue par la 462. Infanterie-Division et des éléments d'autres formations, notamment le 38. Panzergrenadier-Regiment. Au sud-est, dans la région de Peltre, la 17. S.S. Panzergrenadier-Division couvre encore la ville. Nous la retrouverons plus tard à Sarreguemines. Au nord de Metz, à Maizières, la 19. Volksgrenadier-Division oppose une résistance opiniâtre.

Le 9 novembre, Hitler avait donné l'ordre de défendre Metz jusqu'au dernier homme.

Au sud de Metz, la 5e division d'infanterie U.S., après avoir passé la Moselle, infléchit son attaque pour participer par le sud à l'investissement de la ville. Elle se heurte à l'opposition de la 17. S.S. Panzergrenadier-Division et à celle de la 11. Panzer-Division. Le 16 novembre, certaines de ses unités combattent à l'intérieur de la ville de Metz.

La 80e division d'infanterie U.S. appuyée d'éléments de la 6e division blindée U.S. lutte aussi bien contre la 48. Infanterie-Division que contre l'aile gauche de la 11. Panzer-Division, déjà aux prises avec les formations de la 5e division

U.S. Dès le 10 novembre, elle s'était emparée de Delme et de la côte de Delme. L'orientation générale de sa percée visera les villes de Faulquemont et de Saint-Avold.

La Seille est rapidement franchie par la 35ᵉ division d'infanterie U.S., appuyée par le gros de la 6ᵉ division blindée U.S. Ces formations avancent au prix de durs combats en direction de Château-Salins. Elles auront à faire face à la résistance déterminée de la 559. Volksgrenadier-Division. L'attaque se poursuivra en direction de Morhange, Puttelange et Sarreguemines.

La dure opposition de la 361. Volksgrenadier-Division et de formations du 89ᵉ corps d'armée allemand ralentissent sérieusement la progression de la 26ᵉ division d'infanterie U.S. et de la 4ᵉ division blindée U.S. Ces divisions tenteront d'atteindre les rives de la Sarre de part et d'autre de Sarre-Union.

Evolution des combats du 12 au 15 novembre 1944

La 90ᵉ division d'infanterie U.S. et la 10ᵉ division blindée U.S. ont franchi la Moselle et progressent entre Thionville et Bouzonville, jusqu'au nord de Boulay également. Autour de Metz, la 95ᵉ division U.S. poursuit la réduction des forts qui résistent encore. La ville elle-même sera libérée le 21 novembre. Dès lors, la 5ᵉ division d'infanterie U.S. viendra s'intercaler entre la 90ᵉ division et la 80ᵉ division U.S. La 21. Panzer-Division est refoulée, alors que la 17. S.S. Panzergrenadier-Division est acculée sur la Nied française, au nord de Bazoncourt.

La 80ᵉ division d'infanterie U.S. accentue sa poussée en direction de Faulquemont, secondée par une partie de la 6ᵉ division blindée U.S., qui participe activement aux attaques et contre-attaques. La 36. Volksgrenadier-Division et la Kampfgruppe Mühlen se battent avec acharnement. Pour la première fois, une formation d'élite, la « Panzerbrigade Feldherrnhalle », entre en action.

La 35ᵉ division d'infanterie U.S. et le gros de la 6ᵉ division blindée U.S. rencontrent la résistance décidée de la 11. Panzer-Division. Elles avancent pourtant à l'est de Château-Salins et libèrent Morhange dès le 15 novembre. Sarreguemines se trouve encore à 43 kilomètres.

Au-delà d'une ligne allant de Dieuze à Bénestroff, la 26ᵉ division d'infanterie U.S. renforcée par la 4ᵉ division blindée U.S., livre de durs combats aux troupes du 39. Armeekorps allemand. Les 101ᵉ et 104ᵉ régiments d'infanterie U.S. se distinguent au cours de ces affrontements.

Le 17 novembre 1944

Voici le tracé du dispositif à cette date :

La 90ᵉ division U.S. s'est déployée largement entre la Moselle et Bouzonville et progresse sensiblement vers la frontière sarroise et la Sarre avec Merzig et Dillingen comme points de mire.

Devant les coups de boutoir de la 5ᵉ division d'infanterie U.S., la 36. Volksgrenadier-Division et la 17. S.S. Panzergrenadier-Division « Götz von Berlichingen » se replient, dans la nuit du 17 au 18 novembre, sur la Nied allemande, et dans celle du 18 au 19, sur la ligne Maginot, dans la région de Boulay. La pression de cette division s'exercera ensuite, au-delà de Boulay, en direction de la frontière.

La 80e division U.S. et l'aile gauche de la 6e division blindée U.S. se trouvent aux abords de Faulquemont, libérée le 18 novembre, malgré une vive opposition de la 21. Panzer-Division et de la Kampfgruppe Mühlen.

Des formations de cette dernière Kampfgruppe et la 361. Volksgrenadier-Division tentent de freiner l'avance de la 35e division U.S. et du gros de la 6e division blindée. Deux régiments de la 35e division, les 134e et 137e régiments d'infanterie, se distinguent particulièrement. Nous les retrouverons ensuite à Sarreguemines. Au soir du 18 novembre, une ligne allant d'Altrippe, par Hellimer, au nord d'Albestroff, est atteinte.

La 26e division d'infanterie U.S. s'approche d'une zone allant de Honskirch à Altviller et l'atteint le 19 novembre. En soutien, opère la 4e division blindée U.S. La 361. Volksgrenadier-Division leur fait front.

Du 18 au 23 novembre 1944

La 5e division d'infanterie U.S. libère Boulay le 25 novembre et combat sur la Nied allemande, proche de la frontière.

La 80e division U.S. et une partie de la 6e division blindée brisent la résistance de la 559. Volksgrenadier-Division et celle de la Panzerbrigade « Feldherrnhalle », soutenue par la 17. S.S. Panzergrenadier-Division, sur une ligne s'étirant du nord de Puttelange, par Farébersviller, jusqu'au secteur de Saint-Avold, ville libérée le 26 novembre.

La 35e division d'infanterie U.S. et ses unités blindées refoulent lentement les troupes de la 11. Panzer-Division et celles de la 15. Panzergrenadier-Division et continuent leur progression en direction de Sarreguemines. Ces troupes U.S. se déploient entre le nord d'Albestroff et le nord de Hellimer.

La 26e division d'infanterie U.S. et la 4e. division blindée accentuent leur pression en direction du canal des Houillères, de la Sarre et de Sarre-Union. L'opposition est assurée par la 361. Volksgrenadier-Division et le groupement « Bayerlein », qui sera relevé le 2 décembre. Albestroff est encerclée le 21 novembre, puis occupée, le 22 novembre c'est le tour de Munster.

Le secteur de Merlebach-Freyming-Forbach subit l'assaut de la 80e division d'infanterie U.S. Son avance est orientée vers Sarrebruck. Le gros de la 6e division blindée oblique vers les localités de Hundling-Ippling-Cadenbronn, face à Grosbliederstroff.

Le 15 décembre 1944, Merlebach et Freyming sont libérées, mais en raison de l'offensive von Rundstedt dans les Ardennes, Forbach devra attendre sa libération jusqu'au 14 mars 1945.

La 35e division U.S. s'approche de Sarreguemines, malgré une vive résistance de la 11. Panzer-Division et surtout de la 17. S.S. Panzergrenadier-Division, opérant à présent en couverture de Sarreguemines. Puttelange sera libérée le

4 décembre et Sarralbe le sera à son tour le 5 décembre. Les Américains pénètrent dans la banlieue sarregueminoise et le cercle se resserre autour de la ville.

Le 28 novembre 1944, la 26e division U.S. atteint le canal des Houillères, la 4e division blindée se trouve au-delà de Mittersheim et progresse en direction de Fénétrange. Plus loin, au sud, la 2e division blindée française (la 2e D.B.) opérait alors dans la région de Sarrebourg-Phalsbourg, en liaison avec une division américaine. L'objectif principal de la 26e division U.S. et de la 4e division blindée reste toujours Sarre-Union et le franchissement de la Sarre. Elles se heurtent à la 361. Volksgrenadier-Division, à la « Panzer-Lehrdivision » et au groupement « Bayerlein ».

Le 7 décembre 1944, la 26e division U.S. se trouve dans le secteur de Wittring-Achen, couvrant ainsi le flanc droit de la 35e division U.S. engagée à Sarreguemines. Les ultimes combats pour la possession de Sarre-Union se livreront entre la 4e division blindée U.S. et la 25. Panzer-Division, soutenue par l'artillerie de la 11. Panzer-Division.

Après la prise de Sarre-Union, la 4e division blindée U.S. continue son avance vers la ligne Maginot, Bining, Singling et Rohrbach-lès-Bitche, ville atteinte le 5 décembre.

Positions tenues du 3 au 19 décembre 1944

A Sarreguemines, libérée du 6 au 10 décembre, la 35e division d'infanterie trouve en face d'elle la 17. S.S. Panzergrenadier-Division « Götz von Berlichingen » et des éléments de la 11. Panzer-Division. D'une manière générale, la ligne de front suit le cours de la Blies, c'est dire que la ville de Sarreguemines se trouve toujours sous la menace de l'artillerie adverse. Ce qui arriva dans la nuit de la Saint-Sylvestre est relaté par ailleurs. La 6e division blindée s'est déployée face à Sarrebruck et à la 36. Volksgrenadier-Division.

Entre-temps, la 26e division d'infanterie U.S. qui, de Metz à Sarre-Union, avait subi de lourdes pertes, est au repos à Metz et la 80e division U.S. se trouve déjà dans la région de Thionville, faisant route vers le Luxembourg.

Entre les hauteurs de Wiesing et Rohrbach-lès-Bitche, la 87e division d'infanterie U.S., ayant relevé la 26e, se heurte à la résistance de la 25. Panzer-Division et à la « Kampfgruppe Lehmann ». Cette division U.S., non aguerrie, doit soutenir de violents combats en progressant vers Rimling et la trouée de Deux-Ponts. Elle avait débarqué quelques jours plus tôt à Southampton.

Au nord-ouest de Sarreguemines, en Sarre, nous retrouvons la 95e et la 5e division U.S. face aux positions allemandes de Voelklingen et de Sarrelouis, défendues par les 347. et 559. Volksgrenadier-Divisionen. Sur la Sarre et devant Merzig, la 90e division d'infanterie U.S. affronte la 19. Volksgrenadier-Division.

Au-delà de Rohrbach-lès-Bitche évoluent alors les formations de la 44e division U.S., qui occupera vers Noël le secteur et la ville de Sarreguemines.

Nous avons tenu à relater dans les grandes lignes l'avance des troupes américaines de Metz à la frontière et à Sarreguemines, notamment celle de la 80ᵉ division U.S., progressant dans l'axe Faulquemont, Saint-Avold, Forbach, Sarrebruck, celle de la 35ᵉ division U.S. et de la 6ᵉ division blindée, avançant par Château-Salins, Morhange et Puttelange sur Sarreguemines, enfin la percée de la 26ᵉ division U.S. et de la 4ᵉ division blindée U.S., poussant leurs attaques en direction d'Albestroff, Fénétrange et Sarre-Union. L'offensive dura un long mois et se fit au prix de durs engagements. L'aviation, l'artillerie et le génie soutinrent efficacement les actions engagées au sol par les fantassins et les blindés. Les combats, très durs, causèrent de lourdes pertes en hommes et en matériel, la combativité des unités allemandes engagées étant encore très forte. Après les combats du débarquement sur les plages de Normandie, la campagne de Lorraine est celle qui a exigé le plus d'interventions terrestres et aériennes, dont témoigne le cimetière américain de Saint-Avold avec ses milliers de tombes.

Rappelons encore que les 18 et 19 décembre 1944, le XIIᵉ corps d'armée U.S., engagé entre Forbach et Rimling, fut relevé et dirigé sur le front des Ardennes, où la grave menace de l'offensive allemande se précisait. La VIIᵉ armée du général Patch prit alors la relève en étirant son front du Rhin jusqu'au secteur de Saint-Avold-Forbach.

Nous rapporterons dans le chapitre suivant le détail des opérations menées pour la libération de Sarreguemines. C'est cette ultime phase qui est du plus haut intérêt pour les Sarregueminois.

H.M. Cole, *The Lorraine Campaign*, 1950.
Spiwoks-Stöber, *Endkampf zwischen Mosel und Inn, XIII. S.S. Armeekorps*, 1976, p. 69 à 89.
M. Errard, Conférence faite à Sarreguemines le 22 avril 1948, Archives municipales de Sarreguemines, section photographique.

CHAPITRE XXVII

La bataille pour la libération de Sarreguemines, vue de l'intérieur de la ville [1]

21 novembre 1944

Le bruit de la bataille se rapprochait. Pendant de longues semaines, depuis septembre, les combats s'étaient stabilisés autour de Metz et sur la Seille. Puis, à partir du 8 novembre, ils reprirent sur tout le front et d'âpres affrontements eurent lieu dans le secteur de Château-Salins. Parfois, par vent favorable, nous entendions le canon qui grondait au loin, à quelque 50 kilomètres de là. Mais brusquement, le bruit de la canonnade se rapprocha. Il y a une semaine encore, je me trouvais non loin de Morhange. Déjà, la bataille se rapprochait. Rentré dans la soirée à vélo, je dus m'arrêter à un barrage gardé par des douaniers allemands, entre Woustviller et Sarreguemines. Pendant que les douaniers vérifiaient mes papiers d'identité et que je m'expliquais sur les raisons qui avaient motivé mon déplacement, un *Meldefahrer* [2], crotté de boue et méconnaissable dans son ample imperméable, se présenta également au barrage. Comme il s'était arrêté, les douaniers se précipitèrent vers lui pour le questionner : « *Was geht da vorne vor ?* » s'inquiétèrent-ils. « *Mörchingen ist gefallen ! Ich komme von dort...* ». Ainsi Morhange venait d'être prise. Entre-temps, je m'étais éclipsé et je fus bientôt dépassé par l'estafette motorisée se dirigeant vers un poste de commandement quelconque. Depuis ce jour-là, la bataille progressa vers notre ville. Avant-hier, un dimanche, de très bonne heure, une alerte soudaine nous avait jetés hors du lit, après une nuit passée dans la cave. Il ne fallait pas songer à déjeuner. L'alerte nous avait littéralement surpris au saut du lit. La rue était entièrement déserte. Depuis plusieurs jours, un véritable exode avait drainé la population de la ville vers les carrières de Welferding. Un premier groupe de chasseurs-bombardiers survola la ville et s'attaqua à des positions allemandes du côté de Hambach. Le ciel était légèrement couvert avec de faibles éclaircies. A chaque instant, le vrombissement des moteurs et le crépitement des armes de bord nous rejetaient dans la cave. Durant une accalmie, un groupe d'une

---
[1] Reportage non signé paru en décembre 1945 dans le *Courrier de la Sarre*.
[2] Une estafette motorisée.

dizaine de soldats allemands, couverts de boue et les visages défaits, poussant une voiture d'enfant, s'engagea dans la rue Pasteur. Nous les abordions au passage pour avoir des nouvelles du front. Les uns venaient de Virming, les autres de Grostenquin. Ils nous donnèrent quelques précisions sur le tracé exact de la première ligne, telle qu'elle existait à leur départ. Tenaillés par la faim et la peur, ils passèrent ensuite le pont de la Sarre et remontèrent la rue du Maréchal-Foch, visiblement pressés de quitter la ville.

Ce mardi soir, je dégustais paisiblement un demi chez Hickel, le seul café encore ouvert, lorsque brusquement la maison fut ébranlée par une forte détonation.

« *Abschuss* », disaient les uns.

« *Einschlag* », remarquaient d'autres.

Pendant que nous devisions s'il s'agissait du départ d'un obus ou de son impact, une nouvelle détonation nous fit sursauter, et le même ébranlement était ressenti.

Des gens bien informés crurent à la présence et aux tirs d'un canon à longue portée, se mouvant sur les rails de la gare, qui aurait pris pour cible les positions américaines de Morhange. D'aucuns affirmaient avoir aperçu cet engin à proximité du tunnel de la gare de Béning et du côté du dépôt ferroviaire.

Un nouveau tir assourdissant provoqua un début d'affolement dans la salle du débit. Un soldat allemand, non loin de moi, avait blêmi. D'autres essayèrent de se donner une contenance. Quelque chose d'insolite planait dans l'air. Un épais brouillard s'étendait sur la ville. Au loin, les combats faisaient rage. La bataille, dont Sarreguemines serait l'enjeu, semblait se rapprocher encore.

22 novembre 1944

Deux heures du matin! Une nuit encore sans alerte. Pourra-t-on dormir et se reposer cette nuit entière? Brusquement, vers trois heures, de nouvelles détonations, semblables à celles de la veille! Dressé sur mon lit, j'écoutais. C'étaient les tirs d'un canon en position près du tunnel. La riposte allait venir. Pourtant, le calme revint et j'allais me rendormir quand, soudain, la terre résonna à la suite d'une nouvelle détonation qui déchira l'air. En un instant, tout le monde fut sur pied. Pendant que nous nous installions dans la cave transformée en abri, une nouvelle et formidable déflagration nous secoua. Dehors, rue Pasteur, du gravier et des amas de pierres tombèrent sur le macadam. Au lever du jour, je partis en reconnaissance, l'obus de gros calibre, qui nous avait causé une telle frayeur, était venu éclater à la hauteur du premier étage d'un immeuble de la proche rue de la Chapelle, et l'avait éventré jusqu'au niveau de la cave, démolissant également le mur mitoyen. D'autres obus étaient tombés rue du Parc et sur la voie ferrée près de Steinbach.

Ce ne fut pas encore l'affolement... mais une incitation à chercher des abris sûrs avant l'intensification des bombardements. L'évasion de la population commença à s'accentuer et les carrières de Welferding se peuplèrent rapidement de plus de trois mille réfugiés, logés précairement. Sur place, j'assistais à de véritables scènes de ménage, où mari et femme se disputaient allègrement parce que le baraquement à l'intérieur de la caverne n'était pas tout à fait prêt à accueillir ses hôtes en détresse. Les nerfs des uns et des autres étaient à fleur de peau.

Partout dans les rues de Sarreguemines, on chargeait fébrilement les charrettes de meubles, de literie, de linge et de vaisselle, ce qui fit dire à un *Kriegsberichterstatter* (3) allemand que les Sarregueminois fuyaient leurs libérateurs. En fait, ils voulaient survivre pour les accueillir.

Tous ces préparatifs attirèrent aux fuyards les railleries de ceux qui étaient bien décidés à demeurer chez eux et, pendant qu'un nouveau convoi de charrettes surchargées ébranlait la rue Poincaré, François B... leur jouait de sa clarinette la mélodie bien connue : « *Muss i' denn zum Städtelein hinaus* ». Ce qui ne fut pas du goût d'un groupe de militaires et policiers allemands de passage, pouvant également se sentir visés. Ils se contentèrent pourtant de sourire... jaune.

La nuit, les gens restés sur place gagnèrent leurs caves bien étayées et dotées d'un certain confort. Le courant électrique était devenu intermittent... alors l'obscurité renforça encore le sentiment d'insécurité.

Une nouvelle fois, les services civils allemands pliaient bagages, ce qui fit dire au chef du *Finanzamt* Schauwecker qu'il serait bientôt le seul à former le *Volkssturm* qu'il venait de recevoir l'ordre de mettre sur pied, puisque tous ses compatriotes « foutaient » le camp.

27 novembre 1944

Pendant plusieurs jours, nous avons vécu un calme relatif. La bataille semblait s'être un peu stabilisée autour de Puttelange-aux-Lacs, où de grandes étendues inondées entravaient l'avance des alliés. Entre-temps, les habitants des carrières de Welferding s'étaient installés dans un confort relatif. Nous apprîmes des détails piquants sur l'organisation de cette ville souterraine avec ses quartiers de millionnaires et ses quartiers de plébéiens. En ville, le rythme de la vie s'est considérablement ralenti. Les services municipaux ont pratiquement cessé de fonctionner et ceux de la poste également. Le *Bürgermeisteramt* (4) de Sarreguemines s'est replié à Frauenberg et à Habkirchen, d'où il était pratiquement impossible de gérer la cité abandonnée. Les *Schupos* ne firent plus que des apparitions intermittentes, pour inciter les commerçants à ouvrir leurs magasins, surtout ceux d'alimentation.

Ainsi les derniers Allemands civils s'étaient retirés. La ville était également dégarnie de troupes. De temps à autre, un groupe de soldats en armes s'achemina vers quelque point stratégique critique du front. Sans doute avait-on abandonné l'idée de défendre coûte que coûte la ville de Sarreguemines ; d'ailleurs, par sa position géographique, elle ne s'y prêtait guère. Ainsi, les

---

(3) Un correspondant de guerre.
(4) Les services municipaux.

combats de rues nous seraient épargnés. Quel soulagement !

Les communiqués publiés par les journaux, qui nous parviennent encore, relatent la bataille au nord-est de Sarrebourg et font état d'une tentative visant à couper la route de Sarrebourg à Strasbourg. Depuis peu de jours, les libérations de Metz et de la capitale alsacienne ont été avouées par le *Wehrmachtsbericht*.

Le ravitaillement en vivres de la ville reste abondant. Pendant les accalmies, les bouchers liquident leurs stocks. Les cartes de vivres ont disparu, seuls les marks dont l'acheteur dispose déterminent la ration de viande que l'on peut acquérir. Chacun prend soin de se constituer une petite réserve de victuailles en cas de siège de la ville. Au cours de l'après-midi, une rumeur persistante annonce le dynamitage imminent du tunnel. La destruction de cet important ouvrage sur la voie ferrée de Béning serait prévue pour 17 heures. Le bombardement des divers quartiers de la ville a repris de plus belle. La veille, un dimanche, de très bonne heure, un obus s'est abattu sur un immeuble contigu de la boucherie Pfister, rue des Généraux-Crémer. Le projectile a percuté un vasistas, avant de creuser un cratère dans la chaussée. Comme la vitrine de la boucherie n'a pas souffert de la déflagration, on se perd en conjectures sur la trajectoire de l'obus.

Entre chien et loup, j'entreprends mon tour quotidien en ville, avant de rejoindre finalement le café Hickel, où un petit groupe de clients persévère à venir prendre l'apéritif. Soudain, à hauteur de la chapellerie Erny, je suis surpris par un invraisemblable chambardement : les vitres volent en éclats de toutes parts et jonchent la rue, les portes sont arrachées, les volets sortent de leurs gonds et pendent lamentablement le long des façades, des panneaux entiers de vitrines viennent se fracasser sur la chaussée et les maisons paraissent ébranlées par une secousse sismique. C'est une véritable vision de tremblement de terre. Je suis terrifié... Une nouvelle détonation déchire l'air, alors qu'un épais nuage de poussière noire s'élève au bas de la rue de la Montagne. Le couloir de la maison Hickel m'abrite. Aucun doute possible, le tunnel vient de sauter. A intervalles rapprochés, de nouvelles détonations achèvent la destruction de l'imposant ouvrage. La clientèle du café s'était réfugiée dans la cave. Une rapide reconnaissance dans le centre de la ville me permet de constater d'importants dégâts, vitres et vitrines ont été soufflées par le déplacement d'air. Ce fut aussi la fin de la distribution du gaz de ville.

28 novembre 1944

Les tirs d'artillerie sur la ville sont devenus plus nourris et durent quasiment toute la journée. Toutes les demi-heures, un obus de gros calibre ponctue son arrivée par un bruit assourdissant. Montre en mains, nous chronométrons son départ et son arrivée.

— Le voilà... un sifflement dans l'air... et boum, voici l'impact.

Généralement, nous ignorons où il est tombé, en causant peut-être des ruines et des deuils. Mais dès qu'il a éclaté, les plus courageux sortent de la cave pour vaquer à leurs occupations, mettant à profit ce répit de trente minutes. A partir de ce jour, le courant électrique fait aussi défaut. Dans les appartements, on constitue en hâte des réserves d'eau à l'aide de récipients des plus disparates. Le précieux liquide est ensuite transporté dans la cave. En prévision d'une rupture de la conduite d'eau, on repère dans le voisinage les rares puits ou pompes susceptibles d'assurer une distribution d'eau potable.

29 novembre 1944

Le bombardement de la ville devient de plus en plus intense. Les obus tombent dru. Deux hommes qui s'étaient aventurés près d'une fontaine sont légèrement blessés. Toutes les rues sont à présent atteintes par des obus. Se risquer au dehors est devenu une entreprise périlleuse.

30 novembre 1944

En raison du bombardement continu, les boulangeries ont fermé leurs portes. Il semble que l'investissement de la ville soit en cours. De nouvelles unités allemandes en retraite pénètrent dans la ville. Il s'agit pour la plupart de jeunes Polonais, incorporés de force dans la Wehrmacht. Ce sont des troupes de l'infanterie de marine. Elles prennent position aux différents carrefours et préparent les bazookas (*Panzerfäuste*), cette arme redoutable pour les chars de combat. En dernier lieu, ces troupiers en déroute avaient été au contact d'unités blindées américaines aux abords de Waldhambach. Démoralisés, ils nous confient quelques détails sur la force et l'efficacité du matériel des alliés et l'inégalité, voire l'inutilité du combat.

Nous examinons de près un de ces engins, avec lequel un jeune soldat s'est installé dans les décombres du cinéma Eden. Inquiets, nous lui demandions s'il comptait s'en servir. La réponse négative nous rassurait. Visiblement, l'homme n'avait plus le moral pour résister à une attaque. Tant mieux pour nous et notre bonne ville.

1er décembre 1944

Les jours se suivent et les combats s'intensifient. La bataille s'est encore rapprochée, l'étau semble se resserrer autour de la ville. Le feu est devenu extrêmement nourri et la trajectoire des tirs d'artillerie est de plus en plus réduite. Les détonations et les explosions se succèdent à un rythme accéléré. Tantôt c'est le centre de la ville, tantôt l'entrée de Neunkirch, le quartier des casernes et celui de la cité des Faïenceries qui sont particulièrement pris à partie. Les habitants ne s'aventurent plus dans les rues, mais les maraudeurs mettent la moindre accalmie à profit pour se livrer au pillage. Dans un café de la rue Pasteur, un pillard, en quête de boissons alcooliques, est pris en flagrant délit. A partir de ce jour, le journal nazi *Westmark* cesse sa parution définitivement. Au cours de la nuit, plusieurs obus au but ont endommagé les bâtiments de la Banque de France et d'autres ont creusé des cratères sur l'emplacement de la synagogue. Je ne relève évidemment que les impacts dans l'entourage immédiat de notre domicile. Un détachement de soldats qui avait pris quartier dans les sous-sols de la banque plie aussitôt bagages et se replie. L'effondrement d'un plafond avait failli lui être fatal. Toute la nuit, le centre de la ville a été soumis à un bombardement méthodique.

2 décembre 1944

Peu de civils dans les rues, mais beaucoup de militaires allemands, sans mission précise, patrouillent dans les artères du centre de la ville. Peu après 9 heures, une détonation formidable secoue la cave où nous nous abritons, des pierres et des gravats tombent dans la rue. Un concitoyen, qui s'était aventuré au deuxième étage, dans son logement, descend en trombe les escaliers. Il l'a échappé belle. A la prochaine accalmie, nous nous hasardons jusqu'au coin de la rue Pasteur. Là, nous constatons les dégâts : l'étage supérieur de la boucherie Emile Schmidt est entièrement détruit. Nicolas Grimm nous rejoint sur le trottoir. Malgré le danger, il est venu faire son tour quotidien dans le quartier.

Bien que la façade de notre maison n'ait été qu'égratignée par des éclats d'obus, la propriétaire se lamente : *« Die schönen Hausteine, die schönen Hausteine ! »* (5). Eh oui ! les pierres de taille de la façade ont souffert, mais les vies sont sauves. Dans la situation où nous nous trouvons, c'est cette dernière réalité qui importe. Mais la bonne dame reste inconsolable.

Vers onze heures, une nouvelle détonation à proximité. Décidément, le carrefour de la rue Pasteur est particulièrement visé, en tant que point stratégique du repli éventuel de troupiers allemands. La pharmacie Ehlinger a été durement touchée. Les impacts successifs ont causé d'appréciables dégâts dans notre appartement, où des débris de chaises, les pieds d'un buffet et des vitres jonchent le sol.

Midi. Un groupe de soldats patrouille encore dans les rues, l'arme au poing. A coup de crosses, la soldatesque défonce les vitrines, entre dans les magasins et se livre au pillage. Interrogés, ces soldats présentent un ordre de mission de la *« Einheit Lehmann »*, Kommandeur Gensch, leur ordonnant de récupérer des objets qui pourraient être utiles à l'armée. Ils en profitent pour piller.

3 décembre 1944

La matinée est étrangement calme. Nos libérateurs observent-ils le repos dominical en ce premier dimanche de l'avent ? Jusqu'à midi, pas un seul obus n'est tombé sur la ville. Enhardis par ce répit, nous gagnons le café Hickel pour prendre l'apéritif, le cafetier étant toujours fidèle à son poste.

A l'heure du déjeuner, un bruit insolite se répand dans la maison, des pas furtifs et des chuchotements se font entendre. Nous fonçons aussitôt : effectivement, une bande de pillards, des civils de Sarreguemines, cette fois, est à l'œuvre. Tout ce beau monde est aussitôt expulsé avec vigueur. Cet incident

(5) Les belles pierres de taille.

a rassemblé quelques voisins et nous devisons sur le trottoir, écœurés par d'aussi détestables procédés. Les malandrins sachant qu'il n'y a plus de *Schupos* (6) opèrent sans la moindre retenue. Des éléments de la *Feldgendarmerie* (7), qui passent juste à ce moment, ne sont pas autrement surpris par ces ignobles méfaits.

5 heures du soir. La nuit tombe après une journée d'un calme inaccoutumé. A huit heures du soir, pourtant, la canonnade reprend... et nous nous terrons. Cette fois, on a l'impression que l'artillerie a changé de position et s'est rapprochée de la ville. Les départs des coups sont nettement perceptibles et les trajectoires encore plus courtes. Utilisant mes connaissances de physique, j'essaie de déterminer la distance. Moins de 10 km à vol d'oiseau. Cela devient sérieux et la libération approche.

Le soir, une rumeur circule. Des blindés américains seraient parvenus jusqu'aux abords de Welferding. Ce bruit est naturellement incontrôlable. Pourtant, nous avons l'impression que la bataille s'est plutôt déplacée vers le nord-ouest, en direction de Forbach et de Sarrebruck. La canonnade fait rage dans ce secteur.

4 décembre 1944

Toute la nuit, des bandes de pillards sillonnent les principales artères de la ville. Ce sont pour la plupart des Allemands en déroute, qui refluent par les rues de Sarreguemines qu'ils traversent sans hâte, mettant à profit les destructions causées par les bombardements pour piller et emporter tout ce qui leur tombe sous la main. Ils sont encore armés jusqu'aux dents et leur présence est à tel point insolite que nous devons craindre le pire.

Le bombardement est toujours aussi intense. Il est sept heures du matin, une canonnade formidable se déclenche, entrecoupée de rafales de mitrailleuses et du crépitement des armes automatiques de tous les calibres. C'est quelque chose d'infernal. L'engagement semble se dérouler aux portes de la ville. Est-ce une bataille de chars, une contre-attaque allemande ou l'assaut final de l'armée américaine ? Nul ne saurait le dire. Tout le monde est sur le qui-vive ; sortis de la cave, nous découvrons un ciel rougeoyant de tous les feux de la bataille. Des balles traçantes sillonnent le ciel. A l'évidence, nos libérateurs sont à la périphérie de Sarreguemines.

Vers huit heures, le feu roulant décline et cesse. Seules, les armes automatiques lourdes restent encore en action... puis, par intermittence, les tirs d'artillerie reprennent. Quelques pièces allemandes, installées sur les hauteurs de Sittersberg et de Sarreinsming, ripostent de temps à autre à l'artillerie américaine. Mais le feu est moins nourri.

---

(6) Policiers.
(7) Prévôté militaire.

5 décembre 1944

Aux premières lueurs du jour naissant, une déflagration formidable secoue la maison, bientôt suivie de deux autres. Les ponts de la Sarre viennent de sauter, coupant la ville en deux. Les Allemands abandonnent la ville de Sarreguemines, car le repli de leurs forces s'effectuera au sud-est de l'agglomération. Un cordon de troupes est probablement resté en arrière-garde dans la partie haute de la ville, au Blauberg et au Himmelsberg. Des tirs isolés et espacés semblent l'indiquer. Nous nous faufilons vers le pont pour constater les dégâts. Quelques tronçons permettraient encore à des acrobates de rejoindre la rive droite. Pourtant, tous les câbles téléphoniques sont rompus, les conduites d'eau et de gaz éventrées. Rien ne bouge sur l'autre rive et nous avons quelque peine à déceler les nids de mitrailleuses, bien camouflés, dont le regretté Joseph Jost nous signalait la présence, vingt-quatre heures auparavant. A présent, nous attendons l'arrivée des Américains d'un instant à l'autre ; la tension nerveuse est à son comble. La destruction des ponts se poursuit pendant les premières heures de la matinée. Montés au quatrième étage de la maison Reinhart, jumelles braquées, nous constatons la destruction totale du pont de Steinbach. Nous distinguons nettement la cassure des arches de béton. Le pont métallique, cassé en deux, repose dans le lit de la rivière.

Toute la journée, nous nous abritons dans la cave bien étayée. Les libérateurs étant tout proches, il faut se garder de toute imprudence pouvant être fatale au dernier moment. Le soir venu, avec un groupe d'amis, nous célébrons même la fête de Saint Nicolas, patron de la ville, en vidant quelques bonnes bouteilles.

Le 6 décembre, à deux heures du matin, nous nous séparons enfin, ignorant encore que depuis la tombée de la nuit les premiers éléments américains avaient atteint les premières maisons de la ville. Mais il nous avait paru toutefois étrange que le feu de l'artillerie américaine se prolongeât vers Neunkirch et la route de Bitche, épargnant désormais la ville.

6 décembre 1944

Curieusement, durant la nuit et au cours de la matinée, l'activité de l'artillerie est plutôt réduite.

8 heures. Sur le pavé de la rue Poincaré, puis sur celui de la rue Pasteur, résonnent les pas accélérés de bottes, de bottes allemandes sans aucun doute. Au pas de course, on vient à nous. Ce sont deux soldats allemands, grenades au ceinturon, et porteurs d'armes automatiques. Manifestement, ils ont perdu le contact avec leur unité. La nuit précédente, leur unité s'était repliée à leur insu. Ils se dirigent vers le pont sauveur. Au bout d'un moment, ils réapparaissent sur l'autre rive et pénètrent dans la rue Roth. C'est une véritable prouesse que d'avoir traversé la Sarre sur les débris du pont effondré. Ce furent les derniers soldats allemands libres que nous ayons vus. Vers dix heures, c'est le moment tant espéré, les premiers Américains sont signalés rue de la Montagne. Depuis la veille, ils s'étaient infiltrés dans maints quartiers de la rive gauche. Nous observons un groupe de six hommes vigilants, rasant les

murs, qui progresse dans la rue de la Montagne pour s'aventurer ensuite rue de France.

Il est un peu plus de onze heures, lorsqu'à pas feutrés un Américain s'avance jusqu'au coin de la rue Pasteur, tire ensuite une rafale de mitraillette en direction du pont de la Sarre, puis par bonds rapides, il franchit la rue pour entrer rue Sainte-Croix.

Enfin, vers 13 heures, le centre ville s'anime, de longues files de soldats américains débouchent à la fois de la rue Nationale et de la rue de la Gare. Par la rue Sainte-Croix, une file s'engage rue Pasteur, une autre remonte rue Poincaré. De rapides commandements sont échangés.

Entre-temps, en face du café Gack, un poste radiotéléphonique a été installé.

« Captain... »

Nous regardons l'homme qui vient d'être interpellé et qui tient le récepteur. C'est un garçon d'une extrême jovialité et la bonté illumine ses yeux. Il téléphone à un P.C. quelconque en lui précisant le lieu exact où il se trouve. Nous l'entendons énumérer les noms des villes qu'il lit sur les plaques indicatrices. Des détachements de reconnaissance reviennent et le renseignent sur la destruction des ponts, indications qu'il transmet aussitôt à ses supérieurs. Si nous suivions maintenant l'élan de notre cœur, nous nous mettrions à pleurer de joie. Mais à défaut de pouvoir crier notre reconnaissance à tous ces braves gens du Minnesota, de Pensylvanie, de New York ou de San Francisco (8), qui parlent un langage inintelligible pour beaucoup d'entre nous, nous contenons notre joie immense, d'autant plus que tout danger n'est pas encore écarté., car la rive droite est encore tenue par les S.S. Les combats pour y établir une tête de pont peuvent reprendre d'un instant à l'autre.

Jusqu'à présent, rien n'a bougé de l'autre côté de la Sarre. Des détachements américains traversent le pensionnat et s'aventurent jusqu'aux berges de la rivière. Seules, des rafales d'armes automatiques tirées par les Américains arrosent l'autre rive.

Remontant la rue Sainte-Croix, voici qu'apparaît le capitaine Edouard Fogt, portant un béret et un brassard tricolore. C'est lui qui fut le chef de la Résistance du pays de Sarreguemines.

Soudain, une mitrailleuse allemande tire quelques rafales. Quelques Américains se précipitent vers le pensionnat Saint-Chrétienne, puis une Jeep surgit, la première que nous apercevons. Elle porte la croix de Genève et vient prendre en charge un soldat grièvement blessé sur les bords de la Sarre. Mais sa vie n'est pas en danger, nous affirment les infirmiers qui assurent l'évacuation du malheureux vers la plus proche antenne chirurgicale.

Les premières informations officielles nous parviennent : Maître André Rausch a été nommé maire par délégation. Edouard Fogt et ses deux lieutenants, Max Becker et Kremer, après avoir accueilli les premiers Américains près du

---

(8) En fait, il s'agit de la 35e division d'infanterie U.S. de Santa-Fé, Nouveau Mexique.

lycée, se sont rendus au P.C. américain, pour une prise de contact plus approfondie.

La nuit commence à tomber en cette première journée de notre libération. On annonce qu'un poste de commandement est installé au Palais de Justice et qu'il recueille les renseignements sur les positions allemandes de la rive droite. Nous nous y rendons. Un capitaine français, officier de liaison, nous accueille. Un sergent-chef, originaire de la région de Volmunster, l'assiste lors des interrogatoires.

Quand viendront les soldats français ? Telle est la première question que nous leur posons. Elle dénote une légère déception... celle de n'avoir pas été libérés par les troupes françaises. A quand la libération de la rive droite et de toute la ville ? N'étant pas dans les secrets de l'état-major U.S., ils ne peuvent nous rassurer.

7 décembre 1944

Est-ce pour ce matin... mais tout reste calme. Quelques Américains déambulent dans les rues, mais évitent la rue Pasteur, encore menacée par des tirs d'armes automatiques allemandes. Depuis la veille, cette rue est fréquemment balayée par des tirs d'enfilade. Nous observons les étincelles des balles qui ricochent sur les pavés et les façades des maisons. On court toujours un risque, même en traversant en courant cette artère. D'innombrables balles criblent de leurs impacts les vitrines de la maison de modes Jane et, rue des Généraux-Crémer, celles de la maison de meubles Sandmayer. Pour rejoindre le café Hickel, nous faisons des détours par la voie ferrée et pénétrons dans la salle par la venelle qui longe à l'arrière toute la rangée des maisons. La réserve de « Schnaps » et de « Grenache » s'épuise. Bientôt, nous serons au régime de la limonade.

8 décembre 1944

Ce fut une rude journée. Déjà la veille, à partir de 17 heures, plus un seul soldat américain n'apparut dans les rues de la ville. Pour la première fois, un avion-observateur survole la ville. Il volait très lentement, tournait et retournait dans le ciel, scrutant sans doute l'autre rive pour déceler les positions allemandes.

Un groupe d'officiers américain est venu visiter la maison en vue d'y installer un poste d'observation. Je les accompagne jusqu'au faîte et, par une lucarne, nous pouvons suivre très distinctement le feu de l'artillerie et la bataille qui se développe entre Sarreguemines et Sarreinsming. Mais l'objectif recherché est avant tout le pâté de maisons sur l'autre rive, attenant au port, notamment le café Muller. C'est de là que partent les tirs qui prennent d'enfilade la rue Pasteur, seul accès au pont dynamité. Un nid de mitrailleuses y est sans doute terré et à l'affût. Après avoir soulevé quelques tuiles du toit, nous découvrons finalement un angle de tir satisfaisant.

Quelques instants plus tard, un groupe de soldats américains, accompagné de deux sergents lorrains — l'un originaire de Marsal et l'autre de Merlebach — se présente pour aménager le poste d'observation. A la jumelle, on distingue très nettement des soldats allemands qui se tiennent dans une des pièces de l'étage supérieur du restaurant Muller. Dautres semblent se retrancher sur la véranda du café. Pendant ce temps, des tireurs isolés tiennent toujours la rue Pasteur sous la menace de leurs armes.

« Tenez, prenez », et un soldat américain me tend ses jumelles. « Vous reconnaissez l'uniforme ? ».

« Ce sont des S.S. ! »

« Oui, c'est également notre conviction. »

Il me fait approcher de sa longue-vue.

« Et sur le bras ? Pouvez-vous lire ? »

J'hésite un moment. Puis un mouvement du soldat allemand me permet de lire : « Gœtz v... »

C'est en effet la Panzergrenadier-Division « Gœtz von Berlichingen » qui tient encore la rive droite, observent les Américains.

Soudain, mon attention est attirée par d'épais nuages de fumée qui s'élèvent de la côte de Siltzheim. Un instant, j'ai l'impression que toutes les maisons flambent. Le tir de l'artillerie est extrêmement concentré.

La nuit descend lentement. Un spectacle féerique de lueurs s'offre à notre vue en direction de Rémelfing, Sarreinsming.

9 décembre 1944

La bataille pour la possession de la rive droite a gagné en intensité. On a l'impression qu'elle se déroule aux alentours de la ferme de la Cité et sur les hauteurs de Sarreinsming. Les Américains doivent avoir établi, en plusieurs endroits, des têtes de pont solides sur la rive droite. L'engagement répand un bruit infernal. Les mortiers, les canons, les mitrailleuses et les fusils-mitrailleurs tirent par roulement et saccades. De temps en temps, une balle perdue ricoche sur le macadam de la rue ou fracasse une vitrine.

Pas un chat rue Pasteur ou rue de la Chapelle, encore sous le feu des tireurs isolés. La corvée d'eau indispensable impose des sorties, qui se font en courant.

Emile Boulling, d'un air détaché, venant de la rue Chamborant, pénètre dans la rue de la Chapelle. Il longe la bordure du trottoir jusqu'à hauteur de la boucherie Bernhard, puis, avec beaucoup de flegme, il traverse la rue sans se presser. Aussitôt, une balle vient frapper les pavés, à un mètre derrière lui. Il se retourne alors, et s'arrête même... Quelqu'un l'interpelle : « Mais ils tirent... » « Je viens de m'en apercevoir », répond-il, et de son pas de sénateur, il entre rue Sainte-Croix, où il sera à l'abri des balles.

Simple incident montrant le sang-froid d'un homme, alors que de toutes parts la bataille fait rage. Nous voici de nouveau à notre poste d'observation. En direction de la ferme de la Cité, un épais rideau de fumée cache la vue. Est-ce un incendie ? Non, car au bout de quelques instants, la fumée se dissipe. Canons, mortiers et mitrailleuses poursuivent leur action destructrice. A la tombée de la nuit, une fusée monte dans le ciel hivernal... en direction du stand de tir de Sarreinsming.

10 décembre 1944

Est-ce pour aujourd'hui ? De bonne heure, près du café Ganser, rue des Généraux-Crémer, un canon léger est mis en position. Le canon est braqué sur le café Muller, il s'agit de réduire ce nid de mitrailleuses allemand. Les munitions s'entassent autour de l'engin. Puis les tirs directs fusent et nous percevons les détonations et explosions sur la cible visée. Enfin, c'est le silence... ce point de résistance ne se manifeste plus. Les tirs au but ont dû l'anéantir. Dans le parc de la Faïencerie, des ombres furtives se faufilent entre les arbres. Sans aucun doute des Américains... le dénouement approche.

Les observateurs, installés dans notre maison, sont devenus moins loquaces. Nous les interrogeons en vain sur le déroulement des combats. Mais à onze heures, ils redeviennent souriants. On vient de leur téléphoner que des groupes de « G.I's » étaient parvenus jusqu'au temple protestant et demandaient l'appui de l'artillerie sur un point X..., où les Allemands opposent encore une certaine résistance. A midi, nous déjeunons dans la cave. Brusquement, un obus explose non loin de notre abri, puis un second percute la galerie de la conciergerie de la Banque de France, alors qu'un troisième projectile faillit faire mouche sur le poste d'observation. En remontant, nous croisons les observateurs américains, extrêmement nerveux. L'un d'eux est d'ailleurs légèrement blessé. Après des soins et un bon repas, ils reprennent leur faction. Sur la rive droite, les troupes américaines progressent vers Neunkirch.

Nous apprécions le dessert américain qu'on a laissé à notre intention sur la table. Un cigare américain est fumé avec délices. Arrivés dans la rue, nous n'en croyons pas nos yeux : deux Américains déambulent paisiblement dans la rue Roth.

Plus de doute possible, Sarreguemines est enfin entièrement libérée.

*

P.S. — Certes, il ne nous aura pas été possible de relater toutes les phases de la bataille, de noter tous les incidents survenus, souvent en des endroits fort éloignés les uns des autres de notre repaire. Beaucoup de lecteurs nous ont écrit pour nous demander la publication de ce journal dans une brochure. Nous envisageons effectivement une telle réalisation, bien qu'une telle entreprise exige une longue préparation et une documentation sérieuse.

Par la publication du présent ouvrage, nous réalisons donc le vœu de ce reporter, sans doute le regretté Henri Schwab, alors rédacteur au *Courrier de la Sarre*.

Le 10 décembre 1944, au matin, vers 9 heures.

Les premières troupes américaines franchirent la Sarre par le pont de Steinbach, occupèrent sans heurts (?) les bâtiments de la Fayencerie, puis elles se partagèrent en deux colonnes.

La première pénétra dans la rue Roth où elle rencontra une forte résistance. La deuxième colonne passa par la rue de Geiger, où elle fouilla systématiquement les maisons pour débusquer d'éventuels soldats allemands.

Enfin, après leur jonction, les deux colonnes s'attaquèrent au dernier « nid de résistance », constitué par l'îlot de maisons du « quai de la Sarre », à l'époque « *Saarstaden* ». Pour les Allemands, des fantassins S.S., commandés par un *Oberleutnant*, il n'était pas question de se rendre.

Alors, pour des raisons humanitaires et pour épargner des vies humaines, l'officier américain fit appel à l'abbé Jean Fourny, logé rue de Geiger, à la maison des sœurs de Saint-Vincent-de-Paul, pour demander la reddition des Allemands.

Après d'âpres pourparlers, linge blanc en main, accompagnés de six soldats américains, sœur Marie-Louise et l'abbé Fourny obtinrent la reddition sur l'honneur des S.S.

Dans la rue Roth gisaient trois soldats américains tués et au « *Saarstaden* », les Allemands avaient eu un tué et plusieurs blessés.

(*Témoignage de l'abbé Jean Fourny.*)

CHAPITRE XXVIII

La libération de Sarreguemines ; le déroulement des opérations

Le plan général de la IIIe armée U.S. établissait une avance limitée de la 80e division U.S. à l'aide d'un commando pour gagner le terrain dominant la Sarre au nord-est de Farébersviller. La 6e division blindée devait pousser vers Sarreguemines en même temps qu'elle déploierait son aile gauche de façon à faire se resserrer la 80e division, s'emparer de l'élévation du terrain dans la zone de Cadenbronn et nettoyer la rive ouest de la Sarre. La 35e division, à droite de la 6e division blindée, était désignée pour continuer la poussée avec la 26e division U.S. et la 4e division blindée, une fois que la gauche et le centre du corps seraient arrivés à la Sarre ou l'auraient traversée. Plus loin, opérait la 44e division U.S. qui avait pour objectif de gagner la région de Rohrbach-lès-Bitche.

La bataille de Sarre-Union [1]

La progression des 26e division U.S., 4e division blindée et 44e division U.S. avait pour but d'avancer au-delà de la Sarre et d'assurer ainsi la sécurité de la 35e division, engagée sur la Sarre, de Sarralbe à Sarreguemines. Un premier obstacle se présentait dans le secteur de Sarre-Union, où la 4e division blindée combattait avec acharnement pour investir la ville. Dans son avance, cette division avait pénétré au sud dans le périmètre des défenses allemandes autour de Sarre-Union à la date du 1er décembre 1944, et avait atteint un point d'où il était possible de lancer un assaut direct sur la ville elle-même. Pour cette opération, le 101e régiment d'infanterie U.S., auquel on avait fait traverser la Sarre et amené sur le flanc gauche de la 4e division blindée, attaquerait Sarre-Union au nord, tandis que les blindés effectueraient un encerclement à l'est.

Au début de décembre 1944, la défense de cette position solide incombait à la 25. Panzergrenadier-Division, disposant encore de dix-huit chars d'assaut, et pouvait compter sur l'appui du groupe de combat (*Kampfgruppe*) de la Panzer-Lehr-Division, encore en réserve, et celui des blindés de la 11. Panzer-Division. L'essentiel des forces allemandes était déployé sur les hauteurs au

---

[1] H.-M. Cole, *La campagne de Lorraine*, pp. 521-525.

nord et à l'est de la ville de Sarre-Union, derrière une ligne d'avant-postes passant par la route de Mackwiller.

Le 1er décembre au matin, l'unité B et le 101e régiment d'infanterie déclenchèrent une attaque coordonnée. L'unité B, à l'aide du 8e bataillon de chars et du 51e bataillon d'infanterie blindée, avança sur deux colonnes, la droite attaquant la colline 318, au nord de Mackwiller, la gauche pénétrant dans les avant-postes allemands à l'est de Rimsdorf. Le 101e régiment d'infanterie lança son attaque avec le 3e bataillon, formé en colonnes de compagnies, avançant sur Sarre-Union, tandis que le 1er bataillon se mettait en marche pour nettoyer le bois du Bannholz sur la droite de la zone du 101e régiment d'infanterie.

L'unité B, progressant en direction de la colline 318, eut à soutenir de nombreuses escarmouches, augmentant de violence à mesure que les Américains s'approchaient de l'objectif assigné. Des tanks supplémentaires et de l'infanterie blindée de l'unité A durent être amenés en renfort dans la zone de l'unité B. Vers midi, la compagnie A du 8e bataillon de chars refoula un détachement de tanks de la Panzer-Lehr-Division et s'empara de la hauteur. Mais l'engagement avait coûté cher. Les attaquants comptèrent quatre-vingt-trois tués, dont le colonel Arthur L. West, du 10e bataillon d'infanterie, et le commandant Van Arnam, du 51e bataillon. Le 1er bataillon du 101e régiment d'infanterie avait également rencontré une forte résistance et ses hommes passèrent la plus grande partie de la journée cloués au sol par un feu intense sur leurs avants et leurs flancs. Finalement, le succès de l'attaque de l'unité B força la ligne allemande à se replier et, avec l'aide de la réserve du régiment, le 1er bataillon put nettoyer le bois.

Le 3e bataillon du 101e régiment d'infanterie approcha de Sarre-Union en s'abritant derrière une crête, tout près de la rive est de la Sarre, qui cachait la colonne à la vue de l'ennemi placé sur les collines du nord-est. Les deux compagnies de tête I et K, en pénétrant dans la ville, n'y découvrirent qu'une poignée d'Allemands. Alors se déclencha une violente contre-attaque de l'ennemi à l'aide de mitrailleuses et de mortiers. Les deux compagnies U.S. durent être retirées de la ville parce qu'elles n'étaient pas en mesure de briser cet assaut.

Dans la nuit du 1er au 2 décembre, les Allemands réoccupèrent Sarre-Union et placèrent des avant-postes dans la gare et dans la zone des casernes en bordure sud de la ville. Ceci eut pour conséquence d'obliger le 101e régiment d'infanterie de réduire systématiquement les positions de l'ennemi dans la journée du 2 décembre. A la gare, un peloton de bazookas détruisit les canons antichars de l'ennemi. Au cours de l'après-midi, les Américains s'emparèrent des casernes et reprirent la ville. Cette nuit-là, une compagnie du même régiment vint en renforcer les défenses. A l'est de Sarre-Union, la 4e division blindée coupa la route de Domfessel et s'empara de la colline 332 sur la route de Voellerdingen, ne laissant aux Allemands que la route d'Oermingen pour se retirer. Des pelotons de chars de la Panzer-Lehr-Division, hâtivement jetés dans la bataille, passèrent aussitôt à la contre-attaque, mais celle-ci put être enrayée grâce à l'intervention de chasseurs-bombardiers U.S.

Quoique le filet se resserrât sur Sarre-Union, l'ennemi tenta de frapper un dernier coup sur les troupes à l'intérieur de la ville, en faisant entrer en lice un petit groupe de combat (corps-franc) de la 11. Panzerdivision. Le 3 décembre à midi, huit chars allemands soutenus par la compagnie d'escorte (*Begleitkompanie*), attaquèrent le long de la route d'Oermingen et pénétrèrent encore une fois dans Sarre-Union, faisant même prisonnier le groupe de commandement de la compagnie I et s'emparant de cinq canons antichars, placés dans un cimetière dominant la route, qui ne pouvaient rivaliser avec les lourds blindés. L'infanterie U.S. n'eut d'autre ressource que de s'abriter dans les caves. Un observateur d'artillerie appela par radio un tir d'artillerie sur le quartier. En six minutes, les howitzers (pièces d'artillerie de 105 mm) du 101e bataillon d'artillerie de campagne et la compagnie d'artillerie du régiment tirèrent trois cent quatre-vingts projectiles dans le secteur menacé. Cette concentration de feu roulant mit hors de combat deux tanks allemands et décida les autres à se retirer. Le lendemain, le 104e régiment d'infanterie et une compagnie du 37e bataillon de chars mirent fin à la sanglante bataille de Sarre-Union en nettoyant méthodiquement chaque maison, tuant ou faisant prisonniers les fantassins allemands qui n'avaient pu s'échapper à travers le bombardement d'artillerie. Ainsi, le 4 décembre 1944, la ville de Sarre-Union était définitivement libérée.

Après la perte de Sarre-Union, la 11. Panzer-Division avait abandonné le saillant formé par la boucle de la Sarre autour et à l'est de Hambach, ainsi que le terrain s'étendant entre Herbitzheim et Sarre-Union. Avec les autres unités engagées, elle s'était retirée, au sud de Sarreguemines, sur la rive droite de la Sarre, tout en laissant quelques postes de sécurité sur la rive gauche. Désormais la ligne de défense passait de Weidesheim, par Voellerdingen à Waldhambach.

La poussée de la 4e division blindée vers la ligne Maginot [2]

Les forces allemandes avaient été enfermées dans l'étroit espace boisé entre la Sarre et l'Eichel à la suite de la prise de possession par les Américains des collines à l'est de Sarre-Union. Dès la nuit du 3 décembre, la 25. Panzergrenadier-Division et le détachement de chars de la 11. Panzer-Division commencèrent à battre en retraite au nord-est en traversant l'Eichel. Le lendemain 14 décembre, le général Gaffey entreprit la poursuite, avec deux unités de combat, s'avançant pour établir une tête de pont de l'autre côté du cours d'eau. L'unité B, à gauche, rattrapa quelques petits détachements de l'arrière-garde ennemie et, peu après midi, le 8e bataillon de tanks attaqua dix chars allemands près de Voellerdingen, en détruisit deux et chassa les autres. Une petite unité d'intervention du commandant A.F. Irzyk entra dans Voellerdingen et prit possession d'un pont intact. A la tombée de la nuit,

---

(2) H.-M. Cole, *La campagne de Lorraine*, pp. 530-533.

l'unité B avait une avant-garde sur la rive est de l'Eichel, encore occupée par l'ennemi. Pendant la nuit, des patrouilles ennemies, qui avaient essayé de faire sauter le pont, furent repoussées.

L'unité A, **renforcée** par le 37e bataillon de chars, envoya une unité d'intervention pour s'emparer de Domfessel, village défendu par quelques éléments de la 11. Panzer-Division. Lorsque les Américains tentèrent de jeter un pont sur le ruisseau, au centre du village, ils furent pris sous un feu intense de l'artillerie allemande de gros calibre, qui mit cinq chars hors de combat.

Pendant la matinée du 5 décembre, le 35e bataillon de chars et le 53e bataillon d'infanterie blindée établirent une tête de pont sur l'Eichel pour l'unité A. Vers midi, le 37e bataillon de tanks franchit la tête de pont pour entreprendre une **offensive** en direction de Bining, avec pour objectif principal d'atteindre la **localité** de Rimling. Bien que Bining en soi ne fût pas important, ce village contrôlait l'entrée de Rohrbach-lès-Bitche, centre de communications important, et qui comportait des casernes.

A ce moment, alors que le XIIe corps U.S. essayait de prendre Sarreguemines, la prise de Rohrbach était un préliminaire essentiel pour couper l'une des principales routes (Nationale 410) ainsi que la voie ferrée de Sarreguemines à Bitche. Conjointement avec le XVe corps U.S., qui avançait dans la forêt de Montbronn, cette action devait obliger finalement l'ennemi à battre en retraite et permettre à la 35e division U.S. de passer la Sarre entre Sarreinsming et Sarreguemines, pour s'emparer des quartiers de Sarreguemines situés sur la rive droite de la Sarre.

La 4e division blindée eut devant elle le 1er bataillon du 111. Panzergrenadier-Regiment, qui comptait plus de fusils que le 51e bataillon d'infanterie blindée U.S. Il apparut bientôt que Singling et les canons des hauteurs qui la couvraient ne pourraient être neutralisés uniquement par des tirs. Le colonel Abrams appela à l'action l'infanterie blindée. Finalement, après de durs combats, les localités de Bining et de Singling furent prises.

Le 8 décembre, la 4e division blindée, épuisée, fut évacuée de la ligne de combat et mise au repos à Cutting et Loudrefing. La 26e division d'infanterie U.S. qui l'avait suivie en prit la relève.

Le 7 décembre, le XIIe corps U.S. se regroupa pour entreprendre la phase suivante de l'avance vers le nord-est. Le principal effort serait fourni par les 35e et 26e divisions, attaquant de front. L'objectif était d'amener le XIIe corps sur une position telle qu'on puisse lancer l'assaut final qui pénétrerait dans la ligne Siegfried de Sarrebruck à Deux-Ponts. La 6e division blindée et le 2e groupe de cavalerie relevèrent la 80e division d'infanterie U.S., qui alla au repos près de Saint-Avold. Son départ laissa aux blindés de la 6e division U.S. et à la cavalerie le soin de protéger le flanc gauche de la 35e division et de contenir Sarrebruck, qui était soumise à un bombardement quotidien de *howitzers* de 240 mm et de canons de 110 mm.

La 35e division occupée à ce moment par la bataille de la moitié ouest (rive gauche de la Sarre) de Sarreguemines, était néanmoins prête avec l'équipement de son génie et ses écrans de fumée à traverser la Sarre, au sud de la Cité.

L'avance du XIIe corps (35e division) sur Sarreguemines [(3)]

Les troupes allemandes s'opposant au XIIe corps n'étaient pas en état de contenir une attaque déterminée et étaient inférieures en nombre et en matériel.

Dans la zone de la 35e division, tous les bataillons des 134e et 320e régiments d'infanterie envoyèrent avant la nuit des patrouilles le long de la rive ouest de la Sarre. Le 2e bataillon du 134e régiment d'infanterie atteignit les faubourgs sud-est de Sarreguemines le 5 décembre. Les habitants du Blauberg virent ainsi les premiers Américains. Ainsi commença une bataille de cinq jours pour s'emparer de la ville entière. Une fois que l'ennemi eût abandonné, sans combattre, la rive ouest (ou sud) de la rivière, il pouvait continuer à se battre sur la rive droite, ce qu'il fit grâce aux nombreux abris bétonnés et à d'importantes usines (Faïencerie).

L'unité d'intervention A envoya d'abord un tank unique dans Sarreguemines (rive gauche) le 6 décembre 1944, car elle avait reçu des renseignements erronés, disant que des troupes de la 35e division avaient pris la ville. Dans la ville, l'équipage de l'unique tank américain reçut une ovation de la population française. Le colonel Hines décida d'attendre que l'infanterie arrivât du Sud. Il établit le contact avec le 2e bataillon du 134e régiment d'infanterie qui était arrivé la veille dans les faubourgs de Sarreguemines. Des tanks légers furent amenés de l'unité A pour soutenir l'infanterie dans son combat pour nettoyer le secteur ouest de la ville. Le 6 décembre, au milieu de l'après-midi, la 6e division blindée avait exécuté la mission assignée pour le XIIe corps ; elle devait maintenant assurer la liaison entre le XIIe et le XXe corps, à gauche du dispositif, et surtout couvrir le flanc de la 35e division, engagée à Sarreguemines et sur la Sarre, au sud-est de la ville.

Le soir du 6 décembre, les 6e division blindée et 35e division d'infanterie tenaient solidement la rive ouest de la Sarre, de Grosbliederstroff à Wittring, sur 16 km environ. Tard dans la soirée, le général Eddy annula l'ordre donné à la 35e division de traverser la Sarre, repoussant la date jusqu'au 9 décembre, date à laquelle la 26e division d'infanterie serait en mesure d'attaquer conjointement avec la 35e. Au sud et à l'est de Wittring, les Français avaient construit un des secteurs les mieux fortifiés de la ligne Maginot. La 26e division d'infanterie était maintenant en train de gagner ce secteur des fortifications et le commandant du XIIe corps envisageait une attaque coordonnée des 35e et 26e divisions qui enfoncerait les deux ailes de la position allemande, la première perçant la ligne sur la Sarre, à Sarreguemines, tandis que la deuxième franchirait la ligne Maginot.

A Sarreguemines, les Américains avaient pu repérer de nombreux nids de mitrailleuses sur la rive droite. Ils savaient aussi qu'ils avaient de nouveau en

---

(3) H.-M. Cole, *La campagne de Lorraine*, pp. 526-530.

face d'eux la 17. S.S. Panzergrenadier-Division « Gœtz von Berlichingen », des troupes d'élite, et qu'une attaque frontale serait hasardeuse, le seul pont existant ayant été détruit. Voir la relation de cette phase dans le chapitre « La libération de Sarreguemines vue de l'intérieur de la ville ».

Finalement, la décision fut prise de lancer une attaque de contournement par le pont de la voie ferrée de Steinbach, encore utilisable, en même temps que d'autres unités s'installeraient à Rémelfing et passeraient la Sarre à Sarreinsming.

La prise de la cité des faïenceries et du quartier de la Blies [4]

L'opposition farouche que le 1er et le 2e bataillons du 134e régiment d'infanterie avaient rencontrée à Sarreguemines (rive droite) laissait supposer que les Allemands avaient l'intention de tenir, coûte que coûte, la rive droite de la Sarre. Le 38. Panzer-Regiment était venu renforcer la 17. S.S. Panzergrenadier-Division.

L'approche la plus discrète du cours d'eau ne pouvait s'effectuer qu'à travers le Honigwald, un bois situé à environ 500 yards au sud-est de Rémelfing (en face de Sarreinsming. au lieu-dit la « Petite Amérique »). Ce bois, en effet, s'étend presque jusqu'aux rives de la Sarre. Une patrouille de reconnaissance de la compagnie L, qui s'était aventurée jusqu'à la lisière de ce bois, put apercevoir des groupes d'ennemis se déplaçant, de l'autre côté de la rive, en direction du village de Sarreinsming.

Un plan initial au niveau du 134e régiment d'infanterie avait prévu de faire traverser la Sarre par les 3e et 1er bataillons à Rémelfing. Ce plan fut abandonné. La compagnie L, en fin de compte, repéra un excellent endroit de l'autre côté à Sarreinsming. Mais entre-temps, le 7 décembre, le lieutenant Neuhoff rapporta qu'il avait traversé le pont du chemin de fer détruit sans rencontrer le moindre feu ennemi. Le colonel Mitlonberger décida alors d'y faire passer en file indienne le régiment tout entier. Il s'agit évidemment du pont de la voie ferrée de Steinbach.

Le 8 décembre, le 134e régiment d'infanterie attaquerait à 5 heures du matin avec pour mission de créer une tête de pont de l'autre côté de la Sarre et **de s'emparer des hauteurs situées au nord-est de Sarreguemines (Wiesingerhof).**

Le 320e régiment d'infanterie, quant à lui, établirait une tête de pont du côté droit. La 6e division blindée se devait de garder ses positions à gauche de la 35e division.

Le 1er et le 2e bataillons auraient à traverser le pont de chemin de fer devant le 3e bataillon et à lancer l'attaque du nord-est. L'artillerie prendrait position près de Sarreinsming où la compagnie C et le 133e pionniers construiraient une passerelle, un radeau ainsi qu'un pont Bailey. Différents pelotons auraient comme tâche de soutenir de leur feu tous ces engagements depuis Rémelfing et Neufgrange.

(4) *Bibliography of a Battalion U.S. Army*, Military History Research Collection, pp. 147-163.

Il y avait pourtant un double risque : tout d'abord dans le fait de faire traverser les trois bataillons en file indienne par le pont de la voie ferrée (5) affaissé dans la Sarre et le canal des Houillères ; ensuite en faisant effectuer la traversée à environ 3 km de l'endroit où le pont Bailey devait être construit. En cas d'échec, toutes les forces de combat du régiment risquaient d'être coupées du reste de la division. Le succès de l'entreprise du 3e bataillon revêtait donc une importance capitale.

En outre, avec la levée du jour, l'ennemi pouvait achever la destruction du pont ou rendre une approche impossible. Dans chacun des cas, il ne serait pas possible de convoyer ni munitions, ni renforts et, ce qui serait plus grave encore, de faire passer les chars d'assaut, les canons antichars et d'autres éléments blindés, pouvant briser une éventuelle contre-attaque ennemie.

Pour accomplir sa mission, le 3e bataillon devait pouvoir compter sur la réussite de la traversée du pont. Ensuite, après avoir suivi les 1er et 2e bataillons, il aurait à effectuer un difficile changement de direction vers la droite à la faveur de la nuit et à se mouvoir sur 3 km à travers les positions retranchées de la rive en direction de Sarreinsming, pris à revers.

Mais il y avait aussi de sérieux avantages à opérer de la sorte. Cette manœuvre rendait possible un important support de l'artillerie et permettait de fixer l'ennemi à un endroit situé en face du « Honigwald », faisant croire à **l'ennemi que l'attaque aurait lieu à cet endroit, alors que Sarreinsming** demeurait le but précis. Le feu roulant de l'artillerie dans le secteur du « Honigwald » devait permettre au 3e bataillon d'amorcer sa traversée.

Ce bataillon était rassemblé dans les bois au-dessus du pont de chemin de fer, attendant que les autres bataillons eussent effectué la traversée. La préparation par l'artillerie débuta à l'heure fixée, mais les tirs arrivèrent trop courts ou encore tombèrent dans les bois où le 3e bataillon effectuait son rassemblement. Il y eut même des dégâts parmi le corps de pionniers stationné près de Rémelfing.

Malgré tout, le passage par le pont de chemin de fer s'effectua sans encombre pour les trois bataillons, à l'exception de quelques rares éléments des compagnies K et L, pris soudainement sous le feu de mitrailleuses ennemies. Le lieutenant Kryder, commandant la compagnie I, ordonna alors de pénétrer dans la localité de Sarreinsming. Cette dernière fut aussitôt prise sous le feu de l'artillerie allemande, infligeant aux troupes U.S. des pertes en hommes et en matériel. Ensuite, il fit dresser une sorte d'enclos pour les prisonniers valides, rassembla la population civile en un autre endroit et les interrogea sur la présence d'éventuels collaborateurs à la cause de l'ennemi. A la tombée de la nuit, le village était complètement investi par les troupes américaines. Le gros des compagnies L et K avait cependant encore maille à partir avec des éléments S.S. qui s'étaient retranchés dans un groupe de

---

(5) Il s'agit du pont de la voie ferrée à Steinbach.

bâtiments situés au nord-est du pont (6).

Après de durs combats, souvent au corps-à-corps, le dernier nid de mitrailleuses fut réduit au silence vers 4 heures, après plus de deux heures d'affrontements. La compagnie L renvoya vingt-deux prisonniers qui vinrent se joindre aux vingt autres, capturés par les compagnies K et I.

A présent, la route était libre, les compagnies K et L firent alors mouvement vers et dans Sarreinsming pour y renforcer la compagnie I. Le poste de commandement du bataillon se déplaça à Rémelfing. Grâce aux reconnaissances du lieutenant Hanna, l'acheminement des approvisionnements en vivres et en munitions put être assuré.

Entre-temps, les pionniers avaient réussi à jeter un pont Treadway sur le canal à Rémelfing, alors que le premier peloton de la compagnie K, demeuré à Rémelfing, rallia à l'aide d'embarcations d'assaut le reste de la compagnie. A la faveur d'un léger brouillard, les canons antichars et les véhicules blindés purent être acheminés de l'autre côté de la Sarre et du canal des Houillères.

La configuration du terrain entre Sarreguemines et Sarreinsming, formé de collines et de vallons, se prêtait à d'excellents postes d'observation ennemis, notamment en ce qui concerne les unités d'artillerie.

L'élimination de ces postes incomba aux 1er et 2e bataillons, soutenus dans leur action par des détachements des 320e et 137e régiments d'infanterie.

Nous reviendrons plus loin sur l'action du 137e régiment d'infanterie qui s'emparera de la partie de la ville de Sarreguemines située sur la rive droite.

Mais il restait encore un poste d'observation ennemi à Sarreguemines sur une hauteur située dans le secteur entre Blies et Sarre, qui pouvait diriger les tirs sur Rémelfing. Le lieutenant-colonel Boatsman avait eu l'impression que les tireurs pouvaient obtenir des renseignements de civils, alors que seul le poste d'observation précité était en cause.

A 4 heures et à 4 heures 45, tous les canons antichars et autres blindés du régiment avaient réussi la traversée. La bataille pour une importante tête de pont était gagnée. L'élargissement de ce pont et la progression vers les hauteurs à l'arrière des villages de Rémelfing et de Sarreinsming permettait dès lors la libération des quartiers de Sarreguemines situés sur la rive droite de la Sarre. C'est le 137e régiment d'infanterie qui accomplira cette mission.

La progression du 137e régiment d'infanterie U.S. (7)

Ce régiment avait fait mouvement depuis Hambach et Neufgrange en progressant à travers la forêt de Sarreguemines (Bouchholtz). Nous sommes le 8 décembre 1944.

A l'aube du 9 décembre, le 1er bataillon du 137e R.I. se mit donc en marche et rallia la ville de Sarreguemines, déjà partiellement prise par les troupes U.S. (rive gauche).

(6) Sans doute les bâtiments du centre psychiatrique de Steinbach.
(7) *Combat history of the 137th Infantery Regiment*, pp. 62-67.

Le jour suivant, le 137ᵉ régiment d'infanterie devait attaquer dès 5 heures du matin, utilisant le pont de chemin de fer (Steinbach) situé à la périphérie sud-est de la ville. Les 2ᵉ et 3ᵉ bataillons devaient attaquer à 7 heures 30 vers le nord-est. Ensuite, le 2ᵉ bataillon, progressant sur la gauche, devait s'emparer de la partie de Sarreguemines située au nord du cours d'eau en ayant soin de prendre ensuite, intact, le pont de la Blies. Le 3ᵉ bataillon était chargé de lancer son attaque à l'intérieur de sa propre zone et de s'emparer des hauteurs surplombant la Blies au sud. Le 1ᵉʳ bataillon, depuis ses positions sur la rive sud de la Sarre, avait pour mission de soutenir et d'appuyer l'avance du 2ᵉ bataillon. La compagnie antichars avait également à appuyer l'avance du 2ᵉ bataillon. Un poste d'observation (O.P.) devait être établi par deux pelotons, I et R, à la lisière des bois se trouvant au sud-ouest de Sarreguemines (forêt de Woustviller).

La journée du 10 décembre 1944

Le 10 décembre, le 3ᵉ bataillon traversa le pont de chemin de fer situé dans les faubourgs au sud-est de Sarreguemines (pont de Steinbach), sans essuyer le moindre coup de feu. Cette traversée fut terminée à 5 heures 45 de la part de tous les bataillons, tandis que le P.C. du 3ᵉ bataillon commençait à fonctionner sur la rive nord de la rivière, à 7 heures précises, juste au nord de la localité de Rémelfing.

Le 2ᵉ bataillon effectua la traversée juste derrière le 3ᵉ et les deux bataillons firent ensuite leur jonction au nord du cours d'eau. Par une très mauvaise visibilité, un ciel très couvert, mais sans pluie, les deux bataillons se remirent en marche à 7 heures 30, le 2ᵉ progressant à gauche et le 3ᵉ sur le flanc droit.

Le deuxième bataillon rencontra aussitôt une farouche résistance dans une fabrique de faïences au sud-est de Sarreguemines, sur la rive droite. Après des combats de quatre heures, la compagnie F s'empara de la fabrique et progressa ensuite à l'intérieur de la ville (Cité des Faïenceries et quartier de la Blies).

A ce sujet, il nous a paru intéressant de donner la traduction d'un article de Earl Mazo, correspondant de guerre du journal *Stars and Stripes*. En voici la teneur intégrale :

« Avec la 35ᵉ division, à Sarreguemines, le dimanche 10 décembre 1944. Cette division établit ce jour de solides têtes de pont sur la Sarre, et des éléments du 137ᵉ régiment d'infanterie commencèrent à nettoyer des quartiers de Sarreguemines sur la rive droite de la Sarre.

Les fantassins, progressant vers le nord, le long des berges de la rivière, se heurtèrent à une violente résistance dans une faïencerie, située à la périphérie, et qu'ils nettoyèrent à coups de grenades. Vers midi, l'usine se trouvait nettoyée, une autre compagnie fit mouvement vers l'est à travers la ville. A partir d'un poste d'observation l'on pouvait voir les Américains remontant les rues de la Cité, les Allemands se repliant au-delà d'une colline plusieurs milliers de mètres à l'est (les hauteurs du Grand-Wiesing).

Des canons américains de 240 mm bombardèrent une importante concentration de troupes et de blindés à l'est de la ville. Un tel appui de l'infanterie devait à plusieurs reprises se révéler très efficace dans ce même secteur. L'attaque de la 35e division constitue un exemple classique d'un combat de l'infanterie américaine, fortement appuyée par des éléments du génie. » (8).

Pendant ce temps, la compagnie E réduisit les points de résistance existant encore dans les maisons de la périphérie nord de Sarreguemines (rue Roth notamment).

Durant cette bataille, le 1e bataillon, sur la rive gauche, au moyen de pièces d'artillerie à longue portée, prit sous un feu roulant l'ennemi qui battait en retraite. Le 3e bataillon, opérant sur le flanc droit, fut pris sous un feu nourri et rencontra, dans son secteur, une résistance opiniâtre et farouche.

A 10 heures 02, des tanks ennemis ayant été aperçus dans les rues du village de Neunkirch, le 3e bataillon demanda le soutien de l'aviation. La compagnie L se mit immédiatement en route vers Neunkirch et à 15 heures le village fut entièrement conquis. Le 1er bataillon, de l'autre côté de la Sarre (rive gauche) assura un appui efficace au 2e bataillon en jugulant, dès la nuit tombée, le tir des tireurs d'élite et des mortiers, car le 2e bataillon n'avait toujours pas entièrement nettoyé le quartier nord de la ville, alors que le 3e bataillon occupait déjà Neunkirch.

Le 137e régiment d'infanterie continua son attaque le 11 décembre et le 2e bataillon eut la bonne fortune de récupérer 995 prisonniers américains que, dans leur hâte, les nazis avaient laissés sur place.

Le 3e bataillon, très combatif, quitta alors Neunkirch, fonça sur l'aéroport de Sarreguemines et, dans un élan irrésistible, s'empara facilement du village de Frauenberg, sur les rives de la Blies. A 8 heures, les 2e et 3e bataillons reprirent leur progression, alors que le 1er bataillon reçut l'ordre de traverser la Sarre et d'assurer la sécurité de Sarreguemines sur la rive est de la rivière. Le 2e bataillon avait déjà quitté les lieux. Néanmoins le 1er bataillon dut suivre le 2e bataillon à une distance d'environ 800 yards (9). Un peloton de la compagnie antichars avait pour mission d'appuyer chaque bataillon, tandis qu'une autre section de cette même compagnie demeura sur les hauteurs avec le 1er bataillon. Le 2e bataillon avait rencontré de sérieuses difficultés à nettoyer Sarreguemines (rive droite) des derniers nids de résistance. Toutes les maisons qui s'y prêtaient avaient été transformées en nids de mitrailleuses et en retranchements pour tireurs d'élite.

A 9 heures, le 3e bataillon demanda que le feu de l'artillerie fût dirigé sur les hauteurs surplombant la Blies au nord (rive droite), où l'ennemi avait installé un poste d'observation. Il s'empara ensuite de la hauteur et pénétra avec sa compagnie K, appuyée par les mitrailleuses de la compagnie M, dans

---

(8) Archives municipales de Sarreguemines, section photographique.
(9) Un yard = 0,914 m, donc environ 730 m.

le village de Frauenberg. Une heure plus tard était engagé le combat du côté du premier village frontalier, **Habkirchen**. Entre-temps, le 1er bataillon avait traversé la Sarre et progressa à son tour à l'est de Sarreguemines.

A une heure, le 12 décembre 1944, le 137e régiment d'infanterie pouvait se prévaloir de compter dans ses rangs le premier soldat de la division à entrer en territoire allemand.

La ville de Sarreguemines était donc libérée, mais devait encore rester de longs mois sous la menace des tirs allemands.

*

CHAPITRE XXIX

Les combats de la 35ᵉ Division au-delà de Sarreguemines [1]

Avec les positions principales de la ligne Maginot derrière elle, la 26ᵉ division U.S. (sur le flanc droit de la 35ᵉ) marcha vers le nord-est en direction de Gros-Réderching. Le 104ᵉ régiment d'infanterie prit cette localité le 10 décembre, amenant ainsi la division à une quinzaine de kilomètres de la ligne Siegfried. On avait dit la veille au général Paul que sa division (la 26ᵉ) serait relevée par la 87ᵉ division U.S. qui venait d'arriver dans la région de Metz. Quoique des éléments de la 26ᵉ division eussent commencé à se diriger vers Metz, le 10 décembre, le 328ᵉ régiment d'infanterie continua sa poussée, faisant pénétrer une compagnie en territoire allemand, juste avant d'être relevé par le 347ᵉ régiment d'infanterie dans la nuit du 12 au 13 décembre 1944.

Le 9 décembre, la 12ᵉ division blindée, sur la droite de la 26ᵉ division, grâce à l'unité d'intervention du lieutenant-colonel C.W. Wells, prit Singling. Le lendemain, Rohrbach-lès-Bitche tombait et l'unité A de la division traversa les positions de la ligne Maginot au nord. Dans une première tentative, le 23ᵉ division de tanks avait perdu six chars. Une seconde tentative échoua également le 11 décembre. Le lendemain la percée réussit et l'unité A atteignit Bettviller et s'y maintint.

Les succès de la 26ᵉ division U.S. à Wittring et à Achen avaient assuré la sécurité du flanc droit de la 35ᵉ division dans le secteur de Sarreguemines. Mais bien que l'aile droite de la 35ᵉ division pût avancer sans rencontrer une grande résistance, le 134ᵉ régiment d'infanterie continuait à subir d'importants bombardements et, à Sarreguemines, l'intendance fut fortement gênée par des tireurs isolés. Pour arracher cette épine de son flanc, le général Baade envoya le 1ᵉʳ bataillon du 137ᵉ régiment d'infanterie de réserve pour finir de balayer les dernières résistances à l'ouest de la Sarre. Avant l'aube du 10 décembre, il expédia le reste du régiment de l'autre côté de la rivière pour investir le nord-est de Sarreguemines.

Bien que nous ayons déjà rendu compte des combats qui aboutirent à la prise totale de la ville de Sarreguemines, voici encore quelques détails supplé-

---

[1] H.-M. Cole, *La campagne de Lorraine*, pp. 538-547.

mentaires sur cette entreprise.

Le 9 décembre, la 81ᵉ compagnie chimique amena des générateurs de fumée à la rivière et déploya un écran de fumée pour dissimuler l'activité des troupes américaines aux points de traversée. Ce rideau de fumée provoqua un redoublement du bombardement d'artillerie ennemi. La tombée de la nuit protégea les opérations et le 1.135ᵉ groupe de combat du génie, renforcé par le 60ᵉ bataillon du génie, put construire rapidement des ponts à cet emplacement. A minuit, deux ponts, de catégorie 40, étaient en place et à l'aube du 10 décembre, le XIIᵉ corps possédait dix ponts pour véhicules sur la Sarre.

Pendant les deux jours suivants, les régiments de tête de la 35ᵉ division se battirent en direction de la Blies sous des rafales de neige et par un vent glacial, tandis que le 137ᵉ régiment d'infanterie menait à lui seul la bataille dans Sarreguemines et dans les environs. La lutte se poursuivait d'un étage de maison à l'autre dans les plus grands bâtiments (probablement dans les bâtiments de l'asile de Steinbach).

Le 10 décembre, la compagnie F du capitaine Giacobello encercla une compagnie d'infanterie allemande dans une faïencerie au sud de la Cité et tua ou fit prisonnière toute cette compagnie dans un corps à corps d'un four à l'autre. Ce combat fit rage pendant trois heures. Le 11 décembre, la ville de Sarreguemines était nettoyée à l'exception d'une poignée de tireurs isolés mais obstinés.

Le 137ᵉ régiment d'infanterie avança sur ces entrefaites au nord-est vers Frauenberg, où il put arrêter une menace ennemie sur le flanc gauche de la 35ᵉ division, mais le régiment eut à subir un feu violent et continu des canons allemands couvrant la retraite de la 17. S.S. Panzergrenadier-Division au passage de la Blies. Le 137ᵉ était suffisamment avancé pour protéger son flanc gauche exposé, le général Baade ordonna qu'on attaquât le 12 décembre pour assurer la traversée de la Blies à la 35ᵉ division, par le 134ᵉ régiment d'infanterie.

L'ennemi, qui avait peu résisté sur la Sarre, s'était préparé à combattre énergiquement sur la Blies. La 17. S.S. Panzergrenadier-Division « Götz von Berlichingen » faisait face à l'aile gauche de la 35ᵉ division, ainsi que le 38. S.S. Panzergrenadier-Regiment sur la ligne de combat. La 11. Panzerdivision était retranchée le long de la boucle de la Blies, son flanc gauche étant placé sur la crête à l'ouest d'Obergailbach.

Sur les hauteurs environnantes, l'ennemi possédait d'excellents points d'observation sur la Blies. L'étroit saillant formé par la rivière à Bliesguersviller était particulièrement exposé.

Dans la nuit du 11 décembre, la 35ᵉ division se mit en place pour l'attaque du lendemain matin. Au centre, le 134ᵉ régiment d'infanterie reçut la mission de traverser la Blies à Habkirchen et de continuer l'attaque vers Wolfersheim, l'objectif donné. A gauche, le 137ᵉ régiment d'infanterie devait s'emparer de Bliesransbach. Cette localité étant prise, le régiment serait de nouveau en position de blocage sur le flanc gauche exposé de la 35ᵉ division (l'ennemi tenait encore Hanweiler, Sitterswald et Auersmacher). Sur la droite de la division, le 320ᵉ régiment d'infanterie reçut l'ordre de s'emparer de Niedergailbach. Ainsi la 35ᵉ division avait en première ligne, de la gauche vers la droite, les 137ᵉ, 134ᵉ et 320ᵉ régiments d'infanterie, engagés dans de très durs combats. Ces trois régiments avaient assuré la libération de Sarreguemines.

Si ces objectifs étaient atteints, la 35ᵉ division serait toute proche de la ligne Siegfried et en position de l'enfoncer avec l'aide de la 87ᵉ division U.S. et d'autres forces dont le général Patton pourrait disposer.

Le principal effort de l'attaque du 12 décembre (traversée de la Blies) échut au 1ᵉʳ bataillon du 134ᵉ régiment d'infanterie et visait la conquête du village de Habkirchen. L'effet de surprise fut tel que dans un grand bâtiment tout près de la rive, les Américains firent prisonniers les hommes d'une compagnie allemande en train de prendre le petit déjeuner.

Grâce à l'intervention de l'artillerie et à l'arrivée en renfort de deux compagnies du 3ᵉ bataillon, le 1ᵉʳ bataillon, au prix de très durs combats dans le nord du village, put maintenir sa position à Habkirchen.

Vers le sud-est, le 320ᵉ régiment d'infanterie participa à la bataille pour une tête de pont. Le régiment ne put s'approcher de la Blies du fait que l'ennemi tenait encore le gros bourg de Bliesbruck. Le 12 décembre, les 1ᵉʳ et 3ᵉ bataillons du 320ᵉ régiment d'infanterie, renforcés par une compagnie de chars, reprirent l'attaque de Bliesbruck. Malgré un tir dévastateur de mitrailleuses, accompagné de tirs d'obus de chars allemands sur la rive opposée, les Américains chassèrent l'ennemi du village et arrivèrent sur la rive, ouvrant ainsi la voie à une traversée. Le lendemain, à trois heures du matin, le 320ᵉ fit passer la Blies à un bataillon et dans la soirée du 13 décembre, il tenait la colline 312, dominant Habkirchen et renforçait ainsi le flanc droit de la tête de pont américaine. Au nord de Habkirchen, un petit groupe du 137ᵉ régiment d'infanterie effectua de bonne heure une traversée (secteur de Bliesguersviller), mais il fut cloué au sol par les batteries allemandes, installées plus au nord. Cet échec n'affecta en rien le déroulement de la bataille de Habkirchen, où l'ennemi se défendait encore âprement.

A la tombée de la nuit, des renforts traversèrent la Blies pour étendre et consolider la tête de pont. Le 2ᵉ bataillon du 134ᵉ, renforcé par la compagnie K, traversa le 14 par le nord. Cependant cette bataille tourna au désavantage de l'ennemi. Pendant la nuit du 14 au 15 décembre, le génie américain construisit un pont Bailey sur la Blies à Habkirchen. Lorsqu'il fit jour, des tanks et des canons antichars intervinrent dans la lutte, portant les combats jusqu'au milieu des positions ennemies et finalement nettoyant le village peu après midi. Ainsi se déroulait donc, durant plusieurs jours, une très sanglante bataille aux portes de Sarreguemines et les habitants de la ville ne pouvaient s'en faire qu'une bien faible idée.

Du confluent de la Sarre et de la Blies à la vallée de la Bickenalbe (Rimling), les 35ᵉ et 87ᵉ divisions d'infanterie U.S. avaient occupé les positions qui devaient leur permettre l'ultime assaut de la ligne Siegfried.

Au nord, le 137ᵉ régiment d'infanterie eut un avant-goût de ce que pouvait faire en terre allemande un régiment de grenadiers allemands. En effet, le 15 décembre 1944, après être entré profondément dans le Breiterwald, le 3ᵉ bataillon subit une contre-attaque violente, mais repoussée, subissant des pertes sensibles.

A l'est, le 346ᵉ régiment d'infanterie du colonel N.A. Costello, occupait Gros-Réderching. Le 14 décembre, le général Culon, qui avait à sa disposition l'ensemble de sa division (la 87ᵉ) soutenue par la 4ᵉ formation blindée, la 25ᵉ escouade de reconnaissance, s'empara du bastion de Rimling qu'il conquit vers midi. Le lendemain, 15 décembre, ces unités s'emparèrent des localités d'Erching-Guiderkirch, passèrent la frontière et prirent les villages allemands d'Uttweiler, Peppenkum et Medelsheim. Elles avaient eu à soutenir des combats sporadiques contre le 35. Panzerregiment et la Kampfgruppe Lehmann.

A minuit, le 20 décembre, le XVᵉ corps de la VIIᵉ armée du général Patch prit en charge la zone du XIIᵉ corps, des Vosges à Forbach, et la nuit suivante, le général Eddy, avec son XIIᵉ corps, était en première ligne au Luxembourg, préparant la contre-attaque de la IIIᵉ armée contre l'aile sud de l'offensive allemande (von Rundstedt) des Ardennes, qui avait failli ruiner tous les plans d'attaque U.S.

Nous sommes redevables de l'autorisation de traduire et de publier dans la présente étude au
— Department of the Army, the Center of Military History, Washington, pour les ouvrages suivants :
1. Hug M. Cole, The Lorraine Campaign, Washington, 1950.
2. Combat History, 137th Infantry Regiment, World War II,

et aux
— Major General Warren C. Wood et Colonel Huston, Courier Building, Gering, Nebraska, pour l'ouvrage :
- Biography of a Battalion.

Nos remerciements bien chaleureux s'adressent également à M. Robert Muller, haut fonctionnaire aux « Nations Unies », et Sarregueminois d'origine, pour son aimable entremise.

N.B. — Les traductions de textes anglais ont été effectuées par Mme Joseph Frischmann, professeur honoraire d'anglais, et M. Norbert Heiser.

CHAPITRE XXX

Les heures sombres de l'an nouveau

1er janvier 1945

Cette nuit-là, le feu d'artifice traditionnel de la Saint-Sylvestre a été réalisé par les tirs violents des artilleries allemande et américaine. Une lourde menace semble peser sur la ville de Sarreguemines. Tout le front, du confluent de la Blies et de la Sarre, jusqu'au-delà de Bitche, est de nouveau en effervescence. Dans toute la ville, encore à portée des troupes allemandes, des rumeurs incontrôlables circulent et tiennent la population en haleine. Au cours de la nuit, une compagnie de choc allemande s'était infiltrée jusqu'aux premières maisons du faubourg de Neunkirch, avant d'être refoulée ensuite en contre-attaque par les troupes américaines. Autour de la ferme du Grand-Wiesing, d'âpres combats se déroulaient pour la possession des crêtes.

Dans la nuit du 2 janvier, une patrouille allemande, composée de cinq à six hommes, traversa la Blies en canot pneumatique et s'engagea dans la rue Roth, avec sans doute la mission de faire sauter le seul pont provisoire sur la Sarre. Elle fut arrêtée dans sa progression par un tir de mitrailleuse d'un F.F.I. qui surveillait l'ouvrage, alors que les Américains se reposaient au proche café Muller. Deux soldats allemands furent tués et l'on trouva près de leurs corps d'importantes charges d'explosifs. Le pont était sauf, grâce à la vigilance d'un Sarregueminois. Le reste de la troupe se replia au moulin de la Blies, où, peu après, il fut capturé. Les ressortissants de Bliesbruck et de Blies-Ebersing avaient été repliés en hâte sur Sarreguemines. Malheureusement, les habitants de la commune frontalière d'Erching-Guiderkirch, restés sur place, furent terriblement éprouvés par de violents bombardements. Ces deux localités avaient été reprises par les S.S. dans la nuit du 31 décembre au 1er janvier 1945. Le bastion de Rimling le fut à son tour le 9 janvier. Dans le cadre de l'opération « Nordwind », une large brèche fut ouverte dans le dispositif américain et les unités S.S. reprirent Gros-Réderching et atteignirent Achen. L'état-major allemand avait prévu une percée en direction du Donon et de Sarrebourg, pour prendre à revers tout le dispositif américain en Basse-Alsace. Une menace sérieuse pesait sur les unités américaines engagées dans cette partie du front. Eisenhower, lui-même, soucieux de préserver l'intégrité des unités placées sous ses ordres, avait prévu un repli stratégique sur les Vosges, pour réduire la longueur du front. Déjà le général Devers, responsable de la VIIe armée U.S. et de la Ire armée française, avait quitté Phalsbourg pour installer son P.C. à Vittel.

Hitler visait tout simplement la reprise de Strasbourg et de toute l'Alsace jusqu'aux Vosges. Le 3 janvier, l'Alsace joue son destin au Grand Quartier Général Allié. De Gaulle, chef de la France Libre, plaide devant Eisenhower le maintien des troupes américaines. La discussion est chaude. Finalement, les **arguments politiques avancés par le général de Gaulle, appuyé par Churchill**, prévalent. Ordre est donné aux G.I's de garder les positions acquises.

Mais en rase campagne, les officiers américains ne connaissent pas ce revirement stratégique. Il y aura bien des flottements et ensuite de sanglants combats. Des troupes françaises prennent part aux combats. A Gros-Réderching, le 2e régiment de marche du Tchad de la division Leclerc colmate la brèche et reprend Gros-Réderching. Partout, sur tout le front, les unités américaines et françaises réalisèrent de véritables prouesses de bravoure.

Que s'était-il passé, entre-temps, à Sarreguemines ?

Le calme y était tout relatif, car une très grande nervosité s'était emparée des soldats américains. Pourtant, sur la rive droite, au numéro 50 de la rue du Maréchal-Foch, un poste de secours médical avait été aménagé, sous la direction du docteur Philippe Bieber. Les Américains avaient donné l'ordre d'y diriger, même de nuit, tous les malades et blessés civils. De Grosbliederstroff parvint la nouvelle alarmante de la réquisition, par la troupe allemande, de tous les hommes en état de porter les armes, pour les embrigader dans le *Volkssturm* (1) Cette localité ne fut libérée que le 18 février 1945.

L'inquiétude gagna la population, lorsque le pont provisoire, jeté sur la Sarre, fut de nouveau démonté en un temps record... et reconstruit aussi rapidement ensuite, le calme revenu. D'autres indices permirent encore de prévoir un prochain abandon de la ville de Sarreguemines.

En effet, aux premières heures du jour de l'an, on constata le repli des services secrets américains (C.I.C.), installés dans les locaux du restaurant de la « Charrue d'Or ». Toutes les portes étaient closes et la pancarte avec l'inscription « C.I.C. » avait disparu. Ils avaient même pris soin d'emmener avec eux le restaurateur A. Krempp, ensuite assigné à résidence dans un hôtel de Sarrebourg. Avant ces heures cruciales, les Américains, toujours très méfiants, avaient rassemblé tous les déserteurs lorrains de la Wehrmacht pour les acheminer vers les camps de prisonniers de guerre allemands installés à La Flèche ou au Mans, où ils tombèrent de nouveau sous la coupe de sous-officiers allemands, qui ne les ménagèrent pas. Les sévices endurés furent nombreux. Cet épisode douloureux a été la source de bien des ressentiments à l'égard d'une mesure injustifiable.

Toute cette fébrilité s'était transmise aux habitants de Sarreguemines, prêts à se replier, le cas échéant, avec leurs libérateurs, malgré les routes verglacées et la perspective de l'existence précaire de réfugiés qui les attendrait inévitablement.

Ce sentiment d'insécurité s'était installé dans tous les quartiers de la ville à la suite de deux événements assez imprévus. Le premier se produisit dans les Ardennes le 16 décembre 1944, à 5 h 35, avec l'offensive fulgurante de von Rundstedt, entre Echternach, au Luxembourg, et Malmédy, en Belgique. Elle avait pour but d'enfoncer les lignes américaines et de les couper d'Anvers, leur port de ravitaillement. La veille, l'état-major allemand avait demandé aux troupes de faire des efforts surhumains pour la patrie et le Führer.

Les moyens mis en œuvre furent énormes : vingt-quatre divisions dont dix de Panzer (d'unités blindées) se ruèrent sur le dispositif de la Ire armée américaine, le percèrent et créèrent des situations périlleuses. Devant ce grave danger, la IIIe armée U.S., aux ordres du général Patton, abandonne son projet d'attaquer la ligne Siegfried et s'apprête à se porter au secours de la Ire armée. Dans le secteur de Sarreguemines, dès le 18 décembre, la 4e division blindée, qui avait mené la bataille de Sarre-Union, et les 26e et 80e divisions d'infanterie font route vers le nord. Le 19 décembre, la 35e division d'infanterie, celle qui avait réalisé la libération de Sarreguemines, reçut l'ordre de consolider ses positions, et fut relevée le 21 pour aller se mettre au repos à Metz. Ce fut au général Patch d'assurer la relève en étendant le front de la VIIe armée à l'est de Rimling jusque dans la région de Saint-Avold-Forbach, d'où un affaiblissement dangereux du front face à la XVe armée allemande et le groupe d'armées « G ».

Aussi le chef du IIIe Reich, informé de cette situation, n'hésite-t-il pas à donner l'ordre au groupe d'armées précité de réoccuper l'Alsace. C'est le deuxième événement qui allait créer la situation confuse dont nous avons déjà parlé sous le nom d'opération « Nordwind ». Pour cette seconde attaque d'envergure, il est prévu d'utiliser la 36. et la 361. V.G.D. (2), des unités rapides, ainsi que la 17. S.S. Panzergrenadier-Division « Gœtz von Berlichingen », auparavant engagée dans le secteur de Sarreguemines, la 21. Panzerdivision et la 6. Division « Nord ». Cette dernière unité, formée de troupes de montagne, fut le fer de lance de l'entreprise, car au fur et à mesure des combats, d'autres unités allemandes, tenues en réserve, devaient y participer pour mener à bien cette offensive (3).

Le 4 janvier 1945, au prix de durs combats, les Allemands avaient créé une vaste poche, allant de Lemberg, Gœtzenbruck, par Wingen-sur-Moder, le nord de Lichtenberg, à Baerenthal et Philippsbourg, toutes ces localités étant en possession des troupes allemandes. Elles avaient pourtant rencontré partout

(1) En fait, elle fut dirigée sur le front des Ardennes.
(2) *Volksgrenadierdivision*.
(3) Spiwoks-Stöber, *Endkampf zwischen Mosel und Inn*, 1975, Munin-Verlag, Osnabrück.

une résistance farouche et durent consentir de très lourdes pertes en hommes et en matériel. Peu à peu, la 100ᵉ division américaine — la Century — et des unités de la Iʳᵉ armée française refoulèrent l'ennemi, réduisant ainsi sensiblement la poche (voir carte).

Sur le flanc droit de l'armée allemande, dans la région de Rimling-Gros-Réderching, l'attaque avait été enrayée dès les premiers jours de janvier. Partout, l'ennemi avait engagé principalement des formations des *Waffen S.S.*

Le 20 janvier, le nouveau front sera constitué de façon délibérée sur une ligne allant du nord de Wingen à Haguenau-Bischwiller. Les Allemands tiennent encore les localités de Lemberg, Gœtzenbruck, Althorn, Baerenthal et Philippsbourg. Rimling ne sera repris que le 15 février 1945.

Le 25 janvier 1945, Hitler renonce à son grand projet, d'autant plus que dans les Ardennes, l'offensive allemande avait subi également un sort contraire.

Ces durs affrontements de l'infanterie et des blindés dans la région du pays de Bitche, de l'Alsace bossue et des Basses-Vosges avaient provoqué, de part et d'autre, de sensibles pertes en hommes et en matériel. De son côté, la population civile avait payé un lourd tribut en vies humaines et en destruction d'habitations.

Désormais, le front se stabilisera en attendant l'offensive du printemps 1945, où, à l'ouest, face à l'Allemagne dépourvue de réserves, quatre-vingts divisions alliées se tinrent prêtes à donner l'assaut final (4).

---

(4) Cette étude se réfère à un reportage paru dans les *Dernières Nouvelles d'Alsace* les vendredi 1ᵉʳ et samedi 2 janvier 1962 et surtout à un extrait de la revue *Pays d'Alsace*, Cahier 99-100, en date du 2 mars 1977, pp. 57 à 62 (auteur Jean-Claude Brumm).

Opération « Nordwind »

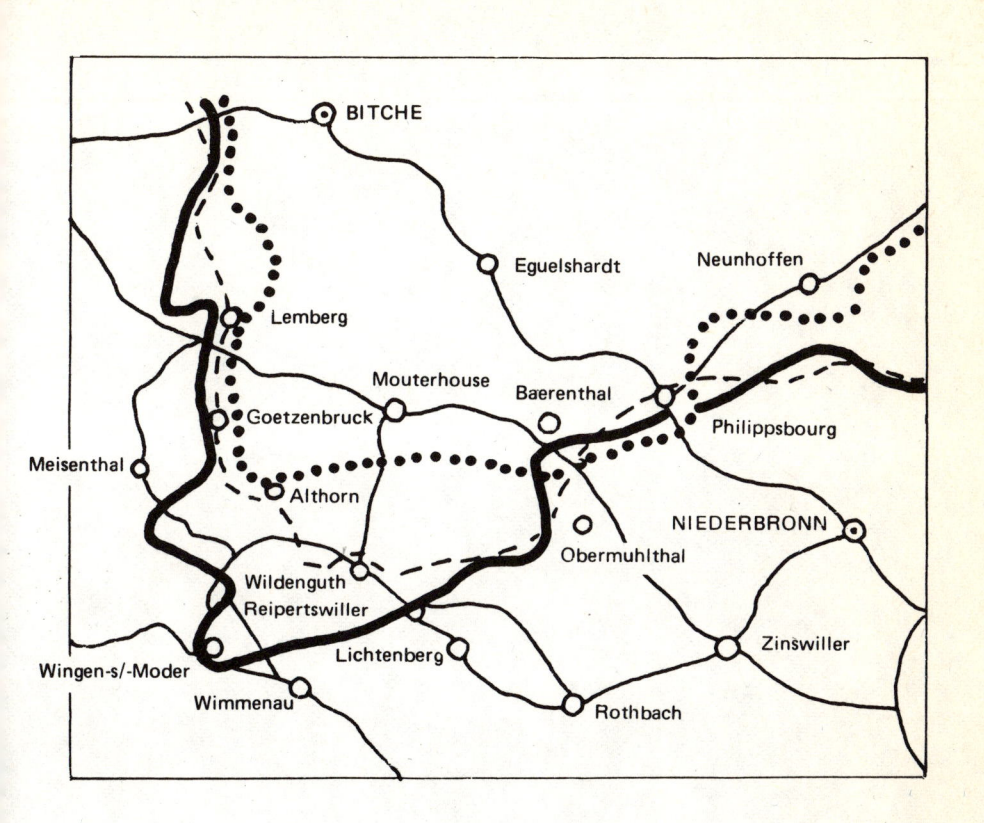

- LEGENDE -

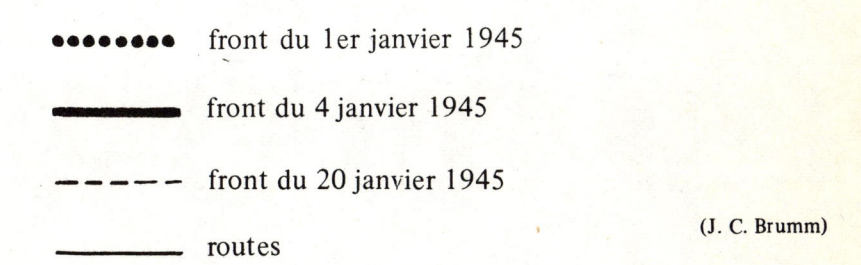

●●●●●●● front du 1er janvier 1945

▬▬▬▬▬ front du 4 janvier 1945

– – – – – front du 20 janvier 1945

──────── routes

(J. C. Brumm)

(5) *Pays d'Alsace*, cahier 99-100, p. 62.

CHAPITRE XXXI

L'offensive de la mi-février 1945

Après le départ de la 35e division U.S., qui avait réalisé au cours de durs combats la libération de la ville et porté le front au-delà de la Blies, ce fut la 44e division U.S. de la VIIe armée du général Patch qui occupa le secteur de Sarreguemines jusqu'à Rimling.

Revoyons la situation créée sur le terrain, avant l'attaque surprise du 15 février. Après la nuit sombre du jour de l'an 1945, les Allemands avaient refoulé les Américains de la rive droite de la Blies. A Frauenberg et à Bliesbruck, ils purent de nouveau franchir le cours d'eau, reprendre ces localités et livrer des combats à l'entrée de Neunkirch. Un premier objectif avait été assigné aux unités ennemies, celui d'atteindre dans la nuit même, au-delà de la Blies, une ligne allant de Sarreguemines jusqu'aux hauteurs de Wœlfling, en passant par celles du Grand-Wiesing et la Hermeskappel. Cette opération devait se dérouler en liaison avec la 17. S.S. Panzergrenadier-Division combattant dans la région de Rimling-Gros-Réderching-Achen. En cas de réussite la Sarre devait être atteinte à Wittring. La 36. Volksgrenadier-Division, appuyée par la 19. V.G.D., eut pour mission de mener avec élan cette attaque d'envergure. La division avait prévu deux percées, dont l'une visait la reprise de Sarreguemines, alors que l'autre devait lui assurer la possession des hauteurs citées plus haut. Après de durs combats à Frauenberg-Habkirchen, la 36. V.G.D. put prendre pied sur la rive gauche de la Blies, grâce à l'action du 1er bataillon du 37. Grenadier-Regiment dans les premières heures de l'an nouveau. Une large tête de pont, établie à l'ouest du cours d'eau, permit d'envisager la reprise de Neunkirch et de Sarreguemines. Malgré le renforcement massif de cette poche par plusieurs compagnies, la progression ne put se réaliser selon le plan établi. Grâce à l'intervention d'unités blindées de la 44e divison U.S., cette attaque fut stoppée et finalement brisée. Sur le flanc gauche, la 17. S.S. Panzergrenadier-Division, après des succès initiaux, fut refoulée par les soldats de Leclerc dans le secteur de Gros-Réderching-Achen; le 2e régiment de marche du Tchad était alors au cœur des combats. Dès lors, le front se stabilisa peu à peu, l'opération « Nordwind » ayant finalement échoué.

Si l'offensive allemande avait pu réussir dans la région de Bitche, Rohrbach,

Wingen et Achen, en direction de Saverne et du Donon, Sarreguemines aurait été réoccupée par l'ennemi. Heureusement, Hitler subit un double échec, aussi bien dans les Ardennes qu'en Basse-Alsace. A partir de la mi-janvier, Allemands et Américains se firent face de part et d'autre de la Blies. Durant plus d'un mois, seules des patrouilles eurent des engagements locaux dans le no man's land. La tête de pont de Frauenberg s'était sérieusement rétrécie. Les feux de barrage U.S. interdisaient toute action d'importance dans ce secteur.

Le haut commandement allemand attribua cet échec à la combativité des soldats de la 44ᵉ division U.S., au feu nourri et meurtrier de son artillerie et à la supériorité de son aviation. Il fit aussi état du peu de réserves dont il disposait et à l'état squelettique des divisions allemandes qu'il qualifia de *Schattendivisionen*...

A partir du 12 janvier, il n'y eut plus que des engagements sporadiques. Mais la ville de Sarreguemines resta sous la menace de l'artillerie ennemie.

A la mi-février, le haut commandement allemand constata un renforcement notoire du dispositif américain, laissant prévoir une offensive imminente. Des vols de reconnaissance de l'aviation américaine fournirent des renseignements précieux sur le dispositif allemand et les positions principales de l'ennemi. Dans les premières heures du 15 février 1945, l'attaque massive de la 44ᵉ division U.S. se déclencha, d'une part dans la boucle de la Blies et d'autre part dans la vallée de la Bickenalbe à Rimling. Les moyens mis en œuvre étaient très importants, aussi bien en artillerie, en chars d'assaut, qu'en aviation. Le feu concentré de l'artillerie, l'avance irrésistible des chars et les ravages causés par les chasseurs bombardiers (*Jagdbomber*) provoquèrent la rupture du front allemand. Dans le secteur de la Blies, la 19. V.G.D. dut se replier définitivement en couverture de Sarrebruck. Dans celui de Rimling, cette dernière localité fut définitivement libérée. La 17. S.S. Panzergrenadier-Division n'avait pu stopper l'assaut de la 44ᵉ division U.S., malgré une résistance farouche et les sacrifices en hommes et en matériel.

La route de Deux-Ponts s'ouvrait devant les troupes américaines... si elles avaient exploité à fond ce foudroyant succès initial. La 19. V.G.D. devant Sarrebruck avait également fléchi, tout le front était entré en mouvement.

Mais le commandement américain stoppa alors son offensive, se contentant de s'assurer des bases solides pour l'assaut final du mois de mars. Dès lors, la Blies était dégagée, des têtes de pont établies, la 44ᵉ division se retrancha au lieu-dit « Knopp » entre Rimling et Gros-Réderching et occupa le « Kohlenberg » surplombant Erching. Les Allemands étaient perplexes et constatèrent : « *Warum die 44. amerikanische Division ihren überraschenden Anfangserfolg nicht sofort zum Durchbruch ausgenützt hatte, war dem General-Kommando unerklärlich* » (1).

---

(1) Spiwoks-Stöber, *Der Endkampf zwischen Mosel und Inn*, 1975, Munin-Verlag, Osnabrück.

L'offensive finale du 15 mars 1945

Au début du mois de mars, de Sarrebruck à Bitche, la 19. V.G.D., la 36. V.G.D., sur la Sarre et la Blies, devant Sarrebruck, la 17. S.S. P.G.D. couvrant Deux-Ponts et la 556. V.G.D. face à Bitche, formaient le dispositif allemand sur cette ligne de front. En face de ces formations se tenaient des divisions fraîches, les 45e, 3e et 71e divisions U.S., alors que dans le secteur de Bitche, la 100e division — la Century — était prête à engager le combat (2).

La veille du 15 mars, Deux-Ponts avait été l'objectif d'un bombardement meurtrier, empêchant les Allemands d'acheminer des renforts vers la ligne de front, une nouvelle fois menacée. Durant les premières heures de la nuit, le feu roulant de l'artillerie écrasa les positions allemandes. A minuit, l'infanterie U.S. enleva de haute lutte les positions ennemies et au matin du 15 mars, la pression et la progression s'accentuèrent au-delà de la Blies, en direction de Sarrebruck, et dans la vallée de la Bickenalbe, en direction de Deux-Ponts. Les unités allemandes durent se replier en hâte sur la ligne Siegfried (Westwall). Tout le front, du Rhin à la mer du Nord, s'ébranla sous les coups de boutoir des armées alliées. A Bitche, la 100e division enleva les fortins, libéra la ville et poursuivit son avance victorieuse en direction du Palatinat.

Les dés étaient tombés, Sarreguemines put enfin respirer et donner libre cours à sa joie d'être enfin libérée d'un cauchemar de plusieurs mois. Bientôt, d'autres problèmes allaient surgir, ceux de la vie économique et de la reprise de toutes les activités... dans une paix enfin retrouvée.

---

(2) Spiwoks-Stöber, *Der Endkampf zwischen Mosel und Inn,* 1975, Munin-Verlag, Osnabrück (p. 90-130).

CHAPITRE XXXII
Les victimes de la guerre et les destructions

En 1936, l'aire urbanisée de Sarreguemines atteignit 311 ha et sa population était de 16 012 habitants. Après les vicissitudes de la guerre, Sarreguemines ne comptait plus que 14 100 ressortissants.

D'après une statistique du 1er avril 1954, le nombre des victimes civiles de Sarreguemines s'élevait à 937, soit 5,85 % de la population de 1936. Il avait été déclaré officiellement la mort de 183 militaires, dont 29 de l'armée française et 154 Malgré-Nous (sur 808 enrôlés dans l'armée allemande) et la mort de 310 civils. Ce dernier nombre se décompose comme suit : 2 tués, 45 civils morts en déportation, 31 civils tués pendant les combats de la Libération et 232 civils ayant trouvé la mort pendant les bombardements, y compris 37 ouvriers russes et 43 civils de passage à Sarreguemines. Par ailleurs, 61 militaires et 58 civils ne sont pas revenus des champs de bataille et des camps de concentration. Ainsi le nombre des militaires tombés s'élève à 244 et celui des civils tués à 368. Il convient de mentionner encore 216 déportés et victimes politiques et raciales, 38 déportés du travail et 71 transplantés politiques rentrés. Le nombre total des déportés fut de 428. Par la suite, le nombre des déportés et internés décédés dans les camps de concentration a été porté de 103 à 115, ce qui porte le nombre final des victimes de guerre à 949 (1). Ce chiffre est éloquent et témoigne des souffrances endurées par la population de la ville.

Les destructions
A. - **Immeubles d'habitation**
Sur 1 828 immeubles recensés en 1939, ont été détruits ou endommagés :
  207 destructions totales.
   56 gravement endommagés et rendus inhabitables.
  493 gravement endommagés.
1 072 plus ou moins endommagés (déprédations diverses).
1 828 (2)

(1) Henri Hiegel, *Sarreguemines, principale ville de l'Est mosellan*, 1972, pp. 93 et 94.
(2) Archives municipales : Dossier A XI-3.

En échelonnant les pourcentages de 10 en 10 jusqu'à 100 %, on obtient un pourcentage global de 20,48 % ; le pourcentage des destructions aux bâtiments de l'industrie n'est pas compris dans ce chiffre (3).

B. - Entreprises commerciales et artisanales

Sur 471 entreprises commerciales déclarées en 1939, 61 ont été détruites totalement, 17 ont subi des destructions partielles importantes et n'ont pas encore pu reprendre leur activité.

Les 220 entreprises artisanales déclarées en 1939 ainsi que toutes les entreprises commerciales et l'ensemble des industries ont subi des spoliations ou destructions plus ou moins importantes.

Ceci explique par exemple que sur 365 commerces de détail en 1939, il n'y en ait plus que 297 aujourd'hui (en 1945), et encore compte tenu des créations nouvelles.

C. - Industries

Sur 15 établissements industriels, nous enregistrons 2 destructions totales, 4 destructions partielles de plus de 50 %, 9 dommages inférieurs à 50 %.

Au surplus, 3 industries ont été spoliées totalement et le reste parfois dans des proportions importantes (machines-outils enlevées en 1944) (4).

Edifices publics

Ecole de la Sarre, garçons, détruite à 100 % (bombe).
Ecole de la Sarre, filles, gravement sinistrée.
Ecole protestante de la Cité, détruite à 100 % (bombe).
Ecole primaire supérieure de jeunes filles (rue du Lycée) sérieusement endommagée.
Eglise du Sacré-Cœur, sinistrée.
Eglise Saint-Nicolas, sinistrée.
Eglise des rédemptoristes du Blauberg, déprédations.
Synagogue, détruite à 100 % (dynamitée).
Temple protestant, éventré par une bombe,
Gare et installations ferroviaires, détruites à 50 %.
Palais de justice, aile est endommagée.
Mairie (rue de France), détruite à 100 % (5).
Poste (rue Pasteur), sinistrée à 100 %.

Ouvrages militaires

Quartier Galliéni (caserne des chevau-légers) : 50 % de destructions.
Caserne Emile-Gentil (avenue de Bliesguersviller), 1 logement de service détruit à 100 % (5).

---

(3) Archives municipales : Dossier A XI-1.
(4) Archives municipales : Dossier A XI-3.
(5) Archives municipales : Plan des destructions de 1945.

Ouvrages d'art

3 ponts totalement détruits : ponts des Alliés, de la Blies et de la route de Nancy.

2 ponts ferroviaires totalement détruits (ponts de Steinbach et de Hanweiler (Preussische Brücke), interrompant les voies ferrées de Sarreguemines à Sarrebruck et de Sarreguemines à Bitche et à Bliesbruck.

2 passerelles détruites à 100 % (celle de la faïencerie et celle construite en 1940 par les Allemands, reliant la rue Utzschneider à la rue Clemenceau).

1 tunnel dynamité à 100 % (voie ferrée de Béning) (6).

Ces destructions ont été causées essentiellement par les nombreux bombardements aériens dont Sarreguemines a été l'objectif de 1940 à 1944, et à un degré moindre par les tirs d'artillerie des combats de la libération de l'hiver 1944-1945.

Une remarque s'impose ici :

Si les régions du charbon et du fer, ainsi que les centres de l'industrie lourde de la Moselle ont été épargnés par le commandement allié dans le souci évident de préserver l'outil et les installations de production, les petites industries locales de la ville de Sarreguemines n'ont hélas connu aucun ménagement. Il fallait à tout prix détruire le nœud ferroviaire et routier, sans égard pour la population civile et la vie économique future de notre cité.

Ainsi, Sarreguemines est la seule ville mosellane qui ait connu une telle ampleur de sinistres et de destructions.

---

(6) Archives municipales : Plan des destructions de 1945.

CHAPITRE XXXIII

La vie quotidienne à Sarreguemines durant l'annexion

Dans l'avant-propos, nous avons tracé le cadre, et même le carcan de vie, dévolu aux Sarregueminois pendant les quatre longues années de l'occupation nazie. En effet, à côté de l'implacable appareil du parti national-socialiste, et d'une police omniprésente, l'administration civile, coiffée et noyautée de fonctionnaires allemands au service de la même idéologie, accentuait encore l'emprise. Dans tous les services administratifs et dans toutes les officines du parti, le salut officiel du « *Heil Hitler* » était de rigueur.

Après les soupes populaires du retour, l'intervention accélérée de la *Technische Nothilfe* et de l'« Organisation Todt », pour assurer une remise en état rapide des conduites de gaz, d'électricité et d'eau, après une restauration progressive de l'habitat, qui avait grandement souffert de plus d'une année d'abandon, l'occupant se croyait habilité à demander à la population une adhésion sans réserve en reconnaissance de tant de sollicitude « intéressée ».

De surcroît, on ne lésinait pas sur les avances de dommages de guerre et on versait même des pensions aux veuves et orphelins de guerre dont les maris et les pères étaient pourtant morts pour la France. A l'évidence, les Allemands cherchaient, par ce biais, à mettre les habitants en confiance et à en faire des partisans inconditionnels de leur cause.

Les noms des rues et des places de la ville, désormais hantées par les militaires et les bonzes du parti, en tenues vert-gris, jaune-canari, noires et brunes, les enseignes des magasins aussi, furent germanisés en un temps record, et devaient contribuer à créer une situation irréversible. A Sarreguemines, les Allemands tenaient le haut du pavé et se pavanaient partout avec l'arrogance du conquérant.

Dès les premiers jours de l'occupation, la population connut les tickets d'alimentation et les *Bezugsscheine* (bons) de vêtements et de chaussures, grâce à des services bien rodés. Il faut reconnaître que ces bons furent toujours honorés, l'apport nécessaire étant réquisitionné sur les pays conquis. Toutes ces mesures convergeaient vers le seul but de susciter une ambiance d'ordre et de sécurité. Les chanceux pouvaient parfaire leurs rations et attributions en recourant à un marché noir florissant.

La situation matérielle ainsi assurée, les Nazis s'ingénièrent à la mise en condition définitive par la présentation d'une vie culturelle adéquate. De nombreux films allemands passèrent sur les écrans des cinémas de la ville et servaient à une véritable intoxication intellectuelle et politique, servie par la projection de séquences tendancieuses, telle que celle du *Jud Süss* et bien d'autres. La *Wochenschau* (la revue de la semaine), qui précédait chaque séance, relatait aussi bien les hauts faits d'armes de l'armée allemande que les prouesses et les réalisations du parti, inspirées par leur *Führer*. Les *Kameradschaftsabende* (soirées de camaraderie), où l'éternel *Schunkeln* était de rigueur, devaient resserrer les liens d'amitié. La fréquence des conférences et des stages de formation les plus divers servait à étouffer et à extirper toutes les velléités de fronde. Dans les rues et les réunions, les radios déversaient des marches guerrières et des bulletins de victoire tonitruants, sous forme de *Sondermeldungen* qui n'en finissaient pas d'aligner des chiffres impressionnants d'avions abattus, de canons et de chars détruits et de l'important tonnage de la flotte ennemie (*Bruttoregistertonnen*) envoyé au fond des océans. Malheur à tous ceux qui tentèrent de se tenir à l'écart de ces manifestations exubérantes ; les brimades, les vexations et les déplacements d'office étaient fréquents. Le vocable infamant de *Volksschädlinge* (ennemis du peuple) les clouait au pilori. Il nous souvient d'une conférence pédagogique, à l'issue de laquelle le *Schulrat* (inspecteur), en uniforme et dans un garde-à-vous impeccable, hurlait le salut que voici : « *Wir grüssen unseren Führer, den grössten Erzieher aller Zeiten* » — « Nous saluons notre Führer, le plus grand éducateur de tous les temps ». On ne pouvait pas mieux dire dans le genre courtisan aveugle et dans un fanatisme absolu. Les slogans de propagande se multipliaient, tels que « *Unser Gruss ist Heil Hitler ! — Führer befiehl, wir folgen Dir !* » — « Notre seule salutation est le « Heil Hitler », et Führer commande, nous t'obéirons aveuglément ». « *Und wir werden doch siegen* » — « Nous vaincrons quand même ». Cette dernière incantation gagna encore en ampleur quand la victoire déjà leur échappait. Dans le même but, ils avaient adopté la formule lapidaire de Paul Reynaud lorsque la route du fer fut coupée, en clamant à la ronde : « *Wir werden doch siegen, weil wir die Stärkeren sind* » — « Nous vaincrons parce que nous sommes les plus forts ». Les Nazis invitaient les Sarregueminois par des inscriptions géantes sur les murs et les façades à se méfier des ennemis de l'ombre en multipliant le slogan : « *Feind hört mit !* » — « L'ennemi est à l'écoute partout ». Les gens du pays adoptèrent volontiers cette mise en garde, mais en l'appliquant aux Allemands quand, aux coins des rues, ils se communiquaient les informations recueillies aux émissions de la B.B.C. Pour faire admettre la pénurie du carburant et des combustibles, on avait forgé la consigne suivante : « *Räder müssen rollen für den Sieg* » — « Les roues doivent rouler pour assurer la victoire ». Ainsi, le « goût dangereux du slogan, de la phrase à effet », selon André Maurois, était à tous les menus de l'action politique.

Malgré les internements, les déportations, les enrôlements de force, malgré les alertes aériennes et les bombardements, les Sarregueminois gardaient l'espérance et un intarissable humour, car celui-ci avait non seulement quelque chose de libérateur... mais encore quelque chose de sublime et d'élevé » (Breton), surtout quand il se maintenait et se manifestait encore dans le malheur et la détresse.

Ainsi, durant tout le temps de l'annexion, les « Witze » sur le dos des Allemands, les bons mots, faisaient le tour de la ville. En voici quelques échantillons :

Un jour, au pays de Bitche, un officier allemand, de passage à la campagne, avisa un brave paysan de chez nous occupé à la récolte de ses pommes de terre. *« Was machen Sie ? »* — « Que faites-vous là ? » Notre brave terrien de répondre en patois : *« Ihr sinn's jo, ich mach Grumbiere us »* — « Vous voyez bien, j'arrache des pommes de terre ». *« Das heisst nicht « Grumbiere », sondern « Kartoffeln » ! »* — « Allons donc, ne dites pas « Grumbiere », mais « Kartoffeln ». Le paysan alors se redressa et, malicieusement, lança à son interlocuteur : *« Kartoffeln hin, Kartoffeln her, am End vum Jahr heescht's doch wieder pommes de terre »* (1). La réplique avait porté. Interloqué, le quidam ne demanda pas son reste et, tout pensif, poursuivit son chemin.

Un beau jour, un fonctionnaire du parti se présenta chez un habitant de la ville et, désignant un ensemble de statuettes représentant la scène de la crucifixion, lui intima l'ordre de placer à la place du Christ un portrait du Führer. Narquois, le Sarregueminois s'exécuta en pensant qu'après tout il y aurait alors trois bandits... et rétablit ensuite les positions antérieures.

L'opposition à un régime rend perspicace pour en déceler toutes les failles et les exploiter à fond. Ainsi après le rattachement de la Sarre au IIIe Reich, Hitler récompensa les Sarrois de leur fidélité au Reich allemand en leur offrant le nouveau *Gautheater*. Au-dessus du portail, il fit graver *« Gautheater Westmark »* alors que le slogan *« Ein Reich, ein Führer, ein Theater ! »* s'était répandu parmi les opposants du régime. La possibilité d'une interprétation péjorative de cette association du vocable « théâtre » à son nom, qu'il croyait géniale, n'effleura même pas son esprit. Mais les ennemis du régime, dont furent les Sarregueminois, conscients du comportement théâtral du « surhomme », s'en gaussèrent sous cape.

En conclusion de ces histoires vécues et diffusées à souhait, nous rapporterons en patois roman la devise de l'espérance que voici : « C'n'a 'tem po tojo ! » — « Ce n'est pas pour toujours ! ». Ce fut le salut de l'espérance, avec lequel les Messins d'abord, tous les Lorrains ensuite, s'abordèrent au cours de l'annexion.

Ainsi, malgré l'oppression, la souffrance, les ruines et les deuils, les Sarregueminois avaient gardé leur esprit frondeur, soutenu par un humour intarissable et une inaltérable espérance.

---

(1) « A la fin de l'année nous dirons de nouveau *pommes de terre*. »

CHAPITRE XXXIV

La situation économique après la libération

Rapport remis le 25 février 1945, sur l'activité économique commerciale de la ville et de l'arrondissement de Sarreguemines, depuis le jour de la libération jusqu'au 25 février 1945.

Situation du commerce local avant la libération
a) Avant le 3 septembre 1944
Le commerce d'alimentation et des articles de première nécessité était soumis à un système de contingentement et de cartes, comme en France actuellement. Il faut cependant faire la constatation, que l'approvisionnement était organisé et régulier, le commerce local trouvant à s'approvisionner chez le grossiste ou chez le fabricant au prorata des cartes, tickets ou bons d'achat qu'il recevait de sa clientèle. Les prix étaient fixes et sérieusement contrôlés, le marché noir « commercial » était une exception sauf peut-être dans la branche « Débits de boisson ».

Si l'on peut dire que le commerce d'alimentation fonctionnait avant le 3 septembre normalement, il n'en fut pas de même du commerce d'articles de luxe ou demi-luxe qui depuis des années trouvait difficilement à s'approvisionner dans le Reich. Chacun dut rechercher pour vendre des succédanés de tout ordre et de toutes provenances (Tchécoslovaquie en particulier). Une à une les affaires se fermaient, soit par manque de marchandises soit par manque de personnel que la *Rüstung* absorbait. Ces commerces étaient amenés à disparaître.

b) Après le 3 septembre 1944
La retraite allemande commença le 1er septembre, dura jusqu'au 3 et se stabilisa. Une poussée alliée l'aurait à l'époque, dans notre secteur, transformée en une véritable débâcle. L'occupant utilisa ce répit pour vider notre région de sa substance. Tous les stocks importants de denrées alimentaires ou de première nécessité furent évacués vers le Reich. Tous les envois de marchandises du Reich ou d'Alsace furent arrêtés sur une ligne allant de Homburg (Sarre) à Saint-Louis. Le Reich avait déjà théoriquement abandonné la Lorraine et l'évacuait en la ruinant systématiquement, à l'allemande. Il mit deux mois pour parachever son œuvre et ce qu'il n'eut pas le temps de déménager, les troupes alliées allaient en faire leur affaire, dès leur entrée dans notre ville.

Situation du commerce local après la libération

Un rapport n'a de mérite que s'il reflète exactement la vérité sans essayer d'enjoliver la réalité. Nous avons trop souffert dans notre région frontalière depuis cinq ans. Evacués en 1939-40, rentrés dans nos demeures, magasins et dépôts pillés, ayant de 40 à 44 subi douze bombardements aériens, cinquante-huit locaux de vente complètement détruits et des centaines de maisons d'habitation sinistrées, l'Allemand devait dans sa retraite, nous paralyser économiquement ! Devons-nous cacher nos plaies et pour les guérir n'est-il pas nécessaire de les montrer en plein jour, sans exception ? Alors, nous devons dire que le long séjour des troupes alliées qui transforma notre région en un véritable no man's land, du 6 décembre 1944 au 23 février 1945, acheva de nous ruiner économiquement.

La vie commerciale fut, durant les deux mois qui suivirent la libération, absolument nulle. La sous-préfecture de Sarreguemines et la municipalité de Sarreguemines, forcées par les événements de guerre, s'occupèrent elles-mêmes, en régie, du ravitaillement des populations.

Aucun magasin n'ouvrait, aucune fabrique ne recommençait à travailler, le salarié usait ses dernières réserves, la faim et la misère, mauvaises conseillères, commencèrent à apparaître en ville et dans les villages. L'arrondissement de Sarreguemines, un des plus touchés de tous les arrondissement français, était encore à la date du 20 février aux deux tiers occupé par l'ennemi. Des séries de **villages de la vallée de la Blies ou des environs de Bitche étaient évacuées** par les Américains, créant de nouveaux problèmes avec de nouvelles misères.

Il fallait agir et malgré les difficultés quasi insurmontables de l'heure, sous la menace constante des canons allemands qui envoyaient leur ration journalière de fer et de feu, malgré les difficultés énormes de la circulation dans un secteur de premières lignes, les activités de toutes sortes se donnèrent la main et la vie reprit.

Je veux ici, en passant, rendre un vibrant hommage à M. le Sous-Préfet Fridrici et à son successeur provisoire, M. Chrétien, (1) à M. Rausch, maire de Sarreguemines, et à ses équipes de travail, qui accomplirent un travail surhumain quand on en considère les résultats : le ravitaillement est normal, le pain et la viande sont distribués régulièrement jusqu'aux confins du « Bitscherland », là où les routes ressemblent aux pistes du désert et où les camions de ravitaillement et les voitures de liaison « nagent » littéralement dans une mer de boue.

Les mitrailleuses crépitent encore dans les rues de Sarreguemines, mais la ville a de nouveau de l'eau et de la lumière, normalement comme une ville de

---

(1) - M. Roger Fridrici, Sous-Préfet nommé, arriva à Sarreguemines dans la journée du 13 décembre 1944
M. Paul Chrétien assura l'intérim du titulaire, indisponible par suite de maladie, du 19 janvier au 31 mars 1945.

l'arrière, avant peut-être beaucoup de villes françaises moins exposées que la nôtre ; les villages des environs s'organisent également dans le même sens. Les magasins rouvrent un à un leur porte, chacun s'efforce de retrouver de vieux stocks soustraits à toutes les réquisitions et à tous les pillages, pour le bien de tous. Des secours de première urgence ont été distribués par le Service des Réfugiés et Sinistrés et personne dans l'arrondissement de Sarreguemines ne souffre plus de la faim, parce qu'il manque d'argent : en première ligne, la France généreuse a distribué des millions pour que la vie reprenne et que les plaies se referment.

De nombreux problèmes économiques restent à résoudre, je veux les examiner rapidement.

Le problème des prix

Une récente circulaire prévoit les nouveaux prix à appliquer avec les taux de marge autorisés dans chaque branche.

Prix des marchandises d'origine allemande

Cette circulaire ne tient pas compte du fait que la marchandise qui nous reste a été dans bien des cas achetée sur la base des prix de 1936, et sont par conséquent inférieurs aux prix actuels français. Si l'on applique à ces prix le taux de marge prévu, on aboutit à un prix de vente qui est très souvent moitié moins élevé que le prix actuel français, le résultat serait que le montant encaissé à la vente ne permettra au commerçant lorrain l'achat en France du même article. Le commerçant veillant à ses intérêts, gardera sa marchandise jusqu'au jour où il pourra justifier ses prix sur présentation de la facture française.

Seul le client sera lésé parce que la marchandise disparaîtra du marché normal et le marché noir fleurira.

A ce problème, deux remèdes :

1) Autoriser le commerçant lorrain à vendre sa marchandise de provenance allemande au prix français, quand ce dernier lui est connu.

2) S'il ne lui est pas connu, le prix de vente sera obtenu en multipliant le prix licite allemand par 15.

Prix du pain, de la viande, épicerie, etc.

Les prix prévus dans la circulaire sont intenables dans les localités éloignées du centre de distribution, car ils sont à majorer des frais considérables de transport, que le commerçant ne peut prendre à sa charge.

Remèdes

Pour le pain il a été trouvé, le moulin remboursera les frais supplémentaires et recevra une ristourne de l'O.N.I.G., de l'ordre de 1,50 F par kilo de pain. Le problème reste posé pour la viande et les autres denrées, mais il faut pour l'ordre que la municipalité exige l'application stricte des prix prévus, et qu'une garantie de remboursement des frais supplémentaires soit donnée au commerçant.

Taux de marge pour le commerce de détail

Les taux fixés entre 18 et 20 % sont beaucoup trop faibles et couvrent à peine les frais d'une affaire normale. Ces taux doivent être revus, après consultation de chacun des groupements commerciaux intéressés.

Le problème des salaires

Les entreprises qui ont repris leur activité travaillent pour la plupart sur la base des salaires allemands multipliés par 15 ; il importe qu'au plus tôt les nouveaux salaires entrent en application et surtout soient rendus officiels pour toutes les branches d'activité.

Le problème de la main-d'œuvre, charges fiscales et sociales

Une personnalité de l'Inspection du Travail devrait venir nous mettre au courant de la nouvelle législation française du travail dont nous ignorons l'ABC ; il en est de même des charges sociales et fiscales. Si l'on veut que la reprise économique se fasse, il faut que chacun sache à quoi s'en tenir et si dans l'intérêt général et national chacun de nous veut aider à cette reprise, je crois que les fonctionnaires chargés de ces services, et déjà désignés pour notre secteur, ne devraient pas tellement tarder à rejoindre leur poste, car ils pourront difficilement par la suite nous rendre responsables d'erreurs que nous aurions commises faute d'avoir été renseignés à temps. La publication de dix lignes dans un journal qui ne nous parvient pas, ne suffit pas. Si chacun était à sa place, tout irait beaucoup mieux. Nous avons entrepris de rebâtir l'édifice de notre économie délabrée, nous sommes en droit d'exiger que ceux qui sont désignés pour nous y aider soient dès maintenant, comme nous, sur la brèche. S'ils nous ignorent maintenant, nous serions tout disposés à les ignorer plus tard.

Le problème des réapprovisionnements

Depuis trois mois que nous sommes libérés, personne n'a songé à venir nous mettre au courant des nouvelles méthodes de distribution des matières premières (bons-matières). Il est absolument indispensable que quelqu'un le fasse.

Le problème du change

Se greffant sur tous les autres problèmes, celui-ci les complique et demande une solution urgente. Les difficultés qu'il soulève ne sont plus à citer et il est absolument nécessaire que les autorités songent à appliquer des mesures provisoires, telles qu'ouvertures de comptes crédit en francs, etc.

Ces comptes courants en francs, ouverts déjà à Metz, doivent l'être à Sarreguemines dans des banques locales. L'intérêt fixé à 6 % est beaucoup trop élevé ; il faut en envisager le remboursement aux intéressés qui ne font emploi de ce crédit que forcés par les événements et pour permettre une reprise économique rapide dans l'intérêt général, il serait en effet immoral de leur en faire supporter les frais. Les autorités allemandes en 1940 avaient du reste prévu le remboursement de l'intérêt déboursé par l'emploi de crédit de démarrage dont l'économie lorraine, à l'époque, a fait obligatoirement un large usage.

Le problème des transports

La proximité du front complique évidemment d'une façon considérable ce problème ; il n'en reste pas moins vrai que ce problème reste un des plus graves pour Sarreguemines, étant dû surtout à la situation géographique de notre ville à 100 km de tous autres centres, tenue à s'approvisionner par route en l'absence de tout système ferroviaire dont la remise en état exigera encore de longs mois. La voiture automobile sera l'auxiliaire indispensable d'une reprise rapide et à ce sujet il serait à souhaiter que la réquisition des voitures à titre militaire fût un peu freinée, et qu'il fût un peu tenu compte des besoins d'une population civile qui, dans tous les domaines, a déjà fait suffisamment de sacrifices pour qu'on ne la prive pas encore des seuls moyens de communication qui lui restent.

Pour l'étude de ces différents problèmes et la recherche de leur solution, le Comité de Libération a créé une « Commission de reprise économique » qui groupe toutes les activités de l'arrondissement. Cette commission comporte quatre sous-commissions :

1) Commission de reprise commerciale, détail, président M. Charles Meyer, comprenant dix-huit groupements, notamment groupement des restaurateurs-hôteliers, président M. Warisse, groupement de la quincaillerie, porcelaines, verres.

2) Commission de la reprise commerciale « gros », président M. Schaaff.

3) Commission de l'artisanat, président M. Lebon.

4) Commission des industries du bâtiment, président M. Roudizier.

Le travail de ces quatre commissions est dirigé par un comité central restreint présidé par M. Marcel Pierron, adjoint M. Charles Goepfer. Les membres en sont le président, vice-président et secrétaire de chacune des commissions, le président de la commission de reprise économique de Rohrbach et de Bitche. Un secrétariat des travaux a été créé qui rassemblera toute la documentation et assurera l'exécution des travaux de bureau de chaque commission.

Son adresse : Secrétariat de la C.R.E., Comité de Libération, rue des Généraux-Crémer, Sarreguemines.

Conclusion

Tout a été fait dans l'arrondissement de Sarreguemines pour que la reprise économique ne soit pas qu'un vain mot ; il est par ailleurs indispensable que les autorités compétentes et services économiques **nous aident** en nous transmettant toutes les documentations utiles.

Le président de la Commission
de reprise économique
de l'arrondissement de Sarreguemines

Rapport sur l'activité du service des réfugiés de la ville et de l'arrondissement de Sarreguemines

par M. Marcel Pierron, chargé de ce service pour l'arrondissement.

Après celui du ravitaillement, le problème des réfugiés et sinistrés est dans le secteur de Sarreguemines un des plus graves et des plus difficiles qu'il ait fallu résoudre depuis la libération.

Il ne s'est certainement pas, dans aucune autre région de notre Lorraine, présenté avec plus d'importance.

Le but de ce rapport n'est pas de retracer les difficultés matérielles qui se sont soulevées ni de mettre en évidence le mérite de l'un ou de l'autre, mais uniquement de situer le problème, d'attirer l'attention des services compétents de Metz sur son importance dans notre Nord-Est lorrain, et surtout, étant donné que l'avance alliée dans le secteur du Bitscherland, loin de le simplifier, le compliquera par la libération d'une région systématiquement dévastée et transformée en champs de manœuvres, d'en étudier les solutions futures et de rechercher les meilleures méthodes d'application du système des secours à une région qui a particulièrement souffert et que sa situation géographique, loin de tout grand centre, rend particulièrement intéressante parce que complètement abandonnée.

L'hébergement, le ravitaillement, l'entretien, le paiement des allocations, le rapatriement des réfugiés et sinistrés, tels ont été les buts généraux poursuivis par notre service au profit de cinq grandes catégories de réfugiés et sinistrés :

1) Réfugiés de la région de Metz, évacués par les Allemands en 1944 ;
2) Réfugiés des villages de la Blies, évacués par les Américains ;
3) Réfugiés des villages du Bitscherland, évacués par les Américains ;
4) Réfugiés du canton de Volmunster (1940), évacués par les Allemands, puis par les Français, puis par les Américains ;
5) Sinistrés de la région des cristalleries, sans travail depuis début novembre.

Je ne veux pas m'étendre sur les résultats obtenus, je les résume : nous avons logé, nourri, entretenu, payé, rapatrié tous ceux que nous avons pu, au mieux, avec les moyens que nous trouvions dans une ville qui, trois mois, resta en première ligne, dans un arrondissement dont l'ennemi occupe encore les deux cinquièmes.

Je veux expliquer ci-après le cas de chacune de ces catégories de réfugiés pour que le comité central de Metz puisse en améliorer le sort en connaissance de cause.

Réfugiés de la région de Metz

Evacués des villes de Basse-Yutz, Moyeuvre, Hagondange, Thionville, etc., par les Allemands en novembre-décembre 1944, des centaines ont trouvé accueil dans nos villages de l'arrondissement de Sarreguemines et en particulier dans la vallée de la Sarre.

Regroupés à Sarreguemines dans les centre prévus pour eux, nous les avons rapatriés en grand nombre sur Metz. Ce sont parmi nos réfugiés les privilégiés, ayant de nombreux bagages et sûrs, pour la plupart, de retrouver leur home. Il en reste encore environ deux cents, épars à gauche et à droite, que des facilités de transport de la part des Américains nous permettraient de router chez eux. Les Russes ont, en trois semaines, ramené à Marseille des exilés de Silésie. Il nous a été jusqu'ici impossible, malgré des interventions journalières, d'assurer le retour complet de ces réfugiés de Sarreguemines à Metz.

Il en est de même pour cent quarante-sept réfugiés de Nancy, Strasbourg, etc., séjournant encore à Sarreguemines. L'éloignement du front facilitera peut-être les choses.

Réfugiés des villages de la Blies

Sarreguemines a été libérée le 10 décembre, les Allemands restaient à cinquante mètres de la ville jusqu'au 25 février. A la date de rédaction du présent rapport, deux cinquièmes de l'arrondissement de Sarreguemines se trouvent encore occupés.

Un tiers de l'arrondissement de Sarreguemines, comprenant toute la vallée de la Blies, a été évacué par les Américains et réoccupé par les Allemands. Les habitants partis de chez eux sans ressources, ni vêtements, ni linge, ni ravitaillement, chassés de chez eux en quelques minutes, sont arrivés pour la plupart à Sarreguemines même et ont été hébergés dans les centres prévus hâtivement pour les recevoir. Une cuisine populaire installée par nos soins pourvoit à leur nourriture et a certains jours servi plus de mille repas à midi, mille repas le soir. Ces réfugiés attendent la libération de leurs villages.

Réfugiés des villages du Bitscherland

Lors de l'avance allemande dans ce secteur, vers la mi-février, les villages de Rimling, Gœtzenbruck, Lemberg, etc., ont été évacués. Ce sont de grands villages (Gœtzenbruck a 2 000 habitants) et des villages industriels. Ces ouvriers ont été évacués en l'espace d'une nuit, n'emportant rien avec eux. Ils sont arrivés dans les villages limitrophes : Meisenthal, Saint-Louis, etc., eux-mêmes très pauvres. Saint-Louis, par exemple, possède trois vaches laitières, avait 1 800 habitants, a reçu 1 000 réfugiés. La situation, là-bas, était critique. Les ouvriers de ce secteur des cristalleries ont de tout temps été très peu payés, donc réserves nulles, depuis novembre ils se trouvent sans salaires. Sur les demandes réitérées des maires de leur venir en aide, d'accord avec M. le Sous-Préfet de Sarreguemines et piloté par le capitaine Lagaillarde, de la Mission française de liaison de la division américaine occupant ce secteur, j'ai passé deux semaines, allant de village en village et ne revenant à Sarreguemines que pour toucher de nouveaux fonds.

L'argent n'y fait plus défaut, et les gens de ce secteur, perdus au milieu de leurs forêts, vivant toujours dans la hantise d'une contre-attaque allemande, ont, grâce au Service des réfugiés, cessé de souffrir de la faim parce qu'ils ne manquaient plus d'argent.

Je me suis volontairement occupé du sort de ces gens : je dois constater que Metz n'a rien fait jusqu'ici pour eux. Moi-même je ne puis continuer à m'en occuper que si l'on m'aide. La présence du capitaine Lagaillarde dans ce secteur est d'un grand secours, et c'est grâce à son obligeance que j'ai pu distribuer des secours. S'occupant de tous, veillant au ravitaillement, le capitaine Lagaillarde en fait s'occupe spécialement des réfugiés, et leur misère est plus grande que celle des autres.

Il faudrait dans chaque commune organiser avec l'aide des F.F.I. locaux un service local des réfugiés.

Il reste beaucoup à faire : lait, vêtements, etc.

Il faudrait passer des journées à leur venir en aide.

Il faudrait aussi pour le faire :

1) Etre habilité officiellement dans le secteur ;
2) Posséder les moyens de communication nécessaires : auto.

Réfugiés en provenance du Bitscherland (1940)

On parle partout d'eux, mais l'on ne fait rien pour eux. Ces gens qui ont été évacués en 1939 sur la Charente, revenus en 1940 dans leurs villages du canton de Volmunster, évacués en 1940 à la frontière de la Lorraine pour permettre aux Allemands de transformer leur région en une *Truppenübungsplatz*, rechassés maintenant par les Lorrains rentrant de France. Ces pauvres gens trois fois évacués en trois ans reviennent se loger à proximité des ruines de leurs villages, et je les ai rencontrés à Montbronn, à Soucht, etc., plus misérables et plus miséreux, moralement et physiquement, que tous les autres parce qu'ils ont tout perdu, pour la troisième fois, et ne savent pas qui s'occupera d'eux, car rien ne leur donne le sentiment que quelqu'un y songe.

Ce problème est le plus grave des problèmes des réfugiés de toute la Lorraine. Qui doit s'en occuper ? Demain la région sera libre et ces gens voudront rentrer chez eux, qui doit les conseiller ? Le Service des réfugiés de Metz ne prendra-t-il pas l'affaire en main ?

Sinistrés de la région des cristalleries

Les cristalleries de Saint-Louis, Meisenthal, Gœtzenbruck ne travaillent plus depuis novembre, quatre mois pendant lesquels aucun ouvrier de ces usines n'a reçu un salaire ; ils étaient complètement sans ressources, l'argent leur manquait pour acheter à leur famille le pain que le capitaine Lagaillarde et ses F.F.I., au prix de mille efforts, leur apportent en premières lignes ! C'était la misère. Ce le sera encore longtemps, car le travail ne reprendra pas de sitôt. C'est cinq mille sinistrés qu'il faudra entretenir. Les allocations de sinistrés ont été pour ces gens une manne du ciel.

Contrôle des allocations

J'estime qu'il est absolument indispensable qu'un contrôle de chaque demande soit fait, il est anormal que l'on paie des millions sans contrôler le bien-fondé des demandes.

Autant il me paraît indispensable de venir le plus tôt possible en aide aux réfugiés et sinistrés de notre secteur, autant il me paraît absolument indispensable, pour sauvegarder les intérêts de l'Etat, de contrôler les dépenses et surtout de donner aux maires chargés d'ordonnancer, des précisions quant à l'application du régime des allocations, précisions que les circulaires, parfaitement claires et simplifiées par ailleurs, ne donnent pas.

Il est absolument nécessaire que quelqu'un passe régulièrement voir les maires pour répondre à leurs questions. C'est la bonne marche de tout le service qui est en jeu et c'est dans l'intérêt de tous les réfugiés et sinistrés que nous devons aider.

CHAPITRE XXXV

Collaboration et épuration

Une page sombre de notre histoire : la collaboration

Remarquons d'emblée que sans la défaite militaire de 1940, il n'y aurait jamais eu de collaboration avec l'occupant, ni en Alsace-Lorraine ni dans les autres régions françaises. C'est là un fait dont il ne faut ni minimiser la portée ni taire les responsabilités engagées. Au cours des ultimes combats de mai-juin, les Alsaciens et les Lorrains, conscients de l'enjeu du conflit, se sont battus avec courage et ténacité, même au-delà de l'armistice dans les unités de la ligne Maginot. Ne défendaient-ils pas, aussi bien leur terre et leur foyer en première ligne que le sol de la patrie ? Leurs camarades de combat et même l'ennemi ont rendu hommage à leur détermination.

Dès le début de l'occupation qui fut, en réalité, pour l'Alsace et la Lorraine, une annexion pure et simple, la situation fut tout à fait particulière, puisque nos deux malheureuses provinces furent brutalement retranchées de la communauté nationale et abandonnées à un sort peu enviable. Les timides protestations élevées par le gouvernement de Vichy n'atténuent en rien la gravité d'une telle attitude de la part des dirigeants de la France. Par ailleurs, l'état d'esprit de la population française, à peu d'exceptions près, était déplorable. Que de fois avons-nous entendu dire : « Qu'on leur donne donc l'Alsace et la Lorraine et que nos maris, nos fils et nos frères prisonniers soient libérés ». Cette vision simpliste de la situation témoignait du peu de cas qu'on faisait du sort des Alsaciens et des Lorrains. Au fait, ne nous a-t-on pas si facilement abandonnés parce qu'on ne nous avait jamais vraiment adoptés ? Il nous souvient d'un autre propos qu'on a tenu un jour à notre vieux maître lorrain qui nous l'a rapporté avec beaucoup d'amertume : « Bien sûr vous êtes des Français... mais pas comme nous ! ». Pour beaucoup de nos compatriotes, notre malheur fut une fois de plus la monnaie d'échange de leur quiétude.

La triste réalité, telle qu'elle se présentait chez nous, n'avait que très peu de points communs avec celle dans laquelle se trouvaient les autres Français. En Alsace et en Lorraine, ce fut le régime de l'annexion de fait dans toute sa brutalité et aux inéluctables conséquences. L'une était rattachée à la Sarre et au Palatinat, l'autre au pays de Bade. De plus, l'Allemagne nazie trouva et souvent provoqua chez nous un vide administratif total. Les hauts fonctionnaires et de nombreux cadres supérieurs furent éloignés par l'ennemi. Il n'y avait donc plus sur place ni préfets ni sous-préfets. Les grands services de l'Etat français, tels que l'Education Nationale, les P.T.T., la S.N.C.F. et tous les autres étaient décapités. Avec une célérité extrême, les Allemands s'engouffrèrent dans ce vide, visiblement heureux d'une telle aubaine. Le *Schulwesen*, la *Reichspost*, la *Reichsbahn* et les autres administrations allemandes prirent en main la direction des affaires. Visiblement, cette intégration dans la communauté allemande avait été préparée minutieusement ; elle était donc préméditée. D'une poigne de fer, les maîtres du jour se saisirent du destin des deux provinces dans les domaines politique, administratif, économique et social.

Précisons encore, qu'à peu d'exceptions près, les entreprises, les usines et les mines furent désormais gérées par des Allemands, adeptes de l'idéologie nazie, tout en continuant à employer la main-d'œuvre locale pour soutenir leur effort de guerre totale. La tutelle exclusive de patrons allemands présentait déjà en elle-même une impitoyable pression de tous les instants. A tous les échelons, ce formidable encadrement, d'une implacable rigidité, déterminait l'existence de tous les salariés. Nous avons déjà eu l'occasion de dire que des rétrogradations, des déplacements d'office et même des mises à pied eurent raison des moindres velléités de résistance. Le carcan d'un assujettissement total était d'une remarquable efficacité. D'ailleurs ceux qui s'y soustrayèrent ne furent **pas toujours accueillis avec empressement dans les départements français de la zone libre.**

Les paysans, solidement encadrés par des organismes officiels du parti, durent continuer à cultiver leurs terres et à élever leur cheptel. Et qui aurait pu empêcher l'ennemi de prélever et de réquisitionner sa quote-part ? Bien sûr, l'industrie et la paysannerie de France connurent les mêmes servitudes en raison d'exigences et de pressions diverses, mais sans l'omniprésence d'un **appareil administratif et policier, tel que l'ont connu les Alsaciens et les Lorrains.**

Comment nos fonctionnaires, nos employés et nos ouvriers auraient-ils pu éviter l'embrigadement dans des formations nazies, sans s'exposer à des représailles sévères, qui auraient aussi frappé leurs familles ? Il n'y avait d'ailleurs plus personne pour défendre leur cause ; l'horizon était bouché de toutes parts.

Les représentants de la France libre semblaient eux aussi avoir compris que cette situation était bien particulière. Radio-Londres, dans le cadre de « Les Français parlent aux Français », diffusait des émissions spécialement destinées aux Alsaciens et aux Lorrains qui les attendaient avec impatience et les écoutaient aussi souvent que possible, malgré le brouillage et l'interdiction formellement ordonnés par l'occupant. Un avocat haut-rhinois, Me Kalb, alias Jacques d'Alsace, y recommandait même de façon pressante à ses compatriotes de ne pas s'opposer ouvertement aux Nazis, car il fallait qu'à aucun prix l'Alsace-Lorraine fût vidée de sa population autochtone qui alors aurait été aussitôt remplacée par des Allemands de souche.

Dans une certaine mesure, la communauté de langue avec l'occupant existait, mais jamais celle du langage et de la pensée. Dans de telles circonstances, un certain conformisme, tout de surface, relevait de la plus élémentaire sagesse. Il s'explique et se justifie d'ailleurs aisément par le sentiment d'abandon qui nous tenaillait. Pourtant, l'immense majorité des Alsaciens et des Lorrains n'a jamais adhéré intérieurement au régime nazi. Le douloureux problème des déportés et des « malgré-nous » enrôlés dans la Wehrmacht en témoigne et est à inscrire au martyrologe d'une population qui pouvait à juste titre se sentir trahie par ceux-là mêmes qui auraient dû prendre sa défense à la face du monde... et qui ont failli à leur devoir.

Que peut-on encore reprocher à quelqu'un quand on l'a abandonné dans son malheur (revoir la parole de Charles Péguy), dès lors qu'il n'a pas failli ni à l'honneur ni à la dignité humaine et qu'il a maintenu l'essentiel de son identité ?

Nous excluons évidemment de ce plaidoyer ceux des nôtres qui ont trahi délibérément et causé en toute connaissance de cause les souffrances et parfois la mort de leurs compatriotes, ainsi que ceux qui se sont mis volontairement au service de l'ennemi, encore qu'ils ne fussent pas plus nombreux en Alsace et en Lorraine que dans les autres provinces françaises. Ceci est une vérité historique irréfutable. Affirmer le contraire serait une injustice et une erreur grave. Qu'on cesse donc de nous jeter la pierre !

Comme les autres Français, et peut-être davantage en raison d'une exposition séculaire à l'Allemagne, et également parce que nous avons connu l'abandon, nous ressentions profondément et douloureusement le malheur de notre commune patrie.

Les Alsaciens et les Lorrains n'ont jamais eu d'autre aspiration que celle d'appartenir à la communauté nationale et d'être considérés comme Français, mais à part entière et sans discriminations d'aucune sorte.

Dans le chapitre suivant, nous aborderons l'épineuse question de l'épuration qui, au début du moins, se déroulait dans un climat de jugements et d'exécutions sommaires, de règlements de comptes aussi. Cette courte période fut, hélas, entachée d'excès de toutes sortes, où la dignité humaine n'a jamais trouvé son compte. Peut-être les autorités d'alors n'ont-elles pas toujours été heureuses dans le choix des membres qui devaient constituer les comités locaux d'épuration. Il est vrai que par la suite, les juges de notre pays ont rendu à la justice son impartialité et sa sérénité, mais souvent le mal était fait et à ce jour toutes les rancœurs ne sont pas encore complètement apaisées.

Après la libération, l'épuration [1]

Bien des Lorrains, afin de pouvoir rester sur le sol natal, ont dû faire des concessions à l'ennemi. Quels Lorrains eurent raison, ceux qui préférèrent leur pays ou ceux qui préférèrent leur nationalité ? Il y a eu des Français qui ont eu le triste courage de s'instituer juges d'un pareil débat de conscience ! Le fait d'être resté à son poste ne peut pas constituer pour un fonctionnaire un grief contre lui ; ce qui importe c'est de savoir comment il a agi dans l'exercice de ses fonctions. Peut-être y a-t-il eu en Alsace-Lorraine proportionnellement moins de collaborateurs actifs et convaincus que dans les autres parties de la France.

Un des phénomènes les plus pénibles, dans les premiers temps qui suivirent la Libération, fut celui des malentendus et des règlements de comptes, les expulsés et internés même ayant une tendance humainement explicable à rendre ceux que la guerre avait relativement épargnés responsables de leurs affreuses souffrances. Un superpatriotisme très inégalement justifié se traduisit par des délations d'une inspiration contestable. Il y eut de scandaleuses promotions dans l'ordre des fonctions publiques et des honneurs par homologation rétroactive de services dans la Résistance.

A quelques nuances près, tout ceci se retrouve d'ailleurs au niveau national.

Pierre Taitinger, ancien député, ancien président du Conseil municipal de Paris, croit pouvoir donner dans son livre « Et Paris ne fut pas détruit », p. 205, les précisions chiffrées que voici :

« On est pris de nausée à la pensée qu'au mois de janvier 1945 il y avait déjà 123 000 demandes d'homologation pour le seul département de la Seine, adressées à la Direction des F.F.I. au ministère de la Guerre.

Cent vingt-trois mille ! Or, je répète que 3 000 hommes au plus ont pris part aux combats de la libération de Paris. L'imposture est ici éclatante.

Il en va de même pour la province. A Marseille, par exemple, les services officiels de la Résistance comptaient 410 inscrits à la veille de la Libération. Quinze jours après l'arrivée des Alliés dans la seconde ville de France, ces inscrits étaient passés au nombre de ...95 000 ; Ils sont maintenant 360 000 ! »

Que le jeu des promotions rétroactives soit à l'origine des carrières aussi foudroyantes que suspectes de certains hauts personnages n'est que trop évident.

---

[1] Joseph Rohr +, *La Lorraine Mosellane, 1918-1946*, Editions Pierron, Sarreguemines, 1975, pp. 85-102 (avec l'autorisation de l'ayant droit).

L'épuration - Faits et documents

Le Comité de Libération avait été institué à Alger le 3 juin 1943 par ordonnance rédigée et signée par le général de Gaulle.

Un mois plus tard, l'ordonnance du 6 juillet 1943, connue en France par la radio de Londres, donna les précisions suivantes :

« Sont déclarés légitimes tous actes accomplis postérieurement au 16 juin 1940 dans le but de servir la cause de la libération de la France quand bien même ils auraient constitué des infractions au regard de la législation appliquée à l'époque. » (Requête... p. 27).

Heureusement que cette ordonnance malheureuse assurant l'impunité aux meurtres et constituant un encouragement aux exécutions sommaires, aux vengeances politiques ou privées, à la convoitise du bien d'autrui, n'inspira qu'une toute petite minorité.

L'ordonnance du 26 juin 1944 institua les cours de justice qui ne devaient pas, hélas ! contribuer à apaiser les haines semées par la guerre en Moselle et qui opposaient pêle-mêle les expulsés, internés, réfugiés, déportés, prisonniers, incorporés, etc., les uns aux autres.

L'article premier de l'ordonnance est libellé ainsi :

« Il est institué, au fur et à mesure de la libération du territoire métropolitain, au chef-lieu de chaque ressort de cour d'appel, une cour de justice qui aura pour objet de juger les faits commis entre le 16 juin 1940 et la date de la libération qui constituent des infractions aux lois pénales en vigueur le 16 juin 1940 lorsqu'ils revêtent l'intention de leurs auteurs de favoriser les entreprises de toute nature de l'ennemi, et cela nonobstant toute législation en vigueur. » (Requête p. 199).

« La compétence de la cour de justice s'étend également aux actes antérieurs au 16 juin 1940 imputés aux auteurs des faits ci-dessus visés, lorsque ces actes procèdent de l'intention définie à l'alinéa précédent. »

Pour réprimer les faits de collaboration qui ne tomberaient pas directement sous le coup des lois pénales, le gouvernement a institué l'indignité nationale par des ordonnances du 26 août et du 26 décembre 1944. Aux termes de l'article premier des ordonnances des 26 août et 26 décembre 1944, est coupable du crime d'indignité nationale... « tout Français qui est reconnu coupable d'avoir postérieurement au 16 juin 1940, soit apporté volontairement en France ou à l'étranger une aide directe ou indirecte à l'Allemagne ou à ses alliés, soit porté volontairement atteinte à l'unité de la Nation ou à la liberté et à l'égalité des Français » (Requête p. 208).

L'article 2 précise que constitue notamment le crime d'indignité nationale le fait :

1° « Soit d'avoir fait partie des gouvernements ayant exercé leur autorité en France entre le 16 juin 1940 et l'installation sur le territoire métropolitain du gouvernement provisoire de la République française ;

2° Soit d'avoir occupé une fonction de direction dans les services de propagande ou dans les services du commissariat aux questions juives ;

3° Soit d'être devenu ou demeuré adhérent postérieurement au 1ᵉʳ janvier 1941, même sans participation active, à un organisme de collaboration quel qu'il soit et spécialement à l'un des groupements suivants... (suivent les **noms des quinze groupements**);

4° Soit d'avoir participé à l'organisation de manifestations artistiques, économiques, politiques ou autres en faveur de la collaboration avec l'ennemi;

5° Soit d'avoir publié des articles, brochures ou livres ou fait des conférences en faveur de l'ennemi, de la collaboration avec l'ennemi, du racisme ou des doctrines totalitaires. » (Requête p. 109)

L'article 21 de l'ordonnance du 26 décembre 1944 indique les déchéances qui accompagnent l'état d'indignité nationale.

« La dégradation nationale est une peine infamante qui comporte :

1° La privation de tous les droits civiques et politiques et du droit de porter aucune décoration ;

2° La destitution et l'exclusion des condamnés de toutes fonctions, emplois, offices publics et corps constitués et la perte de tous grades ;

3° L'incapacité d'être administrateur, secrétaire général de sociétés..., juré, expert, arbitre, d'être employé comme témoin dans les actes et de déposer en justice..., d'être avocat, notaire, avoué..., professeur, maître ou surveillant dans une école..., de diriger une entreprise d'édition, de presse, de radio ou de cinéma ou d'y collaborer régulièrement..., d'être tuteur, membre d'un conseil de famille..., administrateur ou gérant de société, etc. »

L'objectivité force à dire que toutes ces ordonnances sont en contradiction avec l'article 13 de la constitution de 1793 :

« La loi qui punirait des délits avant qu'elle existait serait une tyrannie et l'effet rétroactif donné à la loi serait un crime. »

L'article 4 du code pénal dit :

« Nulle contravention, nul délit, nul crime ne peuvent être punis de peines qui n'étaient pas prononcées par la loi avant qu'ils fussent commis. »

Les représailles sanglantes, les jugements expéditifs et sans recours, les exécutions sommaires au lendemain de la Libération, ont constitué une page douloureuse de l'histoire de France. Toutes ces mesures ont été dictées davantage par l'esprit de basse vengeance que par la sérénité et la pondération qui sont les alliés de la justice. Des personnes dont on ne peut suspecter le patriotisme ont souligné le caractère odieux de cette justice arbitraire.

Voici le point de vue exprimé par des résistants éminents groupés autour de Mme de Suzannet, ex-déportée, ancien député, qui lança un appel au nom du Comité National de Défense des Droits de l'Homme en 1948 :

« N'oublions pas que les condamnations se sont souvent basées sur la rétroactivité des lois, et sur un autre principe également inadmissible, mais auquel on réfléchit rarement : la question de l'armistice de 1940. Des actes commis sous l'occupation, tels que des contacts avec les Allemands dont certains étaient nécessaires alors que d'autres auraient pu, certes — sauf cas d'espèce — être évités dans un souci de meilleure tenue patriotique, ont été sévèrement sanctionnés comme « trahison » ou « intelligence avec l'ennemi » alors que, en période d'armistice (c'est-à-dire en période de non-belligérance du temps de guerre) ils ne pouvaient nullement être considérés comme tels. Il est vrai que nous, qui menions le combat secret, nous ne reconnaissions pas l'armistice, mais c'était là la position extrême de volontaires prêts au sacrifice. On pouvait l'approuver ou non : l'armistice était, en fait, officiel et légal, et juger après coup des Français sur d'autres bases est une iniquité que l'Histoire pardonnera difficilement. » (Requête p. 66)

Citons encore l'opinion de François Mauriac, telle qu'il l'a exposée dans l'hebdomadaire *Carrefour*, numéro du 23 février 1949 :

« Cette épuration interminable qui semble avoir frappé au hasard, épargnant les uns, accablant les autres, ces tribunaux d'exception, l'Histoire dira qu'ils ont été les résultats d'une erreur, pour ne pas dire d'un mensonge. On a nié l'évidence qui était la légalité du gouvernement de Vichy. »

Derrière tout cela : de Gaulle.

Voici, sous la plume de R. Aron dans « Histoire de l'épuration », une appréciation perspicace et nuancée de son attitude et de son action :

« Le général de Gaulle, le de Gaulle de la dissidence à Londres, en territoire étranger, le de Gaulle antérieur au retour sur le territoire français, où il retrouve quelque contact avec des données réelles et humaines de la politique française, le de Gaulle de 1941, 1942 et des premiers mois de 1943, jusqu'à la réunion de l'assemblée consultative, ce de Gaulle, coupé du pays, même s'il en exprime les espoirs et incarne la liberté, a joué, par rapport à l'insurrection, un rôle d'apprenti sorcier. Il a contribué, par ses paroles, à fomenter l'insurrection, une insurrection non plus théorique, mais réelle, non plus doctrinale et politique, comme celle qu'il proclamait de Londres, mais sanglante et passionnée, comme celle qui se manifestera à lui dès Alger et qu'il rencontrera lors de son retour en France, une insurrection qui, bientôt, a débordé ses volontés et dont, dans son souci de manifester la légitimité de son pouvoir, devra canaliser les excès et atténuer les paroxysmes meurtriers.

Après la Libération

Epuration locale. Faits et documents

Les textes qui suivent ne font qu'illustrer sur le plan régional la mentalité publique de justice arbitraire qui sévissait au niveau national. Ils laissent aussi entrevoir ce que le souci d'une justice équitable pouvait en soi avoir d'aléatoire en raison même de la fragilité des critères.

Après la promulgation des ordonnances du 26 juin 1944, du 26 août et du 26 décembre 1944, le préfet de la Moselle Rebourset publia le 20 janvier 1945 l'arrêté suivant :

Préfecture de la Moselle
République Française
Cabinet
Le Préfet de la Moselle,
Commissaire de la République,
Officier de la Légion d'Honneur,

Vu l'ordonnance du 10 janvier 1944, sur la division du territoire métropolitain en commissariats régionaux de la République;

Vu l'ordonnance du 29 septembre 1944 sur la création de commissariats régionaux de la République dans les départements du Bas-Rhin, du Haut-Rhin et de la Moselle;

Vu l'ordonnance du 4 octobre 1944, sur les mesures d'ordre administratif à l'égard des individus dangereux pour la sécurité publique,

ARRÊTE:

Article 1er. — Toutes les personnes ayant appartenu pendant l'occupation allemande à une formation militaire ou politique nazie (S.S., S.A., N.S.K.K., N.S.D.A.P., N.S.K.F.) ou au parti fasciste, devront se présenter une fois par semaine à la gendarmerie ou au commissariat de police, ou à défaut à la mairie de leur domicile à l'heure et au jour indiqués par les autorités locales.

Article 2. — Ces mêmes personnes ne pourront circuler sur la voie publique entre 18 heures et 7 heures du matin, sauf, s'il y a lieu, pour se rendre à leur travail.

Article 3. — Les infractions à ces dispositions du présent arrêté seront punies des peines prévues par l'art. 471, § 15, du code pénal, sans préjudice des mesures d'ordre administratif.

ARRÊTE:

Article 1er. — Les individus ayant adhéré depuis 1940 à des formations civiles ou paramilitaires nazies (S.A., S.S., N.S.K.K., N.S.D.A.P., N.S.K.F.) ou au parti fasciste ne pourront changer de domicile en dehors de leur commune sans autorisation de la gendarmerie ou du commissaire de police, ou, à défaut, du maire de la commune.

Article 2. — Dans les villes de plus de 10 000 habitants, cette mesure sera applicable à ces personnes lorsqu'elles désireront changer de domicile à l'intérieur de la localité.

Article 3. — Cette mesure est et restera applicable jusqu'au jour où une décision définitive sera intervenue à leur égard.

Article 4. — Les infractions à ces dispositions seront punies de peines prévues à l'art. 471, § 15, du code pénal, sans préjudice des mesures d'ordre administratif.

Metz, le 20 janvier 1945.

Le Préfet: signé Rebourset

(*Courrier de la Sarre* du 3 février 1945.)

Des «comités de libération» et «d'épuration» se formèrent comme partout en Moselle. Le ton de ceux-ci nous est restitué par l'entrefilet suivant paru dans le *Courrier de la Sarre* le 5 mai 1945 :

Qui veut être juré auprès de la cour de justice ?

«Conformément à une institution de M. le Président de la Chambre de Metz (Cour d'appel de Colmar) relative à la répression des faits de collaboration et à la constitution d'une sous-section de la Cour de justice à Sarreguemines, nous prions tous les gens de Sarreguemines, ayant fait de la résistance, déportés, etc., et désirant faire partie comme juré à la sous-section de ladite cour, de bien vouloir se faire inscrire aux bureaux du comité de libération, rue des Généraux-Crémer, 9.»

Le président du comité de libération
(arrondissement de Sarreguemines)

Le signataire ci-dessus désigné était M. Edouard Fogt, de vieille souche lorraine.

Le président du comité d'épuration à Sarreguemines était M. Joseph Nicolas Lebon, quincaillier à Sarreguemines, né le 19 mars 1884 à Sarreguemines, fils de Camille Lebon et de Marie, Elise, Victoire Becker.

Comme commissaire de police figurait M. Erwin Guillaume Fontaine, né le 28 mai 1909 à Sarreguemines, fils de Jean Fontaine, né le 24 septembre 1869 à Bliesen, près de Saint-Wendel (Allemagne). Il paraît que Fontaine avait été nommé chef de police par le service de contre-espionnage américain. M. Fontaine a été, par arrêté de la chambre civique de la Moselle du 29 mars 1946, suspendu provisoirement de l'exercice du droit de vote, d'élection et d'éligibilité ; par la suite il fut réhabilité.

Il va sans dire que nous relatons ces choses uniquement pour montrer combien, en ces matières, les critères d'honorabilité patriotique, à tort ou à raison, pouvaient inspirer des réserves. Il en allait de même des critères de non-honorabilité patriotique que l'on prétendait appliquer aux accusés.

Voici, de la même époque, et émanant du commissaire Fontaine précisément, un admirable document de style libérateur et épurateur. Mais il faut convenir que la tâche n'était pas facile.

L'épuration - Un peu de dignité S.V.P.

«A propos de l'internement de sujets allemands et surtout lorsqu'il est question de l'épuration, des voix s'élèvent à droite et à gauche pour admettre que tel ou tel serait pourtant un brave type, que s'il n'est pas absolument sans reproches (*errare humanum est*), il a aussi quelques mérites...

En dehors de ceux qui élèvent simplement la voix, il y a aussi ceux qui n'hésitent pas à jeter le poids de leur personnalité dans la balance, et vont jusqu'à intervenir en faveur de la libération de sujets allemands, ou de Lorrains arrêtés pour collaboration avec les nazis. Ils vont parfois jusqu'à se porter garants et ils ne manquent pas d'aplomb.

Sans doute, la justice française est moins coercitive que la *Gestapo*, mais elle doit néanmoins rester efficace. Voilà pourquoi nous rappelons tous ces messieurs et... dames à un peu plus de dignité.

N'oublions pas que beaucoup de ces Allemands restés dans notre pays en 1918, grâce à des interventions semblables, ont été par la suite à la base du mouvement autonomiste et ensuite de la cinquième colonne. Qu'ils gardent leurs secrets espoirs, mais qu'ils restent pour cela éloignés du lieu où leur présence pourrait être dangereuse.

Nous ne voulons plus sous aucun prétexte que des erreurs passées et reconnues comme telles au cours de cette guerre puissent se renouveler.

L'épuration doit être complète et radicale pour être efficace. Il est indigne d'un Lorrain bien intentionné d'essayer d'entraver son cours ou de l'influencer.

Si «votre» type est vraiment un brave type comme vous le supposez, le comité d'épuration sera suffisamment renseigné pour s'en apercevoir également. Mais n'oubliez pas vous-même qu'il est de la nature de l'homme de se tromper.»

Fontaine
Commissaire de police

(*Le Courrier de la Sarre*, jeudi 25 janvier 1945.)

Cour de justice et Chambre civique de Sarreguemines

Les audiences ont été présidées à Sarreguemines par M. Demange, président du tribunal de première instance, et de son remplaçant, M. Gœttlé, juge. Comme commissaires du gouvernement ont figuré M. Krug, nommé dès le mois de septembre 1945 conseiller à la Cour d'appel de Colmar, M. Kastner, substitut à Sarreguemines, M. Frantz et quelquefois M. Sadoul, conseiller à la Cour d'appel de Metz. La première session de la sous-section de la Cour de justice de Sarreguemines eut lieu le 18 juillet 1945 et celle de la Chambre civique le 12 septembre 1945. Les dernières audiences eurent lieu vers la mi-janvier 1947 ; les affaires en instance ont été jugées par la suite devant la Cour de justice de Metz.

Les magistrats en cette période trouble et tourmentée d'après-guerre, qui avaient la délicate mission de juger les compatriotes égarés par les circonstances, se sont acquittés de cette tâche avec toute la droiture, l'absence de préjugés et l'indulgence que pouvait tolérer cette consternante époque.

L'épuration : chiffres et pourcentages

Nous avons tenu à établir objectivement les pourcentages des différentes catégories de collaborateurs condamnés par rapport à la population totale du ressort du parquet de Sarreguemines, dont la juridiction couvrait alors les deux arrondissements de Sarreguemines et de Forbach. A l'époque, on y comptait 200 000 personnes adultes, en principe justiciables.

De 1945 à 1947, il y eut en cour de justice une condamnation à mort, quatre condamnations aux travaux forcés à perpétuité, cinquante-huit condamnations aux travaux forcés à temps et dix-huit condamnations à la réclusion criminelle, ce qui donne un total de quatre-vingt-une peines lourdes (0,0405 %). Par ailleurs, on relève deux cent vingt et une peines de prison (0,1105 %). La dégradation ou indignité nationale fut retenue à l'encontre de six cent douze individus (0,306 %). Près de trois cent cinquante personnes (0,175 %) connurent l'interdiction de séjour ou l'éloignement. Si l'on fait le total de ces pourcentages, il révèle le chiffre de 0,632 %, donc inférieur à 1 %. Il y eut en tout 1 264 condamnations, chiffre servant de base au calcul du pourcentage global. Ce faible pourcentage de collaborateurs est éloquent et se passe de commentaires.

La Cour de justice et la Chambre civique prononcèrent également 239 acquittements et 27 réhabilitations.

Pour compléter ce tableau, donnons quelques détails sur les mesures prises contre les résistants à l'emprise allemande. Déportés: arrondissement de Sarreguemines, 231; arrondissement de Forbach, 675; soit un total de 906 déportés.

Internements: arrondissement de Sarreguemines, 24; arrondissement de Forbach, 67; d'où un total de 91 internés (2).

A ces chiffres, il convient d'ajouter le nombre des expulsés, des transplantés, des déplacés d'office et tous ceux qui ont été frappés de peines de prison à temps par l'occupant. Sans risquer de se tromper, on peut avancer le chiffre de plusieurs milliers de personnes.

---

(2) Joseph Rohr, *La Lorraine mosellane, 1918-1946*, pp. 76 et 77.

CHAPITRE XXXVI

Les ultimes coups de boutoir de l'armée allemande

Lorsque après le cuisant échec de la bataille des Ardennes déclenchée avec des moyens encore puissants par Hitler et son état-major le 16 décembre 1944 et stoppée net à Bastogne sans avoir pu atteindre la Meuse, le commandement lança dans la nuit de la Saint-Sylvestre 1944 peu avant minuit, l'opération Nordwind (1) dans la région de Sarreguemines, Bitche et les Basses-Vosges sur une distance d'environ 35 km, on comprit qu'il s'agissait alors, non seulement de tenter l'impossible et de donner un second souffle aux divisions blindées de von Rundstedt au Luxembourg et en Belgique, mais encore que cette attaque, foudroyante certes mais non imprévue, visait une rupture du front de la VIIe armée du général Alexandre Patch et de percer en direction d'Ingwiller, Saverne, Phalsbourg et sans aucun doute du Donon et de la crête des Vosges, une percée qui aurait mis en péril tout le dispositif du généralissime Eisenhower et provoqué un repli général. Cette manière d'analyser la situation de l'époque trouvera immédiatement sa confirmation dans d'autres entreprises guerrières, telles que le franchissement du Rhin à Gambsheim, à peine à 20 km au nord de Strasbourg et la formation d'une importante tête de pont, ceci dans la matinée du 5 janvier 1945 faisant peser sur la capitale alsacienne un danger mortel. Perdre Strasbourg, un symbole national, libérée depuis le 22 novembre par les héroïques soldats de la 2e D.B. de Leclerc, nous aurait infligé un affront inexpiable. La menace se trouvait encore aggravée par le fait que dès le 7 janvier, au sud de Strasbourg, une autre attaque d'envergure s'était ébranlée à partir de la vaste poche de Colmar en direction de Benfeld et de Molsheim, une opération qui portait le nom de Sonnenwende (solstice, retour du soleil, et de la victoire). Son but évident était la jonction de ces troupes avec celles de la 553e Volksgrenadierdivision de la tête de pont de Gambsheim, où l'ennemi avait pu progresser jusqu'à La Wantzenau, à 13 km de Strasbourg. L'investissement de cette dernière ville eût été parfait... en cas de succès ! (3).

Les combats rageurs que livrait le général Blaskowitz, du 1er groupe d'armées, dans la région au nord de Haguenau et autour de Woerth (2) entraient dans la même vision stratégique. Une heureuse issue de ce vaste plan allemand aurait à coup sûr, non seulement assuré la chute de Strasbourg, mais encore permis à toutes ces forces ennemies réunies de foncer ensuite vers Saverne et les Vosges et de redonner vigueur et allant aux unités de l'opération Nordwind en difficulté aussi bien à Wingen-sur-Moder que dans le secteur de Rimling - Gros-Réderching - Bliesbruck et peut-être de ranimer la bataille des Ardennes, singulièrement essouflée et considérée comme perdue depuis le 27 décembre déjà.

Il est donc aisé de constater ainsi que l'état-major allemand avait bien préparé ses multiples coups successifs susceptibles de bousculer non seulement tous les plans des alliés et de faire grincer les rouages bien huilés et ordonnés de ses armées, mais également d'assurer la perte de l'Alsace et d'une partie de la Lorraine, aux conséquences inimaginables pour les populations retombées aux griffes des nazis.

Un tel échec militaire aurait entraîné des effets moraux et psychologiques néfastes sur le moral des troupes engagées et la confiance des peuples libres... et, bien entendu dans le camp adverse un regain d'agressivité et une galvanisation de l'espoir et de la foi en leur Führer. Heureusement il n'en a rien été et le 12 janvier 1945, Hitler ordonna le repli des divisions de von Rundstedt sur le Westwall (ligne Siegfried) et, ailleurs, sur les positions de départ.

Il convient de préciser ici que le général Eisenhower avait bel et bien, non seulement envisagé, mais ordonné le repli général sur la ligne de crête des Vosges. Heureusement, la froide détermination du général de Gaulle et les instances pressantes des généraux français et américains de cette partie du front purent l'en dissuader et le faire rapporter l'ordre de retraite donné pour le 3 janvier 1945.

Mais notre synthèse serait incomplète si nous ne mentionnions pas l'incidence manifeste des succès remportés à l'est par l'armée russe sur tout cet enchaînement d'opérations militaires à l'ouest. Dans l'idée de Hitler une réussite de ses armées sur ce dernier front, avec la chute du port d'Anvers, centre vital pour les alliés, de l'approvisionnement en hommes, matériel, munitions et essence, l'affaiblissement de leur puissance militaire aurait été tel qu'il l'aurait autorisé à ramener sur le front de l'est toutes ces forces libérées et encore bien armées et combatives et de mettre également en échec le rush de l'armée de Staline qui devait reprendre vigoureusement le 16 janvier 1945 sur la Vistule (Weichsel) en Pologne. Ce fait contraignit l'état-major allemand à renoncer à son vaste plan contre les alliés, sans doute irréaliste, pour diriger ses divisions les moins entamées sur le front de l'est où les nuages s'amoncelaient de plus en plus et où il devenait urgent de barrer la route du Reich aux unités russes singulièrement motivées. L'heure du destin, dont il n'avait pu que retarder l'échéance, approchait inéluctablement, en attendant, que celle de la curée et de l'hallali final sonnât.

Malgré cette menace pressante, le Führer du IIIe Reich, qu'il avait voulu immortel, espérait encore et nourrissait la chimérique idée d'une entente avec les armées alliées qu'il crut aussi alarmées que lui devant cette terrible éventualité qui mettrait en un péril mortel non seulement l'Allemagne mais également tous les Etats libres de l'Europe centrale et que le haut-commandement des alliés serait accessible à une conciliation de compromis devant le péril fatal qui se précisait. Il se méprenait ainsi sur le sens et la portée (3) de la conférence de Yalta en Crimée du 4 au 12 février 1945 qui confirma à moyen terme la partition de l'Europe et la satellisation à l'est de nombreux Etats européens. La naissance d'une deuxième Allemagne dans l'orbite russe et communiste était désormais assurée... malgré toutes les promesses faites par Staline à ses alliés du moment. Ce rêve hitlérien hypothétique relevait de l'utopie, tant ses crimes odieux perpétrés contre l'humanité exigeaient un châtiment impitoyable. Il n'échapperait donc pas à son sort et avec lui tout le peuple allemand qui s'était laissé abuser.

Mais après ces considérations générales, nous nous attacherons en premier lieu à relater le déroulement de l'opération Nordwind (Vent du Nord) puisque nous nous trouvions alors un peu au cœur des combats. Comme de nombreux auteurs des deux camps ont déjà rendu compte de ces affrontements, nous nous contenterons là encore d'une relation concise de tout ce que nous avons pu observer.

Je me trouvais dans une cave à Guiderkirch, commune d'Erching, au pays de Bitche, et ce fut précisément de ce secteur que partit vers 11 heures 30 dans la nuit de la Saint-Sylvestre 1944 l'opération Nordwind.

La mise en place des unités S.S. se fit dans les caves des localités d'Erching, de Guiderkirch, d'Obergailbach, de Bliesbruck et de Frauenberg reconquises. La ruée se fit aussi bien en direction de Rimling par les lieux-dits du Knop, du Letzberg et du Schlossberg, la ferme de Morainville (Schoenhof) une fois reprise. Le bastion de Rimling allait se trouver au cœur des débats car sa chute aurait ouvert la route de Rohrbach et de la ligne Maginot. Ce furent les 17e Panzergrenadierdivision «Götz von Berlichingen» et 559e Volksgrenadierdivision qui y menèrent les assauts sanglants jusqu'aux 9-10 janvier. La réussite de la percée de Gros-Réderching - Achen, partie d'Obergailbach, était finalement tributaire de la prise de Rimling (4). Or nous savons que dans le secteur de Gros-Réderching, où la 44e division U.S. s'était laissé surprendre, et grâce à l'arrêt devant Rimling, la 2e D.B. avait eu le temps d'intervenir avec son bataillon de marche du Tchad et du régiment de chasseurs d'Afrique (5). Le détachement se trouvait sous le commandement du général Langlade alors que le futur général Massu opérait sur le terrain. Devant cette intervention rapide et énergique, les Allemands furent refoulés et la brèche ouverte colmatée. L'avance qui s'était produite dans la nuit du 1er janvier 1945 fut stoppée et Gros-Réderching repris dès le 3 janvier, alors que Achen n'avait connu que l'apparition fugitive de quelques éclaireurs S.S. Je n'entrerai pas dans une relation détaillée des combats analysés par des auteurs qualifiés. Pourtant, il me semble qu'il faut donner la version d'un incident peu banal, fondé sur la traîtrise, qui se produisit dans la nuit du 4 janvier, où une section d'Allemands audacieux, porteurs d'uniformes américains et précédés d'un char Sherman, put surprendre 4 chars français qui montaient la garde à la lisière nord de Gros-Réderching, les anéantir et tuer le vaillant lieutenant Rives-Henrys (5).

Joseph Rohr note dans son excellente monographie «Gros-Réderching et ses annexes» (6) les noms de 7 soldats français enterrés près de l'église et dont nous donnons ci-après les noms : Depré Yves, Bardin Xavier, Meunier Louis, Marriaud Henri, caporal, Régis Ewald, Winter Jacques, Béguin Henri et Parisot Bernard. Le même auteur indique encore qu'à Gros-Réderching, les Allemands avaient perdu dans les combats 10 chars et plus de 200 tués et blessés, sans compter les prisonniers, alors que les Français y avaient laissé sur le terrain 7 chars et 50 tués.

Après le transfert des dépouilles mortelles des 7 héros enterrés à Gros-Réderching, soit par leurs familles ou bien au cimetière militaire de Niederbronn-les-Bains, une belle plaque commémorative, rappelant leur sacrifice fut apposée sur le mur extérieur de l'église et inaugurée le 21 novembre 1953 par la Maréchale Leclerc de Hautecloque en présence des autorités civiles et militaires et de toute la population du village (7).

Mais la relation fidèle de l'opération Nordwind nous fait un devoir de donner quelques précisions sur les âpres combats qui se déroulèrent autour du bastion de Rimling, et finalement dans ses rues jusqu'au 10 janvier 1945 et où les vaillants guerriers de la Century s'opposèrent avec détermination aux attaques sauvages des unités de choc S.S., telle cette compagnie de Fahnenjunker (aspirants), incapables, malgré les sacrifices consentis, de rompre le barrage d'un feu roulant de l'artillerie U.S. qui protégea efficacement les G.I's solidement incrustés dans la périphérie nord, nord-est et nord-ouest de la localité.

Dans les caves de Guiderkirch, nous assistâmes au triste retour de ces juvéniles guerriers allemands, décimés et exténués. Malgré les cuisants échecs répétés, ces fantassins farouches se ruèrent toutes les nuits vers une mort certaine. Nos caves comme celles d'Erching étaient alors bondées de militaires armés jusqu'aux dents en attendant l'heure de l'inévitable destin, des hécatombes inutiles. Finalement les soldats américains opérèrent un repli stratégique, s'alignèrent sur le front du secteur de la ferme de Morainville à l'ouest et sur celui de Bettviller - Urbach à l'est, et s'installèrent sur les hauteurs entre Guising et Rimling (4). Comme la 44e divison U.S. avait réoccupé ses positions de Gros-Réderching, le détachement de la 2e D.B. s'en retourna le 18 janvier 1945 dans la région de Strasbourg, sous la menace des assauts violents en tenaille (12), au nord à partir de la tête de pont de Gambsheim et au sud par l'opération Sonnenwende (13).

Quant à l'opération Nordwind, elle avait ramené les fantassins de la 36e Volksgrenadieredivision à Bliesbruck dans la nuit de Noël 1944, alors que le village avait été libéré une première fois le 13 décembre précédent, pour attendre ensuite sa libération définitive jusqu'au 17 mars 1945. Ce jour-là, les libérateurs ne retrouvèrent pas les habitants pour les acclamer, le major Robert H. Bennett les ayant mis en sécurité avant le retour des Allemands.

Durant le mois de janvier, de très durs combats se déroulèrent dans la forêt de Bliesbruck, l'offensive allemande visant à couper la R.N. 410 de Sarreguemines à Bitche. Le 324e régiment d'infanterie, commandé par le colonel Kenneth S. Anderson, s'y couvrit de gloire. C'est de ce même régiment qu'étaient issus le major Alan Fowler et le lieutenant Geoffroy Ettlinger de l'équipe des civils affairs du major R.H. Bennett, tous deux citoyens d'honneur de la ville de Sarreguemines le 5 décembre 1981. La gare de Woelfling se trouvait alors au cœur des combats (Journal de guerre du 324ᵉ régiment d'infanterie U.S.).

Du côté de la Blies et de Sarreguemines - Frauenberg, cette dernière localité libérée et partiellement réoccupée par les S.S. dans la nuit de la St-Sylvestre se trouvait être le théâtre de rudes combats.

Dans cette même nuit, un groupe de chars de combat avait même réussi à progresser jusqu'à l'entrée de Neunkirch. Sur le terrain d'aviation, la garnison U.S. de Sarreguemines, alertée en hâte, à laquelle s'était jointe la section G5 du major Bennett, vint appuyer la résistance du 114ᵉ R.I. U.S. Grâce à l'appui de l'artillerie et, dès l'aube à l'intervention de l'aviation, cette tentative audacieuse avorta.

Finalement, on peut discerner les trois orientations majeures de l'opération Nordwind, d'abord dans le secteur de Gros-Réderching - Achen - Rimling, en direction de Saverne - Phalsbourg - le Donon et les Vosges, ensuite dans celui de la Blies et de la Sarre en vue de reprendre Sarreguemines et de progresser bien au-delà, et enfin celle qui surgit au sud de Bitche en direction de la Basse-Alsace - nord de Reipertsweiler - Wimmenau et Wingen-sur-Moder et, bien sûr, comme but plus lointain les Vosges (4).

Par ailleurs, nous avons déjà évoqué les combats autour du bastion de Rimling qui s'incrivirent dans le cadre de la première orientation. Nous avons déjà vu que cette entreprise Nordwind faisait partie d'un plan plus vaste allant de la plaine d'Alsace à la Mer du Nord.

L'importante offensive menée dans le sud-est de Bitche par les divisions du 90ᵉ Armeekorps (corps d'armée) du 89ᵉ Armeekorps en liaison avec les troupes de la 6ᵉ S.S. Gebirgsdivision venue du Danemark, en tout cinq divisions, devaient assurer une issue heureuse de la bataille engagée.

Devant elles, se tenaient le 117ᵉ escadron de combat U.S., les unités de la 100ᵉ division U.S. (la Century) appelée à jouer un rôle déterminant. Nous savons ce qu'il en advint, après des succès initiaux l'assaut s'essouffla et fut stoppé à Wingen-sur-Moder, après des combats de rue (5-4).

Mais il convient de noter que les divisions allemandes, aussi bien dans le secteur de Bitche que dans celui de Gros-Réderching - Rimling et la Blies, étaient à peine à 50 % de leurs effectifs normaux (des divisions fantômes), mais chichement appuyées par une artillerie clairsemée, des chars en nombre réduit... et pas du tout par l'aviation absente. Ces hommes essayèrent de compenser vainement leur infériorité par un cran et une combativité encore remarquables à cette époque de la guerre. Inutile de dire que les divisions américaines supérieurement armées, bien encadrées par de nombreux chars et une artillerie efficace, alors que dans le ciel régnait leur aviation, eurent en fin de compte le dernier mot et refoulèrent les Allemands (5) après les avoir stoppés.

Le général Jacques Massu note à ce sujet qu'avec 2000 hommes sur 35 kilomètres, les unités allemandes avaient réussi de faire un extraordinaire volume qui a totalement bluffé les Américains (12).

Rappelons enfin que devant les fluctuations du front de la VIIe armée U.S. provoquées par l'opération Nordwind, le général Patch avait dû se replier au nord sur la Moder du côté de Haguenau. La tête de pont de Gambsheim constituait une singulière épine dans le dos du dispositif du 6e corps d'armée U.S. La subsistance de l'importante poche de Colmar et l'opération Sonnenwende lancée par la 19e armée allemande menaçaient les lignes de la 1{ere} armée française du général de Lattre de Tassigny tout en aggravant le péril qui pesait sur Strasbourg. L'opération Sonnenwende avait finalement échoué le 12 janvier 1945 (5).

La poche de Colmar, adossée au Rhin, s'étendait du nord de Mulhouse jusqu'aux abords de Sélestat et Molsheim, alors que les Français et les Américains occupaient les positions dominantes des Vosges. Il devint urgent de liquider cette tête de pont menaçante. Une attaque décisive s'engagea en liaison étroite avec les unités U.S. du général Milborn, et celles des 1er corps d'armée du général Béthouart au sud et 2e corps d'armée de Monsabert au nord. Déclenchée le 20 janvier 1945 (2) elle devait enfin l'éliminer le 9 février suivant, alors que Colmar avait été libérée dès le 2 février et permit à de Lattre de lancer son communiqué de la victoire constatant «que l'Allemand a été chassé de la plaine d'Alsace et a dû repasser le Rhin». Quant à la tête de pont de Gambsheim, localité reprise le 30 janvier 1945, désormais éliminée, elle ne pouvait plus constituer la moindre menace. Au nord de Haguenau, l'offensive du général Blaskowitz avait pour sa part également tourné court (2).

Le but de cette synthèse sommaire vise à donner au lecteur et à l'amateur d'histoire locale, une vision globale de l'enchaînement de l'ensemble des assauts menés par les Allemands en décembre 1944 et janvier 1945, de la plaine d'Alsace à la Mer du Nord et pour rappeler également que dans la région de Sarreguemines - Bitche, nous nous trouvions un peu au centre de cette entreprise pleine de périls. Elle aurait pu infliger aux populations déjà si éprouvées un nouvel et cruel exode. Cette constatation devrait nous inciter à nous souvenir des sacrifices consentis en cette époque cruciale par les combattants français et américains indissociables et nous porter à leur témoigner en toutes occasions une éternelle gratitude.

A la St-Sylvestre 1944, la 44e division d'infanterie U.S. alignait d'ouest en est, de la Blies à la Bickenalbe, les 114e, 324e et 71e régiments d'infanterie, alors qu'à l'offensive limitée du 15 février 1945, ces trois unités se trouvaient dans les positions suivantes : le 114e R.I. tenait le front des hauteurs de la route d'Obergailbach, de la forêt de Bliesbruck et de la Blies; le 71e R.I. s'était retranché sur les hauteurs allant de l'ouest d'Erching-Guiderkirch à Obergailbach, alors que le 324e R.I. tenait à présent les positions à l'est de la Bickenalbe, le Letzberg, le Burenbusch jusqu'à Epping.

Ces trois régiments se trouvaient alors sous le commandement des colonels Ercil D., Porter pour le 71e, Robert H. Martin pour le 114e et Kenneth S. Anderson pour le 324e (Documents d'archives américains).

(1) Eugène Heiser, *La Tragédie Lorraine,* Tome I, 1979, Editions Pierron, p. 247.
   Note des Editions Pierron : Lire également l'ouvrage de F. Rittgen, *Opération Norwind,* consacré exclusivement à cette opération, à paraître fin 1984.
(2) Général de Lattre de Tassigny de la 1ere armée française, *Rhin et Danube,* 1974, Editions Plon, pp. 356-382.
(3) Hansmartin Schwarzmaier, *Kriegsende 1945 und demokratischer Neubeginn am Oberrhein,* 1980, Verlag G. Braun, Karlsruhe, pp. 24-27.
(4) Francis Rittgen, *La Bataille de Bitche,* 1982, Editions Pierron, p. 89 et 102 - Documents et souvenirs personnels de l'auteur.
(5) Jacques Massu, *Sept ans avec Leclerc,* 1974, Editions Plon, p. 210.
(6) Joseph Rohr, *Gros-Réderching et ses annexes,* 1946, p. 49.
(7) Eugène Heiser, *La Tragédie Lorraine,* Tome II, 1979, Editions Pierron, version confirmée par M. Denis Jung, ancien maire de la commune.

CHAPITRE XXXVII

Le buste de Hitler a disparu !

A la fin du XIXe siècle, donc sous le règne de l'empereur Guillaume II, quelque part en Lorraine annexée, un brave curé de campagne fut appelé au chevet d'un moribond. Quelle ne fut pas sa surprise en pénétrant dans la chambre du malade d'apercevoir l'effigie du Kaiser trônant au-dessus du crucifix ! A cette vue, son sang ne fit qu'un tour et il ne put s'empêcher de marquer sa réprobation en lançant aux membres de la famille : «Depuis quand donc place-t-on «celui-là» plus haut que le Christ, notre Dieu ?». Puis il s'acquitta de sa mission de prêtre, administra les derniers sacrements au mourant et, après s'être recueilli au pied du lit, le saint homme se retira et, son âme de patriote et de prêtre en paix, s'en fut en son presbytère. Mais l'affaire ne devait pas en rester là car, peu de temps plus tard, ce courageux pasteur des âmes eut la surprise de recevoir la visite de deux gendarmes, portant fièrement le casque à pointe, qui lui signifièrent sans ambages un mandat d'arrêt pour le crime de lèse-majesté envers le souverain de la patrie allemande. C'est qu'à l'époque on ne plaisantait guère avec ce genre de forfait. L'instant d'après, ses paroissiens sidérés virent déambuler à travers les rues du village un bien étrange cortège, leur brave curé, menottes aux poignets, encadré par deux pandores prussiens, visiblement gênés, autant de leur étrange mission que de leur pitoyable prisonnier. Cette aventure singulière mena le vénérable prêtre devant les juges qui le condamnèrent à de la prison ferme. Son crime lui valut une expiation prolongée tout à fait démesurée. Après son incarcération, il rejoignit ses ouailles et sa paroisse qu'il dut ensuite quitter pour un ministère moins exposé.

Sa vie durant, il ne cachait pas sa fierté d'avoir encouru l'ire de l'occupant et souffert pour son rédempteur et la patrie absente.

Quarante ans plus tard, l'histoire se renouvela et l'Alsace et la Lorraine retombèrent une fois de plus sous la botte allemande. Et le maître alors incontesté du IIIe Reich, Adolphe Hitler, régna bien davantage en despote sur ses nouveaux sujets que ne l'avaient fait les empereurs après la malheureuse guerre de 1870. Ses lieutenants veillèrent avec fanatisme à ce qu'on témoignât une véritable vénération à leur «dieu». Toute atteinte verbale ou physique portée à leur idole ou à son effigie trouvait sur-le-champ une sanction impitoyable. Le crime de lèse-majesté était alors inexpiable.

Il y avait alors dans la banlieue sarregueminoise une sorte de gentilhommière au milieu des frondaisons d'un vaste parc où, dès l'annexion de force, s'était installé l'U.F.A., cette maison d'édition de films de Berlin, bien connue, sans doute afin de fixer sur la pellicule, pour l'histoire millénaire du IIIe Reich, les retrouvailles «des frères» récupérés par la force. Ce fut le dépit qui la fit déguerpir au plus vite, car les espérances trompées sont dures à supporter.

Le parti national-socialiste saisit alors l'occasion de s'installer dans les lieux, les châtelains s'étaient fort discrètement repliés dans leurs terres du pays de Bitche, loin des flonflons du nazisme. Dès lors, le manoir fut érigé en haut-lieu de la culture néo-païenne du Führer. Tour à tour les dignitaires du parti et des formations de tous bords, de tous grades également, uniformés de jaune, de vert ou de noir, portant fièrement l'insigne national-socialiste, la croix gammée, s'y manifestèrent. Ils y célébraient tous les matins leur culte dans le vaste hall, où trônait superbement un buste de bronze du Führer bien-aimé, œuvre du sculpteur Arno Brecker, alors très bien en cour. Lors de stages obligatoires, se succédèrent la lecture passionnée du bréviaire du parti «Mein Kampf !», les chants patriotiques et guerriers, les discours enflammés et, bien entendu, le salut hitlérien, le bras tendu, l'hommage quotidien au Führer génial et au drapeau.

La sculpture se trouvait placée sur un autel, flanquée de part et d'autre de trois fanions à croix gammée, une mise en scène «divine».

Journellement témoin de ces cérémonies fanatiques, le jeune facteur qui desservit alors le faubourg se sentit de plus en plus meurtri par l'humiliation infligée à son terroir lorrain et, peu à peu, germa dans son esprit l'ardente idée de subtiliser ce buste honni et, nuit et jour, le jeune homme rumina son plan audacieux. En décembre 1942, à l'heure de minuit, il tentera de le mettre en exécution. Notons ici que ce jeune agent préposé des postes, c'est ainsi qu'on les désigne à présent, venait de servir trois années dans l'armée française au 91e régiment d'infanterie, portant en écusson à la fourragère l'insigne du «sanglier des Ardennes», en garnison à Mézières-Charleville. Après avoir vaillamment combattu, il fut fait prisonnier en Belgique et emmené en captivité. Libéré comme Lorrain mosellan, il rejoignit son village natal et reprit, le cœur gros, son service à la «Reichspost», obsédé par l'idée lancinante de la patrie vaincue... et la résolution d'infliger un affront à l'occupant gagna en détermination.

Bientôt, la subtilisation d'une clef lui permit d'agir une première fois, mais son expédition nocturne échoua devant la porte d'entrée malencontreusement bouclée, le bris rageur d'une vitre alerta les vigiles et mit en branle tout le personnel sur place. Il disparut haletant, à travers les broussailles et les ronces, et dans une rue latérale il enfourcha sa bicyclette et échappa ainsi de justesse à la garde.

Un peu plus tard, obstiné comme seul un Lorrain sait l'être, le jeune audacieux aux nerfs d'acier, renouvela sa tentative, pénétra dans le château par une porte dérobée, se glissa au sous-sol, puis par un dédale d'escaliers, de couloirs et de salons, regagna le rez-de-chaussée et se retrouva une nouvelle fois devant la porte verrouillée du hall. Tous les efforts déployés pour la forcer furent vains et, tout marri, notre héros dut renoncer et repartir bredouille une seconde fois.

La troisième fois devait alors être enfin la bonne et connaître un éclatant succès. Toujours vers minuit de ce mémorable 24 mars 1943, il repartit sur le sentier de guerre, dissimula son vélo dans un épais buisson et s'approcha à pas de loup du château, encore illuminé, les hôtes étant en train de festoyer et sablant le champagne à la gloire du Führer, qui venait pourtant d'essuyer un cuisant échec devant Stalingrad. Le jeune facteur pénétra à pas feutrés dans le hall désert, mais en pleine lumière, et s'approcha du buste, le saisit à pleines mains, puis, son butin sous le bras, il se hâta vers la sortie et se faufila sans être découvert, à travers les feuillus du parc, enfourcha sa bicyclette après avoir installé le buste dans un sac qu'il accrocha au guidon. Le cœur battant, il fonça vers sa maison distante d'une bonne lieue, au risque de tomber sur une patrouille !

Mais la chance lui sourit jusqu'au bout. La mission de l'impossible avait été menée à bonne fin. D'émotion et de fatigue - le buste de 70 cm de haut pesait bien 60 kg - il s'affaissa sur son lit et sombra dans un profond sommeil réparateur.

Au château, ce fut un réveil dramatique pour l'intendant, pour le personnel de surveillance et tous les dignitaires du parti lorsque au petit matin, on dut constater, la rage au cœur, avec une consternation extrême, le vol «sacrilège» à leurs yeux, du buste de leur seigneur et maître.

Des allées et venues fébriles agitèrent tous les services de sécurité assurant conjointement l'enquête pour démasquer l'insensé qui avait osé perpétrer ce rapt, les narguant et les humiliant. Tous les efforts déployés restèrent pourtant vains et cette peu glorieuse affaire pour l'occupant, peu ébruitée d'ailleurs à l'époque, dut être classée.

Le lendemain, de bon matin, bien remis de son expédition nocturne, le jeune préposé installa sa prise sur le banc de la cour et lui fit un brin de toilette pour savourer son triomphe. La maman de notre facteur faillit s'évanouir à la vue du buste et, au comble de l'angoisse, elle somma son fils de faire disparaître cet embarrassant personnage dont la découverte plongerait infailliblement toute la famille dans le plus affreux des malheurs.

Un peu penaud, ne réalisant toujours pas l'énormité de ce qu'il venait d'accomplir, il s'exécuta et l'enterra successivement de nuit en plusieurs endroits avant de lui assurer une sépulture provisoire encore, assez loin de la maison paternelle dans le remblai de la voie ferrée.

Refusant de porter l'uniforme allemand et le triste sort d'un «malgré-nous», l'intrépide jeune Lorrain ne donna pas suite à l'appel sous les drapeaux allemands et rejoignit son frère dans la clandestinité.

Dès la libération, il exhuma son extraordinaire trophée de guerre. Après l'avoir été exposé à Paris, le buste rejoignit le logis de son ravisseur.

Que faut-il admirer davantage dans la conduite de ce jeune résistant lorrain, son ardent patriotisme et son sang-froid étonnant, sa folle témérité ou bien simplement tout cela à la fois !

Postface

Au terme de ce travail de recherche historique sur un passé récent dont notre génération a vécu les douloureux épisodes, il nous a semblé utile de présenter une rétrospective sommaire de l'histoire millénaire de la ville de Sarreguemines, de rappeler le nom des seigneuries, des abbayes et des états auxquels elle a appartenu au fil des siècles, de relater enfin toutes les tourmentes qui l'ont meurtrie, soit du fait de phénomènes naturels, soit du fait de l'esprit guerrier et de la violence des hommes.

Avant l'an 706, Sarreguemines était encore le lointain Gaimundas. Ensuite, jusqu'en 777, Fulrad, abbé de Saint-Denis, en détint les titres de propriété, qui passèrent alors et jusqu'en 1225 entre les mains des ducs de Limbourg, avant d'appartenir comme fief pour la première fois dans son histoire, de 1225 à 1273, aux ducs de Lorraine. De 1274 à 1296, Sarreguemines revint comme fief aux proches comtes de Deux-Ponts-Bitche. De 1297 à 1660, les ducs de Lorraine furent les suzerains de la châtellenie de Sarreguemines avant qu'elle ne leur appartînt comme bailliage d'Allemagne de 1697 à 1736. Retenons encore qu'au cours du seul XVe siècle, les ducs de Lorraine, à court d'argent, se virent dans l'obligation d'engager la seigneurie à plusieurs reprises. Au cours de cette appartenance à la Maison de Lorraine, Sarreguemines fut ravagée par quatre incendies, dont celui de 1380 détruisit les archives municipales et l'irremplaçable charte de franchise de 1297. A la même époque, lorsque, de 1475 à 1477, les troupes de Charles le Téméraire s'attaquèrent à la Lorraine du duc René II, sans hésiter, les bourgeois de Sarreguemines défendirent vaillamment la liberté de leur ville et celle de toute la contrée contre les envahisseurs. En récompense, le duc leur octroya des armes remarquables.

En 1525, les Sarregueminois, très attachés à leur duc, refusèrent de faire cause commune avec les paysans révoltés et leur fermèrent les portes de la ville.

En 1622, des mercenaires croates venus du Palatinat mirent la région à feu et à sang. A partir de 1630, en pleine guerre de Trente ans, les troupes allemandes, suédoises, françaises et lorraines déferlèrent à tour de rôle sur

Sarreguemines et sa région. En 1633, les Suédois pillèrent, ravagèrent et brûlèrent tout sur leur passage. Ensuite, de 1634 à 1661, les troupes françaises occupèrent la ville et le maréchal de la Force démantela aussitôt le château et les remparts. Richelieu avait donné l'ordre de raser toutes les places fortes de la Lorraine. Les épreuves endurées avaient été tellement dévastatrices qu'en 1650, Sarreguemines ne comptait plus que onze foyers. Enfin en 1661, par le traité de Vincennes, la ville fut rendue au duc de Lorraine.

Occupée de nouveau en 1670, son château et ses murailles furent relevés en 1680 par Vauban et intégrés dans la deuxième ligne de fortifications défensives françaises de l'Est, entre Sarrelouis et Bitche.

Il faut encore préciser que de 1661 à 1696, comme prévôté, Sarreguemines appartint au roi de France. Après la défection du duc François III de Lorraine et de 1737 à 1766, le duché passa comme bailliage à Stanislas, roi détrôné de Pologne, qui céda, au traité de Meudon, l'administration du duché à la France. En 1766, le duché est officiellement rattaché à la France et Sarreguemines devint dès lors une ville française. C'est vers 1700 que notre cité avait pris le nom actuel de Sarreguemines, toponyme apparenté à l'appellation patoisante de « Saargemin ».

Depuis la Révolution, où notre ville eut son comité de salut public, Sarreguemines est un chef-lieu d'arrondissement du département de la Moselle et la principale ville de l'Est mosellan. Cette ville frontalière des marches orientales de notre pays partagea désormais le sort des autres provinces françaises sous les régimes successifs. En 1815, Sarreguemines vit pénétrer dans ses murs les troupes russes et les escadrons de cosaques qui, à leur tour, la rançonnèrent. Ses fils avaient combattu dans les armées napoléoniennes sur tous les champs de bataille. Rappelons encore qu'en 1792, avant la bataille de Valmy, Johann Wolfgang Gœthe s'était arrêté à Sarreguemines, d'où la dénomination de la « place Gœthe » (1).

Notre ville a donc connu le Ier Empire avec ses interminables campagnes et guerres, la Restauration avec ses ultras, le règne de Louis-Philippe et la conquête de l'Algérie, les révoltes de 1830 et de 1848, l'éphémère IIe République, après celle de 1792 qui, par le Directoire et le Consulat, s'était acheminée vers l'Empire. En 1852, les républicains durent encore céder le pas aux promoteurs du IIe Empire de Napoléon III, tour à tour autoritaire et libéral, qui sombra dans la guerre franco-allemande de 1870-1871. La ville de Sarreguemines ne devait pas vivre l'ère de la IIIe République, puisque le traité de paix de Francfort du 5 mai 1871 la sépara de la communauté nationale. Après avoir été en première ligne du champ de bataille, elle devint alors une *Kreisdirektion* du *Kreis Saargemünd* au sein du *Reichsland Elsass-Lothringen*. Une sous-préfecture d'un « cercle » de la terre d'« Empire d'Alsace-Lorraine ». Malgré ce premier abandon, de nombreux Sarreguéminois optèrent pour la

---

(1) Henri Hiegel, *La châtellenie et la ville de Sarreguemines de 1335 à 1630*, Nancy, 1934. — Emile Huber, *Documents sur Sarreguemines au xviie siècle*, Metz, 1906. — A. Thomine, *Notes sur Sarreguemines, plan de 1749, 1887*.

France et quittèrent, le cœur serré, leur bonne ville. Désormais, ses fils revêtirent l'uniforme allemand, on enseigna l'allemand dans les écoles, qui devint alors la langue officielle. Au cours de la première guerre mondiale, les Sarregueminois combattirent dans l'armée allemande, comme premiers « malgré-nous ».

En 1918, après un demi-siècle de séparation, ce fut le retour à la France. Après l'enthousiasme et la joie de la libération tant attendue, la patrie retrouvée n'hésita pas à demander des comptes à ses fils abandonnés et retrouvés. Des « commissions de triage », quel triste vocable, très zélées, s'appliquèrent à séparer « le bon grain de l'ivraie », alors qu'un peu de générosité aurait enlevé tous les suffrages.

De 1918 à 1939, la ville de Sarreguemines connut un essor certain, mais dans les années trente, avec la construction de la ligne Maginot, les premières appréhensions se firent jour et ralentirent le développement économique et industriel de la ville.

Une fois de plus Sarreguemines allait se trouver aux avant-postes dans de nouveaux affrontements. En 1939, les hommes rejoignirent l'armée française où ils se battirent avec détermination, alors que les vieillards, les femmes et les enfants furent évacués en Charente. La ville était livrée à la troupe montée en ligne pour barrer la route aux envahisseurs. Bien inutilement, il y eut des pillages et des déprédations. Après l'effondrement de l'armée française en juin 1940 et la capitulation du maréchal Pétain, une large majorité de Sarregueminois rejoignit la ville au début du mois de septembre. Une fois de plus, l'amour sacré de la terre natale avait triomphé de toutes les appréhensions. Ce qu'il en advint par la suite, nous l'avons amplement exposé dans le présent ouvrage.

Ainsi, les appartenances aussi variées que multiples, les horreurs des guerres, les invasions violentes, les saccages et les pillages, les abandons, les enrôlements de force, les expulsions et les impitoyables déportations, qui jalonnent le cours de la destinée des Sarregueminois, sans oublier les épidémies, les incendies et les inondations dévastatrices qui ravagèrent la cité, sont les témoins frémissants d'un passé trop souvent douloureux.

Lorsque Anatole France a affirmé : « Toute la richesse, toute la splendeur, toute la grâce est dans le passé », il a oublié de citer « l'envers de la médaille », fait de misères, de laideurs et d'inhumanité. Nous sommes là pour en témoigner.

Si Paul Valéry a pu dire « que l'Histoire est la science des choses qui ne se répètent pas », André Maurois, par contre, relève avec pertinence que « l'histoire, aux dires des vieillards, est un éternel recommencement ». Notre expérience personnelle nous permet de partager cette dernière opinion et d'affirmer que l'on constate bien souvent d'étonnants parallélismes entre les événements vécus par des générations différentes et la présente étude corrobore cette certitude. Que les lecteurs de cet ouvrage en méditent les enseignements.

Si la ville de Sarreguemines est sortie déçue, brisée et meurtrie de bouleversements qu'elle n'avait jamais vécus auparavant dans sa longue histoire, elle a pourtant trouvé dans son indomptable énergie et dans son inaltérable espérance les ressources nécessaires qui lui ont permis de surmonter ses deuils, de panser ses blessures, aussi bien physiques que morales, et de relever ses ruines, sachant bien qu'à cœur vaillant rien n'est impossible.

Si Sarreguemines est redevenue aujourd'hui une ville moderne, accueillante et prospère, où il fait bon vivre, nous le devons à la clairvoyance de ses édiles, à la vaillance de sa population, à l'esprit de solidarité qui a animé tout le monde. Tous ont su œuvrer inlassablement, à travers les vicissitudes des siècles passés et surtout à travers celles de notre époque, dans le sens d'un progrès constant, afin d'assurer le bien-être et la joie de vivre à toute la communauté urbaine dans une ère de paix retrouvée. Qu'à l'avenir, aucun historien n'ait plus l'occasion d'écrire des pages aussi sombres, c'est notre vœu le plus sincère !

Sarreguemines, 2 mars 1978.

Nous tenons à exprimer notre profonde gratitude à toutes les personnes qui nous ont prodigué leurs conseils et encouragements au cours des nombreuses interviews et recherches de notre entreprise. Elle est également assurée aux historiens et reporters qui n'ont pas hésité à nous donner l'autorisation de citer certains passages de leurs études pour étayer davantage notre propre témoignage. Enfin, qu'on ne nous tienne pas rigueur des omissions bien involontaires ayant pu se produire dans une étude d'une telle étendue, alors qu'il a surtout fallu relater l'essentiel de la tragédie vécue en commun.

Bibliographie

AMOUROUX Henri. — Quarante millions de pétainistes, 1977, 550 p. Editions Robert Laffont
Archives municipales de la ville de Sarreguemines.
BAAS Emile. — Situation de l'Alsace, 1946.
BIEBER Philippe (Dr). — Le service de santé durant la guerre.
Biography of a Battalion U.S. Army, Military Research Collection. By James A. Huston, Courier Press, Gering, Nebraska.
BRUGE Roger. — Faites sauter la ligne Maginot, 1973. Editions Fayard.
BURGER Léon (Dr). — Le Groupe Mario, une page de la Résistance lorraine, 1965, Metz.
CERNAY Louis. — Le Maréchal Pétain. L'Alsace et la Lorraine, 1955.
COLE H.M. — The European Theater of Operations. The Lorraine Campaign. Historical Division, Department of the Army, Washington, D.C., 1950.
Combat History of the 137th Infantry Regiment, World War II.
Courrier de la Sarre, 1945-1946.
Dernières Nouvelles d'Alsace.
ERRARD M. — Conférence faite à Sarreguemines le 22 avril 1948. Archives municipales.
FONDE Jean-Julien. — J'ai vu une meute de loups, 1969. Edition Nathan.
GALLIMARD. — Les Françaises à Ravensbrück, 1965.
GOLDSCHMITT François. — Tragédie vécue par la population des marches de l'Est, 1947.
GRANDVAL Gilbert et COLLIN A. Jean. — La Libération de l'Est de la France, 1974. Editions Hachette.
HIEGEL Henri. — La châtellenie et la ville de Sarreguemines de 1335 à 1630, 543 p., Nancy, 1934.
— La Moselle, terre française de l'Est, 1945.
— La Paroisse Saint-Nicolas, 1969, 162 p.
— Sarreguemines, principale ville de l'Est mosellan, 1972, 136 p.
HUBER Emile. — Documents sur Sarreguemines au XVIIe siècle, Metz, 1906.
LATTRE DE TASSIGNY (général). — Histoire de la Ière armée française. Rhin & Danube, 1949, Editions Plon.
N.S.Z. Westmark, 1943-1944.
MASSU Jacques. — Sept ans avec Leclerc, 1974. Editions Plon.
Républicain Lorrain (Le), 1947.
Revue : Pays d'Alsace, Société d'Histoire et d'Archéologie de Saverne et environs, Wingen-sur-Moder. Cahier 99-100, 1977.
RITTGEN Francis. — La bataille de Bitche, 1982. Editions Pierron.
RODEGHIERO Germain. — Reportage sur Tambow, Dernières Nouvelles d'Alsace, 1974.
ROHR Joseph. — L'arrondissement de Sarreguemines, 1966. Editions Pierron.
— La Lorraine Mosellane, 1918-1946, 1973, 110 p.
SCHARFF Justin. — La libération de l'Est de la France, Département de la Moselle, 1975, 48 p.
Schulhelfer (Der), revue pédagogique allemande 1941-1944.
SCHWARZMAIER Hansmartin. — Kriegsende 1945 und demokratischer Neubeginn aus Oberrhein, 1980. Verlag G. Braun, Karlsruhe.
SPIWOCKS et STÖBER. — Endkampf zwischen Mosel und Inn, 1975, Munin-Verlag, Osnabrück.
Stars and Stripes (journal). Reportage de Earl Mazo.
TILLION Germaine. — Ravensbrück. Editions du Seuil, 1973.
THOMIRE A. — Notes sur Sarreguemines, plan de 1749 et archives de Sarreguemines, 1887.
WOLFANGER Dieter. — Die nationalsozialistische Politik in Lothringen, 1977, 284 p.

LISTE DES PERSONNES CITÉES - TOME I

Abba (Ernest), 50. Abrams, 230. Adler (Alice), 137. Adler (Arthur), 137. Adler (Eugène), 137, 150. Adler (René-Emile), 163, 174. Adler (Simone), 137. Albert (Lucien), 174. Albrecht (Jean), 175. Alibert, 157. Allard (Oswald), 175. Allemandet, 90. Altenburger, 97. Altenburger (Adrien), 163. Altenburger (Albert), 163. Altenburger (Louis), 163. Amouroux (Henri), 153. Anfray, 56. Angerer (Otto-Georges), 45. Arbogast (Lucien), 114. Aron (R.), 277. Assmus (Adolphe), 43. Assmus (Anne), 43. Assmus (Berthe), 43. Assmus (Emile), 43. Assmus (Marie), 43. **B**aade (général), 208, 239-240. Ball (Fernande), 175. Ball (Paul), 129-130, 145. Baltes, 91. Bang, 186. Barth (Chrétien), 137. Barth (Joseph), 43. Barth (Pierre), 43. Bass (Emile), 160. Baudoin, 157. Bauer (Adolphe), 185. Bauer (Emile), 43. Bauer (Ernest), 163. Bauer (Erwin), 163. Bauer (Raymond), 118. Bauer (Richard), 163. Bauer (Robert), 43. Baumann-Sandmayer, 187. Baumgart (Rodolphe), 163. Becher (Eugène), 43. Beck (Marcel), 175. Beck (Sophie), 43. Becker, 101. Becker (Marie-Elice, Victoire), 279. Becker (Martin), 163. Becker (Max), 221. Becker (Pierre), 163. Becker (Willy), 57. Beckerich (Auguste), 163. Behr (Amélie), 145. Behr (Charles), 144, 150. Behr (Lucie), 43. Behr (Georges), 174. Bennett, 69, 71. Bennett (Robert), 183-186. Bernadotte, 110. Bernard (Prosper), 137, 150. Bernhard, 223. Bernick, 91. Berthaud (P.-Louis), 127. Berthel (Eugène), 61, 86. Bertran (Lucien), 174. Betting (Léon), 175. Betting (Léon, maire), 175. Beucler (J.-Jacques), 180. Bichler (Eugène), 175. Bickenbach, 123. Bieber, 186. Bieber (Philippe), 244. Bieber (Philippe), 67, 71, 74. Blaiesse (J.-Baptiste), 43. Bletsch (Paul), 163. Bloch (Charles), 136. Bloch (Edmond), 150. Bloch (Selma), 137. Boatsman (lieutenant-colonel), 234. Bock, 91. Bock (Jean), 175. Bock Léonce, 106, 108-110. Boehler (Xavier), 175. Bohn (Frédéric), 103. Boissieu (de), 102. Bolis (Jean), 91. Bonnat, 24. Borgmann (Karl), 105-108, 128-129, 131, 133-134. Botz (Rémy), 163. Botzung (Elise), 137. Boulling (Alfred), 163. Boulling (Emile), 223. Boulling (Paul), 43. Bour (Emile), 163. Bour (Georges), 163. Bouton (Charles), 50. Bouton (Dr), 202-203. Bouton (Emile), 73. Bouvel (Marcel), 163. Braun (Charles), 163. Braun (Roger, Dr), 74. Brimon (de), 159. Bruge (Roger), 24. Brun (Nicolas), 163. Brunck (Paul), 163. Bucher (Eugène), 68. Buchholz (abbé), 113, 115. Buchmann (Paul), 175. Buhr (Hubert), 163. Bund (Edouard), 74. Bur (Charles), 163. Burckel (Joseph), 43, 61-62, 66, 86, 129, 156, 205. Burger (Jean), 87-88, 104. Burger (Léon, Dr), 72, 92, 104, 108, 112. Burger (Marg., Dr), 92. Burgeret, 157. Burgun (abbé), 99. Burgun (Fernand), 175. Burgun (Joseph), 175. Burgun (Roger), 175. **C**ahen (Jean), 137, 150. Cahen

(Laure), 137. Cahen (Louis), 151. Cahen (Mathilde), 137. Cahen (Simon), 150. Cahen (Simone), 137. Cahn (Jean), 137. Cahn (Raymond), 137. Canaris (Wilhelm), 122. Catroux (Mme la Générale), 174. Cernay (Louis), 160-161. Cestaro (Herbert), 175. Chambertin, 23. Chautemps (Camille), 25. Chrétien, 262. Collin (Jean), 88, 91, 92. Christian (Georges, Dr), 73. Christmann, 56. Chuard, 130. Churchill, 244. Ciacobello (général), 240. Cichoki (Marcel), 55, 185. Claisse (Pierre), 99. Clave (Joseph), 175. Cohn (Semi), 138, 150. Cole (H.-M.), 212, 227, 229, 231, 239. Cole (Hug.), 242. Collin (Jean), 88, 91-92. Collin (Mlle), 99. Conrad (Marcel), 175. Costa, 91. Costello (N.-A., colonel), 242. Culon (général), 242.   **D**ahlem Marie, 111-113, 115-116, 118-119, 145. Dahlem (Mlle), 131, 146. Dahlem (Nicolas), 50. Daladier (Edouard), 25. Daladier, 23. Darlan, 157. Dastillung (Léon), 175. Dausend (Joseph), 175. Decker (Gaston), 92. Dehlinger (Albert), 175. Delestraint (Charles), 121, 127. Demange, 280. Demmerle (Léon), 175. Derr (Pierre), 175. Derr (Robert), 175. Devers (général), 244. Dickeli, 97, 99. Diebold (Léon), 164. Dier (Antoine), 164. Dietsch (Robert), 175. Diho (Jean-Pierre), 175. Dimofski (Jean), 185. Doebler (Oscar), 164. Dogur, 175. Dolisy, 197. Dorckel (Charles), 164. Dorn (Charles), 175. Doumazel (Aimé), 206. Dreyfuss (Belle), 138. Dreyfuss (Jules), 150. Driessens (Nicolas), 164. Dross (Alphonse), 164. Ducarn (Joseph), 175. Dufour, 144. Dumaye (Clément), 43. Durckel (René), 94, 100, Durlon (Max), 138. Dussort (Raymond-Eugène), 164.   **E**berhardt (Roger-André), 147. Eberlin, 71. Edam (Adam), 164. Eddy (général), 231, 242. Ehlinger, 70. Ehlinger, 218. Ehlinger (Adrienne), 109. Ehly (Emile), 93-99, 101-102. Ehly Eugène, 93, 95-97, 99-102. Ehrenfeld, 175. Ehrenfried, 50. Ehrhard (Jean), 164. Ehrmann (Henri), 46. Eichert (Joseph), 164. Eidesheim (Gaston), 73. Eidesheim (Georges), 73. Eisenhower, 244. Eisenkopf, 91. Eliott (Sheldon, major), 191-192. Eltzer (Jean), 144, 191. Engler (Jean), 92. Engelhardt, 55-56. Ephraim (Félix), 138. Erny, 216. Errard, 212. Ertzscheid (Joseph), 175. Eschenbrenner (Bertin), 175. Etain, 144. Eyermann (Jean), 43.

Fabert (Joseph), 92. Fabing (Aloyse), 176. Fabing (Léon), 127. Fageot (Pierre), 39. Fanelsa, 143. Feisthauer (Elise), 103. Feisthauer (Michel), 103, 138. Feld (Jean), 175. Fersing (Aloys), 175. Ferstler (Lucien), 176. Fey (Joseph), 176. Fickinger (Cath.), 134-135. Finkler (Pierre), 176. Fischer, 57-128. Fischer (Albert-Alph.), 164. Fischer (Alphonse), 176. Fischer (docteur), 189. Fischer (Emile), 144, 164. Fischer (Eugène), 164. Fischer (Joseph), 164, 176. Fischer (Marcel), 145. Fischer (Sébastien), 43, 69. Flaus (Alponse), 175. Florsch (François), 164. Florsch (Joseph), 103. Florsch (Victor), 43. Fogel (Joseph), 176. Fogt (Edouard), 91-92, 194, 221, 279. Folz (Hans), 126. Fontaine (Jean), 279, 280. Foule (Eugène), 45. Fourcault (Ernest), 176. Fourny (Jean, abbé), 225. Frager, 144. France (Anatole), 285. Franck (Jules), 150. Frank (Edwige), 138. Frank (Jules), 138. Frantz, 280. Frenzel (Ernest), 175. Frey (Lucien), 175. Freyd, 130. Fridrici, 262. Friedel, 67. Friedrich (Jean), 164. Friderich (Victor), 65-67, 69, 72, 189. Fromholz (Jean), 175. Fuhrmann (Jean-Nicolas), 175. Fuhrmann (Marc), 43. Fuhrer, 205, 245.   **G**adelle, 146-147. Gaertner (Célestin), 176. Gaffey (général), 229. Galliéni, 132. Gangloff, 110. Ganser, 224. Gauer (Léon), 43. Gauer (Lucien), 176. Gaulle (de), 102, 159-160, 171, 244, 275, 277. Geis (Antoine), 103, 138. Gensch, 218. Genvo (abbé), 148. Gérard (Mr), 107. Gerber, 186. Germon (Roger), 39. Gerné (Edouard), 176. Geyer (Ernest), 174, 176. Gies (Marcel), 164. Girard, 144. Glatt (Eugène), 97. Goepfert (Charles), 265. Goering (Hermann), 88. Goethe (Johann-

Wolfgang), 284. Goettle, 280. Goettmann (Paul), 133. Goldschmitt, 87, 116, 118, 126, 127. Goldschmitt (Alfred), 151. Goldschmitt (Franç.), 151. Goliobeu, 173. Gorius (René), 176. Gouvion (Jacques), 176. Grandval, 90-92. Grandval (Gilbert), 86-88, 205. Grasser (Marcel), 164. Greff (Julien), 176. Greiner (Joseph-Lucien), 176. Gressel (Charles), 176. Griboux (Henri), 91-92. Grimm (Nicolas), 218. Gronner (Charles), 150. Gronner (Chil), 138. Gronner (Gitel), 138. Gross, 174. Gross (Albert), 176. Gross (Joseph), 176. Gross (Joséphine), 103, 109. Gross (Nicolas), 103, 138. Grosse (Emilie), 108-109. Grosse (Lucie), 108. Grossmann (Heinrich), 56. Grubmann (Abraham), 138. Guenot, 144. Guillaume-Fontaine (Erwin), 279. Gunther (Henri), 103. Guttmann (Claudine), 138. Guttmann (Georgette), 138. **H**aar (Marcel), 176. Haffner (Joseph), 176. Hagen, 123. Hamann (Marie-Françoise), 79. Hanna (lieutenant), 234. Haque (René), 176. Hasenfratz (Pierre), 43. Hasselwanger (Pierre), 176. Hauck (Aloyse), 176. Hauser (Lucien), 68. Heimburger, 145-146. Heimburger (Léon), 130. Hein (Etienne), 176. Heinrich, 154. Heintz (Alphonse), 41. Heintz (Joseph), 61, 156. Heintz (Mgr), 85. Heiser (Eugène), 49. Heiser (Norbert), 242. Hegwein (Charles), 164. Hehn (Léon), 176. Hehner (Dr), 73. Hehner (Ernst-Walter), 66. Hell (Wendel), 164. Helmbrecht (Eugène), 108. Helmer (Laurent), 164. Helmig (Louis-Paul), 164. Helmig (Paul), 43. Helvig, 67. Hempen (Georg.), 108, 117. Hen Georges, 103. Hen (Nicolas), 103. Henner (Jean), 176. Hensgen (Auguste), 176. Her (Albert), 176. Hermann, 91. Hermann (Henri), 164. Hermann (Louis), 164. Herrmann (Nicolas), 138. Hesse, 50. Hessenauer (Alfred), 164. Hetzer (Kurt), 164. Heub (Etienne), 164, 174. Heubes (Dr), 203. Heymann (Henry), 138. Heymann (Léon), 138. Heymes (Mme), 147. Hickel, 214, 216, 218, 222. Hiegel (Henri), 23, 253, 284. Himmler (Heinrich), 110, 121. Hines (colonel), 231. Hinkel (Emile), 164. Hinkel (J.-Ch.-Pierre), 79. Hirsch (Max), 139, 150. Hirt, 123. Hitler, 23, 208, 244, 246, 250. Hoche (Jean), 65, 72. Hody (Jean), 164. Hoellinger (François), 164, 182. Hoff (Joseph), 176. Hoffmann, 50. Hoffmann (Eugène), 103. Hoffmann (Joseph), 176. Hoffmann (Jos.-Paul), 176. Hollender (Paul, dr), 74. Holt (Oscar), 176. Holzritter (Paul), 164. Hommes (Théodore), 50. Houder (Léon), 99. Houston (colonel), 242. Houver (Julien), 164. Hube, 174. Hube (Ernest), 43. Hube (René), 43. Hubert (Félix), 164. Hubsch (Louis), 164. Hucklenbroïch (Dr), 100. Hucklenbroich (Kurt), 65, 73. Huntziger (Charles), 154-157. Hure, 174. Huvig (Marie), 133. Huvig (Victor), 132, 133, 138. **I**smert (Henri), 176. **J**ablonski (André), 138. Jablonski (Eugénie), 138, 150. Jakubowitz (Anny), 138. Jakubowitz (Mme), 151. Jakubowitz (Sulamith), 138. Jansen (Joseph), 177. Jecko (Willy), 177, 174. Jenft (Martin), 164. Jochum (René), 174. Joseph (Alice), 138. Joseph (Berthe), 138. Joseph (Emile), 138, 150. Joseph (Gustave), 138, 150. Joseph (Paul), 138, 150. Jost (Joseph), 89. Joukow, 171. Jung (Georges), 177. Jung (Joseph), 177. **K**ahn (José), 139, 150. Kahn (Irène-Marguerite), 139. Kahn (Théo), 151. Kaiser (Emile-Robert), 165. Kalb, 272. Kalis (Nicolas), 103. Kalis (René), 174. Kany (Pierre), 69, 181. Kanny (Georges), 177. Karmann (Lucien), 177. Kastner, 280. Katzinger (Célestin), 44. Kayser (Florian), 177. Kayser (Mélanie-Joséphine, née Schorp), 79. Keller (Antoine), 165. Kempfer (Denis), 44. Kern, 64, 174. Kern (Alex), 165. Kessler, (J.-Baptiste), 177. Kessler (Paul), 189-190. Kieffer (Albert), 44. Kieffer (Jean), 165. Kiemen, 163. Kiffer (Dr), 180. Kihl, 145. Kihl (Léonie), 128. Kirchgesner (Dr), 91-92. Kirchwing (Joseph), 177. Kirsch (Joseph), 44.

Klein (Alphonse), 177. Klein (Camille), 177. Klein (Eugène), 70. Kley (Christian), 44. Kley (Marguerite), 44. Klintz (Jean, époux), 108, 129. Klintz (J.-Baptiste), 139. Klock (Raymond), 177. Kneib (Marie, née Weiskircher), 44. Kneipp (Aloyse), 177. Knopp (Jacques-Joseph), 139. Knopp (Jacques), 150. Knopp (Sarah), 139. Kobler (René-Paul), 165. Koch (Adolphe), 103. Koch (Jean), 44. Koehl, 44. Koehl (Emile), 165. Koehl (Jeanne), 44. Koehler (Jacques), 165. Koeltz, 172. Koeppel, 54. Kopp (Joseph-Albert), 165. Kopp (Nicolas), 165. Koscher (Camille), 165. Koscher (Eugène), 96-97. Koscher (Joseph), 165. Krackenberger, 174. Krackenberger (Aloyse), 177. Kramers (John), 192. Kratz (Georges), 103. Kratz Jean, 165. Kratz (Jean-René), 177. Krebs (Jean), 177. Krebs (Lucien), 177. Krebs (Nicolas), 177. Kremer, 221. Kremer (Edouard), 177. Kremer (Nicolas), 177. Krempp, 132. 133. Krempp (Antoine), 134, 244. Krempp (Edgard), 133, 135, 145. Krempp (Georgette), 108-109, 129, 134, 139. Kreus (Joseph), 177. Krieger (Alfred), 92. Krieger (Grégor), 206. Krieger (K.), 89-91. Krier, 146. Kron (Edouard), 91. Krug, 280. Kryder (lieutenant), 233. Kuchler (Charles), 177. Kuhn (Pierre), 165. Kuhner (Gaston), 165. Kuntz (René), 147. Kuntze (Erich), 54, 55. Laderheim (Jules), 177. Lagaillarde (capitaine), 187, 267-268. Lalanne, 32. Lambert (Elisabeth), 139. Lamm (Gaston), 165. Lampert (Raymond), 165. Lams (Adolphe), 44. Lang (Mme), 70, 99. Lang (Albert), 177. Lang (Emile), 177. Lang (Joseph), 177. Lange (Alfred), 165. Lansac, 146-147. Larbaletrier (Emile), 144. Laroche (Pierre), 165. Lauer (Ernest), 177. Lauer (Marcel), 165. Laufer (David), 151. Laufer (Henri), 151. Lauret, 31. Laurent (Ch., abbé), 129-130. Laurent (abbé), 144. Laval, 159, 161. Laval (Pierre), 153. Lebon, 265. Lebon (Camille), 279. Leclerc, 244. Ledig (Albert), 177. Legrand (René), 87. Lehmann, 211, 242. Lehmann (Frédéric), 139. Lehmann (Georges), 139. Lehnhard (François), 165. Lehnhard (Pierre), 174. Lenhard (Linus), 38. Lenhard (Pierre), 177. Leibundguth (Adolphe), 177. Leininger (Edouard), 177. Lemius (Eugène), 177. Leonard (Valentin), 177. Lerch (Léonie), 145. Lerond (Théodore), 52. Lett (Emile), 177. Levy (Albert), 150. Levy (Augustine), 139. Levy (Benjamin), 139, 150. Levy (Blanche), 139. Levy (David-Gérard), 139. Levy (Henri), 139, 150. Levy (Jeanne), 139. Levy (Kurt), 151. Levy (Margot), 139. Levy (Yvonne), 139. Liebmann (Elise), 139. Liebmann (Gabrielle), 139. Liebmann (Pauline), 139. Lieser (Maurice), 139, 150. Linder (Joseph), 92. Lion (Georges), 139, 150. Lippert, 144. Lippmann, 150. Loedel, 100. Loesch, 45. Lohr (Charles), 165. Lorach (Pierre), 151. Lorang (Joseph, Mme), 112, 116. Lorents (Ferdinand), 103. Lorenz (Charles), 165. Lorich (Gustave-Mathieu), 139. Lostetter (Louis), 165. Loth (Henri), 92. Lotz (Jean), 174. Louis, 62, 92. Luchaire (Jean), 158. Luckas, 57. Lutz (Joseph), 144, 146. Lutz (Léon), 144. Lutz (Louis), 177. Lutz (Marcel), 177. Lutz (Marguerite), 139. Lutz (Mlle), 145. Luxemburger, 146. Maas, 187. Maennlein, 185. Martin, 57, 172, 192. Massing (Rose-Cath.), 79. Massing (Pierre), 79. Mathis (Germaine), 44. Mathis (Marie, née Schoeb), 44. Matt (René), 108. Mauriac François, 277. Maurois (André), 285. Maus (Raymond), 166. Mazoyer, 187. Mersch (Mme), 146. Mertz, 174. Metzroth, 57. Metzler (Berthe-Babette), 139. Metzler (Carmen), 140. Metzler (Caroline), 140. Metzler (Gaston), 140. Metzler (Gaston), 151. Metzler (Germaine), 140. Metzler (Gilbert-René), 140. Metzler (Gustave-Isaac), 139. Metzler (Isaac), 150. Metzler (Jeanne), 140. Metzler (Jules), 140, 150. Metzler (Lily), 150. Metzler (Robert), 139. Metzler (Roger-Manuel), 140. Metzler (Samuel), 140, 150. Metzler (Sarah), 140. Metzler (Suzanne-Denise), 140. Metzler (Thérèse), 140. Meunier (Mme), 92. Meyer (Adolphe), 191. Meyer (Bruno), 165. Meyer (Charles), 265. Meyer (Clément), 178. Meyer (Emile), 178. Meyer (Félix), 177. Meyer (Jean), 140, 150. Meyer (Joseph), 104. Meyer (Marcel), 177. Meyer (Nicolas), 174. Meyer (Othon), 178. Meyer (Pierre), 178. Meyer (Xavier), 185. Meysembourg (A.), 140, 145. Meysembourg (Mme), 109, 131, 146, 183. Meysembourg (Adol.), 128-130. Meysembourg (Léonie), 131-132. Michel (Edouard), 165. Michelet (Edmond), 127-128. Mildenberger (H.-Charles), 165. Minig (Albert), 174, 178. Mitlonberger (colonel), 232. Moppert (Edmond), 92. Morian (Victor), 178. Morsch (Antoine), 178. Mosser (Berthe), 111-112, 114-116, 119. Mosser (Robert), 95. Mourer Bertrand, 165. Mouth, 91. Muller, 222-224. Muller (Café), 243. Muller (Albert), 165. Muller (Auguste), 165. Muller (Charles), 178. Muller (Edouard), 178. Muller (François), 178. Muller (Joseph), 178. Muller (Nicolas), 178. Muller (Pierre), 177. Muller (Raymond), 178. Muller (René), 178. Muller (Robert), 242. Muller (Victor), 178. Muller (Willy), 178. Mussolini, 23.   **N**aese (Ferdinand), 39. Nagler (Hélène), 111-113, 118. Nehlig (Jean), 88, 104. Nelles, 45. Neu (Aloyse), 178. Neuhoff (lieutenant), 232. Neurohr, 172. Nickes (Jean), 65, 74. Nicklaus (Camille), 130. Nicklaus (Jean), 144, 146. Nicklaus (Nicolas), 26, 28, 30-33. Nicolas (Alfred), 174. Nicolas (Joseph), 279. Nilles (L.), 52. Niort, 29. Nirrengarten (Marcel), 178. Noll (Roger), 178. Nussbaum (Marie), 44.   **O**bringer (Alex), 178. Offenbach, 200. Orbeck (Sylvain), 140. Ornant, 90. Oswald, 99. Oswald (Charles), 165. Oswald (Louis), 178.   **P**abst (général), 172. Papillon (Louis), 140. Patch, 187, 212, 242. Patch (Alexandre), 121. Patch (général), 245, 249. Patton, 69, 205, 207, 241. Paturo (André), 95, 98. Paul (général), 239. Pax (Roger, Dr), 74. Peguy (Charles), 160, 273. Perrey, 24. Pétain, 161. Pétain (maréchal), 285. Pétain (Philippe), 152-153. Peter (Adrien), 165. Petit (général), 172. Petri (François), 178. Petrov (général), 172. Pfister, 216. Pierret, 165. Pierron (Marcel), 69, 181, 185, 265-266. Piguet (Monseigneur), 127. Pinck (Victor), 44. Pistorius, 131. Philippe (Jacques), 125-128. Philippe (Mlle), 109. Poinsignon (Camille), 174, 178. Port (Léon), 178. Porte (Sophie, née Koehl), 44. Post (Aloyse), 174. Post (René), 165. Potier (Emile), 178.   **Q**uirin (Alfred), 92.   **R**ainer (Adolphe-Rudy), 140. Rainer (Sarah), 140. Rau (Alphonse), 165. Rausch (André), 46, 68-69, 71, 185, 221, 262. Rausch (cheminot), 97-99. Rausch (Eugène), 165. Rausch (Jean), 95. Rath (Joseph), 38, 44. Ratz (Léopold), 140. Ruard (Charles), 140. Rebmann (Albert), 165. Rebmann (André), 166. Rebourset, 277-278. Redel (André), 165. Reichl (Rodolphe), 178. Reims, 140. Reims (Léon), 150. Reinhart, 106, 109, 220. Reinhardt (Alphonse), 165. Reis (Arnold), 166. Reiser, 174. Reiser-Ganten (Erwin), 166. Reisse (Eugène), 178. Reppert (Auguste), 178. Reuter, 70. Reuter, 128. Reynaud (Paul), 258. Richard (Joseph), 44. Riecher (Erna), 106. Rimlinger (André), 178. Rimpler (Paul), 178. Robert (Johannes), 147. Robert (Roger), 39. Roch (Alphonse), 178. Rodeghiero (Germain), 171. Rognon, 68. Rognon (H.), 187. Rohr (Antoine), 178. Rohr (Emile), 166. Rohr (Erwin), 178. Rohr (J.), 159-160. Rohr (Joseph), 25, 149, 158, 274, 280. Rohr (Pierre), 166. Rohrbacher (Aug.-Amédée), 166. Rohrbacher (Ernest), 166. Romang (Hubert), 178. Rossi (Tino), 170. Roth (abbé), 123. Roth (Albert), 178. Roth (Aloyse), 178. Roth (Berthe), 140, 150. Roth (Hermann), 151. Roth (Marcel), 178. Roth (Sylvain), 140. Roudizier, 265. Royer (André), 140. Rubeck (Adam), 178. Rubeck (Charles), 178. Rubeck (François), 92. Ruch (Monseigneur), 156. Russell (Norton), 111-112, 116, 118.

Russell (Norton), 119-120, 131. Rundstedt (von), 242, 245.   Sadoul, 280. Saenger (Joseph), 179. Saint-Denis (Abbé de), 283. Salomon, 184. Sand (Marcel), 45. Sandmeyer, 222. Saucy (Maurice), 44. Schaaff, 265. Schaefer (Charles), 79. Schaefer (Rose, née Kleindienst), 79. Schaeffer (Léon), 179. Schaller (Pierre), 179. Scharff (Justin), 89-91, 200. Schatz (Alphonse, ORL), 65-66, 72-73, 145. Schatz (Eugène, Dr), 65-67, 73. Schatz (Jacques), 72. Schauber (Jean), 44. Scheidecker (Lucien), 179. Scheidecker (Pierre), 179. Schellhorn (Charles), 179. Scherer, 111-112, 134, 144-147. Scherer (A.), 130, 133-135, 143, 146. Scherer (Alphonse), 147. Scherer (Emile), 50. Scherer (Mathias), 54. Scherf (Joseph), 179. Schiel (Albert), 166. Schieler (Paul), 166. Schiellein, 101. Schiff (René), 151. Schiff (Renée-Yvonne), 141. Schild (Michel), 179. Schilt (Aloyse, abbé), 89, 91. Schilt (Lucien), 179. Schindele (Louis), 92. Schirrman (Martin), 104. Schlegel (Camille), 179. Schlindwein (René), 166. Schlosser (Emile), 166. Schmidt, 143. Schmidt (Emile), 218. Schmitt (Alexis), 179. Schmitt (Denis), 166. Schmitt (Joseph), 179. Schmitt (Léon-Charles), 166. Schneider, 68. Schneider (Charles), 174. Schneider (Eugène), 179. Schneider (Jean-Nicolas), 44. Schneider (Joseph), 101, 117. Schneider (Joséphine), 112, 118. Schneider (Nicolas), 73, 112, 116, 141. Schneider (Pierre), 106, 108, 110. Schneider (Pierre, Mme), 106, 109. Schneider (Rausch), 174. Schneider (Thérèse), 111, 118. Schoenlaub (Alfred), 50. Schoeser (Robert), 99. Schoritz (Marcel), 166. Schoumacher (Edouard), 166. Schoving, 146. Schoving (Jean), 129, 131, 134, 147. Schreiber (Léon), 179. Schroeber (Armand), 134-136, 146. Schroeder (Catherine), 131. Schroeder (Georges), 134-135. Schroeder (René), 135. Schuler, 92. Schumacher (Victor), 166. Schuman (Robert), 92. Schutz (René), 179. Schwab (Henri), 224. Schwartz (Jean-Pierre), 179. Schwartz (Vve), 141. Schweitzer (Emile), 179. Schwob (René), 92. Sébastian, 62. Seelig (Jean), 127. Serf, 97, 99. Serf (Bernard, M. et Mme), 99-101. Sibille (Mlle), 97, 99. Siebert, 50, 53. Siebert (François), 179. Siegfried, 241, 245. Silberberg (Armand), 151. Silberberg (David), 151. Silberberg (E.), 151. Silberberg (Friede), 151. Silberberg (Marcel), 141. Silberberg (Paul), 141. Silberberg (Sarah), 141. Simon (Armand), 141, 151. Simon (Céline), 141. Simon (Irène), 141. Singerlé (Michel), 91. Skosowski (Léon), 141, 151. Spaeter (Paul), 179. Specht (Ernest), 179. Speder (Alphonse), 97. Spieldenner (Joseph), 179. Spielmann (Ernest), 166. Spingarn (Olga), 150. Spiworks-Stöber, 212, 245, 250. Sprunck (Roger), 179. Staline, 171-172. Staub (Pierre), 179. Staudt (Charles), 104. Staudt (Emile), 166. Steiner (André), 178. Steiner (Antoine), 179. Steiner (Michel), 44. Steinmetz (Eugène), 44, 88, 89, 104. Stephanus (Louis), 179. Stern (René), 179. Stenger (L.), 91-92. Stenger (Richard, abbé), 91. Stirnemann (Fernand), 166. Stocky (Henri), 170-171, 173, 179. Stoebener (Anne, née Arbogast), 44. Stoeffler (Nicolas), 101-102, 120. Stoehr (Willy), 205. Studer (Aloyse), 179. Stulpnagel (von), 155-156. Suzannet (Mme de), 276.   Taittinger (Pierre), 274. Tappert, 141. Thines (Alphonse), 166. Thiriot, 91. Thomas (Charles), 109, 121, 126. Tillon (Germaine), 124, 132. Tongio (A.), 54. Tonneller (René), 166. Tornow (Adolphe), 179. Tousch, 130. Tousch (Pierre), 179. Tribout (René), 91-92. Tritz (Georges), 166. Tritz (Guillaume), 174. Tritz (Rodolphe), 166. Turo (Camille), 111-114, 117-118. Tussing (Raymond), 166.   Valentin (Louis, abbé), 92. Valery (Paul), 285. Varoquy (Augustin), 92. Varoquy (Louis), 92. Veyser (Paul), 91. Vidal, 122. Vigel (Henri), 44. Vigel (Marcel), 174. Volger (Eugène), 179. Wackermann, 97, 104. Wachsmann (Léopold), 141. Wachsmann (Max), 141, 151. Wack (Mlle), 119.

Wackermann, 201. Wagner, 143, 156-157. Wagner (abbé), 99. Wagner (Ernest), 62. Wagner (J.-Aimé), 180. Wagner (Joseph), 179. Wagner (Robert), 86. Warisse, 265. Warren C. Wood (général), 242. Watrin, 130, 145. Weber (Auguste), 179. Weber (Charles), 166. Weber (Jean), 174, 180. Weber-Meder, 134. Weber (Paul), 180. Weber (Robert), 91. Weidmann (Joseph), 166. Weil (Emile), 141, 151. Weil (Henri), 141, 151. Weil (Juliette-Danielle), 141. Weil (Olge), 141. Weil (René), 151. Weil (Robert), 149. Weil (Ruth), 141. Weiss (René), 180. Weisskopp (Aloyse), 179. Wells (C.-W.), 239. Welsch, 87. Welsch (Georges), 180. Wendel, 63. Wenders (Jacob), 79. Wendling (Pierre), 104. Wentzel (R.), 85. Werner (Chrétien), 166. West (Arthur-L.), 228. Wey (Arthur), 179. Weygand (Maxime), 153, 155. Wilhelm, 50. Willinger (Robert), 180. Wiltzer (Alex), 92. Wissler (Maurice, Dr), 72. Witzmann, 180. Wolf (Achille), 141. Wolf (Etienne), 180. Wolf (Pierre), 92. Wolfanger (Dieter), 205. Wolff (Achille), 151. Wolff (Edwige), 151. Wolff (Henri-Charles), 166. Wurtz (Charles), 44. Wurtz (Pierre), 179. Wusller (René), 180.   Zahm, 69, 72. Zahm (Nicolas), 182. Zahm (Victor), 44. Zakuk (Ferdinand), 104. Zapp (Jacques), 98. Zenglein (Lucien), 174. Zenker (Gustave), 141, 151. Ziegler, 53. Ziegler (Emile), 104. Zimmer (Théa), 104. Zingraff (Joseph), 180. Zins (Marcel), 180. Zitt (Hubert), 180. Znanniecki, 91. Zweig, 141, 151.

LISTE DES LIEUX CITÉS - TOME I

Abreschviller, 67, 89, 91. Abzac, 35. Achen, 34, 239, 243, 249, 250. Afrique du Nord, 144. Aisecq, 34. Albestroff, 208, 210, 212. Alger, 171-172, 187, 275, 277. Algérie, 284. Allemagne, 23-24, 38, 56, 67, 108, 128, 246. Alsace, 25, 89, 143, 153, 244-246, 261. Althorn, 246. Altkirch, 53. Altrippe, 210. Altviller, 210. Angleterre, 118. Angoulême, 26-27, 31-32, 54, 149. Anvers (Belgique), 137. Ardennes, 212, 245-246, 250. Argentat, 144. Ars, 35. Ars-sur-Moselle, 207. Artenac, 26. Attigny, 128, 130. Aube, 23-24. Auersmacher, 241. Auschwitz, 123, 151. Australie, 119-120. Autriche, 23, 89, 127. Autun, 144. Avricourt, 94. Azerbaidjan, 172. **B**ade (Pays de), 271. Bader (immeuble), 187. Bad-Rilchingen, 50, 67. Baerenthal, 34, 245-246. Baignes-Sainte-Radegonde, 34. Bakou, 172. Bamberg, 55, 112. Barbezieux, 34. Bar-le-Duc, 144. Barret, 34. Bas-Rhin, 111, 154. Bassac, 35. Basse-Alsace, 243, 250. Basse-Saxe, 105, 108. Basses-Vosges, 246. Basse-Yutz, 104, 143, 266. Bazoncourt, 209. Beaulieu-sur-Sonnette, 26. Belgique, 195, 245. Bénestroff, 88, 209. Béning, 80, 107, 214, 216. Bergen-Belsen, 122, 131, 135. Berlichingen, 210. Berlin, 104, 112-115, 118-120, 122, 126, 143, 154, 156. Berlin-Plötzensee, 117. Berlin-Schoeneberg, 53. Bettviller-Guisin-Hoelling, 34. Bickenalbe (vallée), 241, 251. Bielorussie, 170. Bining-lès-Rohrbach, 34, 104, 230. Bischwiller, 246. Bitche, 34, 89-91, 106, 110, 186-187, 206, 220, 243, 246, 249, 251, 255, 259, 262, 265, 283. Blainville, 101-102. Blies (vallée de la), 37, 40, 54, 185, 234, 236, 240-241, 249-251, 266. Bliesbolchen, 50, 185. Bliesbruck, 34, 69, 71, 241, 243, 249, 255. Blies-Ebersing, 34, 69, 243. Blies-Guersviller, 34, 40, 69, 98, 240. Blieskastel, 63. Bliesmengen, 50, 185. Bliesransbach, 39, 50, 240. Blies-Schweyen, 34. Bliesen, 279. Bobruisk, 170. Bohême, 23. Bonn, 65. Bordeaux, 121. Boulay, 23, 92, 104, 210. Bourdonnay, 26-27. Bourges, 144. Bourget, 114. Bousseviller, 34. Bouxwiller, 109. Bouzonville, 209. Brandenbourg, 112-113, 117. Bregenz, 89, 127. Breidenbach-Olsberg, 34. Bremm, 206. Brenz, 109. Breville, 34. Brie-la-Rochefoucauld, 35. Briey-Longwy, 207. Bruchsal, 126. Bruchwiese, 79. Buchenwald, 103, 123, 151. Burgunstadt, 128, 132. Bützow, 134. **C**alifornie, 192. Casablanca (Maroc), 72. Caspienne, 172, Caucase, 172. Cellefrouin, 35. Chabrac, 34. Challignac, 34. Chambery, 144. Champagne-Mouton, 35. Chantrezac, 26. Charente, 24-29, 31-33, 54, 149, 268, 285. Charente-Maritime, 23. Chasseneuil-sur-Bonnieure, 26. Chasseneuil, 29, 31-32, 35, 149. Chassiecq, 34. Château-Salins, 31, 157, 193-194, 207, 209, 212-213. Chazelles, 34. Cherves-Chatelars, 35. Cherves-de-Cognac, 35. Compiègne, 121, 154. Confolens, 27, 34. Coswig-Gribo, 115. Croix-Chapeau, 35. Cutting, 230. **D**abo, 98. Dachau, 87-89, 97. 103-104, 121, 123, 126-127, 135, 145. Danemark, 110. Darmstadt, 173. Darney, 128. Darsac, 26.

309

Delme, 193-194, 209. Deux-Ponts, 49, 53, 104, 211, 230, 250-251, 283. Deux-Sèvres, 99. Dieuze, 157, 207-209. Dillingen, 209. Distroff, 103. Domfessel, 228, 230. Donon, 123, 243, 250. Dora Nordhausen, 104. Dordogne, 23. Drulingen, 24. Dudenhofen, 53. Echternach, 245. Eguelshardt, 32. Eichel, 229-230. Elbe, 115, 117. Emden, 105. Enchenberg, 32, 181, 187. Epping-Urbach, 32. Erching, 32, 250. Erching-Guiderkirch, 34, 187, 243. Erstein, 103. Est, 32. Farébersviller, 210, 227. Faulquemont, 202, 209-210, 212. Fegersheim, 107. Fénétrange, 208, 212. Fensch (vallée de la), 91. Flossenburg, 103-104, 122, 131, 135, 145. Folpersviller, 34, 69, 104. Fontafie, 26. Forbach, 23, 49, 89-92, 210, 212, 219, 242, 245, 280. Fort de Queuleu, 103-104. France, 23, 172, 183, 255, 261, 271, 272, 274-275, 285. Francfort, 120. Francfort-sur-le-Main, 202, 284. Francfort-sur-Oder, 173. Frauenberg, 34, 69, 137, 215, 236-237, 240, 249-250. Freyming, 210. Fribourg-en-Brisgau, 109. Fürstenberg, 109. Gaggenau, 146. Gap, 145. Geispolsheim, 107. Geldern, 79. Genouillac, 26. Gensac-la-Pallue, 35. Goetzenbruck, 34, 245-246, 267-268. Golnow, 134. Grande-Bretagne, 23. Grosbliederstroff, 34, 189, 231, 244. Gros-Réderching, 24, 34, 111, 239, 242-244, 246, 249-250. Grossbeeren-Lichterfelde, 117. Grostenquin, 214. Guébenhouse, 34. Guéblange, 103. Guebwiller, 111, 144-145. Guimps, 35. Guising-Grundviller, 34. Güdingen, 189. Gulo, 115. Gungling, 68. Habkirchen, 50, 215, 237, 240-241, 249. Hagondange, 130, 145, 266. Haguenau, 88, 104, 246. Haïfa, 172. Hambach, 143, 229, 234. Hambach-Roth, 34, 66. Hambourg, 122, 131. Hamm, 131. Hanovre, 109, 112. Hanviller-lès-Bitche, 34. Hanweiler, 50, 69, 78, 189, 241. Hanweiler-Rilchingen, 39-40. Hargarten, 107. Harskirchen, 69. Haspelschiedt, 34. Haute-Marne, 23-24, 26, 30. Haute-Vienne, 24, 28. Haut-Rhin, 154. Hayange, 89, 143. Heckenransbach, 194. Hegenheim, 137. Heidenheim, 109. Heiligenwald, 181. Hellimer, 210. Herbitzheim, 69, 229. Hilsenheim, 79. Hitlersdorf, 35. Hollande, 117, 173. Homburg, 53-54, 261. Honskirch, 210. Hottviller, 34. Hundling, 34, 210. Igney-Avricourt, 95, 97. Ingolstadt, 126. Ingwiller, 147. Ippling, 34, 210. Irak, 172. Iran, 172. Irzyk A.F., 229. Italie, 143. Jarnac, 26, 35. Juillac, 26. Jœuf, 144. Kalhausen, 34. Lachaise, 35. Lafontenelle, 99. Lagarde, 26, 34. Lambach, 34. Landau, 55. La Péruse, 26. La Rochefoucauld, 26. Lauda (Allemagne), 73. Laxou, 73. Le Basse, 26. Leipzig, 109, 118. Leitmeritz, 116. Le Lindois, 34. Lembach, 182. Lemberg, 34, 89, 187, 245, 267. Le Mesnieux, 26. Lemoncourt, 194. Lengelsheim, 34. Leningrad, 170. Lerchesflur, 125. Lichtenberg, 245. Liederschiedt, 34. Liesthal, 137. Lignière-Sonneville, 34-35. Limoges, 144. Lismore, 119. Lixheim, 205. Lixing-lès-Rouhling, 34. Londres, 159, 193, 275, 277. Longeville-lès-St-Avold, 89, 91. Lorbette, 91. Lorraine, 25, 153, 183, 261, 266, 268. Loubert, 26. Loudrefing, 230. Loupershouse-Ellviller, 34. Loutzviller, 34. Luckenwalde, 120. Ludwigshafen, 55, 67. Lussac, 26. Luxembourg, 109, 131, 242, 245. Lyon, 97, 121. Mackviller, 228. Magdebourg, 117. Maginot, 210. Maizières, 26, 207-208. Malaucourt-sur-Seille, 207. Malmoe, 110. Malzéville, 144. Mannheim, 67, 97, 99. Manot, 26. Marsal, 223. Marseille, 267, 274. Maubeuge, 117. Mayence, 200. Mecklembourg, 109, 122, 135. Medelsheim, 242. Méditerranée, 172. Meisenthal, 34, 147, 187, 267-268. Mérignac, 35. Merlebach, 210, 223. Merzig, 45, 56, 209, 211. Métairies (Les), 34. Metz, 54, 61, 85, 89, 91-92, 99, 104, 109, 112, 119-120, 131, 135, 143, 147, 156-157, 180, 193, 204-205, 207-209, 212-213, 215, 239, 266-268. Metz-Campagne, 92. Metz-Chambière, 142. Metz-Queuleu, 66, 108. Metz-Sablon, 110. Meudon, 284. Meurthe-et-Moselle, 30, 90, 144.

Meuse, 30. Minnesota, 221. Moabit, 113, 118. Molsheim, 154. Montbronn, 34, 268. Montigny-lès-Metz, 118. Montois-la-Montagne, 104. Montpellier, 144, 206. Moravie, 23. Morhange, 194, 207, 209, 212-214. Moscou, 167, 170-172. Moselle, 24, 28, 52, 62, 89, 90, 143, 154, 206-207, 209, 255, 275, 279, 284. Moselle-Sud, 91. Mosnac, 34. Mouterhouse, 34. Moyeuvre-Grande, 89, 157. Moyenvic, 207-208. Mulhouse, 89, 126-127. Munich, 23, 52, 63, 121, 126-127. Munster, 205, 210.   **O**bergailbach, 35, 240. Oberpfalz, 122. Oermingen, 228-229. Oldenbourg, 105, 108. Oran, 172. Ormersviller, 35. Orne, 91. Ouest, 25.   **P**alatinat, 46, 147, 155, 251, 271, 283. Palestine, 173. Paris, 99, 143-144, 154, 174, 274. Pas-de-Calais, 153. Peltre-Verny, 207-208. Pensylvanie, 221. Peppenkum, 242. Périgueux, 144. Petite-Rosselle, 24. Petit-Réderching, 35. Philippsbourg, 35, 245-246. Pirmasens, 101. Pleuville, 35. Poitiers, 149. Pologne, 23, 174, 284. Poméranie, 134. Pont-à-Mousson, 207. Prague, 118. Puttelange, 68, 79, 196-197, 209-210, 212, 215. Puybernard, 26. **Q**ueuleu, 112, 117-118, 131, 133-135, 145.   **R**ada, 167, 172. Rahling, 35. Rathewalde, 116. Ravensbruck, 103, 106, 109-110, 112, 122, 124, 131-132, 134-135, 145. Rech, 87, 126. Réding, 95-99, 102, 117. Regensburg, 135. Reich, 205. Rémelfing, 35, 77, 78, 81, 88, 104, 223, 231-235. Rethondes, 105, 157. Rexingen, 137. Reyersviller, 35, 186. Rhénanie, 23, 200. Rhin, 25, 251. Rilchingen, 71, 189. Rimling, 35, 211-212, 241-243, 245-246, 249-250, 267. Rimsdorf, 228. Rouhling, 35, 189-190. Rohrbach-lès-Bitche, 35, 103, 121, 211, 227, 230, 239, 249, 265. Rolbing, 35. Rome, 61. Roppeviller, 35. Rostov, 172. Roumazières, 26. Royan, 34, 35. Ruffec, 29, 149. Russie, 173.   **S**agan, 120. Saint-Amand-de-Boixe, 29. Saint-Amand-de-Bonnieure, 34. Saint-André, 35. Saint-Aulais, 34. Saint-Avold, 71, 106-107, 207, 209-210, 212, 227, 245. Saint-Bonnet, 35. Saint-Christophe, 34. Saint-Claud-sur-le-Son, 26. Saint-Dizier, 33. Saint-Gourzon, 34. Saint-Laurent-de-Ceris, 26. Saint-Louis-lès-Bitche, 35, 261, 267-268, 284. Saint-Mary, 26. Saint-Nicolas-de-Port, 41. Saint-Sevère, 34. Saint-Simeux, 35. Saint-Simon, 34. Saint-Sulpice-de-Cognac, 34. Saint-Thomas-de-Couau, 35. Saint-Wendel, 279. Salles-d'Angles, 34. Sand, 114. San Francisco, 221. Santafé, 221. Sarralbe, 49, 227. Sarraltroff, 95-97. Sarre, 39, 45, 47, 50, 52, 54, 132, 155, 182, 187, 189, 192, 200, 206, 209-210, 214, 220-221, 225, 227-228, 230-237, 240, 243-244, 249, 251. Sarrebourg, 74, 89, 91-92, 95-96, 99-101, 125, 215, 243-244. Sarrebruck, 46, 54, 57, 67, 108, 112, 125-126, 189, 210, 212, 219, 230, 250-251, 255. Sarreguemines, 23, 26-28, 30-32, 35, 37, 39, 40, 45-47, 49, 51, 53, 55-56, 61-63, 65, 67-69, 71, 74, 77, 79, 86, 90-94, 96-98, 100-107, 109-112, 116, 118, 121, 123, 125, 128, 130-137, 143-146, 149, 151, 173, 175, 183-185, 187, 189, 191, 193-197, 206-215, 218-222, 227, 229-232, 234-237, 239-241, 243-245, 249-250, 253, 255, 261-267, 279-280, 283-286. Sarreinsming, 69, 103-104, 200-201, 219, 222-224, 231-234. Sarreinsberg-Althorn, 35. Sarrelouis, 211. Sarre-Palatinat, 61-62. Sarre-Union, 208-210, 212, 227-229, 245. Saxe, 115. Saverne, 250. Schwäbisch-Gmünd, 105. Schirmeck, 125-126, 133, 145-146. Schmittviller, 35. Schoenebeck, 117. Schorbach, 35. Segonzac, 34. Seille, 205, 207, 213. Semoussac, 35. Siersthal-Holbach, 35. Sigogne, 35. Siltzheim, 233. Singling, 230, 239. Sitterswald, 39, 50, 219, 241. Soucht, 35, 102, 187, 268. Soultz-sous-Forêt, 74. Southampton, 211. Spire, 53, 62, 66, 147. Steinbach, 232, 240. Stiring-Wendel, 112. Stolpen, 110. Strasbourg, 58, 67, 71, 74, 107-108, 123, 125-126, 131, 135, 147, 154, 156, 174, 215, 244, 267. Struthof, 130, 145. Struthof-Natzviller, 131, 134. Sturzelbronn, 35. Stuttgart, 105, 134. Suaux, 26. Sudètes, 136. Sud-Ouest, 32, 155. Suède, 110, 123.

Suisse, 107, 112, 119, 130, 143. Syrie, 172. **T**abriz, 172. Tambow, 167, 169, 171-173, 175, 180. Taponnat, 35. Tarente, 172. Tchad, 244, 249. Tchécoslovaquie, 23, 118, 261. Téhéran, 172. Tenès, 172. Texas, 188. Thal, 24. Theresienstadt, 122, 136. Thionville, 23, 89, 92, 108, 116, 143, 207, 209, 266. Thionville-Uckange, 91, 183. Torgau, 114. Touzac, 35. Trans-Jordanie, 172. Tunis, 143. **U**ttweiler, 242. **V**almy, 284. Veckring, 89. Verneville, 130, 133, 143. Verteuil, 34. Vichy, 144, 149, 154-155, 159-160, 271, 277. Vic-sur-Seille, 26, 28, 31. Vienne, 23-24, 149. Villebois-Lavalette, 29. Villefagnan, 29. Villers-Stoncourt, 102. Vitrac, 35. Voelklingen, 211. Voellerdingen, 228-229. Volmunster, 35, 266, 268. Vosges, 30, 101, 128, 149, 242, 244. **W**ackenmühle, 37, 39. Walchum, 133. Waldhambach, 217, 229. Waldheim, 116. Waldhouse, 35. Walschbronn, 35. Washington, 242. Wehlen-Pirna, 116. Weiden, 122. Weidesheim, 229. Welferding, 35, 67-68, 81, 110, 134, 185, 189-191, 194-195, 213-215, 219. Wesel, 117. Wiesbaden, 154, 156, 160. Wiesviller, 35, 103. Willerwald, 110, 129, 130, 144. Wingen, 111, 129, 133-134, 143, 146-147, 245-246, 250. Wittring, 35, 231, 239, 249. Woelfling-lès-Sarreguemines, 35, 249. Woippy, 89, 134-135. Wolfersheim, 240. Woustviller, 35, 78, 98, 103, 198-199, 213. **Y**onne, 144. Yvrac, 34. **Z**etting, 103, 200-201. Zetting-Dieding, 35.

LISTE DES PERSONNES CITÉES - TOME II

Adam (Anne), 199. Adam (Elisabeth-Marie), 199. Adam (Georges), 191. Adam (Gottfried), 191. Adam (Guy), 207. Adam (Nicolas), 191, 199. Adelsbach (André), 94. Adler (Guillaume), 191. Adly (Jean), 402. Adt (Alfred-Jean), 197. Aerts (François), 232-233, 235. Albert (Louis), 144. Albert (Lucien), 144. Albert (Rémy), 144. Alexander (François), 191. Alt (Alfred), 48. Altenburger (Victor), 211. Altmeyer (Joseph), 76. Amann (Bernard), 77. Amann (Erich), 75. Amann (Honoré), 191. Amann (Nicolas), 191. Amerein, 185. Amouroux (Henri), 114. Ancel, 372. André (colonel), 66. André (Julien), 191. Andreoni, 396. Andres, 246-247, 249-251. Andres Bernard, 206. Andres (Joseph-Jean), 144. Andres (Louis), 235-245. Andres (Pierre), 206. Ajouannet (M. et Mme), 298. Antonescu, 136. Anweiler (Eddy), 397, 398. Arend (Pierre), 75. Arnold (Edmond), 337. Arnswald (Jean), 208. Arrighi (lieutenant), 233. Asion (Alphonse), 364, 370-371, 387. Atlas, 318. Aubertin (Marie), 329. Aubertin (Max), 191. Aubry (professeur), 20. Aubry de Maraumont (Raymond), 345. Audouin, 245. Aue (Eric), 33. Aug (Georges), 144. Averseng (Marius), 24.   **B**abé (Antoine), 76. Babin, 377. Bach, 345. Bach (Joseph), 147. Bachmann (Emile), 75. Bachmann (Pierre), 144. Backes (Charlotte), 199. Backes (Marie-Anne), 199. Backhuys, 167. Bacot (lieutenant), 233. Baer, 370-371. Baeumlin (Lucien), 144. Bahr (Jacques), 200. Bail (lieutenant), 375. Balevre (Albert), 78. Ball (Mme), 89. Ball (Paul), 74. Baltzer, 166. Bang, 41. Bangratz (Albert), 144. Barbian (Edouard), 144. Barbier (Mathieu), 233, 235, 244. Bardelang (Arthur), 191. Barge (Henri), 281-282. Barre (Lucien), 144. Barres (Maurice), 343. Barthel (Jacques), 144. Barthel (Jean), 144. Barthel (J.-Edouard), 200. Barthel (Joseph), 144. Barthel (Marcel), 207. Bartz (Alexandre), 200. Basler (Otto), 250. Bast (Pierre), 207. Bastian (Henri), 209. Bastian (Joseph), 200. Bastian (Louis), 209. Bastian (Marcel-Emile), 200. Bastian (René), 144. Bastien (René), 85. Bauer, 385. Bauer (Célestine), 200. Bauer (Ernest), 205. Bauer (Jeannette), 200. Bauer (Léonie), 296. Bauer (Marcel-Joseph), 200. Bauer (Marie), 200. Bauer (Paul), 191. 206. Bauer (Pierre), 203. Bauer (Rolf-Eugène), 205. Baumann (Victor-Auguste), 197. Baumgarten (Emile), 345. Baumgarten (Joseph), 144. Beau (Mlle), 237. Beauchamp (Christian), 286. Beaulieu (Robert), 337-338, 341. Beauvais, 63. Beck (Adolphe-Louis), 337. Beck (Auguste-Pierre), 337. Beck (Bertrand), 77. Beck (Charles), 191. Beck (Eugène-Emile), 191. Beck (Eugénie-Marie), 200. Beck (Henri), 144. Beck (Jean), 390-391. Beck (Joseph), 206. Beck (Nicolas), 384. Beck (Oscar), 144. Beck (René), 200. Beck (Roger), 77. Becka (Joseph), 144. Becker, 41. Becker (Alphonse), 41, 74, 79-80, 340-341, 383. Becker

(Anne), 203. Becker (Camille), 203. Becker (Ernest-Jean), 191. Becker (Gabriel), 48. Becker (Jean), 191. Becker (Léon), 203. Becker (Nicolas), 209. Becker (Paul), 74, 81-82. Becker (Raymond), 211. Beckerich (Alex), 144. Beckerich (Paul-Jacques), 200. Beckerich (Pierre), 144. Behr (née Nicklaus), 218. Behr (Alfred), 144. Behr (Anne), 278. Behr (Antoine), 206. Behr (Ernest), 208. Behr (Joseph), 218. Behr (Marcel), 76. Beier, 166. Benazet (Francis, Dr), 285. Bendel, 168. Bender, 167. Benel (Charles-Edmond), 191. Benel (Louis), 191. Bennett (Robert H.), 361, 387, 393, 400. Bentz (Joseph), 203. Bentz (Rose), 203. Bergdoll (René), 144. Berhard (Arthur), 144. Berkessel (Alphonse), 144. Bernard, 295. Bernard (Paul), 191. Bernhard (Louis), 206. Bernt (René), 345. Berntheisel (Lucien), 144. Berriot (Albert), 341. Berthel, 370. Berthel (Eugène), 155-157. Berthel (Mlle), 156. Betsch, 173. Bettenfeld, 185. Bettinger (François), 209. Bettinger (Jacques), 209. Beyel (Charles), 191. Biache (Albert), 197. Bianconi (Jean), 76. Bichelberger, 398. Bidaine (Gustave), 281. Bidaine (Robert), 77. Biebel (Alexandre), 144. Bieber, 385, 395. Bieber (Fernand-Léon), 337. Bieber (Philippe), 154. Bieber (Philippe, Dr), 142. Bieber (René), 144. Biewer (Fernand), 211. Biewer (Jules), 211. Billen (Guillaume), 337. Bingert, 166. Birg (Marcel), 144, Bitsch (Louis), 191. Blaese (Edouard), 207. Blaese (François), 207. 341. Blaess (Edouard-Henri), 197. Blaiesse, 39. Blaiesse (J.-B.), 209. Blasius (Albert-Valentin), 337, 341. Blein (Alphonse), 208. Blein (François), 209. Blein (Georges), 209. Blein (Mathias), 209. Bless (Philomène), 205. Bloch (Emile), 31, 345. Bloch (Guillaume), 191. Bloch (moulin), 386. Blum, 204. Boch, 35-37. Boch (Louis-Georges), 197. Boch René, 197. Bodejka, 167-168. Bodo (Charles), 218. Bogen, 349. Bohn (Frédéric-Henri), 197. Boilvin, 299. Bolender (Charles), 395. 397. Bolender (Eugène), 175-179. 396. Boll (Alphonse), 75. Bon (Lucien), 145. Bonlarron, 175, 181. Bonn (Florent), 75, 402, 403. Bonn (Gilbert), 346. Bonnet (général), 23. Bonvallet (Camille), 346. Bordé (Raymond), 144. Borgmann (Karl), 79-80, 177-178. Born (Ella), 200. Born (Jean-Pierre), 144. Both (Mme), 95, 169. Bott (Louis), 206. Bott (Pierre), 42. Botzung (Roger), 145. Bougerolles, 345. Boulling (Mme), 379. Boulling (Camille), 77. Boulling (Paul), 64, 66-67. Bour, 185. Bour (Emile), 85. Bour (Emilie), 200. Bour (François), 191. Bour (Henri-Louis-Camille), 191. Bour (Marie-Louise), 200. Bour (Pierre), 209. Bourdillat, 267-268, 271. Bouring (Emma), 148, 205. Bouring (Jean-Louis), 149, 205. Bourrat, 377. Bousch (Jean-Eric), 175. Bouton (Dr), 274. Bouton (Emile), 150, 152. Bouton (Jeanine), 153. Bouvel, 171, 176. Bouvel (Alex), 74. Bouvel (Marcel-Henri), 197. Bowi (Bernard), 145. Brach (Jean), 206. Braesch (Alfred), 197. Braeunig (Albert-Louis-Philippe), 197. Brandt (Guillaume), 200. Brass (Jean), 209. Braun (colonel), 22, 39. Braun (Adolphe), 209. Braun (Alfred), 145. Braun (Amélie), 49, 61. Braun (Antoine), 49. Braun (Edgar), 211. Braun (Edouard), 209. Braun (Emile), 49. Braun (Ernest), 145. Braun (Joseph), 207, 209. Braun (Maria), 49. Braun (Pierre), 191. Braun (René), 197. Braun (Roger), 78. Brayer (André), 337. Breit (Grégoire), 346. Breit (Joseph-Victor), 346. Breithaupt (Auguste), 192. Brenner (Lucien), 145. Brenon (Louis), 205. Brignac, 295. Brignon (Jean), 77. Brill (Victor), 211. Brion (Emile), 145. Britscher (Richard), 205, 212. Brock, 203. Brock (Claude-Louis-Henri), 200. Brock (Madeleine), 200. Brock (Rodolphe-Jean), 200. Brocker (Jean), 192. Brockmann (Paul), 210. Brocquard (Aloyse), 145. Brocquard (Marcel), 145. Broquart, 341. Bruch (Albert), 200. Bruch (Georges), 192. Brucker (Marie), 266. Bruder (Gilbert), 145. Bruhne, 402. Brule (Jean), 76. Brullard

(Martin), 145. Brun (Le, Guillaume), 264-265. Brunck (Paul), 211. Bruzamolino (Charles), 200. Bruzamolino (Marie), 200. Bruzamolino (Marie-Gertrude), 200. Bubel (Pierre), 209. Buchmaster (Maurice), 295, 296. Buchmuller (Marcel), 238. Buda (Alfred), 345. Budinger (Henri), 200. Buhler (Charles), 200. Buhr (Marcel), 34-39. Bulle, 339. Bur (Adolphe), 200. Bur (Alfred), 207. Bürckel (Gauleiter), 33, 35. Burckel (Joseph), 64. Burg (Dr), 150. Burg (Joseph), 76. Burger, 170. Burgholzer (Mlles), 89. Burgun, 39. Butterbach (Jean-Fernand), 203. Cagnion (Edouard), 383. Cahen (Alexandre-André), 324. Cahen (Jean-Gerson), 324. Cahen (Louis-Benjamin), 324, 341. Calis (Louis), 145. Camille, 295. Capdevielle, 242. Cardot, 238-239. Carpentier (Georges), 242. Carre (Jean-Nicolas), 192. Carre (Raymond), 136, 145. Cassi, 168. Cazal (colonel), 38-39. Cazal (Jean), 388. Cedero (Bruno), 76. Cezard (Rodolphe), 295. Chalufour, 275. Chanzy (Léon-Auguste-Henri), 192. Chatel (Joseph), 145. Chautemps, 116. Chevalier (Maurice), 186. Chiron, 296. Chrétien (Paul), 359, 368, 373, 378, 380-381. Christ, 38-39, 383. Christmann, 210-211. Christmann (Charles-Frédéric-Alfred), 192. Christmann (Henri), 192. Christmann (Isidore), 192. Christophe (Jean), 75. Christophe (Louis), 75. Christophe (Lucien), 75. Churchill (Winston), 245. Cilleuls (Raoul de), 271. Claie (Paul), 330. Clave (Joseph), 145. Clement (Auguste, Monseigneur), 163. Clos (Joseph), 77. Closset (Georges), 206. Closset (Raymond), 145. Coetparquet, 293. Colman (Marie-Eve), 200. Collange (Pol-Eugène), 337. Collot (Bernard), 78. Collot (B., Mme), 86. Combes (Paul-Lucien), 337. Conrad (Camille), 346. Conrad (François), 192. Conrad (Gustave), 293. Conrad (Raymond), 145. Cosperec (Jeannette), 288. Conte, 379. Corbières (de), 39. Cordary (Jules), 162. Csimeck, 319, 320, 322. Cullière (Roger), 77. Cully (Walter-Ernest), 197. Dahlem (Marie, Mlle), 390. Dahlem (Willi), 147. Dahlheimer, 165-166. Dalenne, 295. Dally, 384. Dalstein, 63. Daniel (François), 145. Dann (Joseph), 192. Dassault (Marcel), 285. Dastillung (Léon), 98. Dauffer (Roger), 145. Decan, 112-113. Deck (Pierre), 162. Decker (Joseph), 145, 192. Decker (Roger), 197. Defosse (Pierre), 280. Degott (Joseph), 206. Degott (Pierre), 145. Dehlinger (André), 211. Dehlinger (Félix), 337. Dehlinger (François), 210. Dehm (René), 75. Deininger (Heinz), 211. Delanzy (Henri), 77. Delfino (L.), 286. Demange, 370. Demant (Joseph), 145. Demmer (Roger), 145. Demmerle (Camille), 78. Demoulin (Jean), 76. Demoulin (Nicolas), 145. Den (Paul), 145. Dengel, 38-39. Dengel (Alphonse), 206. Dengel (André), 206. Dengel (Anne-Charlotte-Emilie), 200. Dengel (Max), 206. Denner (Roger), 145. Deon (Célestine), 189, 190. Depoutot (Arthur-Charles), 192. Depoutot (François), 192. Depoutot (Philippe), 192. Derr (Charles), 206. Descharmes, 236-238, 242. Desmares, 389. Detemple, 349. Detemple (Pierre), 205. Deutsch (Charles), 98. Deutsch (René), 145. Deville (Emile), 325. Dewinck (général), 244. Dickeli, 62. Dickeli (Robert), 166. Didion (Charles), 350. Diebold (Valentin), 390. Dieder (Jean-Baptiste), 200. Dieder (Jeanne), 200. Dieffenbacher, 166-167, 218, 329. Dieffenbacher (Alfred), 346. Dieffenbacher (Ernest), 75. Dieffenbacher (Frédéric), 75. Dielemans (Jules), 94, 151. Dielemans (Lucien-Joseph), 192. Diener, 185. Diener (Jean), 208. Dieter (Georges-Philippe), 192. Dietrich (Marlène), 394-395. Dietsch (Alfred), 345-346, 350. Dietsch (Bruno), 400. Dietsch (Frédéric-Pierre), 192. Dietsch (Robert), 399. Dillenseger (Joseph), 147. Dimofski, 385. Diskry (André), 192. Diskry (Auguste), 145. Dissler, 135. Dodard (Jacques), 297. Doh (Roger-Alfred-Emile), 197. Dohle (Anne-Emma), 200. Domergue, 168. Donauer (Louis), 206. Doneyer, 168. Dorgelès (Roland), 24, 27.

Dorignac (Jean), 345. Dorkel (Georges), 192. Dorkel (Victor), 49-50. Dragni (Juanovitch), 249. Dreher (Rolf), 197. Drendel (Mathieu-Georges-Joseph), 192. Droitcourt (Georges), 337. Dross (Georges-Nicolas), 192. Dross (Jeanne-Joséphine), 200. Dubois (Charles), 145. Dubreuil, 188. Dulac (J.-François), 265. Dully (Pierre), 75. Duplaquet (Louis), 345. Durrenberger (Charles), 348. Dussens (Joseph), 145. Dussort (Paul), 90. Duval (François), 265. Eberhard (Jean), 203. Ebermeyer (Louis), 145. Eberst (Léon), 208. Eble (Joseph), 197. Echternach, 362. Eckardt (Oscar), 33. Eckehart, 45. Eckert (Ignace), 145, 206. Eddy (général), 364. Ehly (Aloyse), 121. Ehly (Emile), 75. Ehrenbreitstein, 145. Ehresmann, 370, 383-385, 389-391. Ehrmann (Henri), 348. Eich (Louis), 346. Eichenbaum, 288-289. Eidesheim (Gaston), 389-390. Eisenbarth, 145. Eisenhower, 331. Eloy (Henri), 77. Eloy (Robert), 197. Eluard (général), 23. Emden, 106. Enders, 235. Engel, 36, 39. Engel (Auguste), 157. Engler (Pierre), 206. Ennen (Georges), 200. Ensminger (Adolphe), 197. Ensminger (Albert), 145, 197. Ernst (Camille), 197. Ernst (Edmond-Albert), 200. Esch (Adolphe-Herbert), 337. Esch (Adolphe-Norbert), 348. Eschenbrenner (Emile), 74. Eschenbrenner (Rémy-Louis), 197. Eschenbrenner (Raymond), 74. Escudero, 396. Essor (Dr), 328. Estaing-Giscard (d'), 105. Ettlinger (Adrienne, Mme), 345. Everhardt (Aimé), 145. Eynius (Edouard), 367, 379. Fabing (Léon), 345. Fabre, 233, 296. Fath (Edouard), 200. Faure (Hugues), 348. Feld (Albert), 339, 341. Feld (Charles-Jacques), 192. Feld (Jacques), 192. Feld (Jean), 86. Felder (François), 131, 145. Felix, 337, 383-385. Felix (Charles), 206. Felix (J.-P.), 206. Felix (Louis), 390-391. Felker, 173. Ferry (Fernand), 192. Ferstler (Emile), 345. Feuillaquié (Max), 221, 226. Feyer (François), 145. Fickinger (Catherine), 200. Fickinger (Joseph), 203, 211. Fickinger (Madeleine), 203. Fickinger (Marie), 203, 211. Fickinger (Pierre), 210. Fierling (Mme), 60, 62. Fierling (Nicolas), 49. Fillgraff (Edmond), 211. Fillgraff (Léon), 145. Fillgraff (René), 145. Fillgraff (Victor), 145. Finance (Frédéric), 348. Firino-Martell (Mme), 17, 19. Fischbach (Emile), 77. Fischer, 168. Fischer (Dr), 179-180. Fischer (Auguste), 375. Fischer (Christian), 33. Fischer (Emile), 212. Fischer (Jean-Ernest), 197. Fischer (Jeannot), 197, 258. Fischer (Joseph), 348. Fischer (Karl-Eugène), 40, 44. Fischer (Marie-Catherine), 200. Fischer (Nicolas-Frédéric), 192. Fischer (René), 74. Flauder (Albert), 197. Flauder (Jean), 145. Flauss (Edouard), 75. Flausse, 333. Fleischer (Paul), 103. Feisthauer (Louis), 145. Florsch (Nicolas), 192. Foerst (Edouard), 345. Fogel (Marie-Justine), 346. Fogt, 361, 383, 407. Fogt (Edouard), 179. Fogt, 370, 384, 391. Folz, 329. Folz (Arsène), 145, 166-168. Fontaine, 389. Fontaine (Dr), 298. Forster, 178. Fosse (Jean-Pierre), 192. Foucauld (de, Père), 340. Foulé, 204. Fournier (Lamy), 340. Fournier (Pierre), 269, 339. Fourny (Jean, abbé), 142, 155-156, 158, 162, 267. Fourny (Léon), 142. Franck, 168-171. Franco (Camille), 75. Franco (Charles-Paul), 346, 395. François (Camille), 79. François (Célestine), 211. François (Pauline), 266. Frank (Antoine), 210. Frank (Jean), 197. Frankhauser (André), 197. Frederich, 200. Frenot (lieutenant-colonel), 22. Frenot (Antoine), 75. Frenzel (Jules), 145. Frey (Antoine), 192. Frey (Lucien), 348. Frey (Malou), 329. Freyermuth (André), 217. Fricaud-Chagnaud (Georges), 293, 299, 300. Fridrici (Roger), 359-360, 368-370, 372-373, 380-381. Friedel, 166, 167, 329. Friedel (Armin), 74. Friedrich, 398. Friderich (Dr), 90. Friedrich (Aloyse), 145. Friedrich (André), 197, 211. Friderich (Victor), 383. Fritz, 90. Fritz (Charles), 200. Fritz (Guillaume), 206. Fritz (Louis), 145. Fritz (René), 145. Fritz (Victorine), 79-80. Froehlich,

316

166-167. Froment (Gaston), 209. Fuchs (Jean), 210. Fuhrmann (François), 197. Fuller (J.-Marcel), 145. Fund (Marcel), 145. Funfrock (Nicolas), 209. Fuss, 166-168. Gabriel (Joseph), 208. Gabriel (Jules), 207. Gabriel (Marcel), 45-48. Gabriel (Paul), 206. Gabriel (René), 75. Gacher (Pierre), 284-285. Gael (Pierre), 192. Gaestel (Frédéric), 349, 385-386. Gafanesch (Henri), 145. Gail, 39. Gallo (Jean), 242. Gambs (Edmond-Pierre), 337, 341. Gambs (Frédéric), 348. Gambs (Nicolas), 145. Gance (Abel), 242. Gangloff, 266, 293. Gangloff (Armand), 207. Gangloff (Jean), 398. Gangloff (Nicolas), 206. Ganser (Joseph), 75. Garnier (Joseph), 298-300. Gasser (Emile-Ernest), 337. Gasser (Marguerite), 205. Gasser (Robert), 145. Gassenmann (Armand-Eugène), 197. Gasner (Emile), 145. Gassmann (Olivier), 145. Gauer (Pierre), 192, 206. Gaulle (de), 64. 133-134, 143, 151, 232, 236, 242, 263, 286, 310, 327-328, 360, 369. Geambrau (Hélène), 275. Gebel (Marcel), 207, 337, 339, 341. Gebhard (Jean), 197. Gehl (Nicolas), 348. Geiss (Raymond), 211. Gentil (Emile), 378. Georges (François), 140. Georges (Philippe), 192, 361. Gerard (Auguste), 74. Gerber, 63, 131. Gerber (Albert), 205. Gerber (Henri), 383. Gerber (Marcel), 135, 145. Gerberg (Auguste), 98. Gerbig (Adélaïde), 203. Gerbig (Anne), 203. Gerbig (Jean), 203. Gerbig (Joséphine), 203. Gerhard, 75. Gering (Jean), 75. Gerlach (Mlle), 89. Gerné (André), 207. Gerné (Pierre), 197. Gerôme (Jean-Pierre), 197. Geronimi (Dominique), 346. Gerst, 170. 213. Gio (Arthur), 205, 211. Giovaninetti (Dr), 153. Girardin (Marie), 203. Giraud, 254. Giess (Emile), 192. Gix (Pierre), 210. Gix (Robert), 192. Gladel, 337. Goberville (Roger-Adolphe), 197. Gobillot, 339. Goebbels, 239. Goepfer, 370, 383, 390. Goepp (Alfred), 210. Goery (René), 98. Goettmann, 385, 390. Goettmann (Paul), 176. Godfrin (Roger), 322. Goldschmitt (Alfred), 337. Golze (Werner), 197. Gondolff (Ernest), 207. Goor (Lucien), 145. Gosse (Nicolas), 205. Gottfrois, 90. Gottfrois (Adolphe), 192. Gottfrois (Pierre), 192. Gottwalles (Edouard), 169. Gottwalles (Nicolas), 205. Gottwalles (Pierre), 206. Goutrath (Robert), 145. Graff (Emile-Eugène), 197. Graff (Raymond), 211. Graff (Richard), 192. Graffion (Antoine), 210. Grandjean, 238. Grandval (Gilbert), 268-269. Grasmuck (Marcel), 197. Greff (André), 192. Greff (Pierre), 192. Gress (Guillaume-Philippe), 197. Gress (Louis), 192. Griess (Albert), 192. Grimm (Nicolas), 166, 168. Groh, 205. Groh (Nicolas), 200. Groh (Pierre), 145. Groh (René-Louis), 337. Groh (Roger), 145. Groo (Alfred), 145. Gross (Albert), 346. Gross (François), 145. Gross (Jacques), 145. Gross (Joseph), 205. Grosse (Albert), 400. Grosse (Emile-Jean-Pierre), 192. Grosse (Emilie), 346. Grosse (Jacques), 192. Grossius (J.-Baptiste), 192. Grossmann, 192. Grossnickel (Emile), 40. Gruhs (Pierre-Paul), 197. Grunberg (René), 211. Gruneberg (Robert), 337, 341. Grunhertz (Charles), 210, 218. Grunhertz (J.-B.), 210. Guérin (Marcel), 337, 348. Guigon, 233. Guillaume (Frères), 40. Guillonneau, 345. Guise (Michel), 78. Gunther (Chrétien), 205. Guttler, 95.

Hab (Joseph), 210. Haag (Auguste-Louis), 193. Haag (Emile), 291. Haag (Paulette), 347. Haas (Paul), 79. Haberkorn, 135. Habermehl, 167-168. Hacquard (Georges), 74. Haen (J.-Baptiste), 203. Haenel (Michel), 205. Haffner (Pierre), 40, 41. Hager, 330. Hagner (Pierre-Frédéric), 193. Hahn (Georges), 145. Hahn (Joseph-Nicolas), 197. Halb (Rosa), 205. Ham (Van), 388. Ham (Victor), 368. Hamann, 81. Hamann (Edouard), 198. Hammer (Jules), 206. Hammer (René-Georges), 198. Hannes (Jakob), 85. Hanser (Jean), 145. Hantz (Paul), 145. Haque (Paul), 207. Harmand (Dr), 18. Harmelin (Robert), 309, 315. Harster (Marcel), 390. Hasdenteufel (Pierre), 193. Hattigny,

98. Haug, 121. Hauser (Catherine), 200. Hauser (Eugène), 145. Hauser (Lucien, Mme), 94. Haydinger (J.-Nicolas), 193. Hebel (Philippe), 210. Heckel (Alphonse), 198. Heckel (Marguerite), 200. Heib (Gustave), 193. Heid, 371. Heidt (Emile), 208. Heilig, 35, 38-39. Heilig (Pierre), 193. Heilig (Simon), 193. Heim (époux), 90. Heim (Fernand), 145. Heim (Georges), 75. Heim (Louis), 198, 205. Heim (Lucien), 197. Heim (René-Albert), 337, 341. Heintz (Alphonse), 84. Heintz (Joseph, Monseigneur), 155, 158. Heiser, 360, 368-369, 372, 375. Heiser (Mme Vve), 390. Heiser (sergent), 233, 235. Heiser (Jean), 232, 234, 337. Held (Victor), 210. Helferin (R.-K.), 79. Hell (Catherine), 203. Hell (Joseph), 193. Hell (Louis), 203. Helmer, 185. Helmer (Jean), 198. Helmer (Victor), 198. Helmlinger (Edouard), 163. Helvig (Henri), 207. Hemius (Léon), 145. Hemmert (Henri-Joseph), 201. Hemmert (Justin), 145. Henn (Jean), 76. Henn (Nicolas), 193. Hennel (Nicolas), 384. Hennel (Pierre-Paul), 193. Henner (Alfred), 145. Henrich (Marie), 208. Henrich (Nicolas), 208. Henrich (Pierre), 208. Henry (Lucien), 348. Hepp (Pierre), 193. Herberger, 166. Herbivo (Michel), 337. Herich (Yvette), 205. Herrmann, 39, 166-167. Herrmann (Grégoire), 193. Herrmann (Henri), 149-150, 198. Herr (Jacques), 206. Herr (Nicolas), 206. Herter (Joseph), 210. Hertz (Paul), 145. Hesdin, 254. Hesse (Henri), 145. Heub (Henri), 198. Heydinger (Jean-Louis), 208. Heydinger (Joseph), 208. Heydinger (Jules), 208. Heymans (Paul), 368. Hibbs (Louis-E.), 393. Hibst, 167. Hibst (Jean), 206. Hickel, 370. Hickel (Auguste), 223, 225, 361. Hiegel (André), 206. Hiegel (Marguerite), 201. Hiegel (Paul), 145. Hieronymus (Hermann), 86. Hiltz (Charles-Pierre), 198. Hinsberger (Etienne), 346. Hinschberger (Georges), 76. Hilter (Adolphe), 45, 51, 94, 104, 114, 116-118, 185, 240, 283, 341. Hittinger (J.-Joseph), 347. Hoche (Jean), 348. Hochersberg (Entreprise), 93. Hody (Lucien), 150-151. Hody (Philippe), 77, 145. Hoellinger, 168, 198. Hoellinger (André-Joseph), 145. Hoellinger (André-Nicolas), 145. Hoellinger (Charles), 193. Hoellinger (François), 229. Hoellinger (Jean), 145. Hoellinger (Victor-Henri), 193. Hoenig, 168. Hoerhold (Jacques), 193. Hoff (Joseph), 203. Hoff (Marie-Antoinette), 204. Hoff (Marie-Florentine), 203. Hoff (Raymond-Emile-Joseph), 204. Hoffarth (Martin), 101. Hoffmann (Auguste-Jean-Michel), 204. Hoffmann (Catherine), 201. Hoffmann (Gérard), 346. Hoffmann (Georges), 145, 193. Hoffmann (Marcel), 145. Hoffmann (Marie), 204. Hoffmann (Nickel), 394. Hoffmann (Régine-Marie-Madeleine), 204. Hofstetter (Albert), 347, 387. Hollender, 198. Holt (Aloyse), 177. Holzritter, 167-168, 198. Hommes (Thomas), 198. Horras (Pierre), 193. Hotelet (Albert-Théodore), 274. Hotelet (Jacqueline), 274-276, 350. Houllé (Edmond), 145. Houver (Jules), 337. Hube (Charles), 145. Hubé (Ernest), 76. Hubé (Guillaume), 76. Hubé (René), 77. Huber (André-Edouard-Marie-Gabriel), 193. Huber (Charles), 193. Huber (Jules), 337. Huber (Pierre-Guillaume), 193. Hubert (Charles-François), 337. Hubert (Lucien), 77. Hubsch (Paul), 337. Huck (Joseph), 145. Hugo (Victor), 406. Hullard (Gaston-Edouard), 193. Hummel (A.), 383. Hummel (Albert), 390. Hummel (Alphonse), 145. Huster (Ernest), 337. Huth (Jean-Baptiste), 193, 210. Huth (Marie), 201. Huver (Victor), 218. Huvig (Victor), 189. Huwer (J.-Pierre), 209.   Iltis (Jean), 145. Ipseiz (Aloyse), 198. Isemann, 202.   Jablon (A.), 70. Jacob (Yvonne), 201. Jacobs (Alphonse), 78. Jacobs (Armand), 78. Jacques (Eugène), 193. Jacques (Guillaume), 193. Jacquin, 396. Jager (Nicolas), 193. Jamann (André), 145. Jamann (Arthur), 332. Jamann (Robert-Henri), 201. Janzam (Frieda), 205. Janzam (Jean-Louis), 42. Jecko

(Célestine), 239, 241, 243. Jeko (Willy-Othon), 201. Jempfer (Charles), 145. Jenft (Marcel), 211. Jenft (Martin), 96. Jenny (Dr), 372. Jesel (Auguste), 383. Jolly (commandant), 280. Joly (Robert), 390. Jonas (Camille), 347. Jost (Emile), 210. Jost (René), 85. Jotz (Joseph-Paul), 198, 341. Joubert, 293. Joukou, 331. Jung, 35, 38. Jung (Adèle), 295. Jung (André), 206. Jung (Edmond), 38-39, 155. Jung (Emile), 145. Jung (Etienne), 377-378, 385. Jung (Eugène), 206. Jung (Jean-Baptiste), 218. Jung (J.-Nicolas), 209, 368. Jung (Jean-Pierre), 209. Jung (Joseph), 20-21, 198, 205. Jung (Joséphine), 208. Jung (Léon), 198. Jung (Nicolas, Mme), 189-190. Jung (Victor), 77, 147. Jungblut (Pierre-Joseph), 193. Jungmann (Pierre), 210. Jurgens (Curd), 250. **K**ahn Théo, 337. Kaiser (Auguste), 146. Kalb (Mme), 243. Kalis (Pierre), 146. Kalita, 115. Kammacher, 66. Kammerer (Ernest-Jules), 198. Kammerich (Robert), 209. Kampmann, 44. Kant (Jean-Léon), 193. Kant (Joseph), 193. Kany (François), 209. Kany (Pierre), 350, 370, 383, 385, 390. Karcher (Gérard), 74. Karl (Anselme), 193. Karmann (Elisabeth), 274. Karmann (Jean), 193, 205-206. Karmann (Marie), 274. Kartner (Léonard), 77. Kathi (Mlle), 96. Kautz (Alex), 76. Kautz (Emile), 277. Keckeritz, 166. Keip (Eugène), 193. Keip (Eugène-Henri), 201. Keller, 279. Keller (Auguste), 198. Keller (Marie), 201. Kempf (Erwin), 198. Kern (Albert), 146. Kern (Eric), 22, 205. Kern (Louis), 75. Kern (Lucien), 201. Kessler (André), 146. Kessler (Jean), 206. Kessler (Joseph), 206. Kettenring (Ernest), 38, 193. Kieffer (Clément), 146. Kieffer (Philippe), 193. Kiener (Alfred), 346. Kihl (Edmond), 207. Kihl (Paul), 145. Kihn (Aloyse-Nicolas), 146. Kihn (Jacques), 209. Kihn (Nicolas), 209. Kihn (Pierre), 209. Killian (Jean), 75. Killian (Jean-Pierre), 206. Killian (Nicolas), 206. Killian (Xavier), 74. Kimmel, 167-168. Kin (Paul), 216. Kinder (Lucien), 75. Kintzel (Guillaume-Pierre), 193. Kirch (Alphonse), 78. Kirch (Gustave), 77. Kirch (Jean), 193. Kirch (Jean-Pierre), 209. Kirch (Jules-Auguste), 193. Kirsch (A.), 131. Kirsch (Alex), 207. Kirsch (Aloyse), 193. Kirsch (Jean), 345-346. Kirsch (Joseph), 398. Kirsch (Max), 198. Kirsch (Nicolas), 146. Kirschner (Albert), 146. Kitti (Walter-J.), 361. Klauth (Jean-Antoine), 198. Klauth (Raymond-Louis), 198. Kléber, 118. Kleckner (Alexandre), 193. Klein (Aloyse), 146. Klein (Auguste), 76. Klein (Bernard), 76. Klein (Edgard), 76. Klein (Elisabeth), 201. Klein (Germaine), 274, 400. Klein (Jacques), 348. Klein (Joseph), 193. Klein (Marcel), 204-205. Klein (Michel), 167. Klein (Paul-François), 347. Klein (Pierre), 338. Klein (Pierre-Gaston), 42, 331-332, 346. Klein (Pierre-Henry-Gaston), 329-330. Klein-Imhof, 350. Kley (Henri), 201. Klietsch (Jean-Baptiste-Antoine), 194. Klinger (Raymond-Alexis), 198. Klingler (Eugène-Pierre-Alexandre), 194. Klopp, 167-168. Klopp (Alex), 74. Klopp (Georges), 206. Klopp (Henri), 349. Klopp (Jean-Pierre), 208. Klopp (Paul), 74, 279. Klostermann, 167-168. Knechten (von, Nicolas), 277. Kneipp (Clémentine-Marie), 201. Knell (Victor-Auguste), 194. Knerr, 41. Knoell (Michel), 194. Kobler (Pierre-Paul), 211. Koch, 178. Koch (Auguste), 206. Koch (Carmen-Catherine), 205. Koch (Ernest), 146. Koch (Joseph), 208. Koch (Louis-Alexandre), 194. Koch (Nicolas), 207. Koch-Kenth, 394. Koehlé (Frédéric), 198, 330. Koehlé (Fritz), 96. Koehlé (Gustave), 383. Koehlé (Louis), 194, 205, 383. Koehlé (Marguerite-Albertine), 201. Koehlé (Paul), 75. Koehlé, 170. Koeller, 38. Koeller (Alfred), 146. Koenig (général), 117. Koenig (Jean), 293. Koestle (Alice-Marthe-Marie), 201. Koestle (Agnès-Marie), 201. Kohl (Georges), 194. Kohler (Walter), 146. Kolb (Cléophas-Louis), 194. Kopp (Joseph-Albert), 205. Kowalski, 127. Kraemer, 168. Kraemer (Robert-Jean), 194. Kraft

(Alphonse), 146. Kramer (Alphonse), 146. Kramer (Nicolas), 194. Kratz, 44. Kratz Suzanne, 201. Kraus (Lucien, Mme), 217. Krauser, 166-168, 329. Kremer (Aloyse), 383, 390. Kremer (Bernard), 390. Kremer (Henri-Pierre), 217. Kremer (Joseph), 75. Kremer (Léon), 75. Krepps (Anne), 204. Kriegel (Joseph), 347. Kriegel (Victor), 347. Krieger (Alfred), 44. Kristen, 167. Krug (Charles), 146. Kuhn, 168. Kuhn (Michel), 194. Kuhnle, 168. Kunsemuller, 201. Kunter, 39. Kunter (Emile), 206. Kunter (Nicolas), 209. Kuntz (Albert), 205. Kuntz (René-Nicolas), 146. Kuntz (Roger), 146.   Lachausée (Edmond), 348. Laffont (général), 134. Lafosse (Olivier), 76. Lagaillarde, 270-271. Lalanne, 81. Lambert (Adolphe), 207. Lambert (Ed.-Joseph), 201. Lambert (Emile), 206. Lambert (Jean-Edouard), 201. Lambert (Léon), 146. Lambert (Robert), 76, 226-227. Lambert (Victor), 206. Lambert (Willy), 198. Lams (Alphonse), 78. Lams (Alphonse-Gérard-Charles), 201. Lams (Louis), 78. Lamy (Charles), 207. Lamy (Nicolas), 206. Lamy (Pierre-Gaspard), 206. Lang, 39, 85, 185. Lang (André), 209. Lang (Charles), 77. Lang (Joseph), 74. Lang (Louis), 210. Lang (Oscar-Nicolas), 341. Lang (Othon-Frédéric), 194. Lang (Paul), 75. Lang (Pierre), 194. Lang (Robert), 77. Lange (Pierre-Bruno), 198. Laruelle, 94-95. Lattre de Tassigny (de), 243, 245, 287, 330-331. Laturnus (Emile), 76. Laturnus (Théo), 211. Laubacher (Eugène), 201. Lauer, 167, 185. Lauer (Jean), 210. Lauer (Lucien), 32, 198. Lauer (Victor), 210. Laurent (Charles, abbé), 156, 162. Laval, 116-118. Laval (Pierre), 375. Lavergne, 281. Laza (de), 241. Leblanc (Luc), 146. Lebon, 171, 361, 370, 375. Lebon (Joseph), 383-384. Lebon (Nicolas), 390. Le Cleach (sergent), 232. Leclerc, 120. Leclerc (général), 365. Ledig, 166-167, 329. Ledig (Jean-Baptiste), 338. Ledy (Marie-Catherine), 201. Legendre, 108. Legrand (Pierre), 115. Lehmann, 170, 171. Lehn, 227. Lehnert (Emile), 74. Leigh (Georges-Victor), 194. Leinen (Auguste), 207. Leiritz (Félicien), 292. Leistenschneider (Henri), 223-225. Leistenschneider (Marguerite), 223, 225. Leitner (Joseph), 146. Lemius (Marie), 345. Le Moalic (Roger), 77. Lentz, 338. Lépine, 242, 252. Leproux (Marc), 298. Lequeux (Madeleine), 401. Leridon (colonel), 248. Lersy (Georges), 208. Lersy (Marcel), 146. Lersy (Paul), 146. Leser (Pierre), 194. Lesserre, 241. Lett, 39. Lett (Marcel-Charles), 198. Lett (Victor), 74. Levy (Camille), 194. Levy (Charles), 339, 340. Levy (Egbert), 77. Levy (Gustave), 194. Levy (Kurt), 338. Lickteig (Paul), 194. Lieser, 80. Lleras (Lucien), 49. Limacher (Alphonse), 146. Lindenmann (Victor), 194. Linder, 166. Linder (Jean-Nicolas), 201. Linder (Léon), 207. Lindner, 132-133. Litt, 39. Lity (Lucien-Nicolas), 338. Loedel (Pierre), 349. Loesch, 164. Loescher (Rodolphe), 276-277, 347. Lohmann (Bernard), 198. Lohmann (Elisabeth), 205. Loibl (Albert), 146. Lomonossov, 115. Lopez, 168. Lorang (Alphonse), 206. Lorang (Joseph), 201. Lorang (Marcel), 207. Lorang (Marguerite), 201. Lorang (Marie-Joséphine), 201. Lorang (Victor-Nicolas), 198. Lorenz (Charles), 194. Lorenzini, 167. Lorich, 400. Lorich (Emma), 400. Lorich (René), 400. Losch (von, Marie-Magdalena), 394. Lostetter (Edgar), 341. Lostetter (Joseph), 194. Lostetter (Marie), 201. Lotz (François), 115, 118. Louis (Monseigneur), 156, 158. Louis (Jean), 205. Lucien (Georges), 77. Luckas (Peter), 201, 203. Ludwig (Sébastien), 158. Luhmann (Eugène), 146. Luhmann (Jacques), 210. Luhmann (Jean-Paul-Louis), 201. Luhmann (Louise-Marie), 201. Lutz (Léon), 255-256. Lux (Emile), 194. Lux (Fritz), 250.   Maas (André), 375. Maas (Antoine), 348. Maas (Marguerite), 376. Maehler (Jean), 206. Mager (Aloyse), 146. Maichle (Pierre), 150. Mallick (René), 207. Malraux (André), 244-245. Maltête (Georges), 346. Mandrier (Emile), 186. Mangin (Emile), 325-326, 328. Marc, 168. Marchal, 167. Marchand (Albert), 74. Marchioni (Roger), 75. Marconi (Jean), 346. Marconi (Lucie), 346. Marcq (Pierre), 233, 235. Mardine (Alphonse), 347. Marie (André), 285. Maringer (Alfred), 146. Maringer (Nicolas), 338. Mark (Bernard), 206. Marsal, 66. Martin (Lucien), 198. Martin (René), 332-333. Marx (Nicolas-Lucien), 194. Marx (Paul-Edouard), 194. Masini, 167-168. Massing (Emile), 211. Massing (François), 211. Massing (Joseph), 162. Massing (Marguerite), 208. Massing (Pierre), 149. Massing René-Louis), 205. Mathi (Alphonse), 207. Mathi (René), 207. Mathias (Henri-Charles), 347. Mathias (René), 146. Mathieu (Léopold), 284. Mathieu (Robert), 146. Mathis (Georges), 209. Mathis (René), 198. Mathis (Thérèse-Anne), 201. Matthern (Jean-François), 194. Maupeou (commandant), 247-248. Maupeou (de), 249-250. Maus (Raymond), 338. Mauser, 247. Mayer (Eugène), 194. Mazoyer, 179, 360, 364, 370-371. Meis (Raymonde-Rachel), 324. Menétrier, 371. Mercier (Rémy), 75. Mercier (Roger), 75. Merglen (Joseph), 146. Merker, 41. Merkle (Anne), 204. Mertz (Alfred), 146. Metz (Lucien), 146. Metzger (Georges), 194. Metzger (Joseph), 206. Meyer, 39, 218, 371. Meyer (Aloyse), 347. Meyer (André), 146. Meyer (Auguste), 358. Meyer (Charles), 146. Meyer (Edouard), 383, 391. Meyer (Eric), 98. Meyer (François), 96. Meyer (Georges-Victor), 146. Meyer (Gérôme), 74. Meyer (Jean-François), 194. Meyer (Joseph), 146, 194. Meyer (Léon-Désiré), 210. Meyer (Marcel), 98, 146. Meyer (Pierre), 194. Meyer (Roger), 198. Meyer (Valentin), 170-171, 383. Meysembourg, 361. Meysembourg (Edouard), 40. Meysembourg (Jean-Jacques), 75. Meysembourg (Léon), 42. Meysembourg (Léonie), 89. Michaux (Alexandre-Marie-René), 204. Michel (Camille), 71, 76. Michel (François), 74. Michel (Léon), 347. Michel (Nicolas), 68-71. Minig (Albert), 91, 97, 101, 103-104. Minig (Alfred), 91, 103. Minig (Jacques), 194. Minig (Joseph), 91. Minnerath (Alfred), 332, 334, 346. Mittelbronn (Joseph), 348. Mondon (Raymond), 369, 372-373. Monet, 63. Moneton (Henri), 346. Monsabert, 82. Montada (Henri), 146. Montgomery, 331. Moreau, 371. Morel (Fabrique), 293. Morel (Catherine), 205. Morel (Jean), 206. Morel (Jean-Louis), 205. Morel (Marguerite), 205. Morgenroth (Charles), 204. Morin (Charles), 94. Morrell, 361, 363, 386. Moser (Emile), 206. Moser (François), 206. Moser (Michel), 338, 341. Moser (Paul), 146. Mourer (Louis), 146, 217. Mourer (Nicolas-Georges), 146. Mourer (Robert), 146. Mouzard (Paul), 141. Mouzard (Pierre), 207. Mucke, 36, 39. Muhlheim (Georges), 211. Muhlhopt (de), 252, 255-256. Muller, 135, 169-171, 218. Muller (Adolphe), 194. Muller (Alice), 293, 295-296, 300. Muller (Antoine), 348. Muller (Armand), 198. Muller (Auguste), 146-147. Muller (Charles), 146. Muller (Désiré), 206. Muller (Edouard), 338. Muller (Georges), 194. Muller (Gustave), 146. Muller (Jean), 146, 194, 206. Muller (Joseph), 146, 194, 204, 208, 365. Muller (Jules (M. et Mme), 292, 296, 299, 347. Muller (Louis), 146. Muller (Lucien-Pierre), 146. Muller (Michel), 194, 206. Muller (Nicolas), 146. Muller (Pierre), 348. Muller (Rémy), 146, 277, 278. Muller (René), 146. Muller (Robert), 48, 71, 74, 300. Multer, 165. Munier (André), 309. Munsch (Auguste), 146. Munter, 236. Mussolini, 136. Mutschler (Robert-Albert-Emile), 194.   Nafziger, 349. Nancy (Jacques), 295, 297-299. Narps, 237-238. Navel (colonel), 134. Neu (A.), 39, 85. Newsky (Alexandre), 287. Nicklaus, 91. Nicklaus (Edmond), 256, 277-285, 346. Nicklaus (Jules), 277-278. Niclaus (Nicolas), 15, 383. Niclas (Nicolas), 194. Nicolas (Albert), 146. Niederlander (François), 206. Niederlaender (Edouard), 210. Niederlaender

(Jean), 146. Niederlender (Pierre), 75. Niemöller, 132. Nimsgern (Hélène), 201, 208. Niox (colonel), 233. Nivelet (Camille), 198. Noel (Joseph), 146, 170. Noel (Nicolas), 24. Noel (Robert), 169-174, 213-214. Nullans (Joseph), 346. Nunge (Georges), 140-142, 390. Nunge (Philippe), 198. Nunge (Rodolphe), 338. Nussbaum (Louis), 146. Nussbaum (Mathilde-Madeleine), 204. Nussbaumm (Marie-Julie), 201.   **O**ber, 329. Ober (Achille), 165-168. Oberhauser, 290. Oberhauser (Germaine), 183, 186, 189. Oberlin (Charles), 198. Oblinger (Antoine), 146. Oblinger (Pierre), 207. Obry (J.), 131. Obry (Joseph), 146. Offner (Nicolas), 146. Ohlmann (Else), 201. Ostermann (Albert), 146. Oswald, 62, 71, 74. Oswald (Arthur), 291-292. Oswald (François), 207, 235. Oswald (Henri), 207, 341. Oswald (Jean), 198. Oswald (Martin), 146. Ott (Henri), 146.   **P**abst (Rodolphe), 194. Pallas, 298. Papa (Dr), 153. Paquet (Jean-Pierre), 194. Paquin, 39. Paquin (Margot-Berthe), 205. Patch, 403. Patch (Alexandre), 361, 364, 393, 395, 402. Patton (général), 119, 274, 361, 364, 402. Paulin (Pierre), 348. Pax (Alexandre), 206, 207. Pax (Charles), 342. Pax (Henri-Alexandre-Emilien), 201. Pax (Jean-Henri), 195. Pax (Louis-Philippe), 195. Pax (Robert), 108. Pax (Roger, Dr), 398. Pefferkorn (A.-H.), 60-62. Pefferkorn (Antoine), 48-49, 56. Pefferkorn (Emile), 338. Peguy (Charles), 406. Peifer, 329. Peiffer (François), 207. Peiffer (Jean-Pierre), 338. Peiffer (Robert), 146. Peiffert, 166-167. Peres (Alex), 348. Peres (Rose), 348. Perimmer (Denis), 208. Perissat, 293. Perrat (Pierre), 360. Pétain, 51, 53, 236, 375. Peter (Charles), 74, 85. Petit (André), 295-296, 299. Pfeiffer (Aloyse), 222. Pfeiffer (Léon), 210. Pfend (Oscar), 74. Philippe (Adèle), 218. Philippe (Albert), 75. Philippe (Jean), 205. Philippe (Victor), 205, 384. Philippi (M. et Mme), 348. Philippi (Max), 207. Philippon (Mme), 376. Pichon, 327. Picot (Elise), 293. Pie XI (Pape), 112, 126. Pierre (Charles), 75. Pierret (Jean), 48. Pierron (Marcel), 179, 343, 350, 363, 370-371. Pieters (Anne), 279. Pieters (Paul), 76. Pigeaud (général), 23. Pillot (Robert-Gilbert), 298. Pinck (Catherine), 266. Pinck (Marie-Camille), 201. Pinck (Pierre), 205. Pinck (René), 146. Pistorius, 45. Plechinger, 36. Pluckhan, 166. Poincaré (Raymond), 57, 352. Poinsignon, 385. Poinsignon (Paul), 279. Polla (Marcel), 77. Porcher (Jean), 146. Port (André), 76. Porté (Albert), 208. Porté (Antoine), 63. Porté (Eugène), 98. Porté (Henri), 210. Porté (Jean-Joseph), 201. Porté (Lucien), 77. Porté (Marcel), 146. Porté (Paul), 208. Post (Aloyse-Pierre), 198. Post (Joseph), 146. Pouchkine, 115. Pouget (Emile), 294. Poulain, 241. Pouyade (P.), 286-287. Preiss (Emile), 209. Prim (Thérèse), 204. Primm (Anne), 204. Primm (Claire-Ursule), 204. Printz (Robert), 146. Prot (Mme), 292-293, 371, 377. Provo (Roger), 198. Prudhomme, 108. Puhl (Paul-Guillaume), 201. Puhl (Paul-Max), 201. Puidupin (René), 346. Puttschneider (Ernest), 338.   **Q**uarenghi (Emile), 209. Quéhen, 293, 299. Queville, 242. Quilling (Charles-Robert), 198. Quilling (Rodolphe-Albert), 195. Quiring, 39.   **R**ahm, 44. Ratel, 293. Raubenheimer (Entreprise), 93. Rausch (M.), 142. Rausch (André), 155, 255, 361, 371, 387-391. Rausch (Antoine), 334. Rausch (Arthur), 38-39. Rausch (Ernest), 390. Rausch (Jean), 62-64, 365, 370, 382-384. Rausch (Jean-Marie), 370. Rausch (Louis), 252, 255-257. Rausch (Pierre), 382. Rausch (René), 38-39. Ravard (Charles-Augustin), 338. Raymond (André), 279. Raymond (Jean, Mme), 274. Reb (Charles-Pierre), 195. Rebmann (André-Aloyse), 199. Rebmeister (Charles), 146-147. Rebourset, 363, 369, 372-373, 383. Rebourset (Marcel), 360. Rechenmann (Charles), 294, 338. Rechenmann (René), 295. Redel (André-Nicolas), 195. Redler (Jean), 195. Reeb (Pierre, Fils), 390. Regnauld de la Soudière, 346. Reich (Georges), 207, 210. Reich (Jean), 210. Reichart (Henri-Joseph), 199. Reinhard, 39. Reinhardt (Alphonse), 85. Reinhart (Georges), 195. Reiser (Henri), 146. Reiss (Germain), 201. Remeraud (Auguste), 347. Remy (Arthur-Joseph), 199. Renner (Charles), 146. Requin (E.), 23. Resle (Jean-Baptiste), 195. Reuter, 40, 44, 350. Reviers (colonel), 233. Rey (André), 221-222. Reyen (Louis), 207. Reyen (Louis-Gustave), 338. Reynaud, 53, 159. Rienecker (Jean-Louis), 195. Rimlinger (Eugénie), 201. Risch, 376-377, 383, 385, 387, 390-391. Risch (Joseph), 146, 348. Riss (Henri), 146. Riss (René), 212. Risse (André), 75. Risso (général), 288. Roehn (Albert), 199. Roehn (Frédéric-Philippe), 201. Rognon, 363-364. Rognon (lieutenant), 387. Rohr (Albert), 199. Rohr (Edmond), 246. Rohr (François-Bernard), 195. Rohr (Joseph), 40, 199, 352, 365. Rohr (René), 199. Rohr (Sylvain), 346. Rohrbacher (Alfred), 146. Rohrbacher (Auguste-Amédé), 199. Rohrbacher (François), 199. Rohrbacher (Gérard), 96. Rohrmann (François), 195. Rohrmann (Gilbert-Jacques), 195. Romang (Marcel), 346. Rommer, 96, 329. Rondeau, 237. Ronecker (Frédéric), 195. Ropp (Arnold), 146. Roth (Antoine), 347. Roth (François), 352. Roth (Hermann), 323-324. Roth (Joseph), 342, 351. Roth (Victorine), 348. Rottweil, 247. Roubaud (Louis), 24, 30. Roux (général), 23. Roz (Charles), 195. Rubeck (Michel), 75. Rubeck (Pierre), 77. Rudolphi (Eugène), 146. Ruff (Fernand), 338. Ruff (Jean), 146. Rumpler (Emile), 211. Rumpler (Godefroy), 146. Rumpler (Joseph), 146. Rumpler (Nicolas), 77. Rumpler (Raymond), 146. Rumpler (Robert), 146, 211. Rundstadler, 129-132, 142, 218. Rundstadler (Jean), 195. Rundstadler (Lucien), 146. Rundstadler (Pierre), 146. Rundstadler (René), 77. Rundstedt (von), 332, 362. Ruoff (Kurt), 199. Ruoff (Richard), 199.   Sadler (Jacques), 22. Sadler (Robert), 339, 352. Sadler (Robert-Lucien), 338. Salleqs, 168. Salomon (Robert), 339. Salomon (Samuel), 195. Salzbrunn (Paul), 147. Sand, 38. Sand (Adam), 195. Sand (Georges), 195. Sand (Jacques), 195. Sand (Marcel), 384-385. Sanner (Anne-Marie), 202. Sarraut (Albert), 275. Sauer (Emile), 277. Sauer (Willy), 147. Sausy (François), 199. Sausy (Marcel), 76, 252, 255-260, 262-263, 265-266, 329. Sawade (Charles-Albert), 195. Sayette (de la), 39. Schaaf, 370. Schaaf (Alex), 87, 88, 89. Schaaf (Guy), 205. Schaaff (André), 77, 215-217, 252-256, 390-391. Schaaff (André, Mme), 216. Schaaff (Berty), 216. Schaefer (Jean), 209. Schaeffer (Albert), 338. Schaeffer (Emile-Eugène), 338. Schaeffer (Emile-Victor), 142. Schaeffer (Marcel), 156, 162. Schaeffer (René-Louis), 147. Schaeffer (Rose), 204. Schaf (R.-P.), 62. Schaff (Joseph), 346. Schaeidt, 177. Schalhammer (Jean), 74. Schalezki, 168. Schang (Eugène), 195. Schang (Paul), 195. Schang (Th.), 185. Scharf (Eugène), 205. Schatz (Alphonse), 96. Schatz (Alphonse, Dr), 346. Schatz (Eugène, Dr), 367-368, 383, 390-391. Schaul (Abbé), 390-391. Scheffer (Marcel), 390. Scheid (Michel), 211. Scheid (Paul), 211. Scheidecker (Charles), 46. Scherer (Alphonse), 69, 189-190. Scherer (Charles), 147. Scherer (Pierre), 199. Scherier (Jacques), 22. Scherier (Pierre), 210. Scherrier (J.-Pierre), 207. Schiel, 99. Schieler (Alfred), 74. Schieler (Anne), 218. Schieler (Nicolas), 195. Schiellein, 41. Schilli (Simon), 147. Schilling (Victor), 147. Schillo (Frédéric), 147. Schloesser, 39. Schlosger (Emile), 347. Schlosser (Jean), 76. Schlosser (Nicolas), 342-344, 347. Schlosser (Paul), 76. Schmelck (Pierre), 195. Schmelck (Robert), 347. Schmelck (Roger), 43. Schmidt (Albert), 207. Schmidt (Alphonse), 207. Schmidt (Constant-Joseph-Nicolas), 195. Schmidt (Frédéric), 207. Schmidt (Georges), 147. Schmidt (Heidemaria), 204. Schmidt (Helmut), 105. Schmieder (Emile), 218. Schmieder (Georges),

74. Schmit (Louis), 199. Schmitt, 166, 385. Schmitt (Adolphe), 195. Schmitt (Albert), 147. Schmitt (Alfred), 74. Schmitt (Alphonse), 147. Schmitt (Anne), 204. Schmitt (Antoine), 147. Schmitt (Auguste), 189. Schmitt (Camille), 190. Schmitt (Charles), 147. Schmitt (Charles-Lucien), 348. Schmitt (Denis), 204. Schmitt (Edouard), 74. Schmitt (Elisabeth), 204. Schmitt (François-Camille), 348. Schmitt (Frédéric), 210. Schmitt (Georges), 137. Schmitt (Jacques), 210. Schmitt (J.-Alex), 77. Schmitt (Jean), 74, 207, 330. Schmitt (Jean-Paul), 218. Schmitt (Joseph), 149-152. Schmitt (Louis), 207. Schmitt (Lucien), 147. Schmitt (Marcel), 77-78, 147. Schmitt (Paul), 76, 195, 204. Schmitt (Pierre-Charles), 195. Schmitt (René), 75, 211. Schmitt (Robert), 204. Schmitt (Thécla, Mme), 91. Schmitt (Victor), 338. Schmitt (Victor-Emile), 147. Schmittheisler (Robert), 147. Schnee (François-Joseph), 199. Schneeweiss, 111-112. Schneider (Mme), 212. Schneider (L.), 382. Schneider (Barbe), 202. Schneider (Frédéric), 147. Schneider (Georges), 204, 207, 212, 384. Schneider (Henriette), 204, 212. Schneider (Jean), 44. Schneider (Joseph), 346. Schneider (Léonce), 348. Schneider (Lucien), 147. Schneider (Marie), 204, 206. Schneider (Mathias), 195. Schneider (Nicolas), 208. Schneider (Paul), 77, 338. Schneider (Pierre), 73. Schneider (Rodolphe), 202. Schnödewind (Henri), 210. Schoeffner (Pierre), 162. Schoendorf (Joseph), 286-290, 348. Schoenhentz (Paul), 147. Schoepp (Marcel), 74. Schoeser (Paul), 195. Schoeser (Pierre), 195. Schoeser (Robert), 111, 121-123, 125-127, 129-130, 132-134, 139, 147. Schone (Auguste), 147. Schott (Joseph), 147. Schott (Mathilde), 202. Schoumacher (Joseph), 199. Schourz (Théodore), 202. Schouver (Auguste), 147. Schouver (Emile), 77. Schouver (Joseph), 195. Schouver (Louis-André), 147. Schreiber (Catherine), 204. Schreiber (François), 211. Schreiber (Joseph), 211. Schreiber (Louis-Paul), 195. Schreiber (Michel), 195. Schreiner (Alfred), 212. Schroeder (Armand), 346. Schroeder (Victor-Jean), 195. Schuler (Joseph), 195, 298-299. Schultz (Charles), 147. Schulze, 399. Schumacher, 136. Schumacher (Armand), 147. Schumacher (Othon), 195. Schumann (Marguerite), 324. Schunck (Jean), 347. Schuster (Edouard), 202. Schuster (François), 84-86. Schuster (Ida), 202. Schuster (Paul), 85, 202. Schuver (Emile), 166, 324-327, 329. Schoenahl (Lucien), 77. Schwab (Henri), 173. Schwaller (Aloyse), 147. Schwaller (Joseph), 147. Schwantz (Théodore), 195. Schwartz, 218, 293. Schwartz (François), 207. Schwartz (Henri-Guillaume), 195. Schwartz (Pierre), 390. Schwarz (Frédéric-Georges), 202. Schweitzer (Emile-Georges), 338, 342. Schweitzer (Paul), 390. Schwing, 185. Sébastian (Monseigneur), 158-159. Sébastien (Jacques), 75. Seelig (Jean), 348. Seiffert, 168. Seiler, 63. Seiler (Alfred), 338. Seiler (Aloyse), 162, 166. Seiler (Clément), 77. Seitler (Else), 204. Sengel (Michel), 206. Senghor (Léopold), 299. Serf (Bernard), 348. Seurot (Pierre), 346. Seyler (Emile), 147. Sibille (Alphonse), 347. Sibille (Charles-Antoine), 195. Siebert (Joseph), 77. Siebert (Marthe-Charlotte), 206. Siebert (Michel), 77. Siegfried, 31, 393. Silberreis, 279-280. Simert (Pierre), 195. Simon (André), 147. Simon (Friedel), 204. Sirois (Louis), 294-296. Sitter (Alexandre), 195. Skochetzki, 167. Skudlarck, 168. Smith, 361. Sneguirev, 263. Soissons (Pierre), 210. Sokolov, 266. Sold, 166. Sollinger (Robert), 147. Sorne (Paul), 129, 131-132, 147. Soudier, 185. Soulier (Dr), 239. Soutade, 39. Souvorov, 115. Spacha (Aloyse), 58. Spaeth (Jean), 195. Spanier (Guillaume), 195. Speagler (Armand), 147. Speicher, 166. Speicher (Emile), 204. Speicher (Joseph), 207. Spieldenner (Adolphe), 207. Spieldenner (Jacques), 131, 147. Spiess (Edwige-Jeanne), 202. Spiess (Jean-Frédéric-Albert), 202. Sprunck (Alphonse),

147. Stablot (Marie), 206. Staline, 263. Starck (Raymond), 147. Staub (Auguste), 76. Staudt (Charles), 90-91, 171, 390. Staudt (Edgard), 195, 207. Staudt (Emile), 211. Staudt (Paul), 349-351. Staudt (Pierre), 207. Stauter (Adolphe-Daniel-Jacques), 195. Stebe (Sophie), 68. Stebener, 199. Steeg (Louise), 204. Stehlin (Paul), 348. Steibel, 167. Steidel (Georges), 196. Stein, 43. Steiner, 36, 39. Steiner (Etienne), 74. Steinmetz (Jean), 105. Steinmetz (Lucien), 74. Steis (Joseph), 195. Steitz (Joseph-Louis), 196. Steitz (Willy), 204. Stemer (Gilbert), 76. Stemler (Jules), 195. Stemmler (Charles), 195. Steger (Chanoine), 283. Stenger (Georges, Monseigneur), 282. Stenzenberger (Mathilde-Anne), 202. Stenzenberger (Nicolas), 147. Stephanus (Aloyse), 147. Stephanus (Jean-Pierre), 202, 208. Stephanus (Louis), 147. Stern (Marcel-Louis), 147. Stock (Pierre), 147. Stocky (Henri), 195. Stoeffler (Charles), 77. Stoeffler (Nicolas), 348. Stoessel (Joseph), 98, 100, 103. Stoffel (Alphonse), 147. Streule, 329. Streule (Fernand), 166. Striebinger, 155. Struth, 126. Stuhl (Jean), 348. Stumm, 199. Stutzmann (Charles), 195. Subra (Louis-Jean), 195. Sumowski (Alexandre), 195. Tabouin (Geneviève), 126. Tayman, 131. Terviche (Madeleine), 382. Teyssier (colonel), 176. Théobald (Henri), 207. Théobald (Jean), 147. Thiel, 156. Thiel (Pierre), 199. Thines (Albert), 76, 218. Thiriet, 39. Thiriet (Marcel), 201. Thirion (Louis), 196. Thirion (Michel), 196. Thiry (Alphonse), 347. Thiry (François), 196. Thiry (Louis), 196. Thomas (Kurt), 199. Thomas (Louis), 206. Thomso, 248. Tigges (Guillaume-Edouard), 196. Tigges (Fernand), 199. Tissandier, 281. Tito, 249. Tolstoï, 115. Tonquedec (de), René, 39. Toudic (Jean), 346. Tourscher (Jean), 78. Tousch (Joseph), 147. Tousch (Marcel), 147. Trapp (Pierre), 147. Trappler (Hubert), 147. Tretjak (Edouard-Pierre), 347. Tretjak (Pierre-Edouard), 290. Tritscher (Charles), 147. Tschoeppe (Henri), 147. Tulasne, 286. Turck, 131-132. Tussing (André), 199. Vachero (Th.), 256. Vadet, 55. Valentin, 63. Valentin (Jacques), 108, 266-269, 272, 274, 338. Valentin (René), 346. Van Deik (Albert, Abbé), 266. Vanbremeersch, 285. Var, 310. Vasselais (de), 363. Vauclaire (Marcel), 346. Veidt (Alfred), 147. Veimann (Emile), 206. Vernejoul (général), 243. Vernet (Anne), 202. Viehbeck (Justin-Nicolas), 196. Vigel (Henri), 279. Vincent (Joseph), 206. Vlassow (général), 245. Vogel, 218. Vogelgesang, 81. Vogelgesang (Eugène), 347. Vogler (Joseph), 278-279. Vuillet (Guillaume), 210. Waber (Irma-Françoise), 202. Wackermann (Raymond), 346. Wagner, 352. Wagner (Aloyse), 147. Wagner (Alphonse), 202. Wagner (Ernest, Abbé), 162, 203. Wagner (Gilbert-Jacques-Joseph), 202. Wagner (Marie), 202. Wagner (Victor), 76. Waldhammer, 318. Walker, 361. Walle, 347. Wallé (Robert), 74, 166-167. Walter, 168, 242, 295, 299. Walter (Auguste-Louis), 202. Walter (Charles), 147. Walter (Henri-Charles), 196. Walter (Jean), 196. Walter (Joseph-Emile), 196. Walter (Marcel-Charles), 199. Wanner (Marcel), 76. Wanner (Roger), 76. Warisse, 39. Warren, 361. Weber (Egon), 40. Weber (Emile), 204. Weber (Eugène), 147. Weber (Ferdinand), 147. Weber (Florent), 147. Weber (Irène-Elise), 204. Weber (Jean), 207, 210. Weber (Jean-Marie), 204. Weber (Joseph), 202. Weber (Louis), 78. Weber (Marie-Hélène), 204. Weber (Marie-Henriette), 204. Weber (Marie-Thérèse), 204. Weber-Meder, 177. Wegmann (Gabrielle), 87-89. Wegmann (Pascal), 88-90, 147. Wegmann (Raymond), 87, 89-91, 135, 137, 139, 147. Weibel (Pierre), 147. Weil (Lazare), 196. Weimann (Albert), 206. Weimann (Augustin), 206. Weimann (Rose-Marie), 206. Weis (Nicolas), 206. Weisang (Marie-Thérèse), 202. Weismeyer, 166-168. Weirich (Daniel), 196. Weiss, 168.

Weiss (Jean), 147. Weiss (Louis-Albert), 196. Weiss (Marcel), 147. Weiss (Michel), 390. Weiss (Paul), 147. Weisse (Camille-Célestin), 196. Weisse (Georges), 74. Weisse (Jean), 147, 346. Weisse (Michel), 207. Weisse (Victor), 210. Weisskircher (Jacques), 196. Weittmann (Camille), 75. Welter (Marie-Appolénia), 202. Wendel (Mme), 292. Wendel (Jacques), 202. Wendel (Jacques-Christophe), 338, 342. Wendel (Joseph), 159. Wendling (Charles), 77. Wendt (Paul-Charles-Conrad-Frédéric), 202. Wenner, 18-19. Wenner (Marie-Marguerite), 15. Wernet, 219. Wernet (Marie-Madeleine), 202. Wernoth (Joseph), 196. Westermeyer, 349. Westhoffen, 219. Wetmann (Robert), 74. Weyand (Joseph), 207. Weygand, 51. Weyland (Aloyse), 147. Wickuler (Guillaume), 196. Wickuler (Manfred), 147. Widemann (Jean-Baptiste), 338. Widenlöcher (Marie-Elise), 202. Widenlöcher (Elisabeth), 202. Wiedenlöcher (Ignace), 350. Wies (Edgar), 211. Wilcker, 228. Wilcker (Georges), 350. Wilhelm (André), 85. Willars (Gilbert), 76. Willem, 170. Willem (Adolphe), 196. Willig (Jérôme), 394. Willymovski, 167. Wilmin, 185. Wilzius (Jean-Louis), 147. Windenberger (René), 75. Wingerts, 185. Winisdorfer, 62. Winterstein, 342. Witt (Johann, de), 253. Witte, 283. Wittmann, 347. Wittmann (Emile), 218. Wolf, 41. Wolf (professeur), 250. Wolfanger (Dieter), 68, 353. Wolfenstaetter (Baptiste), 210. Wolfer (Henri), 147. Wolff (M.), 142. Wolff (Auguste), 361, 384. Wolff (Louise), 91. Wolff (Maurice-Jean-Baptiste), 338, 342. Wollenschneider (Paul), 199. Wurm (Joseph), 199. Wurtz, 166, 218. Wurtz (Hermann), 167. Wussler, 129. Wussler (Pierre), 147. Xermak, 115. Yser (Mme), 81. Zahm (Nicolas), 250, 383, 386, 390. Zahm (Nicolas, Dr), 390. Zahn (Alfred), 147. Zehnen (Charlot), 165-168. Zeiler (Paul), 76. Zeiser (Georges-Robert-Hans), 196. Zeller (général), 243. Zenglein, 167. Zerger (René), 77. Zerr (Pierre), 147. Ziegler (René), 147. Ziegler (Robert), 147. Ziegler (Victor), 207. Ziegler (Willy), 147. Zilliox (Georges), 346. Zimmermann, 347. Zingraff (Paul), 210. Zingraff (Pierre), 207. Zorn (Emile-Joseph), 206.

LISTE DES LIEUX CITÉS - TOME II

Achen, 120, 172, 365. Achères, 124. Afrique, 117, 254, 310, 328, 330, 340. Afrique du Nord, 227, 239, 252, 267, 269, 281, 339, 360. Agde, 53. Aisne, 24, 62. Aix, 339. Aix-la-Chapelle, 105. Aix-en-Provence, 221, 244. Albertville, 339. Alger, 23, 67, 81, 253, 310. Algérie, 256, 291, 310, 340. Algésiras, 242. Allemagne, 63, 107, 109, 166, 180, 188, 253, 264, 277, 291, 299, 310-311, 328, 359, 368, 394, 399, 403. Alloué, 401. Alpes, 323. Alsace, 62, 79, 83, 110, 114-115, 188, 311, 340, 343, 351, 358, 403. Alshausen, 247. Alsting-Zinzing, 189. Altbason, 99. Altenkessel, 167. Altkirch, 100, 103, 245-246, 250, 253. Ambernac, 401. Amérique, 310. Andresy, 274. Angers, 291. Angleterre, 94, 286, 291, 294, 310, 325. Angoulême, 17, 92, 93, 255, 277, 292-293, 295-296, 298-299, 325, 339. Annemasse, 55-56, 58. Antérieux, 324. Ardennes, 236, 239, 332, 362, 402. Argentine, 291. Arizona, 402. Arracourt, 23. Asch, 68. Auch, 291, 294. Audun-le-Roman, 239. Auersmacher, 22, 149. Augsburg, 402. Aulendorf, 247, 314. Auschwitz, 323-324. Australie, 132. Autriche, 140, 249. Auvergne, 344. Avignon, 63, 66, 300. Avricourt, 81, 235, 257, 278, 291-292, 338. Axe, 129.   **B**achem, 248. Bad Blankenburg, 68. Bade, 51, 79. Baden-Baden, 276. Bad-Kreuznach, 89. Baden-Powell, 111. Baerenthal, 141, 365. Baronovici, 85. Barbezieux, 293, 297. Bas-Rhin, 104, 220, 354, 356. Basse-Alsace, 123. Bassenberg, 98. Basses-Pyrénées, 54. Basse-Yutz, 188. Bassin de Lorraine, 91. Bastogne, 59. Bavière, 183, 185-186, 188. Bayonne, 282. Bazeilles, 237. Beaune, 65. Beaulieu-sur-Sonnette, 256. Beaumont, 269. Belfort, 245, 322. Belgique, 51, 86, 262, 329. Belgrade, 85, 249. Benest, 400-401. Bénestroff, 285. Bérézina, 287. Berga-sur-Elster, 283. Bergen, 334. Bergerac, 339. Berlin, 70, 85, 250, 255, 259, 261-262, 266, 394. Berlin-Spandau, 111. Berneuil, 295. Berthelming, 156. Bertischew, 70. Besançon, 51, 52, 54-55, 57-59, 339. Béthune, 329. Bettborn, 47. Béziers, 330. Biélorussie, 96, 258, 265. Birac, 295. Bir Hakeim, 117. Bischwiller, 103. Bitche, 16, 18-19, 68, 111, 139, 175, 329, 372, 373-374, 381-382. Bitcherland, 123. Bizerte, 340. Blida, 279. Blies, 22, 34, 149, 234, 351, 362, 365, 396, 399, 400. Bliesbruck, 40, 241, 246, 282. Blies-Ebersing, 63. Blies-Guersviller, 22. Blieskastel, 159. Bliesransbach, 3. Bohème, 90. Bonn, 105. Bordeaux, 21, 282, 293, 296, 310, 323, 333. Borgo San Dalmazzo, 323. Borkum, 397. Borussia, 167. Bouchage, 339. Boulay, 170. Bourbaki, 245. Bourdonnay, 91. Bourg-en-Bresse, 380. Bourges, 71, 288. Bourget (Le), 287. Braunsberg, 96. Braunschweig, 85. Brebach, 220, 266. Bregenz, 249, 251, 253. Brésil, 291. Breslau, 68-70, 140. Bretagne, 116, 268, 340. Briey, 240. Brive-la-Gaillarde, 309. Broitzen, 36. Brossac, 295. Brumath, 246. Brunssum, 300. Bruxelles, 70. Bruyères, 246. Buchenwald, 237, 274, 282-

327

283, 285, 323. Buhl, 332. Burgalays, 51. Burgunstadt, 42. Cabanac, 333. Cadillas-sur-Gironde, 21. Cambodge, 253. Canada, 294. Canfranc, 240. Cannes, 190. Cantal, 324. Carcassonne, 291. Carignan, 237. Carling, 167, 386. Carpates, 323. Casablanca, 67, 243, 452. Castres, 330. Cerises, 401. Chabanais, 80. Chalindrey, 278. Chalon-sur-Saône, 65-66, 137-138, 141. Châlons-sur-Marne, 232. Chambéry, 56. Charency-Vézin, 240. Charente, 32, 34, 63, 80, 92, 167, 234, 255, 277-278, 281, 292, 295, 298-300, 332, 385, 400. Charleville, 236-237, 241. Charmes, 157. Chassenet, 401. Chasseneuil, 34, 36, 80-81, 92-93, 256, 279-281. Château-Salins, 32, 68, 91, 219, 380. Chaumont, 16-17, 79. Chemnitz, 69. Cherolles, 290. Cherves-de-Cognac, 291. Cirey-sur-Vezouze, 40. Civray, 339. Clermont-Ferrand, 256-257, 309, 313, 319, 324, 330. Coblence, 86. Cognac, 16-19, 92, 295. Colmar, 243, 352. Collo, 380. Compiègne, 117, 123, 282. Confolens, 401. Constance, 249. Corrèze, 309, 322. Corse, 277. Coventry, 112. Creutzwald, 46, 235. Croix-Valmer, 244. Crusnes, 240. Cutting, 151. Czenstochowa, 70. Dachau, 36, 283. Dakar, 66-67. Dakota-du-Sud, 361. Dampierre, 245. Danemark, 110. Danube, 247. Darmstadt, 402. Degerloch, 247. Delle, 245. Dellys, 252. Demanges-aux-Eaux, 240. Détroit, 361. Deux-Ponts, 42, 69, 91, 172, 210, 399. Dieding, 365. Dieuze, 150, 186. Digne, 66-67. Digoin, 34, 36, 38. Dijon, 65-66, 245. Dillingen, 220. Doignon, 280. Dôle, 52, 175. Dombasle, 226. Donaueschingen, 247. Donon, 96. Dordogne, 53, 297, 339. Douarnenez, 116. Doubs, 53. Douzy, 238. Drancy, 293, 323. Dreihof, 257. Dresde, 166. Dresden, 69. Drôme, 47. Ebro, 242. Eindhoven, 70. Elbing, 286-287. Emberménil, 92, 292-293. Enchenberg, 176. Epinal, 284. Erching-Guiderkirch, 371-372. Eschweiler, 401. Espagne, 240-241, 251-252, 256, 267, 269, 282, 291. Etats-Unis, 402. Ettueffont-Bas, 253. Extrême-Orient, 331, 344-345. Farschviller, 55. Feldkirch, 249. Ferryville, 333. Flèche (La), 124, 133, 136, 142, 388. Florange, 123, 139. Flossenburg, 190, 274. Folpersviller, 98, 122, 208, 368. Font-Joyeuse, 18. Forbach, 46, 68, 81, 175, 343-344. Forêt-Noire, 253. Foulcrey, 291-292. France, 35, 64, 70, 113, 115-116, 124, 190, 240, 242, 256, 270, 277, 288, 310, 323, 331, 334, 341, 344, 352, 359-360, 362, 365, 402. Francfort-sur-Oder, 104. Frankenthal, 167. Frauenberg, 25, 362, 400. Freiberg, 69. Fresnes-au-Mont, 344. Freudenstadt, 253. Fribourg, 253. Friedrichshafen, 250. Gade-Moulin, 17. Gaggenau, 79. Gaillard, 55. Galicie, 70, 86. Gaulange, 269. Gélucourt, 186-187. Genève, 53. Gers, 291, 294. Goetzenbruck, 282, 365. Gondrexange, 232-233. Gorze, 360. Graffenstaden, 82. Grande-Bretagne, 328. Gray, 244-245. Grèce, 85. Greifswald, 262, 264. Grosbliederstroff, 149, 216, 274, 333, 399. Gros-Réderching, 120, 172, 362, 365. Grostenquin, 295. Grusau, 69. Guadalcanar, 403. Gutzkow, 265. Habkirchen, 24. Haguenau, 82. Hambach, 40, 235. 240, 246, 365. Hambourg, 242. Hammerstein, 97. Hanoï, 276. Hanovre, 36, 86. Hanweiler, 40, 172, 179, 213-214, 275, 396. Hartz, 68. Haute-Corrèze, 309. Haute-Loire, 47. Haute-Marne, 79. Haute-Savoie, 55. Haute-Silésie, 318. Haut-Rhin, 103, 354, 356. Hayange, 123, 360. Heidelberg, 69, 246, 397. Héming, 98. Hérault, 330. Herbitzheim, 234. Héricourt, 245. Hirsingue, 245. Hitlersdorf, 22. Hollande, 262. Hollywood, 394. Hombourg, 68, 90. Hombourg-Haut, 98, 140. Homburg, 220. Hornbach, 255. Huachuca, 402. Huart Mive, 241. Hundling, 86, 246, 290-291. Igney-Avricourt, 62, 81. Indochine, 82, 254, 291, 299. Insterbourg, 287. Ippling, 215, 246. Isle-d'Espagnac, 298. Issoire, 330. Is-sur-Tille, 238, 245. Italie, 115, 277, 323, 339, 360. Jarnac, 255. Jena-Gera, 283. Jersey, 256. Jura, 80. Kaiserslautern, 69, 167, 393, 402. Kalhausen, 365. Kandel, 246. Karaganda, 100. Karlsbad,

283. Karlsruhe, 255, 313. Kasakstan, 99. Kasbah-Tadla, 289. Kehl, 116, 250, 253, 283. Keskastel, 122-123, 139. Kevelaer, 70. Kiev, 97-99. Kitzingen, 402. Kleinblittersdorf, 394. Knittlingen, 246. Koenigsberg, 96, 287. Koepenick, 70. Kowno, 86. Krumbach, 247. Kursk, 99, 258. Lamalou-les-Bains, 330. Landau, 220, 257. Langonnet, 288. Langres, 17, 343. Languimberg, 232, 234-235. La Rochefoucauld, 63, 92. Lecumberri, 242. Ledrich, 246. Leipzig, 69, 394. Leiza, 242. Lemberg, 86, 266, 365, 372. Lengelsheim, 68, 71. Lénine, 263, 287. Léningrad, 258. Lepanges, 246. Leprix, 245. Le Puy, 47. Lescar, 241, 279. Lettonie, 70. Leubus-sur-Oder, 68-69. Leutkirch, 250. L'Hôpital, 95. Libau, 333. Libye, 339. Lidolsheim, 95. Liechtenstein, 249. Lille, 310. Limoges, 53-55, 63, 81, 93, 313, 319, 340, 380. Lindau, 249. Linz, 140. Lixheim, 213. Lixing-lès-Rouhling, 399. Lodève, 330. Loire (dép.), 46-47, 360. Londres, 49, 105, 112, 117, 286, 294-295, 310, 317, 325. Longuyon, 230. Lons-le-Saunier, 55. Lorrach, 51. Lorraine, 79, 114, 290, 300, 311, 340-341, 343, 351, 358. Lourdes, 240, 243-244. Lubeck, 262. Lubéron (Massif), 66. Luchon 51. Ludwigshafen-Mannheim, 246. Luga, 109. Lunéville, 42, 402. Luxembourg, 51, 125, 264, 275, 329. Luxeuil-les-Bains, 245. Lyon, 42, 57, 66, 80-81, 93, 158, 244, 322, 403. Lwow, 86.   Mâcon, 66, 280. Madagascar, 291. Madrid, 242. Maisons-Rouges, 233. Malaga, 252. Malmédy, 362. Mandres-sur-Vair, 235. Mannheim, 166, 284. Mans (Le), 133, 137. Marigny, 71. Marimont (ferme), 96. Marne, 57. Marne-au-Rhin (canal), 234. Maroc, 82, 232, 242, 252, 281, 310. Marrakech, 288-289, 324. Marseille, 81, 110, 143, 221, 225, 243, 250, 252-254, 256, 262, 279, 350, 403. Mars-la-Tour, 360. Martinique, 291. Maule, 123. Maulbronn, 246. Mauthausen, 274. Maxéville, 108, 266. Mayenne, 380. Méditerranée, 240. Meisenthal, 375-376. Meknes (Maroc), 253. Melun, 235-236. Merlebach, 95, 164, 167. Mers-el-Kébir, 253. Merzig, 220. Métabief, 52. Mettlach, 35-36, 220. Metz, 60, 67, 126, 138, 155-156, 158, 167, 188, 213, 221, 232, 245, 251, 262, 279, 309, 344, 360, 364, 381. Metz-Campagne, 68-69, 71, 123, 380. Metz-Queuleu, 380. Meudon, 123. Meuse, 239, 240, 244. Mézières, 236-237. Michigan, 361. Milbery, 233. Mille, 244. Millery, 269. Minsk, 96, 261, 263-265. Mitlau, 69. Mohon, 237. Molsheim, 246. Monneren, 235. Montardon, 293. Montauban, 377. Montbéliard, 245. Montbronn, 46, 68-69. Montcharnin, 240. Mont-d'Or, 52. Montigny-lès-Metz, 61. Montmorillon, 46. Montoy-St-Pierre, 237. Montpellier, 330, 360. Morhange, 360. Moscou, 31, 36, 45, 67, 83-84, 104, 107, 110, 137, 215, 220, 232, 235, 239, 345, 354-355, 362, 364, 368-369, 376-377. Mouchet (Mont), 324. Mourmansk, 70. Moyeuvre, 123. Mulhouse, 253-254. Munich, 19, 100, 186, 232, 284, 328. Munster, 163, 213. Mureaux (Les), 123. Mussidan, 339. Mutzig, 331.   Nancy, 20-22, 32, 45, 49-50, 63, 65, 67, 81, 85, 108, 110, 122, 140, 149, 176, 189, 225, 238, 240, 267-270, 278, 343. Nantes, 240. Naples, 203. Narbonne, 291. Neu-Brandenburg, 262. Neuenburg, 247. Neufchâteau, 268, 271, 380. Neufgrange, 365. Neunkirch, 62, 85, 120-121, 162, 169, 203, 216-217, 286, 294, 324, 350-351, 365, 399, 403. Neunkirchen, 167. New Castle, 70. Nice, 241, 294, 324. Niederstinzel, 189. Niémen, 287-288. Nontron (Dordogne), 298. Nord, 340. Norfolck, 299. Normandie, 86, 124, 139, 296, 320. Normandie-Niemen, 286-287, 289, 360. Nurnberg, 69, 284.   Oberndorf, 247. Odessa, 70. Oermingen, 176, 402. Opme, 330. Oppau, 167. Oradour-sur-Glane, 322, 378. Oran, 67, 243, 253. Orbaiceta, 241-242. Orcha, 287. Orégon, 225. Orel, 287. Orléans, 63, 110. Oslo, 115. Oudjda, 252. Oural, 99. Ourgla, 340.   Pablewsky, 70.

329

Palatinat, 36, 170, 220, 246, 257, 370. Palestine, 270. Palmyre, 288. Pampelune, 242, 252. Paris, 21, 32, 38, 51, 58, 63, 70, 86, 123, 140, 232, 236, 237, 256, 265, 274-276, 278, 287, 293, 298-300, 343, 354, 369. Pas-de-Calais, 280. Pau, 241, 279. Pavillons-sous-Bois, 58. Pennsylvanie, 225. Péronne, 380. Perrecy-les-Forges, 290. Phalsbourg, 86, 284. Philippeville, 380. Philippsbourg, 365. Pillau, 287, 333. Pirmasens, 220. Plessis, 294. Plochingen, 43. Poissy, 123. Poitiers, 180, 300. Poitou, 298. Poligny, 80-81. Polnitz, 69. Pologne, 46, 70, 85, 324. Poméranie, 97, 262. Pont-à-Mousson, 267-269, 271. Pontarlier, 51. Pont-d'Héry, 81. Port-Lyautey, 281. Pozen-Prague, 287. Proche-Orient, 57. Provence, 360. Provence (Côtes de), 402. Prusse, 399. Prusse-Orientale, 85-86, 96. Przemysl, 70. Puteaux (Seine), 266. Puttelange-aux-Lacs, 48, 86, 149, 213, 219. Puycharnaud, 298. Puy-de-Dome, 47. Pyrénées, 256. Quatre-Vaux, 267, 271. Queuleu (fort), 190. Quimper, 264-265. Quingey, 59. Quierschiedt, 150. Rabat, 243. Rada, 102. Rahling, 365. Rambouillet, 176. Rapid-City, 361. Ratzwiller, 22. Ravensbrück, 190. Ravensburg, 249, 251. Rayack (Liban), 288. Réchicourt-le-Château, 232, 234-235, 399. Réding, 62-63. Reims, 123. Rémelfing, 24, 90, 151, 169, 365. Rémeringlès-Puttelange, 48, 49, 56. Remiremont, 149. Rennes, 256. Rhadames, 82. Rhin, 82, 116, 220, 245-246, 250. Riga, 70. Rimling, 136, 362. Roanne, 71, 360. Rochefoucauld (La), 278, 329. Rochelle (La), 288. Rohrbach-lès-Bitche, 49, 221, 371, 381. Rosenberg, 116. Rosenheim, 328. Roth, 365. Rouffach, 330-331. Rouhling, 149, 388. Roumazières, 32, 280. Royan, 291. Royat, 247. Ruffec, 293, 295-296. Russie, 96, 108, 110, 115, 118, 140, 150, 221, 273, 309-310, 312-313. Saïgon, 253-254, 331. Saint-Avold, 64, 68, 215, 329, 344. Saint-Cyr, 55, 288, 291, 331. Saint-Dié, 42-43. Saint-Dizier, 40, 93, 138, 177, 255, 287, 406. Saint-Emilion, 293. Saint-Etienne, 46-48, 288, 344. Saint-Jean-Rohrbach, 23. Saint-Laurent-des-Cerises, 280. Saint-Lô, 139. Saint-Malo, 215, 252, 254, 256. Saint-Martin, 323. Saint-Michel, 241. Saint-Nicolas-de-Port, 21, 355. Saint-Palais, 241. Saint-Pierre-l'Eglise, 140, 143. Saint-Rambert-sur-Loire, 71. Saint-Raphaël, 243, 251. Saint-Servan, 157. Saint-Sigisbert, 271. Saint-Tropez, 243. Saint-Ulrich, 63. Salammbo, 330. San-Antonio, 403. Sankt-Ingbert, 220. Sankt-Wendel, 186, 188, 189. Sardaigne, 277. Sarre, 22-23, 27-28, 34-35, 40, 45, 58, 79, 87, 90, 98, 149, 164, 169, 171-172, 179, 186-187, 213-214, 220, 224, 266, 309, 359, 362-363, 370, 382, 396. Sarralbe, 32, 86, 89, 140, 150, 219, 369, 398. Sarrebourg, 32, 46-47, 49, 62-63, 68, 86, 111, 141, 175, 179, 235, 257, 278, 291-292, 332-333, 376. Sarreguemines, 15-16, 18-21, 23-24, 26-27, 31-36, 38-40, 42-43, 48-50, 58, 62-64, 66-71, 81, 84-91, 94-95, 98-99, 106, 109-111, 119, 121, 124-125, 129, 131-132, 135-136, 138, 142, 144, 149-150, 153-154, 157, 159, 164, 166, 167, 169, 171, 174, 177, 186, 202-203, 214-216, 218-219, 222, 226, 232, 234-235, 241, 245-246, 255-258, 262, 265-268, 272, 274-275, 277, 279-281, 284-285, 290-291, 293, 295, 299-300, 309, 315, 323-325, 329-333, 336, 339, 342, 344-345, 351, 353-355, 357-361, 366-367, 369-372, 374, 379-383, 391, 393-395, 397, 399-403, 409. Sarreinsming, 154-155, 213. Sarrelouis, 132, 220. Sarre-Union, 22-23, 135, 309, 315. Sarthe, 124, 388. Saskatchevan, 294. Saskatoon, 294. Sauternes, 293. Saverne, 34-35, 39, 401. Savoie, 338. Schwaebisch Gmund, 402. Schalke, 166. Schattenhof, 399. Scheidt, 257. Schirmeck, 96, 117-118, 189. Schitomir, 97. Schoeneck, 343. Schweinfurt, 183, 185-186. Schwenningen, 253. Schwerin, 262. Seille, 339. Sénégal, 66, 299. Serches, 62. Sessenheim, 91. Sfax, 339. Sibérie-du-Sud, 99. Sicile, 364, 403. Sidi-Ahmed (Tunisie), 288-289. Sigmaringen, 262. Silésie, 68-69, 90, 140. Siltzheim, 23, 216,

254, 256. Sitterswald, 22, 171. Smolensk, 287. Smolevitchi, 258. Soissons, 62. Sornac, 309. Southampton, 70. Spandau, 111. Spire, 158-159, 397. Stalingrad, 117, 142, 359. Steinbach, 19-21, 33, 385. Stenay, 123, 125, 128, 139. Stockholm, 334. Strasbourg, 21, 30, 55, 62-63, 98, 116, 177, 252, 256, 279, 282, 285, 310, 324, 344. Stuttgart, 43, 82, 116, 247, 276, 284, 287, 328. Sud-Algérie, 340. Sud-Ouest, 300, 339. Sud-Vietnam, 331. Suède, 190, 334. Suisse, 49-51, 54-55, 57-58, 117. Sulzbach, 266. Sundhouse, 98. Sundgau, 245. Syrie, 288-289. Szemenovka, 97.   Tambow, 85-86, 101-102, 104. Tchad, 120, 299. Tchécoslovaquie, 283. Tettnang, 250. Theresienstadt, 323. Thillot (Le), 339. Thionville, 68, 123, 175, 229. Tholey, 186-187. Thorée-les-Bains, 124-125, 134, 137, 140, 143. Thuringe, 183. Thurins, 233. Tilsit, 258, 263. Touggourt-Ouargla, 81. Tonkin, 82, 276. Toul, 122-123, 139, 343. Toula, 286. Toulon, 82, 244, 322, 333, 403. Toulouse, 240, 290-291. Tourane, 253. Tréboul, 264. Trèves, 232, 242. Tripolitaine, 82. Tubagi, 403. Tubingen, 247, 276. Tulle, 309, 322. Tunisie, 277, 291, 310, 333, 339-340. Turquestein, 231. Tuttlingen, 253.   Vaihingen, 246. Val-d'Ajol, 253. Valenciennes, 70, 262, 274. Vallorbe, 49, 51, 54. Vallorbe-Frasne, 55. Vallorbe-Pontarlier, 55. Varsovie, 70. Vaucluse, 66. Verdun, 157, 169, 381. Verneuil (forêt), 296. Versailles, 291. Vésubie, 323. Veules-lès-Rosses, 329. Vichy, 144, 220, 242, 281, 310, 318, 330, 340. Vienne (dépt), 46, 298. Vierzon, 240. Vieux-Lixheim, 47. Vigo, 242. Vilcey-sur-Trey, 269. Villersexel, 245. Villerupt, 239. Villiers-en-Lieu, 57. Vitrolles, 66. Vittel, 235. Viviers-lès-Offroicourt, 292. Voiron, 98. Völklingen, 40, 95. Volmunster, 381. Vosges, 157, 246, 253, 322, 339, 341, 364.   Wald, 247. Waldsee, 247. Waldshut, 51. Walschbronn, 293, 296. Walsheim, 149. Wangen, 249. Warta, 70. Washington, 299. Welferding, 49, 54-57, 61, 85, 149, 152, 170, 173, 180, 209, 211, 214-215, 365, 388. Werneck, 184. Westphalie, 163. Willerwald, 365, 398. Wingen-sur-Moder, 172. Wisches, 62. Wissembourg, 82. Wittring, 22, 365. Wolfskirchen, 401. Woustviller, 122, 246, 365. Wustrow, 333. Wurtemberg, 253. Würzburg, 185.   Yougoslavie, 85.   Zetting, 98. Zinzing, 190. Zweibrücken, 373.

Index alphabétique des personnes citées
Tome III

Abdul Bàhà 239
Ackermann Isabelle 190
Ackermann Josette 190
Adam (Sarralbe) 99
Adam Adolphe 68
Adler 207
Allard née Schoving Marie 65
Allyn Jennings R. 173
Amann Marcel 65
Ammer Victor 99, 101, 102, 109
Andrès Louis 111
Anna Michel et Solange 190
Anton Louis 111
Apthorp (major U.S.) 129, 130
Asion Alphonse 145, 157
Atlan (serg. franc.) 186, 190
Auby 215
Bach 218
Baer (capit.) 157
Bag (capit. U.S.) 131
Bajul Dimitrij 50
Barbone Guiseppe 51
Baroche Fernand 214
Barr (caporal U.S.) 145
Barth André 66
Barth Joseph 66
Barthel Elise 22
Barthelmé Jean 66
Barthelmé Marie 66
Basinski (capitaine U.S.) 136
Bastian Joseph 111
Batt (maj. U.S.) 133
Bauer Adolphe 167
Beck Albert 53
Beck (avocat) 83
Beck Régine 22
Bécherand André 16, 189, 191, 195
Beckerich Paul 111
Behr Charles 65
Behr Ernest 25
Behr Stanislas 25
Behr née Nicklaus 65
Belvelette (capitaine fr.) 136
Bennett Mildred 7, 15, 115, 143, 177, 179, 193, 194, 195, 196, 197, 205, 206, 208
Bennett Peter 143, 193, 194, 196, 197, 205
Bennett Richard 143, 193, 194, 196, 197, 205
Bennett Robert Henderson (major) 7, 9, 11, 115, 123, 129, 130, 131, 132, 133, 134, 135, 136, 137, 138, 139, 140, 141, 142, 143, 149, 165, 167, 169, 174, 175, 179, 181, 185, 193, 194, 195, 197, 199, 200, 203, 204, 205, 206, 257
Berg (capitaine) 133, 136
Béro René 78
Berry (capit. fr.) 129, 132, 133, 135, 188
Beethoven 218

Bettenfeld Myriam 190
Beyel Constant 65
Bickler Hermann 249
Bieber Philippe (Dr) 125
Bieler Auguste 115, 116, 117, 118, 119, 120
Bieler Frédéric 115, 118, 119
Bilg Marcel 155
Bismarck 246
Bititz Marcel 66
Blaess Emilie 65
Blaesse Margot 66
Bloch Emile 215
Boda Charles 65
Boldasewa Nina 51
Boller Marie 65
Bolender Eugène 83, 211, 215
Bolender Jules 211
Bonn Florent 17, 127, 241, 253
Bosnjakovich Slowko 229, 231
Bourdelle Pierre 173
Bouring Emma 119
Bourreau Victor 215
Bouton Emile (Dr) 226
Bradford (gouverneur U.S.) 138
Breit Victor 111
Breitzmann Robert 66
Brenner Betty 65
Brogly 249
Brom 249
Brubacher J.P. 190
Brun Eugénie 61, 62, 63
Brun Jules 61, 62, 63
Brunner Edeltraut 66
Bucourt Albert (sous-préfet) 13, 14, 194, 203
Bully Alphonse 215
Bunge Janine 190
Burg Elisabeth (sœur) 95
Burgun Célestine née Wack 26
Burkatzki Maïté 190
Burckel Joseph (Gauleiter) 77
Caboz René 12, 160
Cadiou Jean 65
Caffrey George A. 123, 207
Cahen Jean 75
Calmes René 215
Campanole N.W. (colonel U.S.) 154
Canby (major U.S.) 130
Capursi Michele 51
Carrare 173
Casser Alex 66
Cazal Jean 212
Cazenave Albert 111
Chabot Stanley (maj. U.S.) 161
Charbonnel (capit. de gendarmerie) 84
Chateaubriand 221
Chrétien Paul 135, 136, 142, 157, 194, 257

Churchill 244
Cinsencof Yvan 50
Coeuret Georges 215
Colomb (lieut. fr.) 145, 157
Cominato Dante 51
Contades (de) comtesse 140, 186, 201
Cormann Joseph 66
Cope (capit. U.S.) 132, 134, 155
Cordier Jeannine 190
Costello N.A. (col. U.S.) 23
Coué (Dr) 229, 230, 231, 232, 233, 234, 235, 236, 239
Costil Victor 65
Crawford (major U.S.) 136
Crémer (généraux) 225
Crétel Georges 215
Cropsal Alphonse 66
Cugin 214
Cummings (capitaine U.S.) 130
Dahlgren Virgil (serg. U.S.) 16, 139, 141, 197, 208
Dauffer Gérard 46, 47
Dauffer Jacques 45, 46, 47, 48
Dauffer Louis 46, 47
Dauffer Paul 46
Dauffer née Noël Pauline 45, 46
Dauffer Raymond 46, 47
Dauphin Jean 215
Davidson (capit. U.S.) 131
Dawidow Fona 50
Dean William (général U.S.) 138, 177, 201
Dedun Th. 213
Dehlinger Joseph 77, 78
Deiber Renée 65
De Francesco Umberto 51
Demmerlé Jean-Pierre 66
Demmerlé née Loth Marguerite 66
Demmerlé Marguerite 66
Di Basio Bernardo 51
Dickey Jacqueline 190
Dieda Tobia 51
Diefenbach Emmy 66
Diefenbacher Frédéric 65
Diefenbacher Jean 65
Dietrich Marlène 142, 144, 184
Dietsch & Cie 168
Dillenschneider Joseph 12
Dizien Chantal 190
Dizien Norbert 190
Doegé Robert (Mme) 118
Dold Arnold D. 123, 207
Doon J.W. (major U.S.) 133, 136
Domanenko Dimitri 50
Dorckel Michel 22, 25
Dreyfuss Gaston 53
Dulles Allen 246
Dully née Schroeder 65
Durand Joseph 111
Duthu Louise 15, 197
Dye Wilkie (lieut. U.S.) 126
Egames Alice 65

Ehlinger Alfred 111
Ehly Eugène 53, 87
Eichmann (major U.S.) 136
Eliott (maj. U.S.) 131, 135, 136
Ehrmann Henri 83
Erckmann-Chatrian 222
Erika (sœur) 228
Ettlinger Godfrey 16, 115, 123, 138, 139, 140, 142, 143, 179, 185, 186, 187, 193, 194, 195, 196, 197, 199, 204, 207, 208
Eynius 124
Fabing Anne 111
Falcera Antonio 51
Fayette (marquis de la) 15
Feffer Hippolyte 111
Fernch Denise 65
Ferstler (famille) 54
Finance (commissaire de police) 83
Fischer Gérard 190
Fischer-Paulus Louise 66
Fish Wesley 123
Fogel Wendelin 66
Fogt Edouard 81, 82, 139, 155
Fortuna Antoine 66
Fourny Jean (abbé) 82
Fowler Alan 16, 115, 123, 132, 133, 134, 135, 136, 138, 139, 143, 182, 183, 184, 185, 193, 194, 195, 196, 202, 204, 207, 208
Frantz Marguerite 190
Freyermuth Adolphe 77, 78
Friderich Victor (Dr) 226, 227, 229
Fridrici Roger 124, 135, 138, 139, 142, 150, 155, 157, 166, 194, 201, 251
Frischmann-Fuchs Catherine 26
Frischmann née Vilmin Suzanne 115, 157, 187, 239
Furtwängler 219
Gabin Jean 184
Gagic G. Milorad 51
Gaestel Frédéric (ingénieur) 155, 167, 168, 169
Galant Claude 215
Gawrilow Michaïl 50
Gawrilovic Laza 51
Garzinski Joseph 65
Gaulle de (général) 74
Gerst Edouard Pierre 214
Gentil Emile 255
George Christophe 111
Gérard Philippe 111
Ginnis Mc (capit. U.S.) 136
Glad Alphonse 66, 111
Gillot (général) 83
Gimiowato Domenico 51
Glad Joseph 66
Gless Antoine 108
Goebbels Joseph 57, 58
Goerdeler Karl 241, 243, 244, 245, 246, 247
Goethe 221
Golden (capit. U.S.) 136, 165
Gorbunowo Jerodjkiwa 50
Gouiran Georges 215

Granval Gilbert 83
Greff Pierre 55
Groh Marcel 120
Groner G. (abbé) 248, 249
Grosse Alphonse 91, 92
Grunhertz Charles 66
Guehl Nicolas 66
Guernier François 190
Haar René 101
Hack Henri 66
Hancok Walker 172
Hamman Joseph 66
Harris T.F. 136
Hartmann Margot 66
Hassel (von) 242, 247, 248
Hauser Annie 190
Hausmann Werner 16, 115, 128, 138, 139, 143, 188, 193, 194, 195, 196, 197, 202, 204, 205
Heckel Victor 119, 124
Heim Louis 66
Heiser Norbert 116, 127, 144, 169, 177, 184, 206, 239
Helvig (directeur de l'hôpital) 157
Hener 65
Hennequin 48
Hess (capit. U.S.) 136
Heuzé (pasteur) 69
Heyman (médecin-lieut. fr.) 186
Hickembotham (lieut.-colonel U.S.) 132
Hibbs Louis E. (général U.S.) 135
Hildebrand 166
Hitler Adolphe 39, 81, 244, 245
Hittinger Joseph (colonel) 78
Hoffarth Georges 101
Hoffmann Nickel 95
Hoellinger Marie-Thérèse 190
Holan (lieut.-reporter U.S.) 134
Holubew Andra 50
Houder Georges 89
Houder Jean-Paul 89
Houder Léon 87, 88, 89, 90
Houder Nicole 89
Houder-Pascual Odile 89
Howery (major U.S.) 134
Hudson John 207
Hummitscheck Ilse 65
Huver Joseph 25
Huver Théodore 65
Huver Victor 65
Imhof Gérard 190
Jack (capit. U.S.) 122, 132
Jacobi-Lett Berthe 65
Jantzen Martine 190
Jantzen Marie-Jeanne 190
Jenfer-Palanqui 54
Jevremovic Milan 51
Jost Jean 84
Jost Joseph 81, 82, 83, 84
Jost-Laluet Joséphine 83
Jung Jean-Baptiste 65
Jung Nicolas 66

Jukow 50
Kaiser Claudine et Ronald 190
Karcher 77
Kennedy John F. 224
Kern Lucien 111
Kihl Albert 111
Kirkpatrick Hélène 134, 141, 142, 144, 184
Kirschner Emile 78
Kitty Walter (lieut. U.S.) 155, 181
Klein Alphonse 65
Klein Catherine 46
Klein Jean 65
Klein Joseph 65
Klein Louis 66
Klein Lucien 45
Klein Odette 45
Kley Henri 111
Klimenko Pawel 50
Kliphan (lieut.) 99
Kluge von (maréchal all.) 247
Knapp-Arnould Marie 111
Knight Mac (capit. U.S.) 134
Knotek Charles A. (lieut.-col. archiviste U.S.) 16, 132, 187, 202
Koch-Kent Henri 95
Koenig Frédérik (lieut. U.S.) 16, 123, 138, 139, 185, 197, 202, 208
Koopmann (capit. U.S.) 135
Korablewa Nastja 50
Kraemer Raymond 190, 191, 195
Krebs Paul 25
Krécy 65
Krémer Aloyse 155
Krémer Jean 65
Kretz Gérard 190
Kretz Nadine 190
Kuhn Madeleine 65
Kukla Raymond 65
Kum Antoine 66
Lagomarsino Guiseppe 51
Lamartine 221
Lambour Louis 66
Lamotte Louis 111
Lams Alphonse 111
Lang, maire de Bitche 83
Langguth Charles 190
Lantz Michaël (sculpteur) 173
Lanz Richard 65
Laraia Rocco 51
Larminat de (général fr.) 55
Lasa 173
Lazare 166
Lazarus Annick et Rodolphe 190
Le Bas (capitaine) 134
Leber 242
Lebon Joseph 157
Lee (lieut.-col. U.S.) 130
Lehmann-Bock Marie 65
Lehwald Gerda 66
Lelièvre (abbé) 68
Leistenschneider Henri 59

Leistenschneider Marguerite 59
Leitner Alfred 65
Leuschner 242
Linnik Nikolaï 50
Liska Waroslaw 66
Locraft (architecte) 173
Ludwig François 65
Ludwig Léonie 65
Ludwig Nicolas 65
Lutschko Jakow 50
Lutz Athanase 26
Lutz (curé) 25
Lutz (tailleur) 48
Macimov Yvan 50
Mac Knight (capit. U.S.) 134
Makasewa Lukinya 50
Mallick Jacques 190
Malzatin Armand 190
Mailfert Albert 111
Maine Barbara 190
Maennlein Jean 155
Mangarelli Victor 66
Mangin Auguste 66
Mardiné Alphonse 57
Martin Guy 57, 60
Marx Léonie 190
Marx née Wilmouth 65
Massing Francine 190
Masson Michel 66
Massu Jacques (général fr.) 25
Maurer (Obersturmführer) 26
Maurin Louis 11
Maximow Anisim 50
Mazoyer (capit. gendarmerie) 83, 151
Mehl-Schaller 66
Merle Robert 218
Meyer Charles 83
Meyer Georges 43
Meyer Marcel 98, 101, 109
Meyer Oscar 115, 120
Meyer née Siebert 66
Meyer Xavier 155
Michelet Edmond 67, 74, 75
Mirkovic Bora 51
Mitterand François (président) 252
Moltke (von) Helmut 242
Mooney (maj. U.S.) 134, 168, 169
Morrell Warren (capit. U.S.) 130, 131, 144, 145, 145, 153, 155, 181
Mourer Jean-Pierre 249
Mourton Henri 111
Muller Charles 65
Muller Emile 66
Muller Léonard 77
Muller Margareta (Mme) 144, 179, 202
Muller Pierre (laitier) 156
Muller Robert (sous-secrét. gén.) 17, 143, 144, 179, 187, 202, 217, 223
Muller 242
Murock 65
Murphy Joseph F. 123
Murphy 173, 207

Nabojschikow Lida 50
Nabojschikowa Kulina 50
Nancy 119
Neiss Bruno (M. et Mme) 190
Netap Bregnebi 51
Nicklaus Edmond 75, 83
Nickelson (général U.S.) 133
Nilles Yolande 190
Noller Thomas (M. et Mme) 190
Nominé René 190
Nowakowitsch Peter 51
Oblinger (Mlles) 160
Oblinger Alfred-Pierre 214
Oblinger (famille) 161
Obradovic Milan 51
Oliger Gérard 190
Omeltschenko Wassilij 50
Oswald Arthur 161
Oulerich Jean-François (Dr) 17, 30
Palanqui-Jenfer 54
Paquin Roger 45
Parlakow Pierre 50
Parizot Louis 231, 233, 239
Pasley (capit. U.S.) 136
Patch Alexandre (génér. U.S. - 7e armée) 67, 184
Paturo Marie 65
Patton George (général U.S. - 3e armée) 24, 137, 184
Paulus von (maréchal all.) 110
Pax Henri 111
Pax Robert 190, 191, 193, 194, 195
Pederson Bruce (M. et Mme) 190
Peifer Gustave 111
Pennerat 65
Perreyve Henri 109
Peter Simone 190
Philipp Joseph 97, 98, 99, 100, 101, 102, 103, 104, 105, 106, 107, 108, 109
Philippe Adèle 65
Philippi Anne 111
Pierre Georgette 173
Pierre Margot 93
Pierre Roger 93
Pierre Victor 93
Pierre-Weil Germaine 93
Pierron Marcel 155, 167, 187, 191, 195, 200
Pierron Mathilde (Mme) 193
Pierron Rolla W. 123
Pierson 207
Poulain née Lallemand 65
Prinz Eric 65
Proctor Harry (M. et Mme) 190
Quaglia Guilo 51
Quignard (commandant fr.) 129
Rak Wassilij 50
Rade Popovic 51
Rausch André (maire) 138, 139, 140, 142, 146, 155, 156, 201, 257
Rausch (passeur) 87
Reagan Bruce W. (lieut U.S.) 190, 191
Redinier Joseph 214

Reeves H.E. (sous-lieut. U.S.) 126
Reschetilo Darja 50
Reuter 218, 219, 220
Richard Jean-Pierre 190
Ribbentrop (von) 40
Risch Joseph 119, 157
Risse André 79
Risse Claude 190
Rives Pierre 214
Rognon Roger (lieut, fr.) 123, 129, 132, 157, 186, 207
Rohr Marie 160, 161
Rolevak Guido 51
Rommel Erwin (maréchal all.) 247
Roosevelt 244
Roth Hermann 75
Roth Sylvain 75
Ross (major U.S.) 136
Rossé Joseph 248, 249
Roussel Léon-Albert 66
Royer André 232
Rumpler Joseph 30
Rundstadler Marie 65
Rundstedt von (général all.) 23, 81, 91, 144, 160
Russo Francesco 51
Sacra (major U.S.) 135, 165, 166
Sadler Raymond 190
Sajous Louise 197
Sallee Karen 190
Sauer-Lauer Fanny 50
Schaaf Hilde 25
Schaaff André 83, 157
Scharff Just 84, 85
Schalimanow Radia 50
Schalimanowa Lukeija 50
Schatz Eugène (Dr) 125, 134
Schérier Arlette 65, 190
Schlom Ivan 50
Schieler Anne 66
Schiller 218, 221
Schilt Aloyse 81, 82, 83, 84, 85
Schitter Jean 66
Schitter Lucienne 66
Schlesser Robert 120
Schmieder Emile 65
Schmitt Adolphe 65
Schneider Alexandre 25
Schneider Charles (major U.S.) 145, 155
Schneider Emile 79
Schneider Jean 62
Schneider-Neil (M. et Mme) 190
Schogilow A. 50
Schosger Emile 111
Schosseler Albert 65
Schuster Edouard 111
Schwartz-Eidesheim Antonia 66
Schwartz Jean 65
Scoccia Ettore 51

Smith Charles R. (U.S.) 165, 166
Seitlinger Jean (député) 194
Senge Théodore 66
Serizay François 190
Sibille-Greff Claire-Maria 53, 54, 55
Sibille Charles-Antoine (général fr.) 53
Sinkora Hélène 190
Sirowatka Wassilij 50
Somerville James (amiral anglais) 87
Spaatz Carl (général U.S.) 140, 186
Spannagel Auguste 111
Spannagel Gauthier 111
Spannagel Georges 120
Sosnowski 66
Stahl (lieut. U.S.) 133
Stauffenberg Klaus (von) 241, 242, 243, 246, 247
Steck (serg. U.S.) 145
Stenger Georges 68, 74, 75, 83
Stokora Béatrice 190
Stroh Hélène 190
Stschokin Nikolaï 50
Sturmel 249
Sutton M. 145
Tarroni Caliste 51
Tertyschka Gama 51
Thines Aloyse 45
Thiry Pierre 108, 109, 110
Tiberi Edoardo 51
Torne (lieut. U.S.) 145, 146
Tournon Paul 213
Toupin Auguste (abbé) 69
Tousch 65
Touzot Paul 215
Travailleur Marc 255
Tritz Charles 120
Trott (von) zu Solz 246
Tschechum Nikita 50
Tscherkasow Wassilij 50
Ukolowa-Boldasewa Nina 50
Usanj Hélène 50
Usanj Lidia 50
Usanj Nastya 50
Usanj Nikolaij 50
U Thant 220
Uth Edmond 99, 101, 102
Van Ham (médecin milit. U.S.) 132, 151, 157
Vary Louise 65
Vasselais de (capit. fr.) 157
Veitel Joseph 65
Vingert Auguste 65
Vion Charles 65
Voidenek 101, 102, 103
Vogel née Schwaller 66
Vugani Carlo 51
Waag Louis 119
Wackermann Raymond 78
Wagner Léonie 26
Walfer Annie 65
Walter Albert 78
Walter Michelle 190

Waltz Charles 115, 239
Wanner 65
Washington George 172
Weaver (major U.S.) 134, 152
Webster 144
Wecker Walter 66
Welsch (procureur all.) 95
Weishaar Joseph 65
Weisse Edmond 111
Weisslinger Pierre 190
Wenger Erwin 52
Wernet Paul 66
Wesfall El. 123
Westphal 207
Wilbert Elise 26
Willig Jérôme 95
Winkler Xavier 65
Wirth Raymond 17, 39
Wissler Maurice (Dr) 119
Wittmann Emile 65
Wittmann Joseph 66
Witzleben von (général) 242
Wolf Auguste (avocat) 145, 155
Wolff Pierre 12, 95
Woods Michèle et Collin 190
Worthing (colonel) 129, 131, 132, 136
Wurtz née Schaaff 65
Wussler Pierre 120
Yahi Djelloul 111
Zahm Nicolas (Dr) 125
Zaniboni 51
Zannin 51
Zentino Jefi 50
Ziegler André 111
Zimmer née Koch 66
Zimmerling Bernard 65
Zupper (capitaine) 129

Index alphabétique des lieux cités
Tome III

Achen 24, 77, 81, 85
Alabama 207
Allemagne 57
Alsace 39, 138, 140, 237
Amnéville 53
Andilly 171
Angoulême 53
Ardennes 144
Asch 54
Aschaffenburg 174
Auersmacher 135
Bad-Aibling 207
Bad-Berga 67, 72
Bartenstein 143
Bartolfingen 59
Baumholder 91
Bellay 33
Bellevue 33
Bénestroff 47
Béning-lès-St-Avold 38
Bensheim 174, 199
Berlin 12, 58
Berthelming 59
Bettviller 163
Bitche 53, 81, 82, 85, 93, 97, 160, 164
Bizous 15, 197, 267
Blies 58, 220, 221
Bliesbruck 140, 191, 198
Bochum 36
Bolzano 248
Bonames 36
Boston 196
Bouzy 57
Brebach 57
Brockton 196
Brooklyn 197
Brussau 54
Bruxelles 58
Buchenwald 53, 68, 70, 71, 73, 74
Buna 72
Caen 243
Calumet 181
Canada 15
Carling 172
Celle 92
Chabanais 77
Châlons-sur-Marne 68, 173
Charente 77, 78
Charkow 105
Chasseneuil 203
Château-Salins 166
Châtel-Guyon 78
Clermont-Ferrand 78, 232
Clinton 205
Coblence 91, 243
Colmar (cercle de) 249
Cologne 55

Compiègne 68, 70
Conlié 69
Crailsheim 174
Creutzwald 147
Dachau 67, 68, 73, 74
Dakota du Sud 130, 155
Delme 85
Deutz 72
Deux-Ponts 160, 164, 186, 193, 205
Dieding 79
Diemeringen 185
Dieulouard 46
Dijon 78
Dniepr 100, 101, 102
Dniepropetrowsk 101
Dobbs Ferry 143, 179, 186, 202
Donon 81, 97
Dora 72
Du Hâ (fort) 68
Ellerbach 37
Erching 21, 22, 23, 25, 160
Etats-Unis 15, 16, 55
Etting 77, 78, 85
Eupen 91
Euville 171, 174
Excideuil 77
Fechingen 29
Ferryville 89
Fink 29
Flossenburg 67, 73, 74
Folpersviller 132, 140
Francfort-Griesheim 36
Francfort-Hoechst 36
Frauenberg 185, 197
Frescaty 30, 32
Fresnes 69
Gersweiler 30, 33
Gloucester 172
Goetzenbruck 67
Griesheim 36
Grosbliederstroff 135, 144
Gros-Réderching 24, 58, 81, 144, 160, 185
Grossgorbetha 37
Güdingen 135
Guiderkirch 21, 22, 23, 25
Hagondange 30, 41
Haguenau 249
Halle 37, 72
Hanweiler 119
Hastings-on-Hudson 179, 186, 205
Hayange 32
Heidelberg 174, 227, 229, 230
Heilbronn 174
Henriville 108
Herbitzheim 185, 201
Hermeskeil-Wadern 98
Hochfelden 171
Homburg vor der Höhe 36

338

Hotounes 79
Hunsrück 92
Idar-Oberstein 92
Kaiserslautern 160, 164, 193
Karaganda 107
Karlsruhe 41, 186
Katarinovska 100
Kehl 109
Kieselhumes 30, 33
Kirovograd 99
Kleinblittersdorf 135
Koblenz 41
Kœnigstein (forteresse) 74
Kolberg 91
Konstantinovka 100
Kowel 243
Kreisau (cercle de) 242
Landau 164
Landremont 46
Langensalza 72
Le Havre 27
Leipzig 72
Lemberg (Moselle) 101
Lemberg (Galicie) 243
Leuna 72
Limey 171
Lingolsheim 54
L'Hôpital 38
Lons-le-Saunier 78
Lorraine 28, 39, 138, 140
Los Angeles 52
Lublin 73
Lunéville 121, 134
Lutzelbourg 221, 222
Lutzen 37
Lützendorf 72
Lyon 77, 78, 93
Malmédy 91
Mannheim 160, 186, 199, 204
Massachusetts 138, 196
Matavan 138, 205
Mauthausen 73
Maxéville 68
Medelsheim 22
Meisenthal 82
Merlebach 120
Merzig 98
Metz 28, 133, 135, 160, 167, 168, 225, 235, 236, 237
Michigan 155, 181
Monroeville 184
Montbronn 83, 84, 104, 106, 107, 121, 165,
Montigny-lès-Metz 97
Morainville-Schoenhof (ferme) 24, 100
Moravie 54
Morhange 146
Morsbronn 108
Moscou 12, 106, 108, 246
Munich 40, 217, 243, 267
Nancy 133, 134, 135, 160, 183
Natzweiler-Struthof 58, 67, 73

Neufgrange 45, 46
Neunkirch-lès-Sarreguemines 53
New Jersey 138, 188, 205
New Rochelle 173
New York 138, 196, 202, 205
Nigéria 41
Nordhausen 71
Normandie 28, 70
Northdale 188
Novosibirsk 106
Nürnberg 174, 204
Obergailbach 163
Odessa 46, 99, 167
Odratzheim 79
Oural 105, 106
Paris 93, 205, 225
Passau 181
Peppenkum 22
Petit-Réderching 83, 163
Pfalzel 32
Phalsbourg 31, 222
Pilsen 41
Pittsburgh 205
Pnom Penh 11
Poltava 104
Pont-à-Mousson 46, 171
Puttelange-aux-Lacs 167
Rapid City 155
Rastenburg 243
Regensburg 181
Reims 244
Rimling 22, 24, 25, 163, 198, 202
Rohrbach-lès-Bitche 77
Rombas 53
Rouhling 131, 144
Russie 29, 30
Saarbrücken 29, 33, 37, 38, 93, 147, 164, 243
Saint-Avold 37, 77, 78, 168, 172, 176, 194, 195, 199, 204
Saint-Georges 97
Saint-Louis-lès-Bitche 82, 84, 93, 165, 166
Sankt-Ingbert 164
Sankt-Wendel 93
Sarralbe 160, 183, 185
Sarrebourg 129, 134
Sarreguemines 81, 82, 131, 133, 140, 144, 147, 148, 151, 160, 167, 179, 181, 205, 208
Sarrelouis 181
Schneidemühle 91
Schweinfurt 243
Sélestat 81
Siltzheim 185
Singling 78
Stalingrad 12, 57, 99
Stargard 91
Stettin (Szczecin) 91
Steyr 41
Strasbourg 78, 171
Struthof 58
Thionville 160
Trier (Trèves) 32, 41, 46, 98, 160

Tröglitz-Seitz 72
Trois-Maisons 221
Ukraine 97, 104
Utweiler 22
Vaux 45
Vékring 90
Vichy 231
Vienne 54
Volmunster 255, 256
Washington 145, 202
Weimar 72

Welferding 131, 132, 133, 138, 140, 147, 148, 160, 197, 201
Westerwald 92
Wingen-sur-Moder 81, 144
Wittring 91, 185, 198
Woelfling 58, 160
Woippy 55
Wolfsschanze 243
Würzburg 174, 186
Zaparozie 100, 101
Zetting 77, 78

Table des matières

	Préface	12
	Avant-propos et présentation de l'ouvrage	15
	Dates mémorables	21
I	L'évacuation	23
II	Les gardes frontaliers	37
III	Liste des optants de 1941	43
IV	L'administration municipale de 1940 à 1944	45
V	L'enseignement	49
VI	Le statut religieux	60
VII	Le service de santé	65
VIII	Les bombardements	77
IX	La résistance en Moselle et à Sarreguemines - Les F.F.I.	85
X	Les passeurs et les filières	93
XI	Le groupe de résistance « Mario »	103
XII	L'affaire Karl Borgmann	105
XIII	L'affaire de l'aviateur australien Norton Russell	111
XIV	Les camps de la mort	121
XV	Les épreuves des déportés sarregueminois	125
XVI	Liste des déportés décédés	137
XVII	Alphonse Schérer, agent du S.D. (*Sicherheitsdienst*)	143
XVIII	La communauté juive	149
XIX	Le gouvernement de Vichy et l'Alsace-Lorraine	153
XX	Liste des « malgré-nous » non rentrés	163
XXI	Le camp de Tambow	167
XXII	Le « Bunker » du Sacré-Cœur	181
XXIII	Les carrières de Welferding	189
XXIV	Dans la tourmente. Les *Schanzer*	193
XXV	Derniers soubresauts de l'occupant (1er septembre 1944)	205
XXVI	L'offensive américaine de Metz à Sarreguemines	207
XXVII	La bataille de la libération vécue à l'intérieur de la ville	213
XXVIII	La libération de Sarreguemines : le déroulement des opérations	227
XXIX	Les combats de la 35e division au-delà de Sarreguemines	239
XXX	Les heures sombres de l'an nouveau : 1er janvier 1945	243
XXXI	L'offensive de la mi-février et l'assaut final de mars 1945	249
XXXII	Les victimes de la guerre. Les destructions	253
XXXIII	La vie quotidienne des Sarregueminois durant l'annexion	257
XXXIV	La situation économique après la libération	261
XXXV	Collaboration et épuration	271

XXXVI — Les ultimes coups de boutoir de l'armée allemande	283
XXXVII — Le buste de Hitler a disparu !	291
Postface	295
Bibliographie	299
Liste des personnes citées - Tome I	301
Liste des lieux cités - Tome I	309
Liste des personnes citées - Tome II	313
Liste des lieux cités - Tome II	327
Liste des personnes citées - Tome III	332
Liste des lieux cités - Tome III	338

Documents photographiques

*Présentés et commentés
par Marcel PIERRON*

Les photographies sans références d'auteur sont de M. Pierron et ne pourront être reproduites sans autorisation spéciale.
Tous droits de reproduction réservés aux auteurs.

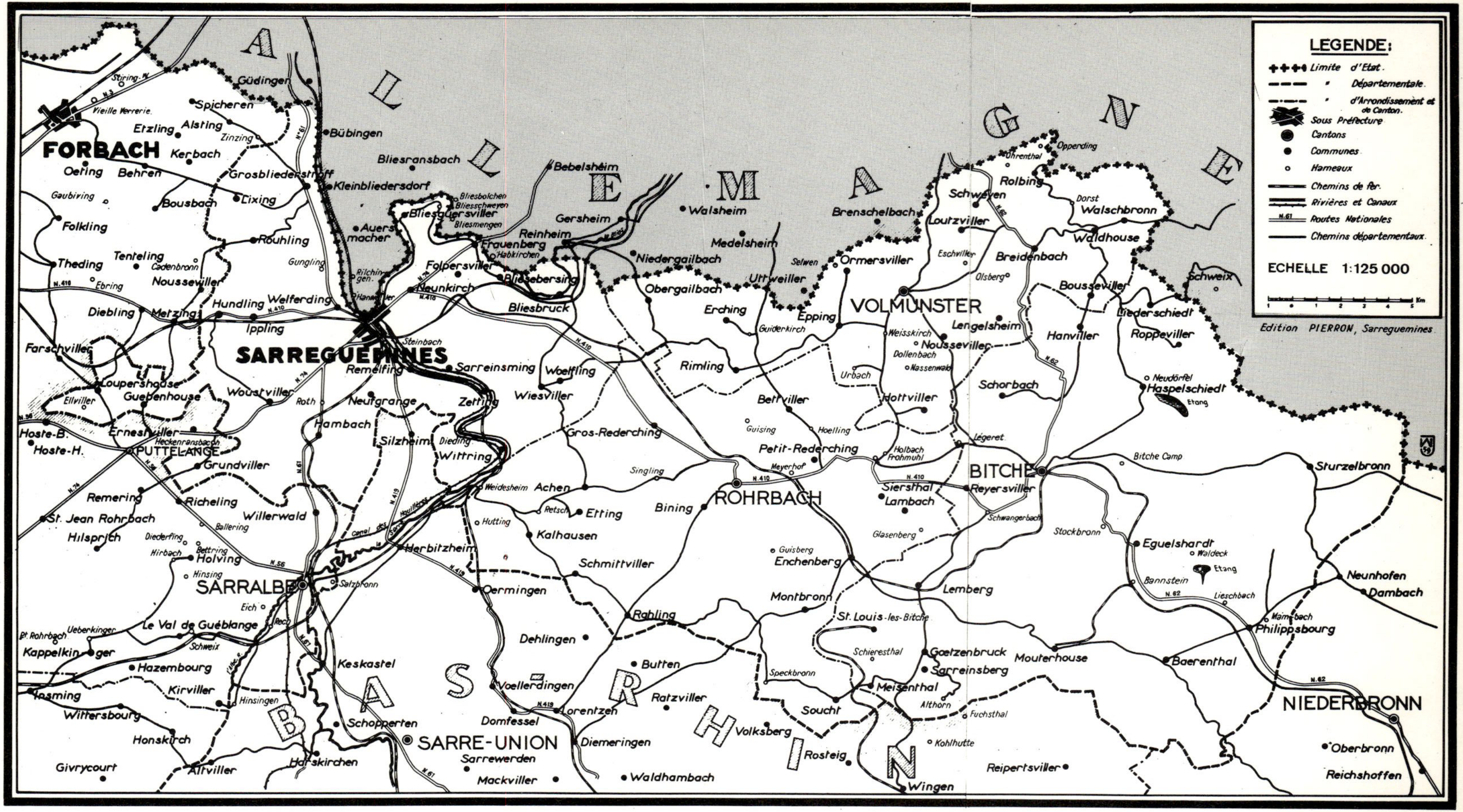

LEGENDE:
Limite d'Etat.
Départementale.
d'Arrondissement et de Canton.
Sous Préfecture
Cantons
Communes
Hameaux
Chemins de fer.
Rivières et Canaux
Routes Nationales
Chemins départementaux.
ECHELLE 1:125 000
Edition PIERRON, Sarreguemines
ALLEMAGNE
BAS-RHIN
FORBACH
SARREGUEMINES
VOLMUNSTER
BITCHE
ROHRBACH
SARRALBE
SARRE-UNION
NIEDERBRONN
PUTTELANGE
Güdingen
Bübingen
Bliesransbach
Bebelsheim
Gersheim
Reinheim
Walsheim
Medelsheim
Niedergailbach
Brenschelbach
Ormersviller
Schweyen
Rolbing
Walschbronn
Waldhouse
Loutzviller
Breidenbach
Bousseviller
Liederschiedt
Roppeviller
Haspelschiedt
Hanviller
Schorbach
Lengelsheim
Nousseviller
Hottviller
Epping
Erching
Rimling
Obergailbach
Uttweiller
Bettviller
Petit-Rederching
Gros-Rederching
Bliesbruck
Woelfling
Wiesviller
Frauenberg
Blies-Ebersing
Folpersviller
Neunkirch
Spicheren
Alsting
Etzling
Kerbach
Behren
Oeting
Grosbliederstroff
Kleinbliedersdorf
Lixing
Bousbach
Rouhling
Folkling
Theding
Tenteling
Nousseviller
Diebling
Metzing
Hundling
Welferding
Ippling
Farschviller
Loupershouse
Guebenhouse
Woustviller
Remelfing
Sarreinsming
Zetting
Neufgrange
Hambach
Silzheim
Wittring
Ernestviller
Hoste-B.
Hoste-H.
Grundviller
Remering
Richeling
Willerwald
St. Jean Rohrbach
Hilsprich
Holving
Achen
Etting
Kalhausen
Bining
Schmittviller
Herbitzheim
Oermingen
Rahling
Dehlingen
Enchenberg
Montbronn
Siersthal
Lambach
Reyersviller
Sturzelbronn
Eguelshardt
Lemberg
St. Louis-les-Bitche
Goetzenbruck
Sarreinsberg
Meisenthal
Mouterhouse
Baerenthal
Philippsbourg
Neunhofen
Dambach
Oberbronn
Reichshoffen
Reipertsviller
Wingen
Rosteig
Volksberg
Soucht
Butten
Ratzviller
Diemeringen
Waldhambach
Lorentzen
Voellerdingen
Domfessel
Sarrewerden
Mackviller
Keskastel
Schopperten
Harskirchen
Altviller
Honskirch
Givrycourt
Wittersbourg
Insming
Kirviller
Hazembourg
Kappelkinger
Le Val de Guéblange

1939
Sarreguemines évacué, rue Roth, barrage antichar

1939
Sarreguemines évacué, la rue Pasteur, barrage (symbolique), devant la Librairie Pierron et Gougenheim Frères.

1939 - Pont frontière du chemin de fer à Welferding

1939 - Pont de Steinbach

LA VOICI, LA BLIES !

Combien de fois, dans le communiqué officiel, nous avons lu le nom de la Blies ! Vous la voyez au premier plan, cette rivière dont le cours est presque tout entier situé en Allemagne, mais qui, dans la région de Sarreguemines, délimite la frontière franco-allemande, avant de se jeter dans la Sarre qui forme à son tour frontière. Postés, près de deux arbres, à un créneau dominant la vallée et surplombant le pont détruit, voici ce qu'ont sous les yeux les guetteurs français : des maisons au toit arraché ou crevé, aux murs éventrés, aux carreaux brisés par la force de l'explosion qui a jeté bas le pont ; des poteaux, une échelle, des débris, un élément de tranchée sur cette rive droite qui est allemande. Tout a l'air vide et à l'abandon ; et, si vous regardez attentivement, vous apercevrez des traces de balles de mitrailleuse dans les murs de la maison aux trois colonnades.

(Photo Le Miroir)   1939 - Pont frontière de la Blies et maisons à Hanweiler

1939 - Une rue inondée de Puttelange
Les inondations devaient arrêter les chars allemands

1945 - Colonne de prisonniers
Rue Pasteur

(Photo Schuler)

2.9.1942
Bombardement aérien de Sarreguemines   Rue de l'Eglise

4.10.1943
Bombardement aérien de
Sarreguemines
Les Faïenceries

11.2.1944
Bombardement aérien de Sarreguemines
Les Faïenceries à droite du pont de la Sarre sont complètement détruites

1.5.1944
Bombardement aérien de Sarre-
guemines
La rue du Parc

4.10.1943
Bombardement aérien de Sarreguemines
Le Pensionnat Ste-Chrétienne
devenu "Haus der Jugend"

1.5.1944
Les traces laissées par les avions qui bombardèrent Sarreguemines

Des morts...

4.10.1943
Bombardement aérien, rue Pasteur Sarreguemines - Maison Jacob Hannes, où fut écrasée toute la famille de M. Brock, sa femme, 2 enfants ainsi que Mlle Koehlé. Le même jour, en face, le cinéma Eden était détruit, une bombe éclata dans la rue devant la Synagogue, une autre démolit le garage Risch où furent tuées Mmes Reis et Luhmann, chacune avec un enfant.
Le Pensionnat aussi était démoli.
Ce jour là : Sarreguemines pleura 123 morts
L'enterrement des 123 victimes eut lieu en grande pompe, chaque cercueil sous un drapeau à croix gammée, M. Brock arracha celui qui recouvrait le cercueil de sa femme, sans réaction des Allemands.

25.6.1943
Les jeunes Lorrains ("les malgré-nous") jusqu'à la classe 1914 sont mobilisés. Ils se rassemblent rue Pasteur (Hitlerstrasse) et refusent de monter à la caserne. Ce fut certainement une des premières résistances collectives en Lorraine annexée.
La tension était telle que l'on pouvait s'attendre au pire.

25.6.1943
La révolte des "malgré-nous".
Beaucoup ne devaient jamais rentrer et périrent en Russie.

1940
La Synagogue, rue de la Chapelle, est incendiée par les Allemands. Elle sera complètement détruite le 20 Septembre 1940.

1945
M. Emile Bloch et M. Edmond Kraemer se recueillant devant le monument aux FFI Jost et Schilt près de Goetzenbruck..

Photo E. Ruoff

4.10.1943
L'église protestante, Square Wilson, est touchée par une bombe aérienne.
Le 13 Juillet 1943, R. Wentzel place un drapeau tricolore sur le clocher du temple et sur le pont de la Hitlerstrasse.

(Photo Schuler)

23.1.1943
Les cloches de l'Eglise St-Nicolas sont enlevées par les Allemands.

Unsere Heimat

3000 Mark Belohnung!
Mord an einem Gendarmeriebeamten in O-Homburg (St. Avold)

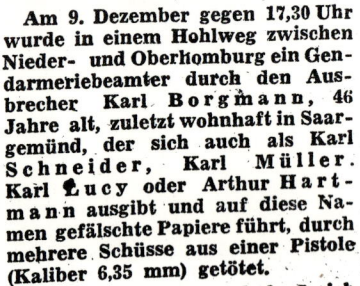

Am 9. Dezember gegen 17,30 Uhr wurde in einem Hohlweg zwischen Nieder- und Oberhomburg ein Gendarmeriebeamter durch den Ausbrecher Karl B o r g m a n n, 46 Jahre alt, zuletzt wohnhaft in Saargemünd, der sich auch als Karl S c h n e i d e r, Karl Müller, Karl Lucy oder Arthur Hartmann ausgibt und auf diese Namen gefälschte Papiere führt, durch mehrere Schüsse aus einer Pistole (Kaliber 6,35 mm) getötet.

In seiner Begleitung befand sich seine Ehefrau Erna, geb. R i e ..., 45 Jahre alt. Beide sind in... untersetzt, ovales Gesicht mit hervortretenden Backenknochen, blaue Augen, starker Busen und kräftige Waden, dunkles Haar, im Nacken gerollt, Narben am linken Ring- und Mittelfinger.

B e k l e i d u n g: schwarzer Wintermantel, auf Taille gearbeitet und mit Skunkspelz besetzt, dunkles Tuch als Kopfbedeckung, das über der Stirn geknotet ist, fleischfarbene Strümpfe, vermutlich ebensolche Gamaschen und braune Sportschuhe.

Für Mitteilungen aus der Bevölkerung, die zur Ermittlung oder...

Karl BORGMANN et sa femme, recherchés par la police allemande

SI VOUS VOULEZ VOIR

Les Juifs maîtres de la France ... : DE GAULLE
Les partis, la division, la guerre civile : DE GAULLE
Le capitalisme triomphant : DE GAULLE
Les Français, soldats de l'Angleterre .. : DE GAULLE
La franc-maçonnerie toute-puissante ... : DE GAULLE
La France esclave ....., : DE GAULLE

SI VOUS VOULEZ VOIR

La France libre et indépendante ... : PETAIN
La restauration de la France ... : PETAIN
L'organisation du travail : PETAIN
L'argent au service du pays .... : PETAIN
La collaboration des classes ..... : PETAIN
La Paix dans la Nation.. : PETAIN
La restauration des libertés .... : PETAIN

Tracts venant de France et distribués en Lorraine

Des dignitaires des différentes formations lors de la venue du "Stabschef der S.A." Lutze (en 1941) **Photo Archives**

Au début de 1941, devant le Palais de Justice, le "Stabschef der S.A." (le chef d'état-major) Lutze passe en revue des sections de S.A. venues de Sarrebruck.
Photo Archives

Jacques Philippe - Résistant de
la 1ère heure (Photo Archives)

L'auteur de cet ouvrage, rescapé
du drame d'Erching-Guiderkirch,
où il a vécu toutes les horreurs
de la guerre, alors que son foyer
à Sarreguemines avait été sinistré
à 100 %

Der Leiter des Stellungsbaues "LOTHRINGEN"

Bekanntmachung

Ich habe festgestellt, dass in der letzten Zeit die Arbeitsdisziplin nachgelassen hat. Ich habe deshalb Vorsorge getroffen, dass nunmehr alle Fälle von Arbeitsverweigerung und Fehltage erfaßt und unnachsichtlich mit aller Strenge sofort geahndet werden. Als letzte Warnung weise ich auf folgendes hin:

1.) Wer ohne triftigen Grund von der Arbeit wegbleibt, nicht rechtzeitig zur Arbeit erscheint oder die Arbeit vorzeitig verläßt wird als Arbeitsverweigerer und Saboteur angesehen u. behandelt.

2.) Arbeitsverweigerer und Saboteure werden in Strafabteilungen zusammengefaßt, kaserniert untergebracht und als Strafgefangene zum Schanzen eingesetzt und behandelt. Daneben besteht für besondere Fälle eine Strafabteilung beim Stellungsbau Metz, die unter Feindbeschuß arbeitet und in die schon mehrere Arbeitsverweigerer von hier gebracht wurden.

3.) Wer böswillig die Arbeit verweigert oder sabotiert nützt dem Feind und schadet dem Deutschen Volk. Er wird deshalb dem Standgericht zur Aburteilung übergeben, das in der Regel auf Todesstrafe durch Erhängen erkennt.

den 12. 10. 1944.

ZIMMER
k. Kreisleiter

Chaque homme valide fut obligé d'aller creuser des tranchées. S'y soustraire était passible de la mort par pendaison. Reproduction d'affiches couvrant nos murs dès Octobre 1944 "Wer nicht schanzt, wird aufgehängt" "Celui qui se refuse à creuser des tranchées sera pendu".

Affiches placardées sur tous les murs.
Le personnel des entreprises était requis pour creuser des tranchées en Lorraine

Tous les hommes valides creusaient des tranchées, sans grand enthousiasme. Mais le premier trou, camouflé de branchages, servait d'abri contre les avions américains qui mitraillaient régulièrement. (Tranchées à Sarreinsming, le long de la Sarre et à la Rotherspitz).

La corvée de soupe pour les réfugiés dans l'abri du Sacré-Cœur à Sarreguemines. Aller "cueillir" des vaches, des choux ou du sel ou de l'eau, pour faire une soupe "potable", porter les bidons d'eau ou de soupe sur 50 m au pas de gymnastique, sous les bombes, exigeait aussi un certain cran. Les volontaires étaient rares.

La photo de groupe en représente quelques-uns : (NAFZIGER, CEARD, etc... et des STO des Vosges, réfugiés au Bunker).

Volkssturm Gau Westmark
Kreis-Kommandostab

.... 1944.
(Ort und Datum)

Einberufungsbefehl

1. Auf Grund des Führererlasses vom 26. 9. 1944 betr. Bildung des deutschen Volkssturmes werden Sie hierdurch zum Volkssturm Gau Westmark aufgerufen.

   Sie haben sich am .... in ....

   ....

   zu melden.

2. Dieser Einberufungsbefehl ist mitzubringen und der Dienststelle, zu der Sie einberufen sind, vorzulegen.
3. Die besonderen Anordnungen auf der anhängenden Karte sind genau zu beachten.

Volkssturm Gau Westmark
Kreis-Kommandostab

(Dienstsiegel.)

Kreisleiter.

Besondere Anordnungen!

1. Mit dem Tage der Einberufung gelten Sie als Volkssturmsoldat.
2. Sollten Sie bis zum Gestellungstage Ihre Wohnung oder Ihren dauernden Aufenthaltsort wechseln, so haben Sie das unverzüglich dem Kreis-Kommandostab des Volkssturmes Gau Westmark in ....

   ....

   zu melden.

3. Eine polizeiliche Abmeldung bzw. Abmeldung bei Ihrer Dienststelle oder bei Ihrem Arbeitgeber hat nicht zu erfolgen.
4. Sind Sie am Gestellungstage bettlägerig krank, so haben Sie rechtzeitig Meldung an die oben angeführte Dienststelle zu erstatten. Der Meldung ist ein ärztliches Attest beizufügen.
5. Bei Einberufung zur Wehrmacht erlischt die Zugehörigkeit zum deutschen Volkssturm. Die Einberufung zur Wehrmacht ist unter Vorlage des Einberufungsbefehls persönlich bei obengenannter Dienststelle zu melden.
6. Mitzubringen ist:
   Uniform, bzw. Marschanzug,
   Rucksack (Tornister), Decke, Kochgeschirr, Brotbeutel, Feldflasche, Trinkbecher und Eßgeschirr.
7. An Waffen sind, soweit vorhanden, mitzubringen:
   Pistole, Gewehr, Maschinen-Pistole (auch Beutewaffen).
8. Eine Nichtbefolgung der Einberufung zieht Bestrafung nach sich.

Les convocations pour l'enrôlement de tous les Lorrains dans le "Volkssturm" (l'armée du peuple) étaient prêtes. L'avance alliée heureusement arrêta leur diffusion.

Armée populaire "Gau Westmark"
Etat-major du Commandement
du "Cercle" (arrondissement)

.... le 1944

ORDRE D'APPEL

1. En exécution de la décision du "Führer" du 26.9.1944 concernant la constitution d'une armée populaire, vous êtes convoqué par le présent appel du "Volkssturm Gau Westmark". Vous aurez à vous présenter le .... à ....
2. Munissez vous du présent ordre d'appel et présentez le au service compétent.
3. Il conviendra de suivre strictement les dispositions particulières consignées sur la présente carte.

Volkssturm (armée populaire du Gau Westmark)
Le Kreisleiter (sous-préfet)

Cachet officiel

Dispositions particulières

1. A partir du jour de votre enrôlement vous aurez la qualité de soldat de l'armée populaire.
2. Si vous deviez changer de domicile avant le jour indiqué sur votre ordre d'appel, vous auriez à le déclarer sans délai au poste de commandement du "Cercle".
3. Vous êtes dispensé d'une déclaration de départ, aussi bien auprès de votre employeur qu'auprès du poste de la police locale.
4. Si vous deviez garder le lit le jour de votre appel, vous seriez tenu à en faire la déclaration immédiate auprès de l'état-major sus-mentionné.
5. L'enrôlement dans le "Wehrmacht" mettra fin à votre appartenance à l'armée populaire. En aviser l'état-major du "Volkssturm" de votre ressort.
6. Il conviendra d'apporter un uniforme ou une tenue de marche, un sac, une couverture, des ustensiles, un bidon (une gourde), une musette à pain, un gobelet et un couvert de table.
7. Si vous disposez d'une arme, il convient de l'apporter (pistolet, fusil, fusil-mitrailleur et autres armes à feu).
8. Si vous ne deviez pas donner suite à la convocation, vous vous exposeriez à des sanctions.

Traduction en français de la convocation au Volkssturm.

Sarreguemines,
L'Eglise du Sacré-Cœur, bombardée

Le St-Nicolas (1944) à l'entrée de l'abri du Sacré-Cœur, cinq jours avant la libération de Sarreguemines.

Sarreguemines, Décembre 1944
A l'aube du 10 Décembre 1944, cette petite passerelle fut en quelques minutes jetée sur la Sarre. Les premiers Américains passèrent sur la rive droite.

Sarreguemines - **Décembre 1944**
Dans la nuit, l'arrière-garde de la Division SS "Götz von Berlichingen" avait fait sauter le grand pont de la rue Pasteur à Sarreguemines.

Au matin, les premiers soldats américains (parmi eux un Thionvillois) passèrent la Sarre à travers l'amoncellement des poutrelles et des madriers.

Sarreguemines - Novembre 1944
Pont et passerelle sur la Sarre - Bâtiment RESLE

Sarreguemines - Novembre 1944
La passerelle en face du pont de la rue Louis Pasteur

Les villages d'Erching et de Guiderkirch (canton de Volmunster) étaient restés en pleine ligne de front et furent pris et repris plusieurs fois.
Sur 381 habitants, 61 périrent, la plupart, lors du bombardement aérien du 23 Février 1945.
Dès la libération et malgré les souffrances endurées, les survivants eurent spontanément à cœur de relever les nombreux morts des deux camps qui jonchaient les champs de mines.
Voici, comment ils s'y prirent : à l'aide d'échelles posées sur les parcelles minées, un homme courageux parvenait jusqu'aux cadavres auxquels il attachait une corde permettant de les ramener sur un terrain déminé.
Cette entreprise de respect et de piété devant la mort était dirigée par Paul KLINGLER, au courage duquel il convient de rendre hommage.
(Photo de couverture).

A Erching-Guiderkirch - Au lendemain de la libération du 15 Mars 1945, une commission française, dont faisaient partie le Sous-Préfet CHRETIEN, un médecin militaire, le Docteur MENETRIER de Rohrbach-lès-Bitche et M. PIERRON envisagea le placement provisoire des enfants de la commune, très éprouvés par le long séjour dans les caves, dans des familles d'autres départements.
Auguste BEHR, porte-parole de la population refusa l'évacuation.

Guiderkirch-Erching
Dans l'église en ruines, des femmes en noir et des enfants prient avec ferveur.

Décembre 1944 - La mission française de liaison auprès de la 100e Division U.S. américaine.
A gauche avec casque : le Capitaine LAGAILLARDE, officier de liaison
Au milieu avec lunettes : le Sous-Préfet de Sarreguemines, M. CHRETIEN.
En bas : M. PIERRON, chargé des réfugiés.

Le Major ████████ du C.A. de la 100e division US, Montbronn. A ses côtés, le Capitaine LAGAILLARDE (père du Lieutenant Lagaillarde des barricades d'Alger).

Janvier 1945 - Enterrement de l'FFI Joseph JOST, tué en service commandé, le 18 Janvier 1945, au côté de l'Abbé Aloyse SCHILT. L'Abbé Jean FOURNY, actuellement curé de Neunkirch, donna l'absoute.
Le Capitaine FFI FOGT échappe à la mort.

Guiderkirch-Erching
Dans le cimetière retourné par les bombes, la présence de 3 croix de bois, côte à côte, surmontées, l'une d'un casque français de 1939, l'autre d'un casque allemand de 1944 et la 3e d'un casque américain de 1945.

La première cuisine populaire (FFI BURKHART, VOGEL, etc...) ravitaillait les réfugiés des villages évacués de la Vallée de la Blies.

Photo Kraemer

Maître André Rausch, Maire de Sarreguemines à la libération, à qui revient le grand mérite d'avoir fait vivre Sarreguemines pendant les 6 mois de front, dans les premières lignes américaines.

Monument Jeanne d'Arc à Gros-Réderching, là où s'arrêta la contre-attaque Rundstedt.

Mission Militaire Française
de Liaison

P.C. le 21 mars 1945

Le Capitaine Henry LAGAILLARDE, Officier Français de
Liaison auprès de la 100° Division d'Infanterie Américaine
adresse ses plus vives félicitations a la section FFI
de Reyersviller pour le motif suivant -
" Repliée sur ordre le 1° janvier 1945, lors de la reprise
de Reyersviller par les troupes allemandes, a depuis cette
date, sous le commandement du Chef Henri JACOB, mort
en service commandé, puis du Chef Joseph JACK, rendu les
plus grands services a l'Officier de Liaison Français de
la 100° Division d'Infanterie Américaine.
Cette section a aidé a ravitailler les refugiés
du front, du 1° janvier au 15 mars 1945, a participée
également aux évacuations de GOETZENBRUCK, MEISENTHAL,
et ..., dans des conditions difficiles et dangereuses."

Mission Militaire
Française de Liaison
Le Capitaine O. L. A.
Chef de Mission

signature Lagaillarde

Reproduction de la lettre du Capitaine LAGAILLARDE aux
FFI de Reyersviller (évacués à Sarreguemines)

Décembre 1944 - Les Américains occupent le Lycée de Sarreguemines.
Drapeaux américain, français et anglais.
(On reconnaît MM. X. MEYER et A. KREMER, chargés des Réfugiés du Lycée).

Décembre 1944 - Contre-attaque Rundstedt (16.XII)
Les troupes américaines quittent Sarreguemines et amènent leur drapeau.
Début de l'opération «NORDWIND», (31.XII)

Décembre 1944 - Le drapeau français reste seul.

Les chars français de la 2ème D.B. qui arrêtèrent l'opération «NORDWIND» à Gros-Réderching (Noël 1944). Chef du char «SAVOIE» : de METZ-NOBLAT.

Le village de Gros-Réderching était en ruines (Noël 1944)

Char détruit dans une grange à Gros-Réderching. (De gauche à droite, M. CHRETIEN, Sous-Préfet de Sarreguemines et le Capitaine de Gendarmerie MAZOYER de Sarreguemines)

Char américain détruit à Meyerhof entre Petit-Réderching et Rohrbach (Noël 1944).

Après l'attaque sur Bitche, des prisonniers allemands sont ramenés du front en camion et traversent Rohrbach-lès-Bitche.

Des prisonniers allemands volontaires déminaient nos champs aux environs de Rimling et continuaient à sauter sur des mines.

Le haut du Legeret (Bitche) fut un des derniers points de la résistance allemande sur territoire français (Mars 1945).

Les ruines de la ferme du Legeret (Bitche) (Mars 1945)

Mars 1945 - Pont sur la Blies, reconstruit par les Américains "You are entering Germany, Dont Fraternize". Pour nous Sarregueminois, la guerre était finie.

L'ancienne Mairie de Sarreguemines, détruite.

Défilé des FFI de Bitche, devant les Généraux américains et français et devant notre député d'alors, M. HEID.

M. FRIDRICI, Sous-Préfet de Sarreguemines, fut décoré de la Croix de guerre à Metz.

Le cimetière militaire américain de St-Avold.
Des milliers de soldats américains sont morts et inhumés en terre lorraine. Il ne faut jamais l'oublier !

IL Y A

ceux
dont ont dit
qu'ils font l'histoire

Il y a ceux
qui écrivent l'histoire

Il y a ceux qui,
plus simplement
ont vécu l'histoire

Sans eux
rien n'eut été possible

Frontispice du Monument - Cimetière américain de St-Avold.

Monument aux soldats français du 26e RI de Nancy tués pendant la "drôle de guerre", dès le début du Mois de Septembre 1939.

Epitaphe - Cimetière américain de St-Avold

LES ETATS UNIS D'AMERIQUE
FIERS DES EXPLOITS DE LEURS FILS
HUMBLES DEVANT LEURS SACRIFICES
ONT ERIGE CE MONUMENT
A LEUR MEMOIRE

La Gare de Woelfling sur la route de Bitche

Lemberg en ruines

Bliesbruck en ruines

VILLAGES LORRAINS
AUX ENVIRONS DE
SARREGUEMINES

Volmunster : monument à
l'explorateur GENTIL (le
buste a disparu)

Volmunster en ruines

Waldhouse en ruines

Schorbach en ruines

Volmunster

Eglise de Rimling détruite

Eglise de Schorbach détruite

Eglise de Rimling détruite

Volmunster

Rimling

Schorbach

Reyersviller

Volmunster

Bliesbruck

Rimling

Schorbach

La Cuisine populaire des FFI ravitailla les réfugiés de la vallée de la Blies de Décembre 1944 à Mars 1945. Chassée chaque fois par les nouvelles troupes américaines de passage, parce que les locaux en état étaient rares, elle occupa successivement les caves du restaurant Ulmer, rue Chamborant, la rue du Terminus, le Lycée mixte. Ici sur la photo, le bâtiment Schweizer, avenue de la Gare, où elle fonctionna après Mars pour les prisonniers russes et les STO libérés, de passage à Sarreguemines.

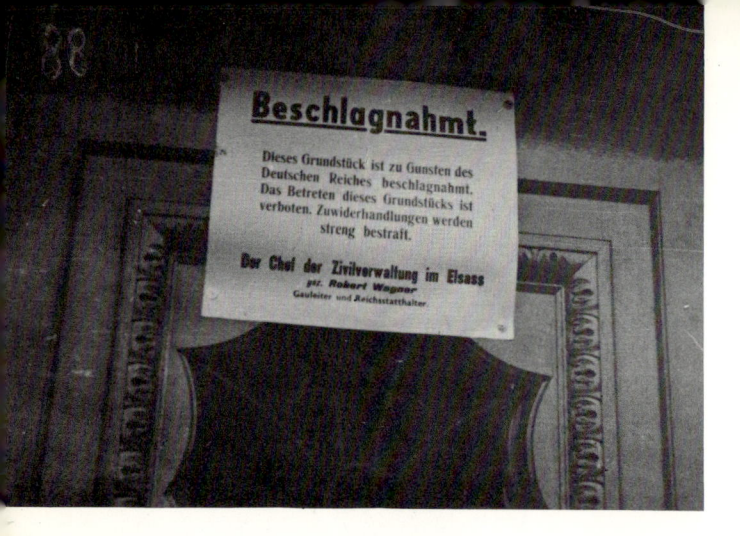

Tous les immeubles des expulsés et des non rentrés de Lorraine et d'Alsace étaient, dès 1940 "réquisitionnés" au profit du Reich. La photo a été prise sur la porte de la Pharmacie Bour à Diemeringen (Bas-Rhin)

90 % des terres de l'Est Lorrain étaient couvertes de barbelés ou minées.

M. le Préfet de la Moselle, M. REBOURSET, accompagné de M. CHRETIEN, Sous-Préfet de Sarreguemines, le lendemain de la libération de Bitche (16.3.1945), félicite les FFI de Lemberg, Meisenthal, Reyersviller, qui coopérèrent avec la 100e Division américaine et la 64ème et, pour le ravitaillement de Bitche, avec les FFI de Sarreguemines.

Le Major ██████ de la Century à Montbronn.

Ponts de Chemins de Fer, démolis à et autour de Sarreguemines.

Ponts. Tous les ponts (route et fer) sautèrent en 1939 et souvent à nouveau en 1944, à et autour de Sarreguemines.

Gare de Sarreguemines
après les combats
de la Libération.

Un groupe de prisonniers allemands chargés du déminage.

Le Capitaine de Gendarmerie de Sarreguemines MAZOYER. Au fond les ruines de la ferme du Legeret (Bitche).

Reproduction d'une affiche allemande "Feind hört mit" "l'ennemi écoute"

Et la politique reprenait ses droits...

La Ville de Sarreguemines a été décorée de la Croix de Guerre

Liste des documents photographiques

1939	–	Sarreguemines, rue Roth - Barrage antichar
1939	–	Sarreguemines, rue Pasteur - Barrage antichar
1939	–	Welferding - Pont frontière détruit
1939	–	Steinbach - Pont détruit
1939	–	Sarreguemines - Pont frontière de la Blies détruit
1939	–	Puttelange - Rue inondée
1945	–	Sarreguemines - Colonne de prisonniers
2.09.1942	–	Sarreguemines - Bombardement aérien, rue de l'Eglise
4.10.1943	–	Sarreguemines - Bombardement aérien, Faïenceries
11.02.1944	–	Sarreguemines - Bombardement aérien, Faïenceries
1.05.1944	–	Sarreguemines - Bombardement aérien, rue du Parc
4.10.1943	–	Sarreguemines - Bombardement aérien, Pensionnat Ste-Chrétienne
1.05.1944	–	Sarreguemines - Bombardement aérien, Traces des avions, des morts
4.10.1943	–	Sarreguemines - Bombardement aérien, rue Pasteur
8.10.1943	–	Enterrement des 123 victimes
25.06.1943	–	Révolte des "malgré-nous" rue Pasteur
25.06.1943	–	Révolte des "malgré-nous" rue Pasteur
20.09.1940	–	Sarreguemines - La destruction de la Synagogue
4.10.1943	–	Sarreguemines - L'Eglise protestante bombardée
23.01.1943	–	Sarreguemines - Descente des cloches de l'Eglise St-Nicolas
1943	–	Karl Borgmann - Photo et avis de recherche
1943	–	Tract vichyssois
1943	–	Sarreguemines - Défilé des S.A.
1943	–	Photo de Jacques Philippe
1943	–	Photo de E. Heiser
1944	–	Photo de M. André Rausch, maire de la Libération, Jeanne d'Arc à Gros-Réderching
1944	–	Affiches "Wer nicht schanzt wird aufgehängt" (Documents)
1944	–	Sarreinsming - Tranchées creusées par des Sarregueminois
1944	–	Convocation pour le "Volkssturm" (Documents)
1944	–	Sarreguemines - Abri (Bunker) du Sacré-Coeur (corvée de soupe)
1944	–	Sarreguemines - Eglise du Sacré-Coeur bombardée
7.11.1944	–	Sarreguemines - 1ère passerelle américaine sur la Sarre
10.11.1944	–	Sarreguemines - 1ers américains sur le pont détruit, rue Pasteur
Novembre 1944	–	Sarreguemines - Passerelle sur la Sarre
1945	–	Erching Guiderkirch enterre les soldats morts
1945	–	Erching Guiderkirch - Photo de Auguste BEHR
Décembre 1944	–	Mission française auprès de la 100e Division américaine
1944	–	Photos du MAJOR BENNETT, Commandant d'armes à Sarreguemines Ancienne mairie de Sarreguemines, détruite
Janvier 1945	–	Enterrement du FFI J. JOST
1945	–	Cimetière de Guiderkirch
1944	–	Reproduction lettre félicitation du Capitaine LAGAILLARDE aux FFI de Reyersviller
Décembre 1944	–	Drapeaux français, américains, anglais. Départ des Américains
Décembre 1944	–	Chars détruits de la 2e DB à Gros-Réderching
Décembre 1944	–	Gros-Réderching en ruines
Décembre 1944	–	Char détruit de la 2e DB à Meyerhof
Mars 1945	–	Prisonniers allemands à Rohrbach
Mars 1945	–	Les ruines du Legeret
Mars 1945	–	Pont provisoire americain sur la Blies
Mars 1945	–	Déminage par des prisonniers allemands
1945	–	MM. FRIDRICI et CHRETIEN, Sous-Préfets
1945	–	Défilé FFI de Bitche
	–	Cimetière militaire américain St-Avold
	–	Sarreguemines - Monument aux morts du 26e RI de 1939
1945	–	Woelfling-lès-Sarreguemines - Gare détruite
	–	Nombreuses photos de villages détruits du Bitscherland : Walschbronn, Bliesbruck, Volmunster, Waldhouse, Schorbach, Rimling, Reyersviller
1944	–	Sarreguemines - Cuisine populaire des FFI
1939	–	Immeuble réquisitionné (photo pancarte), Mines et barbelés
Mars 1945	–	Préfet de la Moselle à la Libération de Bitche
1944/45	–	Diverses photos de ponts détruits à Sarreguemines et environs
1944	–	Sarreguemines - Gare bombardée
1943	–	Reproduction affiche "Feind hört mit"
1945		La Politique reprend ses droits

Imprimerie Pierron
4, rue Gutenberg - 57206 Sarreguemines
7/1978 - Dépôt légal 5/1984
ISBN : 2.7085.0029.5
N° 461